원제 | どんな時どう使う日本語表現文型辞典

新 JLPT 일본어능력시험
일본어문형
630

友松悦子·宮本淳·和栗雅子 공저
한국일어교육학회 번역 감수

이 사전을 들어가기 전에

2006년 아루쿠에서 출판된 「どんな時どう使う日本語表現文型500」(1996년 9월 초판 발행)와 「どんなときどう使う日本語文型200」(2000년 2월 초판 발행)를 기초로, 원본은 그대로 살리면서 전혀 다른 느낌의 기능어 사전을 만드는 것을 목적으로 본 사전을 출판하게 되었습니다.

이 기획에서는, 영어, 중국어, 한국어 번역을 첨부하는 방침이었기에, 이것으로 일본어 학습자 여러분에게 도움이 될 수 있다고 생각하여, 작업에 착수하게 되었습니다.

위 두 권의 내용을 다시 한 번 살펴보고, 새롭게 출판된 일본어 교육서 등을 검토하여, 전체적으로 정정하였습니다. 하나하나의 단어나 문형을 재검토하면서, 지금까지의 10년간 외국어 학습관의 변화와 인간관의 변화와 더불어, 사용하는 언어의 성쇠를 다시 한 번 생각하게 되었습니다.

이 3개국의 언어로 번역한 문형 사전이 일본어 학습자 여러분에게 도움이 되길 바랍니다.

이 기획 편집장으로서 처음부터 이끌어 주신 新城宏治氏, 사전 제작이라는 세심한 작업에 몰두해 주신 일본어 서적 편집부의 立石恵美子氏에게 크게 신세를 졌습니다. 진심으로 감사 드립니다.

본 책의 내용에 대해서 부족한 부분이나 이용하기 불편하신 점이 있다고 생각합니다. 사용하시는 여러분들의 조언과 충고의 목소리를 들려 주십시오.

2007년 5월
友松悦子
宮本淳
和栗雅子

◎ 본 교재는 영어와 중국어는 제외하고 한국어만을 실었습니다.

이 사전을 사용함에 있어

●목적

　모르는 단어와 부딪쳤을 때, 우리들은 흔히 사전을 찾게 됩니다. 왜냐하면 대부분의 단어는 사전을 찾음으로써 그 단어의 의미를 알 수 있기 때문입니다. 그러나 일본어 학습자가 일본어 사전을 찾아도 찾을 수 없는 단어가 있습니다. 예를 들면 「ばかりに」라든가 「わけにはいかない」등을 예로 들 수 있는데, 이런 저런 사전을 찾아보아도 찾을 수 없을 것입니다. 본 사전은 이처럼 일본어 학습자들이 일반적인 일본어 사전에서는 찾을 수 없는 「文型(문형)」에 대해서 알 수 있도록 만든 것입니다.
　이 사전의 목적은, 문법을 하나 하나 배우기 위한 것이 아닌, 학습자들이 시중에 나와 있는 일반 사전에서는 찾을 수 없는 「文型(문형)」을 발견했을 때, 그 의미와 사용법을 이해하도록 하기 위해 만든 것입니다. 초급부터 고급까지의 「文型(문형)」을 모아서 그 의미·기능·사용 등을 학습자들이 이해하기 쉽도록 예문을 제시하고, 해설을 덧붙였습니다.

●구성과 사용법

① 본 사전을 사용함에 있어
② 사전을 검색할 때의 주의　각 항목 구성·접속방법에 관한 사항·활용형과 품사의 기호에 대해·동사의 형태와 표제·각종 마크와 기호의 의미
③ 본문 + 이중표제어
　이중표제어　예를 들어 「にとって」를 검색할 때 「にとって」부터 찾아도 되고, 「とって」부터 찾아도 되도록 한 쪽에 →표를 하여 원표제어를 찾아 갈 수 있도록 했습니다. 같은 표제어가 있는 경우에는 구별하기 좋도록 〈　〉안에 「うえで〈事後〉, うえで〈目的〉」와 같이 의미적인 차이를 표시하는 말을 추가해 놓았습니다. 또한 동일한 표제어가 있는 경우의 배열 순서는 기본적인 의미와 범용성이 넓은 의미를 우선적으로 배치하였습니다.
④ 동사 활용표, 존경어·겸양어 리스트
⑤ 50 음순 색인
⑥ 의미별 기능별 리스트
　권말 「意味機能別リスト(의미별 기능별 리스트)」는, 비슷한 의미 기능을 갖는 문형에는 어떤 것이 있는지를 제시함으로써 학습의 보탬이 되도록 했습니다.

■ 각 항목 구성

① 레벨(수준)　오른쪽에 있는 숫자 〈★4〉는 저자의 기준에 의한 난이도 표시입니다.
　　★5 초급수준부터 ★1 상급수준까지 총 5단계로 표시되어 있습니다.
② 예문(例文)　우선, 전형적인 예를 제시하고, 예문에 따른 사용법을 알 수 있도록, 접속하는 품사, 시제, 장면, 화제 등을 어느 한 쪽으로 치우치지 않도록 가능한 한 많은 예문을 제시했습니다.
　　예문의 난이도는, ★5·★4문형의 예문은 쉬운 어휘로, ★1문형의 예문은 난이도가 높은 어휘로, 경우에 따라서는 특수한 장면을 쓴 경우도 있습니다.

또한, 허물없는 사이에서 사용하는 대화체도 사용하도록 배려하였습니다.
③ 접속 이 표제어에는 어떤 형태로 접속하는지를 나타내고 있습니다.
④ 해설 단어의 의미나 사용법, 문법적인 주의 등에 대해서 최소한으로 필요한 부분만을 제공하려고 노력했습니다.

- 오용례(誤用例) 해설속에서 틀리는 빈도수가 매우 많은 것에만 한해, ×예문을 제시하였습니다. 올바른 예문은 ○로 제시했습니다.
- 마크(マーク) 단어의 사용법이나 어떤 상황에서 사용하는지에 대한 정보에 대해서, 문어체 표현, 격식차린 표현, 회화체 표현 등을 마크(マーク)를 이용해서 제시하였습니다.
- 참조(參照) 비슷한 표현을 해설 마지막 부분에 제시하였습니다.

■ 접속 방법에 관한 사항 예시

이것은 명사에 직접 접속하는(예문①), 또는 사전형에「の」를 붙여서 접속하는(예문③)이라고 하는 의미입니다. 단, な형용사와 명사는 「な형용사의 어간 +だ」「명사 +だ」의 형태로 접속하지 않고, 「な형용사의 어간 +な」또는 「な형용사의 어간 +である」, 「명사 +な」 또는 「명사 +である」 의 형태에「の」를 붙여서 접속한다(예문②)라는 의미입니다. 이러한 접속 규칙을 지켜서 문장을 만들면 올바른 문장을 만들 수 있습니다.

にたいして ★3
～에 비해서 /～와 비교해서〈대비〉

접속 방법 「명사 / 보통형 (な형용사의 명사수식형 ・ な형용사의 어간 + である / 명사 + な ・ 명사 + である)」+ の + に対して

① 活発な姉に対して、妹は静かなタイプです。
② 日本人の平均寿命は、男性78歳であるのに対して、女性85歳です。
③ 日本海側では、冬、雪が多いのに対して、太平洋側では晴れの日が続く。

例
- 姉が活発なのに対して、妹は静かなタイプです。
  (언니는 활발한데 반해, 동생은 조용한 타입입니다.)
- 妹が静かなタイプであるのに対して、姉は活発です。
  (여동생이 조용한 타입인데 반해, 언니는 활발합니다.)
- 日本海側では、冬、雪がたくさん降るのに対して、太平洋側では晴れの日が続く。
  (동해(or 일본해) 쪽은 겨울에 눈이 많이 내리는데 반해, 태평양쪽에서는 청명한 날이 이어진다.)
- 昨年は暑い日が続いたのに対して、今年の夏は涼しい。
  (작년은 무더운 날이 계속된 반면에, 금년 여름은 시원하다.)

활용형과 품사의 기호	예
명사	りんごはみかんより
동사의 사전형	行くつもりだ
동사의 ます형	歌いながら
동사의 ない형	見ないでください
동사의 ない형	かさを持たずに
동사의 て형	あらってから
동사의 た형	会ったことがある
동사의 의지형	帰ろうと思う
동사의 가정형	薬を飲めば
동사의 た형 + り	本を読んだり
동사의 た형 + ら	雨が降ったら
い형용사의 사전형	おいしいと思う
い형용사의 어간	おいしそうだ
い형용사의 어간 + く	あつくなった
な형용사의 어간	元気になった
する동사	食事する、散歩する、コピーする、など
する동사의 명사	食事、散歩、など
5단동사	行く、取る、会う、など
1단동사	着る、寝る、食べる、など
불규칙동사	する、来る

보통형	동사	行く、行かない、行った、行かなかった
	い형용사	さむい、さむくない、さむかった、さむくなかった
	な형용사	元気だ、元気では(じゃ)ない、元気だった、元気では(じゃ)なかった
	명사	雨だ、雨では(じゃ)ない、雨だった、雨では(じゃ)なかった
정중형	동사	行きます、行きません、行きました、行きませんでした
	い형용사	さむいです、さむくないです・さむくありません、さむかったです、さむくなかったです・さむくありませんでした
	な형용사	元気です、元気では(じゃ)ありません、元気でした、元気では(じゃ)ありませんでした
	명사	雨です、雨では(じゃ)ありません、雨でした、雨では(じゃ)ありませんでした

동사의 형태와 표제

동사Ⅰ (5단동사)		동사Ⅱ (1단동사)		동사Ⅲ (불규칙동사)	
行く	話す	見る	食べる	する	来る
行こう	話そう	見よう	食べよう	しよう	来よう
行け	話せ	見ろ	食べろ	しろ	来い
行くな	話すな	見るな	食べるな	するな	来るな
行ける	話せる	見られる	食べられる	できる	来られる
行かれる	話される	見られる	食べられる	される	来られる
行かれる	話される	見られる	食べられる	される	来られる
行かせる	話させる	見させる	食べさせる	させる	来させる
行かされる	話させられる	見させられる	食べさせられる	させられる	来させられる

동사의 형태	본 사전의 표제	
의지형	よう〈意志〉	589 ページ
명령형	しろ〈命令〉	145 ページ
금지	な〈禁止〉	371 ページ
가능	られる〈可能〉	619 ページ
수동	られる〈受け身〉	622 ページ
존경	られる〈尊敬〉	626 ページ
사역	させる	132～136 ページ
사역수동	させられる	131 ページ

例1 帰ろうとしたとき、社長に呼ばれました。
의지형(「帰ろう」「食べよう」)을 찾을 때는「よう〈意志〉」(589 ページ)를 찾아 볼 것.
수동(「呼ばれる」「食べられる」)을 찾을 때는「られる〈受け身〉」(622 ページ)를 찾아 볼 것.

例2 漢字はぜんぜん読めません。
가능(「読める」「食べられる」)을 찾을 때는「られる〈可能〉」(619 ページ)를 찾아 볼 것

例3 道に「止まれ」と書いてあります。
명령형(「止まれ」「食べろ」)을 찾을 때는「しろ〈命令〉」(145 ページ)를 찾아 볼 것

・★2・★1 문형 가운데, 항상 정해진 조사와 함께 사용하는 것은 조사가 붙은 형태로 표시했습니다.
　예) にかんして, をとおして 등

각종 마크와 기호의 의미

✎	주로 문어체적인 표현에 사용된다
👔	주로 격식차린 표현으로서 사용된다
🗣	주로 회화체적인 표현으로 사용된다
접속 방법	문형에 접속하는 형태
보통형	사전형 「활용형과 품사의 기호에 대해」 참조 6 ページ
정중형	정중형 「활용형과 품사의 기호에 대해」 참조 6 ページ
예외	예외
◆	독자들이 참조할 예문
참고	보다 깊은 이해를 돕기 위한 참조 예문
○	올바른 문장
×	바르지 못한 문장
△	틀렸다고는 할 수 없지만, 잘 쓰지 않는 문장

목 차

あ행 ·· 12
　★ 체크 문제　43

か행 ·· 45
　★ 체크 문제　122

さ행 ·· 124
　★ 체크 문제　163

た행 ·· 165
　★ 체크 문제　367

な행 ·· 371
　★ 체크 문제　500

は행 ·· 502
　★ 체크 문제　539

ま행 ·· 541
　★ 체크 문제　582

や행 ·· 584
　★ 체크 문제　615

ら행 ·· 617

わ행 ·· 628
　★ 체크 문제　633

を행 ·· 634

ん행 ·· 664
　★ 체크 문제　671

부록 ·· 673

★★★★★★★★★★★★★★ 일본어 문형 630

01 あいだ ★4

~동안, ~사이

접속 방법 「보통형(な형용사의 어간 + な / 명사 + の)」+ 間
あいだ

① わたしは夏の間、ずっと北海道にいました。
나는 여름 동안, 줄곧 홋카이도에 있었습니다.

② 両親が旅行をしている間、ぼくが毎日食事を作りました。
부모님이 여행을 하는 동안, 제가 매일 식사를 만들었습니다.

③ 兄がゲームをしている間、弟はそばで見ています。
형이 게임을 하고 있는 동안, 남동생은 옆에서 보고 있습니다.

④ 夏休みにとなりのうちがにぎやかな間は、わたしも楽しい気分になる。
여름방학에 이웃집이 떠들썩한 동안에는 나도 기분이 즐거워진다.

「間」는 시간의 폭이 있는 상태를 나타내는 말에 연결되어, '그 시간 동안 계속해서'라는 의미를 나타냅니다. 그 뒤에는 계속되는 동작이나 상태를 나타내는 말이 온다는 것, 꼭 기억하세요.

참고 あいだに

間 ――――― 幅 ―――――
8/1   8/31

夏休みの間、北海道にいました。
(8/1 から 8/31 までずっと 8월 1일부터 8월 31일까지 계속)

1회 2회 3회

쏙쏙 어휘　ずっと 쭉, 계속　にぎやかだ 떠들썩하다, 번화하다

02 あいだに

~동안에, ~사이에

접속 방법 「보통형(な형용사의 어간 + な / 명사 + の)」+ 間に

① 夏休みの間に引っ越ししたいです。
여름방학 동안에 이사를 하고 싶습니다.

② わたしがいない間にだれか来たのでしょうか。門が少し開いています。
내가 없는 사이에 누군가 왔나요? 문이 조금 열려 있군요.

③ 日本にいる間に1度富士山に登りたい。
일본에 있는 동안에 후지산에 한 번 오르고 싶다.

④ 暇な間に本だなをかたづけてしまおう。
한가할 때에 서가를 정리해 둬야지.

「間に」는 시간의 폭이 있는 상태를 나타내는 말에 연결되어, '그 시간의 폭이 끝나기 전에'라는 의미를 나타냅니다. 그 뒤에는 순간적인 것을 나타내는 표현이 오니까, 잘 기억해 두세요.

참고 **あいだ**

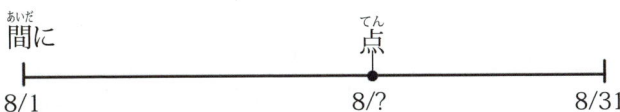

夏休みの間に引越ししたいです。
(8/1 から 8/31 のある日 8월 1일부터 8월 31일의 어느 날)

1회 2회 3회

あいまって ➡ とあいまって   298

쏙쏙 어휘   引っ越す 이사하다   本だな 책장   かたづける 정리하다, 치우다

03 あげく

~한 끝에

접속 방법 「동사의 た형 / する동사의 명사형 + の」+ あげく

① この前国際センターに行った時は、さんざん道に迷ったあげく、もう一度、駅前に戻って交番で道を聞かなければならなかった。

지난번 국제센터에 갔을 때는 길을 몇 번이고 헤맨 끝에, 다시 역 앞으로 되돌아가 파출소에서 길을 물어봐야 했다.

② 太郎はお金のことや友人の問題でさんざん親に心配をかけたあげく、とうとう家を出てしまった。

타로는 돈과 친구 문제로 부모님께 몹시 걱정을 끼친 끝에, 결국엔 집을 나가 버렸다.

③ この問題については、長時間にわたる議論のあげく、結論は先送りされた。

이 문제에 대해서는 장시간에 걸친 논의 끝에, 결론은 보류되었다.

④ 何日も話し合いをしたあげくの果ての結論として、今年はわたしたちの代表は送らないことにした。

며칠 동안이나 계속된 협의 끝에 나온 결론으로서, 유감스럽지만 이번에 우리 모임으로서는 대표를 보내지 않기로 했다.

▶ '여러 가지로 ~한 후에 결국은 유감스러운 결과가 되었다'고 말하고자 할 때 사용합니다.
▶ 한 번뿐인 일이나 가벼운 사항에 대한 결과에는 사용하지 않고, 주로 「いろいろ (여러 가지)・さんざん (몹시)・長い時間 (오랜 시간)」 등의 강조하는 말과 함께 사용합니다.
  ◆ (×) あの日社長とけんかしたあげくに、会社をやめた。
▶ ④의 「あげくの果て」는 관용 표현입니다.
▶ 비슷한 표현으로는 「すえ(に)」가 있으니까, 함께 기억해 두세요.

참고 **すえ(に)**

□ □ □
1회 2회 3회

쏙쏙 어휘 心配をかける 걱정을 끼치다 先送り 연기, 보류 話し合い 의논 果て 끝, 말로

04 あげる ★5

주다, 드리다

접속 방법 「명사 + を」+ あげる

① 姉はあい子さんの誕生日にケーキをあげた。
  누나는 아이코 씨의 생일에 케이크를 주었다.

② A : わあ、たくさんおみやげを買いましたね。
  와~, 선물을 많이 사셨네요.

  B : ええ、会社の人たちにあげるんです。
  네, 회사 동료들에게 줄 겁니다.

③ この人形は部長の奥さまにさしあげようと思って買いました。
  이 인형은 부장님 사모님께 드리려고 샀습니다.

④ 先生の受賞のお祝いに何かさしあげましょうよ。
  선생님의 수상 축하선물로 뭔가 드리죠.

⑤ わたしの旅行中、花に水をやるのを忘れないでね。
  내가 여행하는 사이에 꽃에 물을 주는 것을 잊지 말아 줘.

⑥ A : 森さんはお正月に、お子さんにお年玉をあげますか。
  모리 씨는 설날에 자녀분들에게 세뱃돈을 줍니까?

  B : いいえ、自分の子どもたちにはやりませんよ。
  아뇨, 내 아이들에게는 주지 않습니다.

▶ 물건을 주는 사람을 주어로 한 수수 표현으로, 물건을 주는 사람은 '나' 또는 받는 사람에 비해 심리적으로 '나'와 가까운 관계에 있는 사람을 가리킵니다.
  ◆ (×) 林さんはわたしにプレゼントをあげました。
    (×) メリーさんはわたしの妹にプレゼントをあげました。

▶ 「さしあげる」는 예문 ③, ④처럼 받는 사람이 손윗사람인 경우에 사용하며, 「やる」는 예문 ⑤처럼 동식물 등에 사용합니다. 또한, 예문 ⑥처럼 자신의 가족에게 하는 행위를 가족이외의 타인에게 말할 때에도 사용할 수 있답니다.

05 あっての ★1

~가 있기에 가능한, ~가 있어야 할 수 있는

접속 방법 「명사」+ あっての

① 愛あっての結婚生活だ。愛がなければ、いっしょに暮らす意味がない。
사랑이 있어야 결혼생활도 있는 것이다. 사랑이 없다면, 함께 사는 의미가 없다.

② わたしたちはお客さまあっての仕事ですから、お客さまを何より大切にしています。
우리들은 손님이 있어야 하는 일이기 때문에, 손님을 무엇보다 소중히 여깁니다.

③ 交渉は相手あってのことですから、自分の都合だけ主張してもうまくいかない。
협상은 상대방이 있어야 가능한 것이기 때문에, 자신의 사정만 주장해 봐야 제대로 되지 않는다.

「명사 1 + あっての + 명사 2」의 형태로, '명사 1이 있기 때문에 명사 2가 성립한다'고 강조할 때 사용하는 표현입니다.

1회 2회 3회

あたって ➡ にあたって 408
あたらない ➡ に(は)あたらない 466
あって ➡ にあって 409

쏙쏙 어휘 交渉 교섭   都合 형편, 사정

06 あとで ★5

~한 후(에)

접속 방법 「동사의 た형 / 명사 + の」+ 後で

① 食事の後で、少し散歩しませんか。
식사 후에, 잠시 산책하지 않겠습니까?

② この薬はご飯を食べる前に飲みますか、食べた後で飲みますか。
이 약은 식사를 하기 전에 먹습니까, 식사를 마친 후에 먹습니까?

③ このビデオ、あなたが見た後で、わたしにも貸してください。
이 비디오, 당신이 본 후에 제게도 빌려 주세요.

④ 祭りの後、ごみがいっぱいだった。
축제 후에, 쓰레기가 가득했다.

⑤ 祖父はみんなとお茶を飲んだ後、ずっと部屋で本を読んでいます。
할아버지는 다함께 차를 마신 후, 쭉 방에서 책을 읽고 계십니다.

▶ 「~後で…」의 형태로, 두 가지의 행위나 상태(「~」과 「…」) 중 어느 쪽이 나중인지를 나타낼 때 사용하는 표현입니다. 이때 「…」의 행위나 상태가 「~」의 행위보다 시간적으로 뒤쪽을 가리킵니다.

▶ 예문 ④, ⑤처럼 「…」가 계속되고 있는 행위나 상태를 나타내는 문장의 경우에는 「後で」가 아닌 「後」를 사용해야 한다는 것, 아래의 잘못 쓴 예문을 통해 꼭 익혀 두세요.
  ◆ (×) 退院した後で、ずっと元気です。

あと ➡ あとで 17

쏙쏙 어휘　ごみ 쓰레기　祖父 조부, 할아버지

07 あまり ★2

지나치게 ~해서, 지나치게 ~한 나머지

접속 방법 「명사 + の / 동사・형용사의 보통형 (긍정형만)(な형용사 어간 + な)」+ あまり

① 今のオリンピックは勝ち負けを気にするあまり、スポーツマンシップという大切なものをなくしているのではないか。

지금의 올림픽은 승패를 지나치게 신경 쓰는 나머지, 스포츠맨쉽이라는 소중함을 잃고 있는 것은 아닐까.

② 試験の問題は易しかったのに、考えすぎたあまり、間違えてしまった。

시험 문제는 쉬웠는데, 너무 생각한 나머지 틀리고 말았다.

③ 合格の知らせを聞いて、彼女はうれしさのあまり泣き出した。

합격 통지를 받고 그녀는 너무 기쁜 나머지, 울음을 터뜨렸다.

④ 夫が突然の事故で亡くなった。彼女は悲しみのあまり心の病になってしまった。

남편이 갑작스런 사고로 죽었다. 그녀는 너무 슬픈 나머지, 마음의 병이 들고 말았다.

⑤ K市は開発を優先するあまり、市民の生活の安全を軽視しているのではないか。

K시는 개발을 지나치게 우선시한 나머지, 시민생활의 안전을 경시하고 있는 것은 아닐까.

「~あまり」의 형태로 '~의 정도가 극단적이어서 일반적이지 않은 상태나 좋지 않은 결과가 된다'는 것을 말하고자 할 때 사용하는 표현입니다. 예문 ③, ④처럼 「~」에는 감정을 나타내는 말이 오는 경우가 많다는 것, 기억해 두세요.

☐ ☐ ☐
1회 2회 3회

쏙쏙 어휘　勝ち負け 승패　気にする 신경 쓰다　間違える 틀리다, 실수하다　泣き出す 울기 시작하다

08 あまりの〜に ★2

너무, 지나치게

접속 방법　あまりの ＋ 명사 ＋ に

① 今年の夏はあまりの暑さに食欲もなくなってしまった。
올 여름은 너무나 더워서 식욕을 잃어 버렸다.

② 今のわたしの仕事はきつい。あまりの大変さに時々会社を辞めたくなる。
지금 내가 하고 있는 일은 고되다. 너무 힘들어서 가끔 회사를 그만두고 싶어진다.

③ 父はデジタルカメラの講習を受けに行ったが、あまりの難しさにびっくりしたようだ。
아버지는 디지털 카메라 강습을 받으러 갔지만, 너무 어려워서 깜짝 놀란 모양이다.

▶ '〜의 정도가 극단적이어서'라는 의미를 나타내며, 그것이 원인이 되어 일반적이지 않은 결과가 된다고 말할 때 사용하는 표현입니다.
▶ 예문처럼 「〜」는 「형용사의 어간 ＋ さ」의 형태가 많습니다.

□ □ □
1회 2회 3회

쏙쏙 어휘　きつい 고되다, 심하다　講習 강습

09 いかんで

여하에, 여부에 따라

접속 방법 「명사 + (の)」 + いかんで

① 商品の説明のし方いかんで、売れ行きに大きく差が出てきてしまう。
상품의 설명요령 여하에 따라, 매출 상황이 크게 차이가 나게 된다.

② このごろとても疲れやすいので、当日の体調いかんでその会に出席するかどうか決めたい。
요즘 들어 너무 쉽게 피곤해지기 때문에, 그날의 컨디션 여하에 따라 그 모임에 참석할지 여부를 결정하고 싶다.

③ 国の援助のいかんによって、高齢者や身体障害者の暮らし方が変わると思う。
국가의 원조 여하에 따라, 고령자나 신체장애인들의 삶이 바뀐다고 생각한다.

④ 今度の事件をどう扱うかは校長の考え方いかんです。
이번 사건을 어떻게 다룰지는 교장선생님의 생각 여부에 달렸습니다.

▶ 주로 정도나 종류의 차이를 나타내는 말에 이어져서, '그것에 대응해서 어떤 일이 변한다, 어떤 일을 결정한다'고 말하고자 할 때 사용하는 표현입니다.
▶ 예문 ③의 「いかんによって」도 의미와 용법은 같으며, ④처럼 문말에서는 「いかんだ」의 형태가 됩니다.
▶ 「しだいで」와 의미와 용법은 같지만, 격식을 차린 딱딱한 표현입니다.

참고 しだいで

□ □ □
1회 2회 3회

いかんだ ➡ いかんで 20

쏙쏙 어휘 売れ行き 팔리는 상태, 팔림새   体調 몸의 상태

10 いかんでは

여하에 따라서는, 여부에 따라서는

접속 방법 「명사 + (の)」 + いかんでは

① 君の今学期の出席率いかんでは、進級できないかもしれないよ。
자네의 이번 학기 출석률 여부에 따라서는 진급 못할지도 몰라.

② 本の売れ行きいかんでは、すぐに増刷ということもあるでしょう。
책의 판매 상황 여하에 따라서는 바로 증판에 들어갈 수도 있을 것입니다.

③ 出港は午後3時だが、天候のいかんによっては、出発が遅れることもある。
출항은 오후 3시지만, 날씨 여하에 따라서는 출항이 늦어질 수도 있다.

▶ 주로 정도나 종류의 차이를 나타내는 말에 이어져서, '그 가운데 어떤 경우에는 ~하는 경우도 있다'고 말하고자 할 때 사용합니다. 「~いかんで」의 용법의 일부이며, 여러 가지 가능성 가운데 하나를 예로 들어서 말할 때 사용하는 표현입니다.
▶ 예문 ③의 「いかんによっては」도 의미와 용법은 같습니다.
▶ 「しだいでは」와 의미, 용법은 같지만, 격식을 차린 딱딱한 표현입니다.

참고 いかんで・しだいでは

1회 2회 3회

쏙쏙 어휘　増刷 증쇄　天候 날씨, 일기

11 いかんにかかわらず

여부에 관계없이

| 접속 방법 | 「명사 + (の)」+ いかんにかかわらず |

① 調査の結果いかんにかかわらず、かならず連絡してください。
조사 결과 여부에 관계없이, 반드시 연락 주세요.

② 理由のいかんにかかわらず、いったん払い込まれた受講料は返金できないことになっています。
이유 여하에 관계없이, 일단 지불하신 수강료는 환불할 수 없도록 되어 있습니다.

③ この区では、場所のいかんにかかわらず路上喫煙は禁止です。
이 구에서는 장소 여하에 상관없이, 노상흡연은 금지입니다.

▶ 「いかんにかかわらず」의 형태로, '~이 어떻든 그것과 관계없이 뒤의 일이 성립한다'는 의미를 나타냅니다.
▶ 「いかんによらず」와 의미, 용법이 거의 동일합니다.

참고 いかんによらず

1회 2회 3회

いかんによって ➡ いかんで 20
いかんによっては ➡ いかんでは 21

쏙쏙 어휘 払い込む 지불하다 返金 돈을 갚음 路上喫煙 도로에서 보행 중에 흡연하는 것

12 いかんによらず ★1

여하를 막론하고

접속 방법 「명사 + (の)」 + いかんによらず

① 事情のいかんによらず、欠席は欠席だ。
사정 여하를 막론하고, 결석은 결석이다.

② 試験の結果いかんによらず、試験中に不正行為のあったこの学生の入学は絶対に認められない。
시험 결과 여하에 관계없이, 시험 중에 부정행위가 있었던 이 학생의 입학은 절대로 인정할 수 없다.

③ 進行状況のいかんによらず、中間報告を提出してください。
진행 상황 여하에 관계없이, 중간보고를 제출해 주세요.

▶ 「いかんによらず」의 형태로, '~이 어떻든 그것과 관계없이 뒤의 일이 성립한다'는 의미를 나타냅니다.
▶ 「いかんにかかわらず」와 의미, 용법이 거의 동일합니다.

참고 いかんにかかわらず

1회 2회 3회

いざしらず ➡ はいざしらず 507

쏙쏙 어휘 不正行為 부정행위   認める 인정하다, 허가하다

13 いじょう(は) ★2

~한 이상(은), ~인 이상(은)

접속 방법 「보통형(な형용사의 어간 + である / 명사 + である)」+ 以上(は)

① 約束した以上、守るべきだと思う。
   약속한 이상, 마땅히 지켜야 한다고 생각한다.

② この学校に入学した以上は、校則は守らなければならない。
   이 학교에 입학한 이상은, 교칙은 준수해야 한다.

③ 学生である以上、勉強を第一にしなさい。
   학생인 이상, 공부를 제일로 생각하세요.

「~以上、…」의 형태로 '~이기 때문에, 당연히 …'라는 말하는 사람의 판단, 결의, 권유 등을 말할 때 사용하는 표현입니다. 「…」에는 말하는 사람의 판단이나 의향을 나타내는 표현, 또는 상대방을 독려 또는 권유, 금지 등의 표현이 자주 사용됩니다.

□ □ □
1회 2회 3회

いただく ➡ もらう 580
いたって ➡ にいたって 410
いたっては ➡ にいたっては 411
いたり ➡ のいたり 482
いたる ➡ にいたる 412
いたるまで ➡ にいたるまで 413
いちばん ➡ がいちばん 48

쏙쏙 어휘　守る 지키다　校則 교칙　第一 제일, 첫 번째

14 いっぽう（で） ★2

~하는 한편(으로)

접속 방법 「보통형 (な형용사의 어간 + な・である / 명사 + である)」+ 一方(で)

① いい親は厳しくしかる一方で、ほめることも忘れない。
훌륭한 부모는 엄하게 꾸짖는 한편으로, 칭찬하는 것도 잊지 않는다.

② 一人暮らしは寂しさを感じることが多い一方、気楽だというよさもある。
혼자 사는 것은 외로움을 느낄 때가 많은 한편, 마음이 편하다는 장점도 있다.

③ この出版社は大衆向けの雑誌を発行する一方で、研究書も多く出版している。
이 출판사는 대중을 대상으로 하는 잡지를 발행하는 한편으로, 연구서도 많이 출판하고 있다.

④ わたしの家では兄が父の会社を手伝う一方、姉がうちで母の店を手伝っている。
우리 집에서는 형이 아버지의 회사를 도와주는 한편, 누나가 집에서 어머니의 가게를 돕고 있다.

예문 ①, ②처럼 어떤 사항에 대해 두 가지 면을 대비시켜서 나타내거나, 예문 ③, ④처럼 어떤 일이 행해지는 것과 병행해서 다른 사항도 행해진다고 표현할 경우에 사용되는 표현입니다.

1회 2회 3회

쏙쏙 어휘 一人暮らし 혼자 삶(독거) 気楽 속 편함, 홀가분함 ~向け ~용(대상이나 행선지를 나타냄)

15 いっぽうだ ★3

점점 더 ~해지다

접속 방법 「동사의 사전형」+ 一方(いっぽう)だ

① これからは寒(さむ)くなる一方(いっぽう)です。風邪(かぜ)をひかないよう、お体(からだ)を大切(たいせつ)に。
앞으로는 점점 더 추워져만 갈 것입니다. 감기에 걸리지 않도록 건강 조심 하세요.

② ノップさんの日本語(にほんご)の成績(せいせき)は上(あ)がる一方(いっぽう)です。
놉 씨의 일본어 성적은 계속 오르고 있습니다.

③ この駅(えき)ビルのデパートは人気(にんき)が出(で)て、毎年客(まいねんきゃく)が増(ふ)える一方(いっぽう)だ。
이 역 빌딩에 있는 백화점은 인기가 생기면서, 해마다 손님들이 계속 늘고 있다.

④ この10年(ねん)ほどの間(あいだ)に、日本(にほん)の海岸(かいがん)の砂浜(すなはま)は狭(せま)くなっていく一方(いっぽう)だそうだ。
최근 10년 동안에 일본 해안의 모래사장은 계속해서 좁아지고 있다고 한다.

▶ 어떠한 사항의 상황 변화가 한 방향으로 나아가고 있는 것을 나타낼 때 쓰이는 표현입니다.
▶ 변화를 나타내는 동사와 연결된다는 것, 꼭 기억해 두세요.

1회 2회 3회

いなや ➡ やいなや 584
いらい ➡ ていらい 237

쏙쏙 어휘 増(ふ)える 늘다   砂浜(すなはま) 모래사장

16 うえ(に)

~한데다

접속 방법 「보통형 (な형용사의 어간 + な・である / 명사 + の・である)」+ 上(に)

① ゆうべは道に迷った上、雨にも降られて大変でした。
어젯밤에는 길을 잃은데다가, 비도 맞아서 힘들었습니다.

② この機械は使い方が簡単な上に、小型で使いやすい。
이 기계는 사용법이 간단할 뿐만 아니라, 소형이어서 사용하기 편하다.

③ 彼の話は長い上に、要点がはっきりしないから、聞いている人は疲れる。
그 사람의 이야기는 장황한데다가, 요점이 분명하지 않기 때문에 듣는 사람이 피곤하다.

▶ 앞의 사항과 같은 방향의 사항(플러스와 플러스, 마이너스와 마이너스)을 「それに(게다가, 더욱이)」라는 느낌으로 덧붙여서 나타내는 표현입니다.

▶ 주의할 점은 뒤에는 상대방에게 어떤 행동을 요구하는 명령, 금지, 의뢰, 권유 등의 문장은 오지 않는다는 것입니다.

1회 2회 3회

쏙쏙 어휘   道に迷う 길을 잃다, 길을 헤매다   小型 소형

17 うえで ★2

우선 ~한 후에, ~한 다음에 〈일이 끝난 다음〉

접속 방법 「동사의 た형 / する동사의 명사형 + の」+ 上で

① 詳しいことはお目にかかった上で、説明いたします。
자세한 사항은 뵙고 난 후에, 설명 드리겠습니다.

② 申込書の書き方をよく読んだ上で、記入してください。
신청서 쓰는 방법을 충분히 읽고 난 후에 기입해 주세요.

③ どの大学を受験するか、両親との相談の上で、決めます。
어느 대학을 시험 치를지, 부모님과 의논 후에 결정하겠습니다.

④ これは一晩考えた上での決心だから、気持ちが変わることはない。
이것은 하룻밤 곰곰이 생각한 후에 결심한 것이기 때문에, 마음이 바뀔 일은 없다.

▶ 「~上で…」의 형태로, 우선「~」을 한 후에 그것을 바탕으로「…」라고 하는 다음 행동을 취한다는 의미를 나타냅니다.

▶ 「上で」의 전후 동사로는 의지 동사가 온다는 것, 기억해 두세요.

□ □ □
1회 2회 3회

쏙쏙 어휘　お目にかかる 뵙다, 만나뵙다　　申込書 신청서　　一晩 하룻밤, 밤새

18 うえで ★2

~하는 데 있어서, ~함에 있어 〈목적〉

접속 방법 「동사의 사전형 / する동사의 명사형 + の」+ 上で

① 今度の企画を成功させる上で、ぜひみんなの協力が必要なのだ。
이번 기획을 성공시키는 데 있어서, 반드시 여러분들의 협력이 필요하다.

② 数学を学習する上で大切なことは、基礎的な事項をしっかり身につけることだ。
수학을 학습하는 데 있어서 중요한 것은 기초적인 사항을 착실히 익히는 것이다.

③ 有意義な留学生活を送る上での注意点は下記のとおりです。
유익한 유학생활을 보내는 데 있어서의 주의할 점은 아래와 같습니다.

④ テレビは外国語の勉強の上でかなり役に立ちます。
텔레비전은 외국어 공부를 하는 데 있어서 상당히 도움이 됩니다.

⑤ 食料品の保存の上で、次のことに注意してください。
식료품을 보존하는 데 있어서, 다음과 같은 사항에 주의하세요.

「~上で」의 형태로, 「~」에는 적극적인 목적을 밝히고 뒤에는 그 목적이나 목표에 필요한 것, 중요한 일 등을 기술하는 문장이 옵니다. 하지만 주의할 점은 행위를 나타내는 문장은 오지 않는데, 아래의 예문을 통해 잘 익혀 두세요.
◆ (×) 日本での生活の上でいろいろなものを買った。

1회 2회 3회

うえで ➡ のうえで 483

쏙쏙 어휘   しっかり 착실히   身につける (몸에) 익히다   有意義 의의가 있음   役に立つ 도움이 되다

19 うえは

~한 이상은, ~함에 있어

접속 방법 「동사의 사전형・동사의 た형」 + 上は

① 社長が決断した上は、われわれ社員はやるしかない。
사장님이 결단 내린 이상은 우리 사원들은 따를 수밖에 없다.

② 実行する上は、十分な準備が必要だ。
실행하기로 한 이상은 충분한 준비가 필요하다.

③ やろうと決心した上は、たとえ結果が悪くても全力をつくすだけだ。
하겠다고 결심한 이상은 설령 결과가 나쁘더라도 전력을 다할 뿐이다.

④ 親元を離れる上は、十分な覚悟をするべきだ。
부모 곁을 떠나는 이상은 단단히 각오를 해야 한다.

▶ 「~上は、…」의 형태로 '~이기 때문에 당연히 …'라는 의미를 나타내며, 말하는 사람의 결의, 각오 등을 말할 때 사용하는 표현입니다.
▶ 「…」에는 책임이나 각오를 동반하는 행위의 말을 사용하며, 주로「べきだ・つもりだ・はずだ・にちがいない・てはいけない」 등의 표현과 사용됩니다.
▶ 「いじょう(は)・からには」와 가까운 표현입니다.

참고 **いじょう(は)・からには**

1회 2회 3회

쏙쏙 어휘   たとえ 설령, 비록   親元 부모 슬하, 부모 곁

20 うちに ★3

~하는 동안(사이)에, ~하는 가운데 〈시간의 폭〉

접속 방법 「동사의 사전형・동사의 て형+いる・동사의 ない형/명사+の」+うちに

① 今は上手に話せなくても練習を重ねるうちに上手になります。
지금은 능숙하게 말하지 못하더라도 연습을 거듭하는 동안에 늘게 됩니다.

② 友達に誘われて何回か山登りをしているうちに、わたしもすっかり山が好きになった。
친구에게 이끌려 몇 번인가 등산을 하는 동안에, 나도 완전히 산을 좋아하게 되었다.

③ 親しい仲間が集まると、いつも楽しいおしゃべりのうちに時間が過ぎてしまう。
친한 친구들이 모이면 항상 즐겁게 수다떠는 사이에 시간이 지나 버린다.

④ ふと外を見ると、気がつかないうちに雨が降り出していた。
문득 밖을 보니, 모르는 사이에 비가 쏟아지기 시작하고 있었다.

계속성을 나타내는 말에 이어져서, 그 상태가 계속되는 가운데 처음에는 예상하지 못했던 변화가 일어나는 것을 나타냅니다. 뒤에는 상태의 변화를 나타내는 문장이 온다는 것, 기억하세요.

1회 2회 3회

쏙쏙 어휘   誘う 권유하다, 꾀다   すっかり 완전히, 매우   ふと 문득

21 うちに ★3

~일 때, ~하기 전에 〈일이 시작되기 전〉

접속 방법 「동사의 사전형 · 동사의 ない형 / い형용사의 사전형 / な형용사의 어간 + な /
명사 + の」+ うちに

① 独身のうちに、いろいろなことをやってみたいです。
독신일 때, 이것저것 해 보고 싶습니다.

② 若いうちに勉強しなかったら、いったいいつ勉強するんですか。
젊었을 때 공부하지 않으면, 도대체 언제 공부합니까?

③ 体が丈夫なうちに、1度富士山に登ってみたい。
몸이 튼튼할 때에, 한 번 후지산에 오르고 싶다.

④ タンさんが東京にいるうちに、ぜひ3人で食事をしませんか。
탄 씨가 도쿄에 있는 동안에, 모쪼록 셋이서 식사를 하지 않겠습니까?

⑤ (料理の本から) スープに生クリームを加えたら、沸騰しないうちに火から降ろす。
(요리 책에서) 수프에 생크림을 넣고, 끓기 전에 불을 끈다.

⑥ 暗くならないうちに家に帰らなければなりません。
어두워지기 전에 집에 돌아가야 합니다.

「うちに」의 앞에 기술되는 내용과 반대 상태가 되면 실현시키기가 어려워지므로, 어떤 일이 일어나기 전에 ~을 하라고 할 때 사용하는 표현입니다.

1회 2회 3회

쏙쏙 어휘 加える 보태다, 더하다 沸騰 액체 등이 끓어오름 降ろす 내리다, 내려놓다

22 うる

할 수 있다, 가능하다, 있을 수 있다

접속 방법 「동사의 ます형」 + 得る

① これは仕事を成功させるために考え得る最上の方法です。
이것은 일을 성공시키기 위해서 생각할 수 있는 최상의 방법입니다.

② この事故はまったく予測し得ぬことであった。
이 사고는 전혀 예측할 수 없던 일이었다.

③ これは彼でなくてはなし得ない大事業である。
이것은 그가 아니고서는 해낼 수 없는 중대사업이다.

④ この事故はいつでも起こり得ることとして十分注意が必要だ。
이 사고는 언제든지 일어날 수 있는 일로서 충분한 주의가 필요하다.

⑤ 彼が事件の現場にいたなんて、そんなことはあり得ない。
그가 사건현장에 있었다니, 그런 일은 있을 수 없다.

▶ 사전형은「うる」나「える」두 가지로 읽을 수 있고, ます형, ない형, た형은「えます」,「えない」,「えた」로 읽으면 됩니다.
▶ 「동사 + うる」는 '그렇게 할 수 있다' 또는 '그렇게 될 가능성이 있다'라는 의미이고,「동사 + えない」는 '그렇게 할 수 없다' 또는 '그렇게 될 가능성이 없다'는 의미를 나타냅니다.
▶ '그 사람의 능력으로 할 수 있거나 할 수 없다'라는 의미로는 사용하지 않으니까, 주의하세요.

1회 2회 3회

えない ➡ うる 33
える ➡ うる 33

쏙쏙 어휘 最上 최상 現場 현장

23 お〜・ご〜 ★4

~분, ~님(단, 사람이 대상인 경우에 사용)

접속 방법 お ＋「い형용사의 사전형 / な형용사의 어간 / 명사」
　　　　　　ご ＋「な형용사의 어간 / 명사」

① 先生、ご家族の皆さんはお元気ですか。
　선생님, 가족분들 모두 건강하십니까?

② 田中さん、お宅の皆さんはいつもお忙しそうですね。
　다나카 씨, 귀댁의 모든 분들은 항상 바쁘신 것 같군요.

③ この部屋にあるものはどうぞご自由にお使いください。
　이 방에 있는 물건은 부디 편하실대로 사용하세요.

▶ 상대방을 대상으로 하는 행위나 사항(お手紙(편지)・お招き(초대)), 상대방과 관계가 있는 것에「お」나「ご」를 붙여서 존경 또는 정중한 기분을 나타낼 때 사용하는 표현입니다.
▶ 일본 고유의 말(和語)에는「お」가 붙는 경우가 많고, 한자어(漢語)에는「ご」가 붙는 경우가 많으니까, 잘 구분해서 알아 두세요.

□ □ □
1회 2회 3회

お〜いたす ➡ お〜する　37
おいて ➡ において　414
おいて ➡ をおいて　634
おうじて ➡ におうじて　415
おうずる ➡ におうじて　415
おかげか ➡ おかげで　35

쏙쏙 어휘　お宅 댁 (가정의 높임말)

24 おかげで ★3

덕분에, 덕택에, 덕택으로

접속 방법 「보통형(な형용사의 어간 + な・である / 명사 + の・である」+ おかげで

① 母は最近新しく発売された新薬のおかげで、ずいぶん元気になりました。
어머니는 최근에 새로 발매된 신약 덕분에, 상당히 건강해졌습니다.

② あなたが手伝ってくれたおかげで、仕事が早くすみました。ありがとう。
당신이 도와 준 덕분에, 일이 빨리 끝났습니다. 고맙습니다.

③ 夜の道路工事が終わったおかげか、昨夜はいつもよりよく寝られた。
야간 도로공사가 끝난 덕택인지, 어젯밤은 평소보다 푹 잘 수 있었다.

④ 今日、私が指揮者として成功できたのは斉藤先生の厳しいご指導のおかげです。
오늘날 제가 지휘자로서 성공할 수 있었던 것은 사이토 선생님의 엄격한 지도 덕분입니다.

⑤ A: 就職が決まったそうですね。おめでとう。
취직이 결정되었다면서요? 축하합니다.

   B: おかげさまで。ありがとうございます。
   덕분에요. 고맙습니다.

「〜おかげで…」의 형태로, '〜의 도움이 있었기 때문에, …라고 하는 좋은 결과가 되었다'라는 감사의 기분을 나타낼 때 사용합니다. 예문 ③의「おかげか」는 '그 한 가지만이 원인인지 아닌지 확신은 서지 않지만'이라는 느낌을 나타내며, ⑤의「おかげさまで」는 인사말로 자주 사용되는 표현입니다.

1회 2회 3회

쏙쏙 어휘   指揮者 지휘자

25 お~ください

~해 주십시오, ~해 주세요

접속 방법 お + 「동사의 ます형」 / ご + 「する동사의 명사형」 + ください

① (駅で)危ないですから、黄色い線の内側にお下がりください。
(역에서) 위험하니까, 노란선 안쪽으로 물러나 주십시오.

② (空港のカウンターで)パスポートと航空券をお見せください。
(공항 카운터에서) 여권과 항공권을 보여 주세요.

③ (病院などで)予約のある方は、10分前においでください。
(병원 등에서) 예약을 하신 분은 10분 전에 와 주십시오.

④ (デパートで)7階レストランへは、エレベーターをご利用ください。
(백화점에서) 7층 레스토랑까지는 엘리베이터를 이용해 주십시오.

▶ 공공장소에서 자주 사용되는 권유나 지시의 간결한 표현으로, 자신을 위한 의뢰에는 사용하지 않는다는 것을 아래의 예문을 통하여 잘 익혀 두세요.
  ◆ (×) 先生、わたしの作文をお直しください。
    (○) 先生、わたしの作文を直してくださいませんか。
        선생님, 제 작문을 고쳐주시지 않겠습니까?

▶ ③의「おいでください」는 특수한 형태로, 「来てください」라는 의미를 나타냅니다.

▶「する・来る」나 한 글자로 된 2그룹 동사「見る(보다)・着る(입다)・寝る(자다)・出る(나가(오)다)」등은 이 형태를 사용할 수 없으므로, 잘 기억해 두세요.
  ◆ (×) この写真をお見ください。
    (○) この写真をご覧ください。
        이 사진을 봐 주세요.

1회 2회 3회

おける ➡ において 414

26 お ～する

～하다

접속 방법 お ＋「동사의 ます형」＋ する ★4

① 学生：先生、おかばんをお持ちします。
   선생님, 가방을 들어 드리겠습니다.

   先生：ああ、タンさん、ありがとう。
   아~, 탄 씨, 고마워요.

② 学生：先生、プーケットにいらっしゃってください。わたしがご案内いたします。
   선생님, 푸켓에 오십시오. 제가 안내해 드리겠습니다.

   先生：それはありがとう。 그거 고맙네.

③ わたしは結婚式の写真を先生にお見せしました。
   저는 결혼식 사진을 선생님께 보여 드렸습니다.

④ 店員：では、修理ができましたら、お知らせいたします。
   그럼, 수리가 다 되면 연락 드리겠습니다.

   客 ：じゃ、よろしくお願いします。 그럼, 잘 부탁합니다.

▶ 상대에 대한 존경의 기분을 나타내기 위해서 말하는 사람이 자신의 행위를 낮추어서 말하는 표현입니다.
▶ 상대방을 위한 행위에 사용하며, 존경하는 상대가 없는 동작에는 사용하지 않습니다.
   ◆ (×) わたしは夜一人でCDをおかけして、お聞きします。
     (○) わたしは夜一人でCDをかけて、聞きます。
▶ 예문 ②처럼「案内(안내)」등의 한자어인 경우에는「ご ～します・ご ～いたします」의 형태로 사용한다는 것을 기억해 두세요.

1회 2회 3회

27 おそれがある
~할 우려가 있다

접속 방법 「동사의 현재형 / 명사 + の」+ おそれがある

① この地震による津波のおそれはありません。
이번 지진에 의한 쓰나미(해일)가 발생할 우려는 없습니다.

② この薬は副作用のおそれがあるので、医者の指示に従って飲んでください。
이 약은 부작용이 생길 우려가 있으니까, 의사의 지시에 따라서 복용해 주세요.

③ 小中学校の週休二日制は子どもたちの塾通いを増加させるおそれがあると言われている。
초등학교·중학교의 주5일제 수업은 아이들의 과외학습을 증가시킬 우려가 있다고 지적받고 있다.

④ 歯および歯周辺の不具合は、体全体の健康に影響を与えるおそれがあります。
치아 및 치아 주변의 불편함은 몸 전체의 건강에 영향을 끼칠 우려가 있습니다.

'~라는 나쁜 일이 일어날 가능성이 있다'라는 의미로, 뉴스나 통지문 등에서 자주 사용되는 격식 차린 표현입니다.

1회 2회 3회

쏙쏙 어휘   津波 해일   副作用 부작용   塾通い 학원에 다님   不具合 형편이나 상태가 좋지 않음

28 お ~だ

~하시다

접속 방법 お + 「동사의 ます형」 + だ

① (改札口で) 特急券をお持ちですか。
(개찰구에서) 특급 승차권을 갖고 계십니까?

② 会長、先ほどから、田中様がお待ちです。
회장님, 아까부터 다나카 씨가 기다리고 계십니다.

③ 社長、何をお探しですか。
사장님, 무엇을 찾고 계십니까?

「~ています」의 존경의 형태로, 「~ていらっしゃいます」의 간결한 표현이기도 합니다. 예문 ①의 「お持ちです」는 「持っていらっしゃいます(갖고 계십니다)」의 의미를 나타냅니다.

1회 2회 3회

쏙쏙 어휘 改札口 개찰구   特急券 특급 승차권   先ほど 아까, 조금 전

29 お ～になる

~하시다

접속 방법 　お ＋ 「동사의 ます형」＋ になる

① 会長は10月8日にバンコクからお帰りになります。
　　회장님은 10월 8일에 방콕에서 돌아오십니다.

② 社員：社長、奥さまにお電話をおかけになりましたか。
　　사장님, 사모님께 전화 하셨습니까?

　 社長：ああ、さっきかけたよ。
　　아, 조금 전에 걸었어.

③ 学生：この新聞はもうお読みになりましたか。
　　이 신문은 벌써 읽으셨습니까?

　 先生：いえ、まだなんですよ。
　　아니, 아직 안 읽었어요.

▶ 상대방이나 제3자에 대해 존경의 감정을 나타낼 때 사용하는 표현입니다.
▶ 존경의 의미가 담겨있지 않은 동사(ぬすむ・なぐる 등)나 허물없는 사이에서 쓰는 상투적 표현(がんばる・しゃべる 등)에는 이 형태를 사용할 수 없으니까, 주의하세요.

1회 2회 3회

쏙쏙 어휘 　奥さん 부인 (다른 사람의 아내를 높여 부르는 말)

30 おり(に) ★2

~했을 때(에), ~하는 기회에

접속 방법 「동사의 사전형・동사의 た형 / 명사 + の」+ 折(に)

① このことは今度お目にかかった折に詳しくお話しいたします。
이 일은 다음번에 뵙게 될 때에 자세히 말씀드리겠습니다.

② 先月北海道に行った折、偶然昔の友達に会った。
지난달 홋카이도에 갔을 때, 우연히 옛 친구를 만났다.

③ 何かの折にわたしのことを思い出したら手紙をくださいね。
어쩌다(가) 제 생각이 나면, 편지를 주세요.

④ (手紙) 寒さ厳しい折から、くれぐれもお体を大切にしてください。
(편지) 추위가 기승을 부리는 시기이니까, 부디 건강에 유의하십시오.

'어떤 좋은 기회에'라는 의미이기 때문에, 뒤에 오는 문장에는 마이너스적인 내용은 거의 오지 않습니다. 예문 ④와 같이 편지의 전형적인 문구도 있으니까, 함께 알아 두세요.

□ □ □
1회 2회 3회

おろか ➡ はおろか 508

쏙쏙 어휘 思い出す 생각나다, 떠오르다   くれぐれも 부디, 아무쪼록

31 おわる

다(전부) ~하다

접속 방법 「동사의 ます형」+ 終わる

① みんなご飯を食べ終わりました。テーブルの上をかたづけましょう。
모두 밥을 다 먹었습니다. 테이블 위를 치웁시다.

② 作文を書き終わった人は、この箱に入れてください。
작문을 다 한 사람은 이 상자에 넣어 주세요.

③ この部屋の窓ガラスはぜんぶふき終わりました。次はとなりの部屋です。
이 방의 유리창은 전부 닦았습니다. 다음은 옆방입니다.

④ 子どもたちがみんなバスに乗り終わったら、出発しましょう。
아이들이 모두 버스에 타면, 출발합시다.

▶ 시작과 끝이 있는 동작·작용이 모두 끝났다는 의미를 나타냅니다.
▶ 일반적으로 순간 동사에는 접속하지 않지만, 예문 ④처럼 많은 사람의 동작이나 사물이 작용하는 경우에는 순간 동사에도 붙을 수 있습니다.

참고 つづける・はじめる

1회 2회 3회

쏙쏙 어휘 まどガラス 창유리   ふく 닦다, 훔치다

체크 문제 あ행

◆ 다음 문장의 괄호 안에 들어갈 알맞은 표현을 써 넣으세요.

① このビデオ、あなたが見た (　　　　　　　)、わたしにも貸してください。
　이 비디오, 당신이 본 후에 제게도 빌려 주세요.

② 合格の知らせを聞いて、彼女はうれしさの (　　　　　　　) 泣き出した。
　합격 통지를 받고 그녀는 너무 기쁜 나머지, 울음을 터뜨렸다.

③ 日本にいる (　　　　　　　)1度富士山に登りたい。
　일본에 있는 동안에 후지산에 한 번 오르고 싶다.

④ 本の売れ行き (　　　　　　　)、すぐに増刷ということもあるでしょう。
　책의 판매 상황 여하에 따라서는 바로 증판에 들어갈 수도 있을 것입니다.

⑤ 作文を書き (　　　　　　　) 人は、この箱に入れてください。
　작문을 다 한 사람은 이 상자에 넣어 주세요.

⑥ この薬は副作用の (　　　　　　　) ので、医者の指示に従って飲んでください。
　이 약은 부작용이 생길 우려가 있으니까, 의사의 지시에 따라서 복용해 주세요.

⑦ やろうと決心した (　　　　　　　)、たとえ結果が悪くても全力をつくすだけだ。
　하겠다고 결심한 이상은 설령 결과가 나쁘더라도 전력을 다할 뿐이다.

⑧ 約束した (　　　　　　　)、守るべきだと思う。
　약속한 이상, 마땅히 지켜야 한다고 생각한다.

⑨ あなたが手伝ってくれた (　　　　　　　)、仕事が早くすみました。ありがとう。
　당신이 도와 준 덕분에, 일이 빨리 끝났습니다. 고맙습니다.

⑩ この駅ビルのデパートは人気が出て、毎年客が増える (　　　　　　　)。
　이 역 빌딩에 있는 백화점은 인기가 생기면서, 해마다 손님들이 계속 늘고 있다.

⑪ 先月北海道に行った（　　　　　　　）、偶然昔の友達に会った。
지난달 홋카이도에 갔을 때, 우연히 옛 친구를 만났다.

⑫ 愛（　　　　　　　）結婚生活だ。愛がなければ、いっしょに暮らす意味がない。
사랑이 있어야 결혼생활도 있는 것이다. 사랑이 없다면, 함께 사는 의미가 없다.

⑬ 今は上手に話せなくても練習を重ねる（　　　　　　　）上手になります。
지금은 능숙하게 말하지 못하더라도 연습을 거듭하는 동안에 늘게 됩니다.

⑭ 会長は10月8日にバンコクから（　　　　　　　）帰り（　　　　　　　）。
회장님은 10월 8일에 방콕에서 돌아오십니다.

⑮ 夜の道路工事が終わった（　　　　　　　）、昨夜はいつもよりよく寝られた。
야간 도로공사가 끝난 덕택인지, 어젯밤은 평소보다 푹 잘 수 있었다.

⑯ 申込書の書き方をよく読んだ（　　　　　　　）、記入してください。
신청서 쓰는 방법을 충분히 읽고 난 후에 기입해 주세요.

⑰ この事故はいつでも起こり（　　　　　　　）こととして十分注意が必要だ。
이 사고는 언젠가든지 일어날 수 있는 일로서 충분한 주의가 필요하다.

▶ あ행 정답 ☞ 123 p

を・ん행 체크 문제 정답

① を限りに　　② くださいませんか　　③ んだって　　④ んばかりに
⑤ を余儀なくされた　　⑥ を込めて　　⑦ を通じて　　⑧ んがために
⑨ を問わず　　⑩ を契機にして　　⑪ を禁じ得ない　　⑫ んだった
⑬ をもって　　⑭ をはじめ　　⑮ んだ　　⑯ を皮切りにして

32 が ★5

~이지만, ~입니다만 〈역접〉

접속 방법 「정중형・보통형」+ が

① 10月になりましたが、毎日暑い日が続いています。
10월이 되었습니다만, 매일 더운 날이 계속되고 있습니다.

② この部屋は新しくてきれいですが、狭いです。
이 방은 새것이고 깨끗합니다만, 비좁습니다.

③ 読み方を辞書で調べたが、わからなかった。
읽는 방법을 사전에서 찾아봤지만, 알 수가 없었다.

반대되는 의미나 대립하는 의미의 문장을 연결할 때 사용하는 표현입니다.

1회 2회 3회

쏙쏙 어휘 読み方 읽는 방법 調べる 조사하다

33 が

~입니다만 〈서두・부드러운 표현〉

접속 방법 「정중형・보통형」+ が

① 先生、この言葉の意味がわからないんですが、教えてくださいませんか。
선생님, 이 단어의 의미를 모르겠는데요, 가르쳐 주시지 않겠습니까?

② (電話で) もしもし、田中ですが、鈴木さん、いらっしゃいますか。
(전화로) 여보세요, 다나카입니다만, 스즈키 씨 계십니까?

③ ちょっとお聞きしたいんですが……。駅へはどう行くんでしょうか。
잠시 여쭙고 싶은데요……. 역까지는 어떻게 가면 되나요?

④ A : 一人でお酒を飲むのはつまらないですよね。
혼자서 술을 마시는 건 재미가 없죠?

　B : さあ、わたしはそうは思いませんが……。
글쎄요, 저는 그렇게는 생각하지 않습니다만…….

▶ 두 개의 문장을 단순히 연결하는 용법입니다. 예문 ①, ②, ③처럼 말의 서두에 오는 용법으로 자주 사용됩니다.
▶ 예문 ④의 용법은 표현을 약간 부드럽게 해서 여운을 남기는 표현입니다.

1회 2회 3회

がい ➡ かいがあって 47

쏙쏙 어휘　つまらない 지루하다, 재미없다

34 かいがあって ★2

~한 보람이 있어서

접속 방법 「동사의 사전형・た형 / する동사의 명사형 + の」+ かいがあって
「동사의 ます형」+ がい

① 毎日水をやったかいがあって、10月になって庭の花がきれいに咲いた。
매일 물을 준 보람이 있어서, 10월이 되자 정원에 꽃이 아름답게 피었다.

② しっかり準備をし、心を込めて説明したかいがあって、わたしたちの案が取り上げられた。
단단히 준비를 하고 정성껏 설명을 한 보람이 있어, 우리들의 안이 채택되었다.

③ 厳しいトレーニングのかいがあって、チーム誕生以来、初めての入賞を果たした。
힘든 훈련을 한 보람이 있어, 팀이 탄생한 이래로 첫 입상을 달성했다.

④ きらいな注射をされたが、そのかいもなく、しばらく熱が下がらなかった。
싫어하는 주사를 맞았지만, 그런 보람도 없이 한동안 열이 내리지 않았다.

⑤ 時間とお金を使って遠くまで来たかいもなく、名物の桜はほとんど散ってしまっていた。
시간과 돈을 써가며 먼 곳까지 온 보람도 없이, 명물인 벚꽃은 거의 지고 없었다.

⑥ この子は教えたことはすぐ覚えるので、教えがいがある。
이 아이는 가르친 것은 금방 익히기 때문에, 가르치는 보람이 있다.

⑦ 年を取っても生きがいのある人生を求めるこの著者の姿勢に心を打たれた。
나이가 들어도 삶의 보람이 있는 인생을 추구하는 이 저자의 자세에 감동을 받았다.

▶ '어떤 목적이나 의지를 가지고 행한 행위가 좋은 효과나 성과가 있어서'라는 의미입니다.
▶ 예문 ④, ⑤처럼 바람직한 성과가 없었을 때는「かいもなく」라는 형태로 사용합니다. 그리고 예문 ⑥, ⑦에서는「がい」앞에 의지 동사의 행위에서 얻어진 바람직한 성과를 말하고, 전체를 명사로 취급합니다. 이렇게 사용할 때는 항상「がい」라고 읽어야 합니다.

35 ～がいちばん

~이 제일, ~이 가장

접속 방법 「명사」 + が + いちばん

① A：リーさんはくだものの中で、何がいちばん好きですか。
　　이 씨는 과일 중에서 무엇을 가장 좋아하세요?

　　B：オレンジがいちばん好きです。 오렌지를 가장 좋아합니다.

② この課の中でだれがいちばん早く会社に来ますか。
　　이 과 중에서 누가 가장 일찍 회사에 옵니까?

③ ケーキがいろいろありますが、この中でどれがいちばんおいしいでしょうか。 케이크가 여러 가지 있는데, 이 중에서 어느 것이 가장 맛있을까요?

④ 電話とファクスとメールと、どれをいちばんよく使いますか。
　　전화와 팩스와 이메일 중에서 어느 것을 가장 자주 사용합니까?

⑤ A：1年中でいちばんいそがしいのはいつですか。
　　일년 중에서 가장 바쁜 때는 언제입니까?

　　B：そうですねえ。12月の終わりごろです。
　　글쎄요. 12월 말쯤입니다.

⑥ 世界でいちばん有名な人はだれでしょうか。
　　세계에서 가장 유명한 사람은 누구일까요?

▶ 일정한 범위 안에서 최고의 것을 가리킬 때 사용하는 표현으로, 예문 ③, ④처럼 비교하는 것이 세, 네 개의 구체적인 사물인 경우에는「どれ(어느 것), どの(어느)」를 사용해서 질문해야 합니다.

▶ 여러 가지가 있는 가운데에서 최고를 가리킬 때에는 예문 ①처럼「～の中で」를 사용합니다. 그리고, 하나하나 나눌 수 없는 전체에서 으뜸이 되는 것을 가리킬 때에는 예문 ⑥처럼「～で」의 형태가 된다는 것도 함께 알아 두세요.

かいもなく	➡ かいがあって	47
かかわらず	➡ にかかわらず	416
かかわりなく	➡ にかかわりなく	417
かかわる	➡ にかかわる	418
かぎって	➡ にかぎって	419
かぎらず	➡ にかぎらず	420

36 かぎり(は) ★2

~하는 한〈조건의 범위〉

접속 방법 「보통형의 현재형 (な형용사의 어간 + な・である / 명사 + である)」+ かぎり(は)

① 体が丈夫なかぎり、思いきり社会活動をしたいものだ。
몸이 튼튼한 한은 마음껏 사회활동을 해 보고 싶다.

② 日本がこの憲法を守っているかぎりは、平和が維持されると考えていいだろうか。
일본이 이 헌법을 준수하고 있는 한은 평화가 유지될 것이라고 생각해도 괜찮을까?

③ 小川氏がこの学校の校長でいるかぎり、校則は変えられないだろう。
오가와 씨가 이 학교의 교장으로 있는 한, 교칙은 바꿀 수 없을 것이다.

④ A: そろそろ会議を始めませんか。
슬슬 회의를 시작하지 않겠습니까?

B: あの部屋は今、別の会議をやっているから、それが終わらないかぎり使えないんです。
그 방은 지금 다른 회의하는데 사용하고 있어서, 그것이 끝나지 않는 한 시작할 수 없습니다.

「~かぎり…」의 형태로 「~」의 상태가 계속되고 있는 동안은 「…」의 상태가 지속된다고 나타낼 때 사용하는 표현으로, 「かぎり」의 전후에는 시간적인 폭을 가지고 있는 표현이 옵니다.

37 かぎり

~하는 한〈한계〉

접속 방법　「동사의 사전형 / 명사 + の」+ かぎり

① 何かわたしがお手伝いできることがあったら言ってください。できるかぎりのことはいたしますから。
뭔가 제가 도와드릴 수 있는 일이 있다면 말씀해 주세요. 할 수 있는 것은 무엇이든 도와드릴 테니까요.

② 昔この辺りは見渡すかぎり田んぼだった。
옛날에 이 주변은 보이는 것은 온통 논이었다.

③ さあ、いよいよあしたは入学試験だ。力のかぎりがんばってみよう。
자, 드디어 내일은 입학시험이다! 힘이 닿는 한 최선을 다해 보자.

④ わたしたちのチームが負けそうになったので、みんなあらんかぎりの声を出して応援した。
우리 팀이 질 것 같았기 때문에, 모두가 힘껏 소리를 질러 응원했다.

'한계까지 ~한다'라는 뜻을 나타내고자 할 때 사용하는 표현입니다. 관용 표현으로서 예문 ④와 같은 예도 있으니까, 함께 알아 두세요.

□ □ □
1회 2회 3회

かぎり ➡ ないかぎり　373
かぎり ➡ にかぎり　421

쏙쏙 어휘　入学 입학　声を出す 소리를 내다　応援 응원

38 かぎりだ ★1

너무 ~하다, ~하기 그지없다

접속 방법 「い형용사의 사전형 / な형용사의 어간 + な」+ かぎりだ

① 明日彼が3年ぶりにアフリカから帰ってくる。うれしいかぎりだ。
내일 그가 3년 만에 아프리카에서 돌아온다. 너무 기쁘다.

② このごろの若い人ははっきりと自己主張する。うらやましいかぎりである。
요즘 젊은이들은 확실하게 자기주장을 한다. 부럽기 그지없다.

③ 大事な仕事なのに彼が手伝ってくれないなんて、心細いかぎりだ。
중요한 일인데도 그가 도와주지 않다니, 마음이 불안하기 짝이 없다.

- ▶ '현재 자신이 매우 그렇게 느끼고 있다'고 하는 마음의 상태를 나타낼 때 쓰이는 표현입니다.
- ▶ 말하는 사람의 기분을 나타내는 말이므로, 3인칭 문장에는 거의 사용하지 않는다는 것을 꼭 기억해 두세요.

쏙쏙 어휘 大事だ 중요함, 소중함 心細い 불안하다, 마음이 안 놓이다

39 かぎりでは

~의 한도 내에서는, ~하는 바로는

접속 방법 「동사의 사전형·た형／명사＋の」＋かぎりでは

① この売り上げ状況のグラフを見るかぎりでは、わが社の製品の売れ行きは順調だ。

이 매상 상황의 그래프를 본 바로는 우리 회사 제품의 매출은 순조롭다.

② ちょっと話したかぎりでは、彼はいつもとまったく変わらないように思えた。

잠시 이야기한 바로는 그 사람은 여느 때와 전혀 다름이 없다는 생각이 들었다.

③ 今回の調査のかぎりでは、この問題に関する外国の資料はあまりないようだ。

이번에 조사한 바로는 이 문제에 관한 외국 자료는 별로 없는 것 같다.

어떠한 사항을 판단하기 위한 정보의 범위를 한정할 때 사용하는 표현으로, 정보를 얻는 행위 「(見る(보다)・聞く(듣다・묻다)・調べる(조사하다)」 등을 나타내는 단어에 접속합니다.

1회 2회 3회

かぎりに ➡ をかぎりに 635
かぎる ➡ にかぎる 422
かけだ ➡ かける 53
かけては ➡ にかけては 423

쏙쏙 어휘 売り上げ 매상   順調 순조로움

40 かける

~하다가 (말다)

접속 방법 「동사의 ます형」 + かける

① 風邪は治りかけたが、またひどくなってしまった。
감기는 나아지기 시작했는데, 다시 심해졌다.

② 母は夕食を作りかけて、長電話をしている。
어머니는 저녁밥을 짓다 말고, 장시간 전화를 하고 있다.

③ 一郎の宿題はまたやりかけだ。
이치로의 숙제는 또 하다 말았다.

④ こんなところに食べかけのりんごを置いて、あの子はどこへ行ったのだろう。
이런 곳에 먹다 만 사과를 두고, 그 아이는 어디에 간 걸까?

▶ '어떤 동작이나 사건이 일어났지만, 아직 ~하는 도중'이라는 뜻을 나타낼 때 사용하는 표현입니다.
▶ 「かけの」처럼 명사로 취급하는 경우도 있으니까, 함께 알아 두세요.

1회 2회 3회

がさいご ➡ たらさいご 198

쏙쏙 어휘 治る 낫다, 치유되다   夕食 저녁밥

41 がする ★4

(소리가) 들린다, (냄새가) 난다, (느낌이) 든다

접속 방법 「명사 + が」+ する

① どこかでねこの鳴き声がします。
어딘가에서 고양이 울음소리가 납니다.

② いいにおいがしますね。きょうのご飯は何ですか。
좋은 냄새가 나는군요. 오늘 메뉴는 무엇입니까?

③ となりの部屋で変な音がします。どうしたのでしょう。
옆방에서 이상한 소리가 납니다. 무슨 일일까요?

④ このお菓子、紅茶の味がしますね。
이 과자, 홍차 맛이 나는군요.

⑤ 星を見ていると、なんだか夢のような感じがします。
별을 보고 있으면, 왠지 꿈을 꾸는 듯한 느낌이 듭니다.

소리, 음성, 맛, 냄새, 향기, 느낌 등의 감각을 표현하고 싶을 때 사용하는 표현입니다.

1회 2회 3회

쏙쏙 어휘 鳴き声 울음소리, 우는 소리 紅茶 홍차

42 がたい

~하기 어렵다, ~할 수 없다

| 접속 방법 | 「동사의 ます형」 + がたい |

① あの元気なひろしが病気になるなんて信じがたいことです。
그 건강한 히로시가 병이 나다니. 믿을 수 없는 일입니다.

② 弱い者をいじめるとは許しがたい行為だ。
약자를 괴롭히다니. 용서할 수 없는 행위이다.

③ 幼い子どもと離れて暮らすことは彼には耐えがたかったのだろう。
어린 자식과 멀리 떨어져 지내는 것은 그 사람으로서는 견디기 어려웠을 것이다.

▶ '그렇게 하는 것은 어렵다, 불가능하다'라는 의미를 나타내는 표현입니다.
▶ 「信じる(믿다)・許す(허가하다)・理解する(이해하다)・想像する(상상하다)・受け入れる(받아들이다)」 등의 동사와 함께 자주 쓰입니다. 약간은 예스러운 표현이며, 관용적으로 사용되는 경우가 많답니다.
▶ '그 사람의 능력으로는 할 수 없다'라는 의미로는 사용되지 않으니까, 아래의 예문을 통해 잘 기억해 두세요.
   ◆ (×) わたしにはコンピューターは難しくて、使いがたいです。
   　(×) けががまだ治っていないので、長い時間は歩きがたい。

1회	2회	3회

쏙쏙 어휘　病気になる 병이 들다, 아프다　いじめる 괴롭히다　耐える 견디다

43 かたがた ★1

겸사겸사, ~할 겸(해서)

접속 방법 「명사 / する동사의 명사형」 + かたがた

① 最近ごぶさたをしているので、卒業のあいさつかたがた保証人のうちを訪ねた。
최근에 연락을 드리지 못했기 때문에, 졸업인사를 할 겸해서 보증인 집을 방문했다.

② ごぶさたのおわびかたがた、近況報告に先生をお訪ねした。
한동안 소식을 전하지 못한 사과도 할 겸, 근황을 보고하러 선생님 댁을 찾아갔다.

③ 彼がけがをしたということを聞いたので、お見舞いかたがた、彼のうちを訪ねた。
그 사람이 다쳤다는 소식을 들어서, 문병할 겸 그의 집을 방문했다.

▶ 「~かたがた、…」의 형태로, '하나의 행위에 두 개의 목적을 덧붙여서 행한다'고 하는 것을 나타내는 표현입니다. 격식있는 자리나 비즈니스 관련 상황에서 자주 사용합니다.

▶ 「…」에는 「訪問する(방문하다)・上京する(상경하다)」 등의 이동에 관계되는 동사가 자주 사용됩니다.

▶ 「お祝いかたがた(축하할 겸)・お礼かたがた(감사의 말씀을 올릴 겸)・ご報告かたがた(보고할 겸)」 등의 표현을 관용적으로 자주 사용합니다.

1회 2회 3회

かたくない ➡ にかたくない 424

쏙쏙 어휘   ごぶさた 무소식(오랜만에 만났을 때 하는 인사말)   おわび 사죄(「わび」의 높임말)   近況 근황

44 が〜だけに ★2

~가 ~인 만큼

접속 방법 「명사 + が + 명사」+ だけに

① 母は今年93歳になった。今は元気だが、歳が歳だけに、病気をすると心配だ。
어머니는 올해 93세가 되었다. 지금은 건강하지만 나이가 나이인 만큼, 병이 나게 되면 걱정이다.

② ほしい時計があるのだが24万円だそうだ。値段が値段だけに買おうかどうしようかと迷っている。
갖고 싶은 시계가 있지만, 24만 엔이라고 한다. 가격이 가격인 만큼, 살지 말지 망설이고 있다.

③ 彼女は死にたいと言っている。事が事だけに、黙って聞いていることはできない。
그녀는 죽고 싶다고 말하고 있다. 사태가 사태인 만큼, 잠자코 듣고 있을 수만은 없다.

「명사 + が + 명사 + だけに、…」의 형태로, 같은 명사를 반복해서 '명사가 특별하기 때문에 「…」로 표현하기에 충분한 이유가 있다'고 말하고자 할 때 쓰는 표현입니다.

1회 2회 3회

쏙쏙 어휘　迷う 망설이다　黙る 입을 다물다, 가만히 있다

45 かたわら ★1
~하는 한편(으로)

접속 방법 「동사의 사전형 / 명사 + の」+ かたわら

① 市川氏は役所で働くかたわら、ボランティアとして外国人に日本語を教えている。
이치카와 씨는 관공서에서 일하는 한편, 자원봉사로서 외국인에게 일본어를 가르치고 있다.

② 田中さんは銀行に勤めるかたわら、作曲家としても活躍している。
다나카 씨는 은행에 근무하는 한편으로, 작곡가로서도 활약하고 있다.

③ あの人は大学院での研究のかたわら、小説を書いているそうです。
그 사람은 대학원에서 연구하는 한편, 소설을 쓰고 있다고 합니다.

▶ 「~かたわら、…」의 형태로, '~을 하는 한편으로, 병행해서 …도 하고 있다'라는 뜻을 나타냅니다.
▶ 「かたわら」는 「ながら」와 비교해서, 장기간에 걸쳐 계속되고 있는 사항 및 직업이나 입장 등을 양립시키고 있는 경우에 자주 사용됩니다.
▶ 「~」에는 그 사람이 본래 하고 있는 일이 옵니다.

쏙쏙 어휘 役所 관청, 관공서   ボランティア 자원 봉사자   作曲家 작곡가

46 がち

자주 ~하다, ~하기 십상이다

접속 방법 「동사의 ます형 / 명사」 + がち

① 森さんは小学校4年生のとき体を悪くして、学校もとかく休みがちだった。
모리 씨는 초등학교 4학년 때 몸이 안 좋아서, 학교도 자주 결석하기 십상이었다.

② 田中さんは留守がちだから、電話してもいないことが多い。
다나카 씨는 자주 집을 비우기 때문에, 전화를 해도 없는 경우가 많다.

③ 今週は曇りがちの天気が続いたが、今日は久しぶりによく晴れた。
이번 주는 계속 흐린 날씨가 이어졌지만, 오늘은 오랜만에 맑게 개었다.

④ 環境破壊の問題は自分の身に迫ってこないと、無関心になりがちである。
환경파괴 문제는 자신에게 직접 닥쳐오지 않으면, 자칫 무관심해지기 십상이다.

▶ 「~がち」의 형태로 '~의 상태로 되기 쉬운 경향이 있다, ~의 비율이나 횟수가 많다'고 말할 때 사용하는 표현이며, 주로 좋지 않은 일에 사용합니다.

▶ 「とかく~がち」의 형태로 자주 사용하며, 이 외에도 「忘れがち(곧잘 잊음)・怠けがち(게으름피움)・遠慮がち(조심스러움)・病気がち(병이 잦음)・遅れがち(곧잘 늦음)」 등의 표현이 있습니다.

1회 2회 3회

쏙쏙 어휘 とかく 자칫(하면)　留守 집을 비움　身に迫る 다가오다, 사무치다

47 がてら

~하는 김에, 겸사겸사

접속 방법 「동사의 ます형 / する동사의 명사형」+ がてら

① 月1回のフリーマーケットをのぞきがてら、公園を散歩してきた。
월 1회 열리는 벼룩시장을 구경할 겸해서, 공원을 산책하고 왔다.

② 散歩がてら、ちょっと郵便局まで行ってきます。
산책하는 김에, 잠시 우체국에 다녀오겠습니다.

③ 買い物がてら新宿へ行って、展覧会ものぞいて来よう。
쇼핑하는 김에, 신주쿠에 가서 전람회도 구경하고 오자.

④ 駅まで30分ほどかかるが、天気のいい日は運動がてら歩くことにしている。
역까지 30분쯤 걸리지만, 날씨가 좋은 날은 운동할 겸해서 걷기로 하고 있다.

▶ 「~がてら、…」의 형태로 '하나의 행위를 할 때에 두 가지의 목적을 덧붙여서 한다'는 의미를 나타냅니다. 또한 '한 가지 일을 하면, 결과적으로 두 가지 일을 할 수 있다' 등의 의미에도 사용할 수 있습니다.

▶ 「…」에는 「歩く (걷다)・行く (가다)」 등 이동과 관련 있는 동사가 자주 사용됩니다.

1회 2회 3회

쏙쏙 어휘　フリーマーケット 벼룩시장　　のぞく 잠깐 들르다

48 （か）とおもうと ★2

~했다고 생각한 순간, ~하자마자

접속 방법 「동사의 た형」+ （か）と思うと

① 空でなにかピカッと光ったかと思うと、ドーンと大きな音がして地面が揺れた。
하늘에서 뭔가 번쩍하고 빛나는가 싶더니, 바로 쿵하는 커다란 소리가 나며 지면이 흔들렸다.

② あの子はやっと勉強を始めたと思ったら、もういねむりをしている。
그 아이는 겨우 공부를 시작했는가 싶더니, 벌써 앉아서 졸고 있다.

③ うちの子どもは学校から帰ってきたかと思うと、いつもすぐ遊びに行ってしまう。
우리 집 아이는 학교에서 돌아오자마자, 항상 바로 놀러 나가 버린다.

▶ 「~（か）と思うと…」의 형태로, 「~」가 일어난 바로 직후에 「…」가 일어난다고 할 때에 사용하는 표현입니다.

▶ 「（か）と思うと」는 실제로 일어난 사안에 대해 묘사하기 때문에, 의지적인 행위를 나타내는 문장이나 「よう」 또는 「つもり」 등의 의지문, 명령문, 부정문 등이 뒤에 오는 경우는 없습니다. 또한, 자신의 일에 대해서도 사용할 수 없으니까, 아래의 예문을 참고하여 잘 알아 두세요.

◆ (×) 学校から帰ってきたかと思うと、すぐ勉強しよう。

▶ 예문 ②의「と思ったら」도 의미와 용법은 같습니다.

▶ 비슷한 의미와 용법을 갖는 표현에는 다음과 같은 것이 있으니까, 잘 외워 두세요.

참고 か~ないかのうちに・がはやいか・たとたん(に)・なり・やいなや

1회 2회 3회

쏙쏙 어휘   ピカッと 반짝, 번쩍   音がする 소리가 나다   いねむりをする 앉아서 졸다

49 かとおもうほど ★3

~라고 생각될 정도로

접속 방법 「보통형(な형용사의 어간 / 명사)」+ かと思うほど

① 雪解けの水は指が切れるかと思うほど冷たい。
눈이 녹은 물은 손가락이 베일 정도로 차갑다.

② 山の上で見る星は今にも降ってくるかと思うほど近くに感じられる。
산 위에서 바라보는 별은 지금 당장이라도 쏟아져 내릴 정도로 가깝게 느껴진다.

③ 雷が落ちたかと思うほど大きい音がした。
벼락이 쳤다고 생각이 들만큼 커다란 소리가 났다.

④ うれしくてうれしくて、夢かと思うほどでした。
너무 기뻐서 꿈인가 생각이 들 정도였습니다.

'실제로 그렇게 된 것은 아니지만, 그와 같은 극단적인 상태로까지 느껴질 만큼 정도가 크다'라고 비유해서 말할 때 사용하는 표현입니다.

1회 2회 3회

(か)とおもったら ➡ (か)とおもうと 61

쏙쏙 어휘 雪解け 눈이 녹음, 해빙   雷 천둥, 벼락

50 か〜ないかのうちに ★2

~하자마자, 채 ~되기도 전에

접속 방법 「동사의 사전형 + か・동사의 た형 + か」+ 동사의 ない형 + か + のうちに

① 子どもは「おやすみなさい」と言ったか言わないかのうちに、もう眠ってしまった。
아이는 '안녕히 주무세요'라고 말하자마자, 벌써 잠들어 버렸다.

② 彼はいつも終了のベルが鳴ったか鳴らないかのうちに、教室を飛び出していく。
그는 항상 종료 벨이 울리자마자, 교실을 뛰쳐나간다.

③ このごろ、うちの会社では一つの問題が解決するかしないかのうちに、次々と新しい問題が起こってくる。
요즘 우리 회사에서는 한 가지 문제가 채 해결되기도 전에, 잇달아서 새로운 문제가 일어난다.

▶ 「〜か〜ないかのうちに…」의 형태로, 「〜」가 일어난 바로 직후에 「…」가 일어난다고 말하고자 할 때에 사용합니다.

▶ 「か〜ないかのうちに」는 실제로 일어난 상황에 대해 묘사하는 것이므로, 의지적인 행위를 나타내는 문장이나「よう」또는「つもり」등의 의지적인 문장, 명령문, 부정문 등이 뒤에 오는 경우는 없습니다. 또한 자신과 관계된 일에는 사용할 수 없으니까, 아래의 예문을 통해 잘 익혀 두세요.
  ◆ (×) 空港に着くか着かないかのうちに会社に電話をかけるつもりです。

▶ 비슷한 의미와 용법을 갖는 표현에는 다음과 같은 것이 있으니까, 함께 알아 두세요.
참고 (か)とおもうと・がはやいか・たとたん(に)・なり・やいなや

1회 2회 3회

쏙쏙 어휘 終了 종료 | 飛び出す 뛰어나오(가)다 | 次々と 잇달아, 차례로

51 かねない

~할 수도 있다, ~하게 될 수도 있다, ~ㄹ 우려가 있다

접속 방법 「동사의 ます형」＋ かねない

① そんな乱暴な運転をしたら事故を起こしかねないよ。
그렇게 난폭한 운전을 하면 사고를 일으킬지도 몰라.

② 食事と睡眠だけはきちんと取らないと、体を壊すことになりかねません。
식사와 수면만큼은 규칙적으로 하지 않으면, 건강을 해치게 될지도 모릅니다.

③ 最近のマスコミの過剰な報道は、無関係な人を傷つけることにもなりかねない。
최근 매스컴의 과잉된 보도는 무관한 사람을 상처 입히게 될지도 모른다.

말하는 사람이 결과나 진행상황에 대한 걱정으로 '~라고 하는 좋지 않은 결과가 될 가능성이 있다'고 말하고자 할 때 사용하는 표현입니다.

□ □ □
1회 2회 3회

쏙쏙 어휘　乱暴 난폭함　体を壊す 건강을 해치다　過剰 과잉　傷つける 상처를 입히다, 다치게 하다

52 かねる ★2

~하기 어렵다, ~할 수 없다

접속 방법 「동사의 ます형」+ かねる

① 親の希望を考えると、結婚のことを両親に言い出しかねています。
부모님의 희망을 생각하면, 결혼에 대해 부모님에게 말을 꺼내기 어렵습니다.

② わたしの経済的に困った状況を見かねたらしく山田さんが助けてくれた。
경제적으로 힘든 나의 상황을 차마 보기 어려운 듯, 야마다 씨가 도와 주었다.

③ 彼は留学生活の寂しさに耐えかねて、1年もたたないうちに帰国してしまった。
그는 유학생활의 외로움을 차마 견딜 수가 없어서, 1년도 채 지나기도 전에 귀국해 버렸다.

④ 客：ホンコン行きの飛行機は何時に出ますか。
홍콩행 비행기는 몇 시에 출발합니까?

係：ここではわかりかねますので、あちらのカウンターでお聞きください。
여기서는 알기 어려우니까, 저쪽에 있는 카운터에서 문의해 주세요.

⑤ ただ今のご説明では、私どもとしては納得しかねます。
방금 하신 설명으로는 저희들로서는 이해하기 어렵습니다.

▶ '기분이 썩 내키지 않아서 그렇게 할 수 없다, 어렵다'라는 의미를 나타냅니다.
▶ 예문 ④는 서비스업 등에서 손님의 요구를 들어줄 수 없는 사항에 대한 완곡한 표현을 가리킵니다. 예문 ⑤는 비즈니스 등의 격식있는 자리에서 사용됩니다.

かのようだ ➡ かのように 66

쏙쏙 어휘 言い出す 말을 시작하다, 말을 꺼내다　～行き ~행　カウンター 카운터

53 かのように
~인 것처럼, ~처럼

접속 방법 「보통형(な형용사의 어간 + である / 명사・명사 + である」 + かのように

① 山田さんの部屋は何か月もそうじしていないかのように汚い。
야마다 씨의 방은 몇 달 동안이나 청소를 하지 않은 것처럼 지저분하다.

② リンさんはその写真をまるで宝ものか何かのように大切にしている。
린 씨는 그 사진을 마치 보물이나 뭔가 소중한 물건인 양 애지중지하고 있다.

③ 4月になって雪が降るなんて、まるで冬が戻ってきたかのようです。
4월이 되어 눈이 내리다니, 마치 겨울이 되돌아온 것 같습니다.

④ 田中さんにその話をすると、彼は知らなかったかのような顔をしたが、本当は知っているはずだ。
다나카 씨에게 그 이야기를 하자 그는 아무것도 모르는 듯한 표정을 지었지만, 사실은 알고 있을 것이다.

▶ '실제로는 그렇지 않지만, 마치 ~인 것처럼'이라고 뭔가를 비유해서 말할 때 사용하는 표현입니다.

▶ 예문 ②의 「~か何か」는 '~, 또는 그것과 견줄 수 있는 물건'이라는 의미로, 관용적으로 사용되는 표현이니까 잘 기억해 두세요.

1회 2회 3회

쏙쏙 어휘   まるで 마치   宝もの 보물

54 がはやいか ★1

~하자마자, ~함과 동시에

접속 방법 「동사의 사전형」＋ が早いか

① 小田先生はチャイムが鳴る**が早いか**、教室に入ってきます。
오다 선생님은 차임벨이 울리자마자, 교실에 들어옵니다.

② ひろ子は自転車に乗る**が早いか**、どんどん行ってしまった。
히로코는 자전거를 타자마자, 망설임 없이 가 버렸다.

③ その警察官は遠くに犯人らしい姿を見つける**が早いか**追いかけて行った。
그 경찰관은 먼 곳에 범인인 듯한 모습을 발견하자마자 뒤쫓아갔다.

▶ 「~が早いか…」의 형태로, 「~」가 일어난 직후에 「…」의 동작을 한다고 말하고자 할 때 사용합니다.

▶ 「がはやいか」는 실제로 일어난 사안에 대해 묘사하는 것이므로, 의지적인 행위를 나타내는 문장이나 「よう」 또는 「つもり」 등의 의지적인 문장, 명령문, 부정문 등이 뒤에 오는 경우는 없습니다. 또한, 자신과 관계된 일에는 사용할 수 없으니까, 아래의 예문을 참고하여 잘 알아 두세요.

　◆ (×) チャイムが鳴るが早いか授業をやめてください。

▶ 비슷한 의미와 용법을 갖는 표현에는 다음과 같은 것이 있으니까, 함께 알아 두세요.

참고 (か)とおもうと・か~ないかのうちに・たとたん(に)・なり・やいなや

쏙쏙 어휘　チャイム 종, 호출용 벨　どんどん 순조롭게 나아가는 모양, 척척　追いかける 뒤쫓아가다

55 がほしい ★5

~을 갖고 싶다, ~이 필요하다

접속 방법 「명사 + が」+ ほしい

① わたしは新しいノートパソコンがほしいです。
   나는 새 노트북을 갖고 싶습니다.

② 若いときは洋服やくつがたくさんほしかったですが、今はあまりほしくないです。
   젊었을 때는 양복이나 구두를 많이 갖고 싶었지만, 지금은 별로 필요하지 않습니다.

③ A：今、いちばんほしいものは何ですか。
   지금 가장 갖고 싶은 것은 무엇입니까?
   B：そうですね。寝る時間がほしいです。
   글쎄요. 잠 잘 시간이 필요합니다.

④ タンさんは日本人の友だちがほしいと言っています。
   탄 씨는 일본인 친구를 원한다고 말하고 있습니다.

⑤ A：きれいなかばんですね。 예쁜 가방이군요.
   B：ああ、これ、わたしはほしくなかったんですが、父が買ってくれたんです。 아아, 이거 저는 필요하지 않았는데, 아버지가 사 주셨습니다.

▶ 1인칭(わたし)의 욕구나 희망을 나타냅니다. 상대방의 욕구나 희망을 들을 때에도 사용하지만, 손윗사람에게는 직접적으로 사용하지 않는 것이 좋으니까, 주의하세요.
  ◆ (△) (レストランで) 先生、何がほしいですか。
  ◆ (○) (レストランで) 先生、何を召し上がりますか。 선생님, 무엇을 드시겠습니까?

▶ イ형용사와 마찬가지로 활용하며, 3인칭이 주어인 문장의 문말에는 그대로는 사용할 수 없습니다. 이때는 예문 ④와 같이「と言っている」나「がっている」를 붙여서 사용해야 합니다.
  ◆ (×) タンさんは日本人の友だちがほしいです。

1회 2회 3회

56 かもしれない ★4

~일지도 모른다, ~일 수도 있다

접속 방법 「보통형 (な형용사의 어간 / 명사)」＋ かもしれない

① 雪の日は、この道は危ないですよ。すべるかもしれませんよ。
눈이 오는 날은 이 길은 위험해요. 미끄러질지도 모릅니다.

② 今日は母が病気なので、先に失礼するかもしれません。
오늘은 어머니가 아프셔서, 먼저 실례해야 할지도 모르겠습니다.

③ ヤン：わたしの答えは正しいですか。
저의 대답은 맞습니까?

先生：正しいかもしれません、正しくないかもしれません。自分で調べてみてください。
맞을 수도 있고, 안 맞을 수도 있습니다. 스스로 조사해 보세요.

④ (スポーツ番組で) あ、森田選手、速い、速い、金メダルが取れるかもしれません。
(스포츠 프로그램에서) 아, 모리타 선수, 빠르네요, 빨라! 금메달을 딸 수 있을지도 모르겠습니다.

⑤ 外国で病気になるかもしれないから、旅行の保険に入った方がいいですよ。
외국에서 병이 날지도 모르니까, 여행보험에 가입하는 편이 좋아요.

'그럴 가능성이 있다'고 하는 의미로서 사용합니다. 예문 ③처럼 가능성이 반반인 경우에도, ④처럼 가능성이 상당히 높은 경우에도, ⑤처럼 만일의 경우에도 사용할 수 있으며, 가능성을 기대하거나 두려워하는 경우 등에도 사용할 수 있으니까, 잘 알아 두세요.

1회 2회 3회

57 から

~이니까, ~이기 때문에, ~이므로 〈원인·이유〉

★5

접속 방법 「보통형・정중형」+ から

① スープが熱いから、気をつけて持っていきなさい。
   스프가 뜨거우니까, 조심해서 갖고 가렴.

② 納豆はきらいですから、食べたくないんです。
   낫토는 싫어하니까, 먹고 싶지 않아요.

③ ちょっと空気が悪いから、窓を開けてもいいですか。
   공기가 좀 탁하니까, 창문을 열어도 괜찮을까요?

④ 一郎 : どうして冬が好きなの。
         왜 겨울을 좋아하니?

　 はな子 : スキーができるからよ。
           스키를 탈 수 있으니까.

⑤ この箱、捨てないでね。後で使うから。
   이 상자, 버리지 마. 나중에 사용할 거니까.

▶ 원인·이유를 말하고자 할 때 사용하는 표현으로, 문말에는 말하는 사람의 의지를 나타내는 문장(「たい」등)이나 상대방에게 어떠한 행동을 요청하는 문장(「なさい」,「てください」등)이 오는 경우가 많습니다.

▶ 의뢰나 거절을 할 때에는 너무 강하게 들릴 수 있으므로,「から」는 사용하지 않는 편이 좋습니다.

　◆ (○) 辞書を忘れたんですが、ちょっと見せてくださいませんか。
        사전을 잃어버렸는데요, 잠깐 보여 주지 않겠습니까?

쏙쏙 어휘　納豆 낫토　空気 공기

58 から

~때문에, ~(으)로부터 〈원인〉

접속 방법 「명사」+ から

① たばこの消し忘れから火事になった。
담뱃불 끄는 것을 잊어버려서 화재가 일어났다.

② 一瞬の不注意から事故が起こる。運転中に携帯電話を使ってはいけない。
한순간의 부주의 때문에 사고가 일어난다. 운전 중에 휴대전화를 사용해서는 안 된다.

③ 友人の無責任な言葉から、彼女は会社にいられなくなり、辞めてしまった。
친구의 무책임한 말로 인해, 그녀는 회사에 있을 수 없게 되어 그만두고 말았다.

「~から、…」의 형태로, '~가 원인으로, …의 결과가 되었다'고 말할 때 사용합니다.

□ □ □
1회 2회 3회

쏙쏙 어휘 消し忘れ (불, 전기 등) 끄는 것을 잊어버림　火事になる 화재가 나다　一瞬 일순간　言葉 말

59 からある

~씩이나 되는

| 접속 방법 | 「수량」+ からある /「가격」+ からする |

① ホテルのエレベーターが故障していたので、20キロからある荷物を背負って7階まで階段を上った。
   호텔 엘리베이터가 고장이 나서 20킬로그램이나 되는 짐을 등에 메고 7층까지 계단을 올라갔다.

② 田中さんは80歳になるのに5キロからある道を毎日歩いて通ってくる。
   다나카 씨는 여든 살이 되는데도, 5킬로미터나 되는 길을 매일 걸어서 다녀온다.

③ 作業員は100枚からの窓ガラスを手際よく次々と磨いていく。
   작업원은 백 개나 되는 창문을 솜씨 좋게 차례차례 닦아 나간다.

④ 3億円からするマンションがたくさん売れているそうだ。
   3억 엔이나 되는 맨션이 많이 팔리고 있다고 한다.

⑤ この画家の作品は小さいものでも10万円からする。
   이 화가의 작품은 작은 것도 10억 엔이나 된다.

▶ 수량을 나타내는 말에 붙어서, 많다는 것을 강조하는 표현입니다.
▶ 예문 ③의「からの」도 거의 같은 의미로 사용됩니다.
▶ 가격의 경우에는 예문 ④, ⑤처럼「からする」를 사용하기도 하므로, 그 쓰임을 잘 알아 두세요.

쏙쏙 어휘 背負う 짊어지다   手際 솜씨, 수완   次々と 차례로, 계속하여

60 からいうと ★2

~만 본다면, ~를 생각하면, ~로 봐서

접속 방법 「명사」 + からいうと

① 仕事への意欲からいうと、田中さんより山下さんの方が上だが、能力からいうと、やはり田中さんの方が優れている。
일에 대한 의욕으로만 따진다면 다나카 씨보다 야마시타 씨 쪽이 한 수 위지만, 능력만을 본다면 역시 다나카 씨 쪽이 뛰어나다.

② 小林選手は、年齢からいえばもうとっくに引退してもいいはずだが、意欲、体力ともにまだまだ十分だ。
고바야시 선수는 나이로 본다면 벌써 훨씬 전에 은퇴해도 좋았을 테지만, 의욕이나 체력 모두 아직은 충분하다.

③ リンさんの性格からいって、黙って会を欠席するはずがない。何か事故でもあったのではないだろうか。
린 씨의 성격으로 미뤄볼 때, 아무런 말없이 모임을 빠질 리가 없다. 뭔가 사고라도 생긴 것이 아닐까?

④ 教師のわたしの立場からいっても、試験はあまり多くない方がいいのです。
교사인 제 입장으로 봐서도, 시험은 너무 많지 않은 편이 좋습니다.

▶ 거기에 초점을 맞추어 판단하면 어떨지, 그 사람의 관점에서 평가하면 어떨지를 말하고자 할 때 사용하는 표현입니다.
▶ 예문 ②의「からいえば」, ③, ④의「からいって」의 형태도 있으니까, 함께 알아 두세요.
▶ 「~からすると」와 의미, 용법이 같습니다.

참고 からすると

1회 2회 3회

쏙쏙 어휘 優れる 뛰어나다, 우수하다   引退 은퇴   まだまだ 아직, 더욱

からいえば	➡	からいうと	73
からいって	➡	からいうと	73
からいっても	➡	からいうと	73

61 からこそ ★3

~이니까, ~이기 때문에, 오히려 ~이기 때문에

접속 방법 「보통형」 + からこそ

① あなただからこそお話しするのです。ほかの人には言いません。
바로 당신이니까 말씀드리는 것입니다. 다른 사람에게는 말하지 않을 겁니다.

② 彼は数学や英語の成績がよかったからこそ、合格できたのでしょう。
그는 수학과 영어 성적이 좋았기 때문에, 합격할 수 있었을 것입니다.

③ 先生に手術をしていただいたからこそ、再び歩けるようになったのです。
다름 아닌 선생님께 수술을 받았기 때문에, 다시 걸을 수 있게 되었던 것입니다.

④ あの子のことをかわいいと思っているからこそ、厳しくしつけるのです。
그 아이가 귀엽다고 생각하고 있기에, 엄하게 가르치는 것입니다.

⑤ 雨だからこそ、うちにいたくない。雨の日にうちにいるのは寂しすぎる。
오히려 비가 내리기 때문에, 집에 있고 싶지 않다. 비 오는 날에 집에 있는 것은 너무 외롭다.

▶ 두 가지의 사용법이 있는데, 예문 ①~③처럼 「~からこそ、…」의 형태로 「~」만이 유일한 이유이기 때문에 그것을 강조하고 싶을 때 사용합니다. 주로 「~からこそ…のだ」의 형태로 사용할 때가 많으며, 마이너스적인 의미를 강조할 때는 그다지 사용되지 않습니다.

▶ 다른 사용법은 예문 ④, ⑤처럼 상식적인 이유는 아니지만 그 이유에 대해 특별하게 말하고자 할 때 사용합니다.

쏙쏙 어휘 再び 재차, 다시   しつける 예의범절을 가르치다

62 からして

우선 ~부터

접속 방법 「명사」+ からして

① この職場には時間を守らない人が多い。所長からしてよく遅刻する。
   이 직장에는 시간을 지키지 않는 사람이 많다. 우선 소장부터가 자주 지각한다.

② この地方の習慣はわたしのふるさとの習慣とはずいぶん違っている。第一、毎日の食べ物からして違う。
   이 지방의 습관은 내 고향의 습관과는 상당히 다르다. 무엇보다 매일 먹는 음식부터가 다르다.

③ この店の雰囲気は好きになれない。まず、流れている音楽からしてわたしの好みではない。
   이 가게의 분위기는 도무지 좋아지질 않는다. 우선, 흘러나오는 음악부터가 내 취향이 아니다.

아주 상식적인 사항이나 일반적으로는 그다지 문제가 되지 않는 사항을 예로 들어, '~조차 그러니까 다른 일도 …'라고 말하고자 할 때 사용합니다. 이때는 마이너스적인 평가에 쓰이는 경우가 많습니다.

1회 2회 3회

からして ➡ からすると 76
からしても ➡ からすると 76
からする ➡ からある 72

쏙쏙 어휘 所長 소장   ふるさと 고향   好み 취향, 기호

63 からすると

~입장에서 본다면

접속 방법　「명사」+ からすると

① 米を作る農家からすると、涼しい夏はあまりありがたくないことだ。
쌀농사를 짓는 농가 입장에서 본다면, 서늘한 여름은 그다지 달갑지 않은 일이다.

② 安全を守るという点からすれば、子どもたちの行動をある程度制限するのはしかたがないことだろう。
안전을 준수한다는 점에서 본다면, 아이들의 행동을 어느 정도 제한하는 것은 어쩔 수 없는 일일 것이다.

③ 年金生活者の立場からして、増税はとても認められない政策だ。
연금생활자의 입장에서 미뤄볼 때, 증세는 도저히 인정할 수 없는 정책이다.

④ びんや缶などの資源回収は資源の保護から見て望ましいことだが、生産者の側からしても有益なことだと思う。
병이나 캔 등의 자원회수는 자원보호라는 측면에서 미뤄볼 때 바람직한 일이지만, 생산자 측에서 보더라도 유익한 일이라고 생각한다.

▶ 판단·평가를 하는 입장·주안점을 나타냅니다. 내가 그 입장이 되어 생각하는 역지사지(易地思之)의 상황을 말할 때 사용하는 표현으로, 「~からいうと」와 의미, 용법은 같습니다.
▶ 예문 ②의「からすれば」, ③, ④와 같은「からして」의 형태도 있으니까 함께 알아 두세요.

참고 からいうと

1회	2회	3회

からすれば ➡ からすると　76
からって ➡ からといって　77
からでないと ➡ てからでないと　246

쏙쏙 어휘　増税 증세　有益 유익함

64 からといって

~라고 해서

접속 방법 「보통형」+ からといって

① 大学を出たからといって、必ずしも教養があるわけではない。
대학을 졸업했다고 해서, 꼭 교양이 있는 것은 아니다.

② アメリカに住んでいたからといって、英語がうまいとは限らない。
미국에 살고 있다고 해서, 반드시 영어를 잘한다고는 할 수 없다.

③ 暑いからといって、クーラーの効いた部屋の中にばかりいると体によくないよ。
덥다고 해서, 냉방이 잘되는 방 안에만 있으면 건강에 좋지 않아.

④ おいしいからって、アイスクリームばかり食べちゃだめだよ。
맛있다고 해서, 아이스크림만 먹으면 안 돼.

⑤ A: あの人はお金持ちだから、きっと寄付してくれるよ。
그 사람은 부자니까, 틀림없이 기부해 줄 거야.

B: 金持ちだからって、寄付をしてくれるとは限らないよ。
부자라고 해서, 꼭 기부해 준다고는 할 수 없어.

「~からといって」의 형태로, '~라고 하는 것으로 미루어 당연히 그럴 것이라고 생각한 것과는 달리'라는 의미를 나타냅니다. 문말에는 거의 부정 표현이 오는데, 「~とは限らない・~わけではない・~というわけではない」 등의 부분 부정이 오는 경우가 많습니다. 말하는 사람의 판단이나 비판을 할 때 자주 사용하며, 허물없는 사이의 대화에서는 「からって」를 사용하기도 하니까 잘 기억해 두세요.

1회 2회 3회

쏙쏙 어휘 限らない (단정)할 수 없다 クーラー 에어컨, 냉각기 効く 효력이 있다, 잘 움직이다

65 から〜にかけて ★3
〜부터 〜에 걸쳐서

접속 방법 「명사」 + から + 「명사」 + に + かけて

① このスタイルは1970年代から1980年代にかけて流行したものだ。
이 스타일은 1970년대부터 1980년대에 걸쳐서 유행한 것이다.

② 朝、7時半から8時にかけて、電車がとても込む。
아침 7시 반부터 8시에 걸쳐서, 전철이 매우 혼잡하다.

③ (天気予報)明日は東北から関東にかけて、小雨が降りやすい天気になるでしょう。
(일기예보) 내일은 도호쿠에서 간토 지방에 걸쳐서, 가랑비가 내리기 쉬운 날씨가 되겠습니다.

④ (交通情報)首都高速道路は銀座から羽田にかけて、ところどころ渋滞となっております。
(교통정보) 수도 고속도로는 긴자에서 하네다에 걸쳐서, 군데군데 정체가 되고 있습니다.

▶ 시작과 끝이 명확하게 구별되지 않는 범위를 나타내고, 그 범위 내에서 연속적으로 또는 계속적으로 어떤 상황이 지속되고 있다고 말하고자 할 때 사용합니다. 「〜から〜まで」와 비슷하지만 이 표현은 시작과 끝이 명확하고, 그동안 계속해서 같은 상태가 이어지고 있는 것을 나타냅니다.

▶ 뒤에 오는 문장은 연속적으로 일어나는 것을 가리키므로, 아래의 예문을 통해 잘 익혀 두세요.

  ◆ (×) A駅からB駅にかけて、わたしのアパートがあります。
　　(○) A駅からB駅にかけてアパートがたくさん並んでいる。
　　　A역부터 B역에 걸쳐서 많은 아파트가 늘어서 있다.
  ◆ (×) 夜中から明け方にかけて、チンさんが訪ねてきました。
　　(○) 夜中から明け方にかけて雨が降りました。
　　　한밤중부터 새벽녘까지 비가 내렸습니다.

1회 2회 3회

쏙쏙 어휘　小雨 가랑비　ます형 + やすい 〜하기 쉽다　ところどころ 여기저기, 군데군데

66 からには

~한 이상은, 어차피 ~한다면

접속 방법 「보통형 (な형용사의 어간 + である / 명사 + である)」+ からには

① ひきうけたからには、最後まできちんとやる責任がある。
　떠맡게 된 이상 끝까지 열심히 할 책임이 있다.

② やるからには、最後までやれ。
　하는 이상은 끝까지 해라.

③ 日本に来たからには、日本のことを徹底的に知りたい。
　일본에 온 이상은 일본에 관한 것을 철저하게 알고 싶다.

④ 自分からやると言ったからには、人に認められるような仕事をしたい。
　스스로 하겠다고 말한 이상은 남에게 인정받을 수 있는 일을 하고 싶다.

▶ 「~からには、…」의 형태로, '~한 이상 당연히…'라고 말하고자 할 때 사용하는 표현입니다. 「…」에서는 끝까지 완수한다고 하는 의미를 나타내는 경우가 많습니다.

▶ 「…」에는 「べきだ・つもりだ・はずだ・にちがいない・てはいけない」등 말하는 사람의 의지를 나타내는 표현이 오는데, 이때는 상대방에게 일정한 역할을 요청하는 표현이 자주 사용됩니다.

1회 2회 3회

からの ➡ からある 72

쏙쏙 어휘　ひきうける (책임지고)떠맡다, 담당하다　徹底的に 철저하게

67 がる

~하고 싶다, ~하고 싶어하다

접속 방법 「い형용사의 어간 / な형용사의 어간)」+ がる

① 赤ちゃんがミルクをほしがって、泣いています。
  아기가 우유를 먹고 싶어서 울고 있습니다.

② 弟はオーストラリアの大学に行きたがっています。
  남동생은 오스트레일리아의 대학에 가고 싶어하고 있습니다.

③ 最近子どもが幼稚園に行きたがらないので、心配しています。
  요즘 아이가 유치원에 가고 싶어하지 않아서 걱정하고 있습니다.

④ 父が帰ってくると、犬はうれしがって部屋の中を走り回ります。
  아버지가 돌아오면, 개는 반가워하며 방 안을 마구 뛰어다닙니다.

⑤ このごろ、たばこの煙を嫌がる人が多くなりました。
  요즘 담배 연기를 싫어하는 사람들이 많아졌습니다.

⑥ 子どもはほかの子どもの持っているものをほしがります。
  아이들은 다른 아이들이 갖고 있는 것을 갖고 싶어합니다.

▶ 「ほしい(원하다)・동사 + たい(~하고 싶다)・痛い(아프다)・うれしい(기쁘다)・残念だ(유감이다)」등에 대한 3인칭의 요망・희망, 신체적 감각, 감정을 나타낼 때 사용합니다.

▶ 1그룹 동사와 동일한 활용을 하며, 「ほしい」에 붙는 경우에 조사 「が」는 「を」로 변환합니다.
  わたしは 명사がほしい。→ 弟は 명사をほしがっている。

▶ 보통은 「~がっている」의 형태로 사용하지만, 예문 ⑥처럼 일반적인 경향을 말하는 경우에는 「~がる」의 형태로 사용합니다.

▶ 주어가 손윗사람인 경우에는 사용하지 않는 편이 좋으니까, 잘 알아 두세요.
  ◆ (△) 先生は車をほしがっています。
    (○) 先生は車がほしいとおっしゃっています。
    선생님은 차를 갖고 싶다고 말하고 계십니다.

かわきりに ➡ をかわきりに（して） 636
かわって ➡ にかわって 425

68 かわりに ★3

～대신에 〈대상〉

접속 방법 「보통형 (な형용사의 어간 + な・である / 명사 + である)」＋ 代わりに

① 現代人は生活の便利さを手に入れた代わりに、自然を破壊してしまったのではないか。
현대인은 생활의 편리함을 손에 넣은 대신에, 자연을 파괴해 버린 것은 아닐까.

② この辺は買い物などに不便な代わりに、自然が豊かで気持ちがいい。
이 주변은 쇼핑 등을 하는 데 불편한 대신에, 풍요로운 자연이 있어 기분이 좋다.

③ ジムさんに英語を教えてもらう代わりに、彼に日本語を教えてあげることにした。
짐 씨에게 영어를 배우는 대신에, 그에게 일본어를 가르쳐 주기로 했다.

④ 夫は新聞は読まない代わりに、雑誌はすみずみまで読む。
남편은 신문은 읽지 않는 대신에, 잡지는 구석구석까지 읽는다.

▶ 예문 ①, ②처럼 '플러스적인 면이 있는 반면 마이너스적인 면도 있다, 또는 그 반대일 경우도 있다'라는 의미로 주로 사용하며, 예문 ③, ④와 같이 어떤 사건에 대한 보상차원에서 다른 일을 한다고 하는 사용법도 있으니까, 함께 알아 두세요.

▶ 예문 ③은 「동사 + てもらうかわりに、동사 + てあげる」 또는 「동사 + てあげるかわりに、동사 + てもらう」라고 하는 상호관계를 갖는 것을 가리킵니다.

1회 2회 3회

쏙쏙 어휘　便利さ 편리함　手に入れる 손에 넣다, 획득하다　すみずみ 구석구석, 모든 방면

69 かわりに ★3

~대신해서(사람 뒤에 올 때), ~대신에 〈대리〉

접속 방법 「동사의 사전형 / 명사 + の」+ 代わりに

① 出張中の課長の代わりに、わたしが会議に出ます。
출장 중인 과장님을 대신해서, 제가 회의에 참석하겠습니다.

② いつものコーヒーの代わりに、安い紅茶を飲んでみたがけっこうおいしかった。
늘 마시던 커피 대신에 값싼 홍차를 마셔 봤는데, 꽤 맛있었다.

③ 雨が降ったのでテニスの練習をする代わりに、うちでテレビを見て過ごしました。
비가 내렸기 때문에, 테니스 연습을 하는 대신에 집에서 텔레비전을 보며 보냈습니다.

④ 市役所に行くのに、自分で行く代わりに、姉に行ってもらった。
시청에 가는 데에, 내가 가는 대신에 누나를 가게 했다.

⑤ メールをする代わりに、今日は久しぶりに長い手紙を書いた。
메일을 보내는 대신에, 오늘은 오랜만에 장문의 편지를 썼다.

예문 ①, ②는 '사람이나 사물을 대신하는 다른 사람이나 물건'이라는 의미이며, 예문 ③, ④, ⑤는 '일반적으로 하는 행위 대신에 다른 것을 한다'고 하는 의미를 나타냅니다. 잘 구분해서 알아 두세요.

1회 2회 3회

쏙쏙 어휘   市役所 시청   メール 메일, 우편(물)

かんして	➡	にかんして 426
かんする	➡	にかんして 426
きっかけにして	➡	をきっかけに（して） 637
きまっている	➡	にきまっている 427

70 ぎみ ★2

왠지 ~한 느낌

접속 방법	「동사의 ます형 / 명사」+ 気味

① 今日はちょっと風邪気味なので、早めに帰らせてください。
오늘은 약간 감기 기운이 있기 때문에, 일찍 집에 가게 해 주세요.

② 最近、忙しい仕事が続いたので少し疲れ気味です。
최근에 바쁜 일이 계속되었기 때문에 약간 피곤한 기색입니다.

③ 長雨のため、このところ工事はかなり遅れ気味だ。
장마로 인해, 요즘 들어 공사는 상당히 지연되는 느낌이다.

④ このごろ成績がちょっと下がり気味ですが、どうかしたんですか。
요즘 성적이 조금 떨어지는 경향인데, 무슨 일이라도 있나요?

▶ '정도는 그리 심하지 않지만, ~의 경향이 있다'고 말하고자 할 때 사용하는 표현으로, 형편이 좋지 않은 장면에서 사용하는 경우가 많습니다.

▶ 「太り気味(약간 뚱뚱한 편)・不足気味(약간 부족한 편)・相手チームに押され気味(상대 팀에게 눌리는 느낌)・物価が上がり気味(물가가 오르고 있는 느낌)」등의 표현으로 자주 쓰이니까, 잘 알아 두세요.

□ □ □
1회 2회 3회

쏙쏙 어휘   早め 약간 이름, 조금 빠름   長雨 장마   かなり 꽤, 상당히

71 きらいがある ★1
~하는 경향이 있다

접속 방법 「동사의 사전형 · 동사의 ない형 + ない / 명사 + の」 + きらいがある

① あの人の話はいつも大げさになるきらいがある。
그 사람의 말은 항상 과장된 경향이 있다.

② 中年になると、どうも新しいものに興味を持たなくなるきらいがある。
중년이 되면, 아무래도 새로운 것에 흥미를 갖지 않게 되는 경향이 있다.

③ 人は自分の聞きたくないことは耳に入れないというきらいがあるのではないか。
사람은 자신이 듣고 싶지 않은 것은 귀에 담지 않으려는 경향이 있는 것은 아닐까?

④ 最近の選挙では投票率低下のきらいがある。
최근 선거에서는 투표율이 저하되는 경향이 있다.

▶ 그렇게 되기 쉬운 나쁜 경향이 있는 것을 비판적으로 말할 때 사용하며, 이 때는 외견상보다는 본질적인 성질에 사용됩니다.
▶ 「どうも~きらいがある」의 형태로 자주 사용되니까, 함께 알아 두세요.

□ □ □
1회 2회 3회

쏙쏙 어휘　大げさ 과장됨, 야단스러움　中年 중년　耳に入れる 들어서 알다, 귀띔하다

72 きり

~인 채, ~한 채

접속 방법 「동사의 た형」＋ きり

① 子どもが朝、出かけたきり、夜の8時になっても帰って来ないので心配です。
아이가 아침에 나간 채, 밤 8시가 되었는데도 돌아오지 않아서 걱정입니다.

② 田中さんは10年前にブラジルへ行ったきり、そのままブラジルに定住してしまったらしい。
다나카 씨는 10년 전에 브라질에 간 채로, 그대로 브라질에 정착해 버린 것 같다.

③ 彼女には去年1度会ったっきりです。その後手紙ももらっていません。
그녀와는 작년에 한 번 만났을 뿐입니다. 그 이후에 편지도 받지 못했습니다.

▶ 대부분의 경우「동사＋たきり、~ない」의 형태로, 뒤에는 '다음에 예상되는 일이 일어나지 않는 상태가 지속되고 있음'을 나타내는 문장이 이어집니다.
▶ 예문 ③의「会ったっきり」는 구어체이니까, 잘 기억해 두세요.

きりだ ➡ きり 85

쏙쏙 어휘　ブラジル 브라질　定住 정착

73 きる
전부 ~하다, 완전히 ~하다

접속 방법: 「동사의 ます형」＋ きる

① 5巻まである長い小説を夏休み中に全部読みきった。
다섯 권으로 된 긴 소설을 여름방학 동안에 전부 다 읽었다.

② 水泳が苦手だった幸子は中学生になってから1,000メートルを泳ぎきって自信をつけたようだ。
수영이 서툴렀던 사치코는 중학생이 되고 나서, 1,000미터를 완영하고 자신감이 생긴 것 같다.

③ 慎重な彼が「絶対にやれる」と言いきったのだから、相当の自信があるのだろう。
신중한 그가 '반드시 할 수 있다'라고 단언을 했기 때문에, 상당한 자신감이 있을 것이다.

④ 田中さんは年を取った両親と入院中の奥さんを抱え、困りきっているらしい。
다나카 씨는 연로한 부모님과 입원 중인 사모님을 떠맡게 되어, 몹시 곤경에 처해 있는 것 같다.

「동사＋きる」의 형태로, 동사를 '전부 ~하다, 끝까지 ~하다(예문 ①, ②)'라는 뜻입니다.
이 외에 예문 ③은 '강하게 ~하다', ④는 '상당히 ~하다' 등의 의미도 있습니다.

1회 2회 3회

きれない ➡ きれる 87

쏙쏙 어휘   自身をつける 자신감이 생기다   相当 꽤, 제법   抱える 맡다, 안다

74 きれる

완전히 ~되다, 완전히 ~하다

접속 방법 「동사의 ます형」+ きれる

① あの商品は人気があるらしく、発売と同時に売りきれてしまった。
그 상품은 인기가 있는 듯, 발매와 동시에 다 팔려 버렸다.

② 母は買い物に行くといつも手に持ちきれないほどの荷物を抱えて帰ってくる。
어머니는 장을 보러 가면 항상 손에 다 들 수 없을 만큼의 짐을 껴안고 돌아온다.

③ 子どもは買ってもらえないとわかっても、そのゲームをあきらめきれないらしく、ゲーム屋の前を離れようとしなかった。
아이는 사 주지 않는다는 걸 알면서도, 그 게임을 완전히 포기할 수 없는 듯, 게임기 가게 앞을 떠나려 하지 않았다.

「동사 + きれる / 동사 + きれない」의 형태로, 동사를 '전부 ~할 수 있다 / 할 수 없다(①, ②)', '완전히 ~할 수 있다 / 할 수 없다(③)' 등의 의미를 갖습니다.

1회 2회 3회

きわまりない ➡ きわまる 88

쏙쏙 어휘 あきらめる 단념하다   ~屋 ~장수, ~가게(그 직업에 종사하는 사람이나 집을 가리킴)

75 きわまる

지나치게 ~하다

접속 방법 「な形容詞의 어간」 + 極まる

① 電車の中などで見る最近の若い者の態度の悪いこと、まったく不愉快極まる。
전철 안 등에서 보이는 요즘 젊은이들의 버릇없는 태도는 정말로 불쾌하기 짝이 없다.

② あのレストランのウエーターの態度は不作法極まる。もう2度と行くものか。
그 레스토랑 웨이터의 태도는 무례하기 짝이 없다. 두 번 다시 가나봐라.

③ 目が合ってもあいさつもしないとは、となりの息子は失礼極まりない。
눈이 마주쳤는데 인사도 하지 않다니, 이웃집 아이는 너무 예의 없다.

▶ 「~極まる・~極まりない」의 형태로, '더없이 ~하다, 대단히 ~하다'의 의미를 나타냅니다.
▶ 말하는 사람이 감정적인 표현을 할 때에 사용하는 경우가 많으며, 고어(故語) 표현입니다.

1회 2회 3회

きわみ ➡ のきわみ 484
きんじえない ➡ をきんじえない 638

쏙쏙 어휘   不愉快 불쾌함   不作法 무례함, 버릇없음

76 くする

★5

~하게 하다(만들다)

접속 방법 「い형용사의 어간 + く / な형용사의 어간 + に / 명사 + に」+ する

① スカートを5センチぐらい短くしてください。
   치마를 5센티미터 정도 짧게 해 주세요.

② 子どもが二人になったから、子ども部屋を少し広くしました。
   아이가 두 명으로 늘었기 때문에, 아이들 방을 조금 넓게 만들었습니다.

③ カレーを作るの？子どもも食べるから、あまり辛くしないでね。
   카레를 만들거야? 아이도 먹을 거니까 너무 맵지 않게 해, 알았지?

④ (父が子どもに) もっと部屋をきれいにしなさい。
   (아버지가 아이에게) 좀 더 방을 깨끗하게 하거라.

⑤ お父さんのシャツを直して、子どものシャツにしました。
   아버지의 셔츠를 고쳐서, 아이의 셔츠로 만들었습니다.

⑥ このケーキ、ちょっと大きいから、半分にしてください。
   이 케이크, 좀 크니까 절반으로 해 주세요.

사람이 의도적으로 어떠한 상태를 바꿔서 다른 상태가 되도록 하는 것을 나타내는 (타동사) 표현입니다.

1회 2회 3회

くせして ➡ くせに 90

쏙쏙 어휘　センチ 센티미터　シャツ 셔츠

77 くせに

~이면서, ~인 주제에

접속 방법   「보통형 (な형용사의 어간 + な・である / 명사 + の・である)」+ くせに

① 竹内さんは本当はテニスが上手なくせに、わざと負けたんだ。
다케우치 씨는 사실은 테니스를 잘하면서도, 일부러 졌던 거야.

② 今度入社した人は、新人のくせにあいさつもしない。
이번에 입사한 사람은 신입인 주제에 인사도 하지 않는다.

③ 彼は本当は友達をいじめているくせに「ぼくは知りません」などと言っている。
그 사람은 사실 친구를 괴롭히고 있으면서도 '난 모릅니다'는 등 얼버무리고 있다.

④ 親の悪口ばかり言うもんじゃないよ。自分は何もできないくせして。
부모님의 험담만 늘어놓아서는 안 돼. 본인은 아무것도 못하는 주제에.

▶ 「~くせに…」의 형태로, 역접의 의미를 나타냅니다. 사람의 나쁜 점을 비난하거나 경멸하는 듯한 기분, 또는 의외인 기분이나 불만을 나타낼 때 사용하는 표현입니다.
▶ 「くせに」의 전후 문장은 주어가 같습니다.
▶ ④의「くせして」는 허물없는 사이에서 사용하는 말투이니까, 주의하세요.

□ □ □
1회 2회 3회

ください ➡ をください 639
くださいませんか ➡ をくださいませんか 640
くださる ➡ くれる 96

쏙쏙 어휘   新人 신인   悪口 욕, 험담   ~ばかり ~만, ~뿐

78 くなる

~하게 되다

접속 방법 「い형용사의 어간 + く / な형용사의 어간 + に / 명사 + に」+ なる

① スープにちょっとバターを入れると、おいしくなりますよ。
스프에 버터를 약간 넣으면, 맛있어집니다.

② 熱が下がって、気分がだいぶよくなりました。
열이 내려, 기분이 상당히 좋아졌습니다.

③ このごろ仕事が減って、前ほど忙しくなくなった。
요즘 일감이 줄어서, 이전만큼 바쁘지 않게 되었다.

④ この仕事が終わったら、少しひまになると思います。
이 일이 끝나면, 조금 한가해질 겁니다.

⑤ 父は退院して、今はすっかり元気になりました。
아버지는 퇴원하여, 건강을 완전히 되찾으셨습니다.

⑥ ジム：きみは大人になったら、何になりたいの。
넌 어른이 되면, 무엇이 되고 싶니?

太郎：サッカーの選手になりたい。
축구선수가 되고 싶어.

사람이나 형편이 바뀌어서 다른 상태가 되는 것을 나타내는 (자동사) 표현입니다.

1회 2회 3회

쏙쏙 어휘 バター 버터　減る 줄다, 적어지다

79 くらい ★3
~정도 〈정도〉

접속 방법 「보통형 (주로 い형용사의 어간과 동사의 현재형에 붙음)」+ くらい

① 山で事故にあった兄が無事に帰ってきた。大声で叫びたいくらいうれしい。
산에서 사고를 당했던 형이 무사히 돌아왔다. 큰 소리로 외치고 싶을 만큼 기쁘다.

② 山道は子どもでも歩けるくらいの緩い坂です。
산길은 아이들도 걸을 수 있을 정도의 완만한 고개입니다.

③ このクイズはそんなに難しくない。ちょっと考えれば小学生でもできるくらいだ。
이 퀴즈는 그렇게 어렵지 않다. 잠시 생각하면 초등학생도 풀 수 있을 정도이다.

▶ 어떤 상태가 어느 정도인지, 그 정도를 강조하고자 할 때에 사용하는 표현입니다.
▶ 말하는 사람의 의지를 나타내지 않는 동사나, 동사의「~たい」형태에 붙는 경우가 많습니다.
▶ 의미와 용법은「ほど」와 거의 같지만,「くらい」는 정도가 높은 경우와 낮은 경우 모두 사용되니까, 구분해서 잘 알아 두세요.

참고 **ほど 〈정도〉**

1회 2회 3회

쏙쏙 어휘 大声 큰 목소리 叫ぶ 외치다 山道 산길 緩い 완만하다, 느슨하다 坂 고개, 비탈(길)

80 くらい

~정도, ~쯤 〈경시〉

접속 방법 「명사 / 보통형 (な형용사의 어간 + な)」 + くらい

① 1泊旅行だから、持ち物は下着ぐらいで大丈夫です。
일박 여행이니까, 소지품은 속옷 정도면 충분합니다.

② 子どもじゃないんだから、自分の部屋ぐらい自分で掃除しなさい。
애도 아니니까, 자기 방 정도는 스스로 청소하렴.

③ 自分一人ぐらいはルールを守らなくてもいいだろう、と思っている人が多い。
자기 한 명 정도는 규칙을 지키지 않아도 괜찮을 거라고 생각하는 사람이 많다.

④ 1回会ったくらいで、その人のことがわかるはずはない。
한 번 만난 정도로 그 사람에 대한 것을 알 수는 없다.

▶ 「~くらい」의 형태로, 「~」는 대수롭지 않은 일이라고 가볍게 생각하고 있을 때에 사용하는 표현입니다.

▶ 기본적으로 명사에 붙는 경우에는「ぐらい」, 활용어에 붙는 경우는「くらい」를 사용하지만 그다지 정확하게 구별하지는 않습니다.

1회 2회 3회

くらいだ ➡ くらい 92 - 93

쏙쏙 어휘 持ち物 소지품, 소유물   下着 속옷   ルール 룰, 규칙

81 くらいなら ★2

~정도라면

접속 방법 「동사의 사전형」 + くらいなら

① 自由がなくなるくらいなら、一生独身でいる方がいい。
자유가 없어질 정도라면, (차라리) 평생 독신으로 있는 편이 낫다.

② あんな店長の下で働くくらいなら、転職した方がましだ。
그런 점장 밑에서 일할 정도라면, (차라리) 이직하는 편이 더 낫다.

③ こんな面倒な調理器具を使うくらいなら、自分の手でやった方が早い。
이런 번거로운 조리기구를 사용할 정도라면, (차라리) 내 손으로 하는 편이 빠르겠다.

말하는 사람이 정말 싫다고 생각하고 있는 행위를 소재로 삼아, '그렇게 싫은 것에 비하면, 뒤에 오는 상황이 오히려 낫다'라는 의미를 나타내고자 할 때 사용하는 표현입니다.

1회 2회 3회

ぐらいなら ➡ くらいなら 94

쏙쏙 어휘　一生 평생　店長 점장　転職 전직, 이직　調理器具 조리기구

82 くらい～はない ★3

～정도로 ～는 없다

접속 방법　「동사의 사전형 / 명사」＋ くらい ～はない

① 彼ぐらいわがままなやつはいない。
그 사람만큼 제멋대로 구는 녀석은 없다.

② 祖母の作る梅干しぐらいおいしいものはない。
할머니가 만드는 우메보시(매실장아찌)만큼 맛있는 것은 없다.

③ 夕食後、好きな音楽を聞きながら、本を読むくらい楽しいことはない。
저녁식사 후, 좋아하는 음악을 들으면서 책을 읽는 것만큼 즐거운 일은 없다.

④ 若いころ、勉強しなかったことぐらい後悔することはない。
젊었을 때 공부하지 않았던 것만큼 후회되는 일은 없다.

- 주로 명사에 붙어서 「～くらい ～はない」의 형태로, '～는 최고로 ～하다'라는 의미로, 말하는 사람이 주관적으로 느낀 바를 강조해서 이야기할 때 사용하는 표현입니다.
- 「くらい」대신에 「～ほど～はない」의 표현도 있습니다.
- 객관적인 사실에 대해서는 사용하지 않으니까, 아래 예문을 보면서 잘 익혀두세요.
  - (×) うちの課で東山さんくらい若い人はいない。
  - (○) うちの課で東山さんが一番若い。
    우리 부서에서 히가시야마 씨가 제일 젊다.

참고 ほど～はない

くらべて ➡ にくらべて 429

쏙쏙 어휘　梅干し 매실장아찌　後悔 후회

83 くれる

주다

접속 방법 「명사 + を」+ くれる

① 誕生日に、母はわたしに着物をくれた。
생일날에 어머니는 나에게 기모노를 주었다.

② このペンは、国を出るとき、友だちがくれたものです。
이 펜은 고향을 떠날 때 친구가 준 것입니다.

③ A：あら、その案内書、どこでもらったんですか。
어머, 그 안내서 어디에서 받았어요?
　B：受付に行けば、くれますよ。
접수창구에 가면 줍니다.

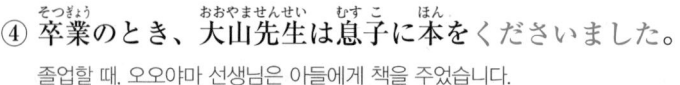

④ 卒業のとき、大山先生は息子に本をくださいました。
졸업할 때, 오오야마 선생님은 아들에게 책을 주었습니다.

⑤ 先生がくださったお手紙を今でも大切に持っております。
선생님께서 주신 편지를 지금도 소중히 보관하고 있습니다.

주는 사람 は / が 받는 사람 にプレゼントを ┌ くれます
　　　　　　　　　　　　　　　　　　　　 └ くださいます

▶ 물건을 주는 사람을 주어로 하고, 받는 사람을 「わたし(나)」로 한 수수(授受)표현입니다. 받는 사람은 보통 「わたし(나)」나 「わたし(나)의 친족이나 동료」 등 내가 속한 집단이 됩니다.
▶ 「くださる」는 예문 ④, ⑤와 같이 주는 사람이 손윗사람인 경우에 사용합니다.

1회 2회 3회

くわえて ➡ にくわえて 430

쏙쏙 어휘　案内書 안내서　受付 접수, 접수처

84 げ ★2

~인 듯한, ~인 듯이

접속 방법 「い형용사의 어간 / な형용사의 어간」+ げ (「あり + げ」의 형태도 있음)

① 「お母さんはどうしたの」と聞くと、子どもは悲しげな顔をして下を向いた。
'어머님은 어떠시니?'라고 묻자, 아이는 슬픈 듯한 표정을 지으며 고개를 숙였다.

② 高い熱のあるひろしは、わたしと話すのも苦しげだった。
고열이 있는 히로시는 나하고 말하는 것도 힘든 듯했다.

③ となりの乗客は退屈げに窓の外をながめていた。
옆 승객은 따분한 듯이 창밖을 바라보고 있었다.

④ 会議の後、彼はいかにも不満ありげな顔をしていた。
회의 후, 그는 자못 불만이 있는 듯한 표정을 짓고 있었다.

- 사람의 기분 상태를 나타내는 경우에 사용합니다. 조금 예스러운 표현이며, 손윗사람에 대해 말할 때에는 잘 사용하지 않습니다.
- 주로 い형용사・な형용사에 접속하고, 전체적으로는 な형용사처럼 사용됩니다. 그 밖에 「意味ありげ(의미 있는 듯)・さびしげ(쓸쓸한 듯)・はずかしげ(부끄러운 듯)・不安げ(불안한 듯)・なつかしげ(그리운 듯)」 등의 표현이 있습니다.
- 「いかにも(자못, 정말로)・さも(자못, 정말로)」 등의 표현과 함께 사용하는 경우가 많습니다.

1회 2회 3회

けいきにして ➡ をけいきに(して) 641
けど ➡ けれど(も) 98 - 99

쏙쏙 어휘   退屈 지루함, 따분함   いかにも 자못, 정말로, 매우

85 けれど(も)

〜ㅂ니다만 〈역접〉

접속 방법 「정중형・보통형」 + けれど(も)

① この道具、説明書を読んだけれど使い方がよくわかりませんでした。
이 도구, 설명서를 읽었지만 사용법을 잘 몰랐습니다.

② この部屋は新しくてきれいなんですけれども、狭いんですよ。
이 방은 새롭고 깨끗합니다만, 비좁아요.

③ これ、おいしいけど、ちょっと高いね。
이거, 맛있지만 조금 비싸네.

▶ 반대나 대립을 의미하는 두 개의 문장을 이어주는 표현입니다.
▶ 회화체에서는 「が」 대신에 「けれど(も)」나 축약형인 「けど」를 사용합니다.

1회 2회 3회

쏙쏙 어휘 道具 도구 使い方 사용법

86 けれど(も)

~ㅂ니다만 〈서두・부드러운 표현〉

접속 방법 「정중형・보통형」+ けれど(も)

① すみません。あしたの会のことですけれども、何人ぐらい来るんでしょうか。
실례합니다. 내일 모임에 관해서 말인데요, 몇 명 정도 올까요?

② A : このごろ、小林さんに会いませんね。お元気ですか。
요즘, 고바야시 씨가 안 보이던데요. 잘 지내나요?

B : ええ、きのう田町の駅で会いましたけれど、元気でしたよ。
네, 어제 다마치에 있는 역에서 만났는데, 건강했어요.

③ A : 外国語を習うときはその国へ行くのがいちばんいいですよね。
외국어를 배울 때에는 그 나라에 가는 것이 가장 좋지요?

B : さあ、わたしはそうは思いませんけど……。
글쎄요, 저는 그렇게 생각하지는 않습니다만…….

▶ 두 개의 문장을 이어주는 표현으로, 회화체에서는 「が」 대신에 「けれども」나 축약형인 「けれど」를 사용합니다.
▶ 예문 ①과 같이 '전제'의 의미로 자주 사용합니다.
▶ 예문 ③에서의 「けど」는 여운을 남기는 부드러운 표현으로 사용합니다.

1회 2회 3회

ご~ ➡ お~・ご~ 34
こしたことはない ➡ にこしたことはない 431

쏙쏙 어휘 会 모임   習う 배우다

87 こそ

~야말로

접속 방법 「명사(+조사)」 + こそ

① 今年こそ大学に入れるよう、勉強します。
올해야말로 대학에 들어갈 수 있도록 공부하겠습니다.

② A: 子どもがいつもお世話になっております。
아이가 늘 신세를 지고 있습니다.

B: こちらこそ。
저야말로요.

③ 知識の量を増やすのではなく、考える訓練をすることにこそ学校で学ぶ価値がある。
지식의 양을 늘리는 것이 아니라 생각하는 훈련을 하는 것이야말로, 학교에서 배우는 가치가 있다.

▶ 중요한 것에 대해 '다른 것이 아니라, 바로 이것이다'라고 다른 것과 구별해서 강조하고 싶을 때에 사용하는 표현입니다.
▶ 마이너스적인 의미를 강조하는 용법으로는 사용되지 않으니까, 아래의 예문을 통해 잘 기억해 두세요.
◆ (×) 丸暗記こそやりたくない。

1회 2회 3회

こそ ➡ ばこそ 515
こたえて ➡ にこたえて 432
こたえる ➡ にこたえて 432

쏙쏙 어휘 世話になる 신세를 지다 増やす 늘리다 訓練 훈련 学ぶ 배우다

88 こと

~할 것

접속 방법 「동사의 사전형・ない형 / する동사의 명사형 + の」 + こと

① レポートは10日までに提出すること。
리포트는 10일까지 제출할 것.

② 15日はお弁当を持ってくること。
15일은 도시락을 가져 올 것.

③ 明日は赤鉛筆を忘れないこと。
내일은 빨간 연필을 잊지 말 것.

④ 11月3日は10時に駅前に集合のこと。
11월 3일은 10시에 역 앞에 집합할 것.

▶ 문말에 쓰여 학교, 단체 등에서「~しなさい・~してはいけない」라는 지시나 규칙 등을 전달할 때 사용하는 표현입니다.
▶ 칠판이나 배포용 프린트 등에 쓰이거나, 때로는 직접 말로 전달하는 경우도 있습니다.

1회 2회 3회

쏙쏙 어휘 提出する 제출하다   集合 집합

89 ことか
~했는지

접속 방법 「보통형(な형용사의 어간＋な・である / 명사＋である)」＋ ことか

① 初めての孫が生まれたとき、母がどんなに喜んだことか。
첫 손자가 태어났을 때, 어머니가 얼마나 기뻐했던가.

② 明日、あの人がアメリカから帰ってくる。わたしはこの日をどれほど待っていたことか。
내일, 그 사람이 미국에서 돌아온다. 나는 이 날을 얼마나 기다렸던가.

③ 10年ぶりに小学校の同窓会で昔のクラスメートに会った。なんと懐かしかったことか。
10년 만에 초등학교 동창회에서 옛 학급친구를 만났다. 얼마나 그리워했던가.

④ 1点差で優勝を逃したとは、なんと残念なことか。
1점차로 우승을 놓쳤다니, 얼마나 안타깝던지.

▶ 「~ことか」의 형태로 '~' 정도의 높이가 일반적이지 않다, 어느 정도인지 알 수 없을 만큼 강하다'고 하는 의미를 나타냅니다.

▶ 「なんと~ことか・どんなに~ことか・どれほど~ことか」와 같은 형태로 자주 사용되니까, 함께 알아 두세요.

1회 2회 3회

쏙쏙 어휘 孫 손자   同窓会 동창회   クラスメート 동급생, 급우   逃す 놓치다

90 ことがある ★4

~할 때가 있다, ~하는 경우가 있다

접속 방법 「동사의 사전형・ない형」+ ことがある

① 会社まで近いので、ときどき自転車で行くことがあります。
회사까지 가깝기 때문에, 가끔 자전거로 갈 때가 있습니다.

② たいてい家で勉強するのですが、たまに友だちの家で勉強することもあります。でも、図書館で勉強することはありません。
대체로 집에서 공부하지만, 가끔 친구 집에서 공부할 때도 있습니다. 하지만, 도서관에서 공부한 적은 없습니다.

③ 遅く帰ったときは、おふろに入らないで寝ることもあります。
늦게 돌아갔을 때에는 목욕을 하지 않고 잘 때도 있습니다.

④ 大雪のときは、電車が遅れることがあります。
눈이 많이 내릴 때는 전철이 늦게 오는 경우가 있습니다.

⑤ あの人は、あいさつしても返事をしないことがあります。
그 사람은 인사를 해도 대답을 하지 않는 경우가 있습니다.

⑥ ぼくは土曜日の夜は家にいないことがあるよ。
나는 토요일 저녁은 집에 없을 때가 있어.

'항상 그런 것은 아니지만 때때로 그러하다, 그렇게 된다'는 의미를 나타내고자 할 때 사용하는 표현입니다.

1회 2회 3회

쏙쏙 어휘 ときどき 가끔, 때때로　大雪 대설, 큰눈　返事 대답, 답변

91 ことができる ★4
~할 수 있다

> 접속 방법 「동사의 사전형」+ こと /「명사」+ ができる

① わたしは今、すこし日本語を話すことができます。
　　나는 지금, 일본어를 조금 할 수 있습니다.

② ロボットは危険な所でも仕事をすることができます。
　　로봇은 위험한 곳에서도 일을 할 수가 있습니다.

③ 先週退院しました。わたしはもう元気です。散歩も軽い運動もできます。
　　지난주 퇴원을 했습니다. 저는 이제 건강합니다. 산책이나 가벼운 운동도 할 수 있습니다.

④ 19歳以下の人は、たばこを吸うことはできません。
　　19세 이하인 사람은 담배를 피울 수 없습니다.

⑤ 今月はいそがしくてゴルフができませんでしたが、来月はできると思います。
　　이번 달은 바빠서 골프를 칠 수가 없었지만, 다음 달은 칠 수 있을 겁니다.

⑥ (立て札) ここは危険ですからキャンプはできません。
　　(팻말) 이곳은 위험하니까, 캠핑(야영)은 할 수 없습니다.

▶ 가능의 의미를 나타내는 표현으로, 예문 ①~③은 기술적, 신체적인 능력을 나타내며 ④~⑥은 규칙이나 상황 등에서 행위의 실현성이 가능한 것을 나타냅니다.

▶ 「명사 + ができる」의 명사는 する 동사의 명사(見学(견학), 練習(연습) 등)이거나 외국어, 스포츠 등의 명사입니다.

▶ 「られる(가능)」와 거의 동일하게 사용할 수 있지만, 「られる」에 비해 딱딱한 느낌이 드는 표현입니다. 또한, 전후로 다른 말이 올 때나 동사의 단순한 형태가 아닌 경우에는 「ことができる」쪽이 더 자주 사용되니까, 아래의 예문을 통해 잘 익혀 두세요.

◆ 疲れて、もう歩くこともできない。 지쳐서 이제 걸을 수도 없다.
　 わたしは漢字を読むことだけはできますが、書くことはまだできません。
　 저는 한자를 읽는 것은 가능하지만, 쓰는 것은 아직 못합니다.

참고 **られる〈가능〉**

92 ことから

~해서, ~때문에

접속 방법 「보통형 (な형용사의 어간 + な・である / 명사 + である)」+ ことから

① この辺は桜の木が多いことから、桜木町と呼ばれるようになった。
이 근방은 벚나무가 많기 때문에 사쿠라쵸라고 불리게 되었다.

② 彼は彼女の顔色が悪いことから、病気ではないかと思ったそうだ。
그는 그녀의 안색이 좋지 않아서 병은 아닌지 생각했다고 한다.

③ 彼女はアラビア語ができるということから、オリンピックの通訳に推薦された。
그녀는 아랍어를 할 수 있다는 점에서, 올림픽 통역관으로 추천되었다.

④ 灰皿に煙の立っている吸い殻が残っていたところから、犯人はまだ遠くへは行っていないと判断された。
재떨이에 연기가 나는 담배꽁초가 남겨져 있던 점에서, 범인은 아직 멀리 가지는 못했다고 판단되었다.

물건의 이름이나 유래, 판단의 근거를 말할 때에 사용하는 표현이며, 「ところから」는 그 이외에도 이유가 있다고 하는 기분을 덧붙일 때 사용합니다. 각각의 예문을 살펴 보면 ①은 유래, ②와 ③은 이유, ④는 판단의 근거를 나타냅니다.

쏙쏙 어휘 顔色 안색 病気 병 アラビア語 아랍어 吸い殻 담배꽁초

93 ごとき

~같은, ~처럼, ~한

접속 방법 「명사 + の」+ ごとき

① 村で花のごとき美人に出会った。
마을에서 꽃처럼 아름다운 미인을 만났다.

② あの人は氷のごとく冷たい人だ。
그 사람은 얼음처럼 차가운 사람이다.

③ 月日は矢のごとく過ぎさった。
세월은 쏜살같이 지나갔다.

④ 彼のごとき優秀な人でも失敗することがある。
그 사람처럼 우수한 사람일지라도 실패할 때가 있다.

⑤ エジソンのごとき発明家はもうこの世に生まれないだろう。
에디슨 같은 발명가는 다시는 이 세상에 태어나지 않을 것이다.

▶ 조금 예스러운 느낌이 드는 문어체 표현입니다. 예문 ①, ②, ③은 실제는 그렇지 않지만 예를 들면 그렇게 보인다고 하는 의미를 나타내며, 예문 ④, ⑤는 예를 든 표현입니다.

▶ 뒤에 명사가 붙을 때는「명사 + のごとき」, 그 외에는「명사 + のごとく」의 형태가 된다는 것, 꼭 기억하세요.

ごとき ➡ ごとく 107

쏙쏙 어휘　出会う 우연히 만나다, 마주치다　月日 세월　矢 화살

94 ごとく ★1

~한 것처럼, ~(한 것)과 같이

접속 방법 「보통형 (な형용사의 어간 + な・である / 명사 + の・である)」+ ごとく

① (父から息子への手紙) 前回の手紙に書いたごとく、わたしも来年は定年だ。だから君にもそろそろ自分の将来のことを真剣に考えてもらいたい。

(아버지가 아들에게 쓴 편지) 지난번 편지에 적은 것처럼, 나도 내년에는 정년이다. 그러니까, 너도 슬슬 자신의 장래에 관한 일을 진지하게 생각했으면 한다.

② 上記のごとく、いったん納入したお金は返却されません。

상기와 같이, 일단 납입한 돈은 환불되지 않습니다.

③ 次のごとき日程で、研修会を行う。

다음과 같은 일정으로, 연수회를 실시한다.

④ 宇宙が無限であるごとく、人の想像力も無限だ。

우주가 무한한 것처럼, 인간의 상상력도 무한하다.

같은 내용임을 나타내는 것으로, 「ように」와 의미・용법이 같은 예스러운 문어체 표현입니다. 예문 ②는 '위와 같이', ③은 '다음과 같은 일정'이라는 의미입니다.

참고 ように 〈같은 상태〉

1회 2회 3회

ごとく ➡ ごとき 106

쏙쏙 어휘 定年 정년　真剣 진지함, 진정함　上記 상기　返却 반납, 반환　無限 무한(함)

95 ことだ

매우 ~하다 〈감개〉

접속 방법 「보통형 (い형용사의 사전형 / な형용사의 어간 + な)」+ ことだ

① 弟が東西自動車株式会社に就職が決まった。ほんとうにうれしいことだ。
남동생이 도자이 자동차 주식회사에 취직이 결정되었다. 정말로 기쁜 일이다.

② ここで遊んだのは、もう30年も前のことだ。懐かしいことだ。
여기서 놀았던 것은. 벌써 30년이나 전의 일이다. 정말 그립다.

③ 昨夜のサッカーの試合では、最後に相手に点を取られてしまった。残念なことだ。
어젯밤 축구시합에서는 마지막에 상대에게 점수를 빼앗겨 버렸다. 참으로 유감스런 일이다.

말하는 사람이 어떤 사실에 대해 느낀 놀람이나 감동에 대해서 말할 때 사용하는 표현으로, 감정을 나타내는 형용사에 붙는 경우가 많습니다.

1회 2회 3회

쏙쏙 어휘　株式会社 주식회사　昨夜 어젯밤　点 점수

96 ことだ ★2

~해야 한다 〈조언・충고〉

접속 방법 「동사의 사전형・ない형」＋ ことだ

① ほかの人に頼らないで、とにかく自分でやってみることだ。
다른 사람에게 의존하지 말고, 어쨌든 스스로 해 봐야 한다.

② あなたは病人なんだから、お酒はいけません。誘われても飲まないことです。
당신은 환자이기 때문에, 술은 금물입니다. 누가 권해도 마시지 말아야 합니다.

③ 上級の読解力をつけたいのなら、毎日、新聞を読むことだ。
상급 수준의 독해력을 키우고 싶다면, 매일 신문을 읽는 것이 좋다.

▶ 윗사람이 아랫사람에게 '~하는 편이 좋다'라든가 '~하지 않는 편이 좋다'라고, 개인의 의견이나 판단을 조언이나 충고로써 말할 때 사용하는 표현입니다.
▶ 손윗사람에 대해서는 사용하지 않는다는 것, 꼭 기억해 두세요.

1회 2회 3회

ことだ ➡ のことだから 485
ことだから ➡ のことだから 485

쏙쏙 어휘　頼る 의지하다, 기대다　病人 환자

97 ことだし ★2
~하고 있고, ~하기도 하고

접속 방법 「보통형 (な형용사의 어간 + な・である / 명사 + の・である)」+ ことだし

① 雨も降っていることだし、4時になったからそろそろ終わりにしましょうか。
비도 내리고 하니까, 4시가 되면 슬슬 끝내기로 할까요?

② あの山小屋は不便な所にあることだし、建物も小さいから、泊まるのは難しい。
그 산속 오두막집은 불편한 곳에 있고 건물도 작기 때문에, 머물기는 힘들다.

③ まだ年齢も若いことだし、体も丈夫だから、また来年挑戦してください。
아직 나이도 어리고 몸도 튼튼하니까, 내년에 다시 도전하세요.

대수롭지 않은 이유를 나타내는 표현으로, 그 외에 또 다른 이유가 있는 듯한 느낌을 줍니다. 「~し」의 표현법과 비슷하지만, 약간 정중한 표현이며 일정한 부분의 이유를 강조하는 표현이기도 합니다.

쏙쏙 어휘 山小屋 등산객을 위해 산속에 지어놓은 산장, 오두막집 挑戦 도전

98 ことだろう

얼마나 ~한 것인가

접속 방법 「보통형 (な형용사의 어간 + な・である / 명사 + である)」+ ことだろう

① 気の合った友だちと酒を飲みながら話すのはなんて楽しいことだろう。
마음이 맞는 친구와 술을 마시면서 이야기를 하는 것은 얼마나 즐거운 일인가.

② 不幸な中で、幸せな日々を思い出すのはなんと辛いことだろう。
불행한 현실 속에서 행복한 날들을 떠올리는 것은 얼마나 괴로운 일인가!

▶ 「~のは、なんと…ことだろう」의 형태로, 마음속으로 깊이 느낀 점이나 감격한 기분을 말할 때 사용하는 표현입니다. 「…」에는 심정을 나타내는 형용사가 옵니다.
▶ 주로 「なんと・なんて・どんなに・いかに」 등의 표현과 함께 사용하니까, 잘 알아 두세요.

1회 2회 3회

쏙쏙 어휘   不幸 불행   日々 하루하루, 매일   思い出す 떠올리다, 생각해내다

99 こととて ★1

~라고 생각하고, ~라고 치부하고

접속 방법 「보통형 (な형용사의 어간 + な / 명사 + の)」 + こととて

① 世間知らずの若者のしたこととて、どうぞ許してやってください。
세상물정을 모르는 젊은이가 한 짓이라 생각하고, 부디 용서해 주세요.

② 山の中の村のこととて上等な料理などございませんが……。
산 속에 있는 마을이라서, 고급스런 요리 같은 것은 없습니다만…….

③ 子どものこととて、何を聞いても泣いてばかりいる。
아이라서인지, 무엇을 물어봐도 울기만 하고 있다.

격식을 차린 약간 예스럽고 딱딱한 표현으로, 사죄의 이유를 진술할 때나 허가를 구할 때에 자주 사용되는 표현입니다. 그 외에 「慣れぬこととて(익숙하지 않아서)・高齢のこととて(나이가 들어서)」 등의 표현도 있으니까, 함께 알아 두세요.

1회 2회 3회

こととなっている ➡ ことになっている 117

쏙쏙 어휘　世間知らず 세상물정에 어두움, 또는 그런 사람　上等 등급이 위임, 뛰어남, 훌륭함

100 こととなると ★2

~가 화제가 되면, ~소리만 들으면

접속 방법 「명사 + の」 + こととなると

① 山川さんは釣りのこととなると目が輝く。
야마카와 씨는 낚시 이야기만 나오면, 눈이 반짝인다.

② 花子は食べることとなると、急に元気になる。
하나코는 먹는 이야기만 나오면, 갑자기 생기가 넘친다.

③ いつもはきびしい部長だが、ペットのこととなると人が変わったようにやさしい表情になる。
항상 엄격한 부장님이지만, 애완 동물 이야기만 나오면 사람이 변한 듯이 너그러운 표정이 된다.

'어떤 화제나 문제에 대해서는 평소와 다른 태도를 나타낸다'고 말하고자 할 때 사용하는 표현입니다. 예문 ②처럼 동사의 사전형에 붙는 경우도 있으니까, 주의해서 알아 두세요.

1회 2회 3회

쏙쏙 어휘 釣り 낚시   表情 표정

101 ことなく ★2

~하지 않고

접속 방법 「동사의 사전형」+ ことなく

① ニコさんの部屋の電気は3時を過ぎても消えることなく、朝までついていた。
니코 씨 방의 전기는 3시를 넘어도 꺼지지 않고, 아침까지 켜져 있었다.

② 彼らは生活のため、休日も休むことなく働いた。
그들은 생계를 위해, 휴일에도 쉬지 않고 일했다.

③ 敵に知られることなく、島に上陸するのは難しい。
적에게 들키지 않고 섬에 상륙하는 것은 어렵다.

④ タノムさんは先生にも友だちにも相談することなく、学校をやめて帰国してしまった。
타노무 씨는 선생님이나 친구들에게도 의논하지 않고, 학교를 그만두고 귀국해 버렸다.

'보통은 ~하거나 ~해 버리는데, 이 경우에는 ~하지 않고'라는 의미를 나타냅니다. 딱딱한 표현이라서 일상적인 일에는 사용하지 않으니까, 아래의 예문을 통해 잘 알아 두세요.
◆ (△) うっかりして、切手をはることなくポストへ入れてしまった。

1회 2회 3회

ことなしに ➡ なしに 398

쏙쏙 어휘 消える (불이) 꺼지다, 사라지다   敵 적

102 ことに(は)

~할 일은, ~한 것은

접속 방법 「동사의 た형 / い형용사의 사전형 / な형용사의 어간 + な」+ ことに(は)

① 驚いたことに、保守政党と革新政党が共に手を組んで連立内閣を作った。
놀랍게도 보수정당과 혁신정당이 함께 손을 잡고 연립내각을 구성했다.

② 不思議なことに、何年も実がならなかった柿の木に今年はたくさん実がなった。
이상하게도 몇 년동안이나 열매가 나지 않았던 감나무에 올해는 많은 열매가 열렸다.

③ 悔しいことには、1点差でA校とのバスケットボールの試合に負けてしまった。
억울하게도 1점차로 A교와의 농구 시합에 패하고 말았다.

④ うれしいことに、来年カナダに留学できそうだ。
기쁘게도 내년에 캐나다로 유학갈 수 있을 것 같다.

▶ 어떤 상황에 대해서 말하는 사람이 어떻게 느꼈는지를 미리 「ことに」의 앞에서 말함으로써 그 느낌을 강조하는 표현으로, 약간 문어체적입니다.
▶ 「ことに」의 앞에는 감정을 나타내는 말이 오지만, 뒤에는 말하는 사람의 의지를 나타내는 문장은 오지 않으니까, 주의하세요.
◆ (×) うれしいことに、来年カナダに留学するつもりだ。

1회 2회 3회

쏙쏙 어휘 不思議 불가사의, 이상함   実 열매   悔しい 억울하다, 분하다

103 ことにする ★4
~하기로 하다

접속 방법 「동사의 사전형 · ない형」+ ことにする

① 桜の木の下で拾ってきたねこだから、「さくら」と呼ぶことにしよう。
벚나무 아래에서 주워 온 고양이이니까, '사쿠라'라고 부르기로 하자.

② 連休には、長野の友だちのうちへ行くことにしました。
연휴에는 나가노에 있는 친구 집에 가기로 했습니다.

③ A: 今日からたばこをやめることにした!
오늘부터 담배를 끊기로 했어!

B: そのこと、先月も聞いたよ。
그 소리, 지난달에도 들었어.

④ 社員研修が続くので、今月のボランティア活動には参加しないことにしました。
사원연수가 이어지기 때문에, 이번 달 자원봉사 활동에는 참가하지 않기로 했습니다.

⑤ 海外駐在が決まったのですが、今回は1年ぐらいなので、家族を連れて行かないことにしました。
해외주재가 결정되었지만, 이번에는 1년 정도이기 때문에 가족을 데리고 가지 않기로 했습니다.

⑥ 3月は試験があるので、アルバイトをしないことにした。
3월은 시험이 있기 때문에, 아르바이트를 하지 않기로 했다.

자기의 의지로 어떤 행위를 한다거나, 하지 않기로 결정했다고 나타낼 때에 사용하는 표현으로, 「동사의 사전형 · ない형 + ことに決めた」라고도 표현합니다.

1회 2회 3회

쏙쏙 어휘 拾う 줍다   海外駐在 해외주재

104 ことになっている ★3

~하게 되어 있다

접속 방법 「동사의 사전형・ない형」+ ことになっている

① この会社では社員は1年に1回健康診断を受けることになっています。
　이 회사에서는 사원은 1년에 한 번 건강검진을 받도록 되어 있습니다.

② 日本語の敬語では、たとえば自分の父母のすることについてほかの人に話すとき、尊敬語は使わないことになっている。
　일본어의 경어에서는 예를 들어, 자신의 부모가 하는 행위에 대해 다른 사람에게 말을 할 때에는 존경어를 사용하지 않게 되어 있다.

③ 午前の会議はこれで終了いたします。なお、午後の会議は2時からということとなっておりますので、1時50分までにお集まりください。
　오전 회의는 이만 종료하겠습니다. 또한, 오후 회의는 2시부터 시작하게 되어 있으므로, 1시 50분까지 모여 주세요.

④ うちの会社ではお客さまに会うとき以外は、スーツを着なくてもいいことになっている。
　우리 회사에서는 손님을 만날 때 이외에는 양복을 입지 않아도 되는 것으로 되어 있다.

- ▶ '여러 규칙이나 습관, 예정 등에 의해 그렇게 하는 것, 또는 그렇게 하지 않도록 되어 있는 것'이라고 하는 의미를 나타내는 표현입니다.
- ▶ 정중한 표현으로, 「こととなっている」라고도 합니다.
- ▶ 규칙을 진술하는 표현으로써 「してもいい・してはいけない・しなければならない」등과 함께 사용하는 경우가 많으니까, 함께 기억해 두세요.

쏙쏙 어휘　敬語 경어　父母 부모　尊敬語 존경어

105 ことになる
~하기로 되다, ~하게 되다 〈결정〉

접속 방법 「동사의 사전형 · ない형」+ ことになる

① 入社式でスピーチをすることになったので、何を話そうか考えています。
입사식에서 연설을 하게 되었기 때문에, 무엇을 이야기할까 생각하고 있습니다.

② 町の料理教室には中学生以上の子どもも参加できることになりました。
마을의 요리교실에는 중학생 이상의 아이도 참가할 수 있게 되었습니다.

③ 1丁目のスーパーがなくなることになって、町の人は困っている。
1번지에 있는 슈퍼마켓이 없어지게 되어서, 마을 사람들은 막막해하고 있다.

④ わたしは秋に、結婚することになりました。
저는 가을에 결혼하게 되었습니다.

⑤ これからは社員もここには駐車できないことになりました。
앞으로는 사원도 이곳에는 주차할 수 없게 되었습니다.

⑥ 今年は町のスケート大会は行わないことになりました。
올해는 마을 스케이트 대회는 실시하지 않게 되었습니다.

⑦ 会場の都合で、講演後の交流会は行われないことになりました。
회의장의 사정으로, 강연 후의 교류회는 실시하지 못하게 되었습니다.

▶ 어떤 일이 자신의 의지와는 관계없이 결정되는 것을 나타낼 때 사용하는 표현입니다.
▶ 예문 ④번처럼 자신의 의지로 결정한 일이라도, 완곡하게 말하고자 할 때에 사용하는 경우도 있으니, 주의하세요.

참고 ことになっている

1회 2회 3회

쏙쏙 어휘   スピーチ 스피치   交流会 교류회

106 ことになる

~이 된다, ~하게 된다 〈결국〉

접속 방법 「동사의 보통형」+ ことになる

① この事故でけがをした人は、女性3人、男性4人の合わせて7人ということになる。
이 사고로 부상을 입은 사람은 여성 3명, 남성 4명 합해서 7명이 된다.

② 彼の話を信用すれば、彼は出張中だったのだから、そのとき東京にはいなかったことになる。
그의 이야기를 믿는다면, 그는 출장 중이었기 때문에 그때 도쿄에는 없었던 것이 된다.

③ 今、遊んでばかりいると、試験の前になって悔やむことになりますよ。
지금 놀고만 있으면, 막상 시험이 다가오면 후회하게 됩니다.

④ あの人にお金を貸すと、結局返してもらえないことになるので貸したくない。
그 사람에게 돈을 빌려 주면, 결국 돌려받을 수 없기 때문에 빌려 주고 싶지 않다.

▶ '어떤 사정이나 상황 등을 근거로 판단하건대 당연히 그렇게 된다'고 말하고자 할 때에 사용하는 표현입니다.
▶ 예문 ③, ④는 바람직하지 못한 결과를 초래하게 될 것임을 경고할 때 사용하는 표현법이고, ①, ②는「わけだ」와 거의 동일한 의미를 가진답니다.

참고 わけだ

ことには ➡ ないことには 374

쏙쏙 어휘 けがをする 다치다　悔やむ 뉘우치다, 후회하다

107 ことは～が

～하기는 ～지만

접속 방법 「보통형 (な형용사의 어간 + な / 명사 + な)」+ ことは～が

① 中国語はわかることはわかるんですが、話し方が速いとわからないんです。
중국어는 알기는 하지만, 말투가 빠르면 이해하지 못합니다.

② きのう本屋へ行ったことは行ったが、店が閉まっていて買えなかった。
어제 책방에 가긴 갔지만, 가게가 닫혀 있어서 살 수가 없었다.

③ わたしのうちは広いことは広いんですが、古くて住みにくいのです。
우리 집은 넓기는 넓지만, 낡아서 살기 불편합니다.

④ タイに行く前にタイ語を勉強することはしたのですが、たった2週間だけです。
태국에 가기 전에 태국어를 공부하기는 했지만, 고작 2주뿐입니다.

▶ 「～ことは～が」의 형태로, 「ことは」의 전후에 똑같은 「～」를 반복적으로 사용하여 '～을 일단 인정은 하지만, 그것이 별 의미는 없다'고 말하고자 할 때 사용하는 표현입니다.
▶ 과거에 있었던 일을 말하는 경우에는 예문 ④처럼 전후의 시제가 다른 형태(「することはしたが」)도 있으니까, 주의하세요.

1회 2회 3회

쏙쏙 어휘 話し方 말투, 말하는 모양   タイ 태국   たった 다만, 겨우

108 ことはない ★3

~할 필요는 없다

접속 방법 「동사의 사전형」 + ことはない

① 簡単な手術だから、心配することはありません。すぐに退院できますよ。
　간단한 수술이기 때문에, 걱정할 필요는 없습니다. 바로 퇴원할 수 있어요.

② 怖がることはないよ。あの犬は、体は大きいけれど性質はおとなしいから。
　무서워할 필요는 없어요. 그 개는 몸집은 크지만, 성질은 온순하니까.

③ パーティーといっても、親しい友だちが集まるだけなんだから、わざわざ着替えて行くことはないよ。
　파티라고 해 봐야 친한 친구들이 모이는 것뿐이니까, 일부러 새 옷으로 갈아입고 갈 필요는 없어요.

④ すぐ帰ってくるんだから、空港まで見送りに来ることはない。
　금방 돌아올 거니까, 공항까지 배웅하러 올 필요는 없어.

⑤ たしかに彼の話し方はほかの人と違うが、なにも笑うことはない。
　확실히 그 사람의 화법은 다른 사람과 다르지만, 조금도 웃을 필요는 없다.

⑥ あなたの気持ちもわかるけど、皆の前であんなに怒ることはないでしょう。 당신의 기분은 이해하지만, 모두가 있는 앞에서 그렇게 화낼 필요는 없잖아요.

▶ '그럴 필요가 있지 않을까?'라고 걱정하고 있는 사람에게 '그럴 필요는 없다' 또는 '그런 걱정은 안 해도 된다'고 하는 조언이나 충고를 할 때 사용하는 표현입니다.
▶ 「なにも~ことはない」나 「わざわざ~ことはない」의 형태로 자주 사용합니다.
▶ 예문 ⑤, ⑥처럼 '필요 없다'는 의미가 변화해서 비난하는 의미로 사용되기도 합니다.

ことはない ➡ ないことはない 375
こめて ➡ をこめて 642

쏙쏙 어휘　怖がる 무서워하다　おとなしい 어른스럽다　着替える 갈아입다　見送り 전송, 배웅

체크 문제   か행

◆ 다음 문장의 괄호 안에 들어갈 알맞은 표현을 써 넣으세요.

① 明日彼が3年ぶりにアフリカから帰ってくる。うれしい(　　　　　)。
내일 그 사람이 3년 만에 아프리카에서 돌아온다. 정말 기쁘다.

② 今日は母が病気なので、先に失礼する(　　　　　)。
오늘은 어머니가 아프셔서, 먼저 실례해야 할지도 모르겠습니다.

③ 連休には、長野の友だちのうちへ行く(　　　　　)。
연휴에는 나가노에 있는 친구 집에 가기로 했습니다.

④ あの元気なひろしが病気になるなんて信じ(　　　　　)ことです。
그 건강한 히로시가 병이 나다니. 믿을 수 없는 일입니다.

⑤ この会社では社員は1年に1回健康診断を受ける(　　　　　)。
이 회사에서는 사원은 1년에 한 번 건강검진을 받도록 되어 있습니다.

⑥ わたしは今、すこし日本語を話す(　　　　　)。
나는 현재 일본어를 조금 할 수 있습니다.

⑦ まだ年齢も若い(　　　　　)、体も丈夫だから、また来年挑戦してください。
아직 연령도 젊고 몸도 튼튼하니까, 내년에 다시 도전하세요.

⑧ 今年(　　　　　)大学に入れるよう、勉強します。
올해야말로 대학에 들어갈 수 있도록 공부하겠습니다.

⑨ どこかでねこの鳴き声(　　　　　)。
어딘가에서 고양이 울음소리가 납니다.

⑩ 買い物(　　　　　)新宿へ行って、展覧会ものぞいて来よう。
쇼핑하는 김에, 신주쿠에 가서 전람회도 구경하고 오겠다.

⑪ 花子は食べる(　　　　　　)、急に元気になる。
하나코 씨는 먹는 이야기만 나오면, 갑자기 생기가 넘친다.

⑫ この道具、説明書を読んだ(　　　　　　)使い方がよくわかりませんでした。
이 도구, 설명서를 읽었지만 사용법을 잘 몰랐습니다.

⑬ アメリカに住んでいた(　　　　　　)、英語がうまいとは限らない。
미국에 살고 있다고 해서, 반드시 영어를 잘한다고는 할 수 없다.

⑭ 自由がなくなる(　　　　　　)、一生独身でいる方がいい。
자유가 없어질 정도라면, (차라리) 평생 독신으로 있는 편이 낫다.

⑮ このごろ、たばこの煙を嫌(　　　　　　)人が多くなりました。
요즘 담배 연기를 싫어하는 사람들이 많아졌습니다.

⑯ 今週は曇り(　　　　　　)の天気が続いたが、今日は久しぶりによく晴れた。
이번 주는 주로 흐린 날씨가 이어졌지만, 오늘은 오랜만에 맑게 개었다.

⑰ 誕生日に、母はわたしに着物を(　　　　　　)。
생일에 어머니는 나에게 기모노를 주었다.

▶ か행 정답 ☞ 164 p

あ행 체크 문제 정답

① 後で   ② あまり   ③ 間に   ④ いかんでは
⑤ 終わった   ⑥ おそれがある   ⑦ 上は   ⑧ 以上
⑨ おかげで   ⑩ 一方だ   ⑪ 折   ⑫ あっての
⑬ うちに   ⑭ お, になります   ⑮ おかげか   ⑯ 上で
⑰ うる

123

109 さい(に) ★3

~일 때는, ~때

접속 방법 「동사의 사전형・동사의 た형 / 명사 + の」+ 際(に)

① 非常の際はエレベーターを使わずに、階段をご利用ください。
비상시에는 엘리베이터를 사용하지 말고, 계단을 이용해 주세요.

② これは昨年、ある大臣がアメリカを訪問した際に、現地の子どもたちから受け取ったメッセージである。
이것은 작년에 어느 장관이 미국을 방문했을 때에, 현지의 아이들에게서 받았던 메시지이다.

③ 申込用紙は3月1日までにお送りください。その際、返信用封筒を忘れずに同封してください。
신청용지는 3월 1일까지 보내 주세요. 그때, 반송용 봉투를 잊지 말고 동봉해 주세요.

④ 昨年、わたしがボランティアセミナーを行った際の記録をお見せいたします。
작년에 제가 자원봉사 세미나를 했을 때 기록을 보여 드리겠습니다.

⑤ 国を出る際に、友人、知人からたくさんのお金を借りたのです。
고향을 떠날 때에, 친구와 지인들에게 많은 돈을 빌렸습니다.

▶ 어떤 특별한 상황에 처했거나 또는 그렇게 되었을 때를 나타내는 표현입니다.
▶ 「ときに」와 의미는 같지만 좀 더 정중한 표현이므로, 일상적인 말에는 그다지 사용하지 않는다는 것을 기억해 두세요.

1회 2회 3회

さいして ➡ にさいして 433

쏙쏙 어휘 大臣 내각의 대신, 장관   現地 현지   受け取る 받다, 수취하다

110 さいちゅう(に) ★3

~하는 중(에), ~하는 도중(에)

접속 방법 「동사의 て형 + いる / 명사 + の」 + 最中(に)

① 新入社員の小林さんは、会議の最中にいねむりを始めてしまった。
신입사원인 고바야시 씨는 한창 회의 중에 깜박 졸고 말았다.

② 来年度の行事日程については、今検討している最中です。
내년도의 행사일정에 대해서는 현재 검토하고 있는 중입니다.

③ 今考えごとをしている最中だから、少し静かにしてください。
지금 한창 생각을 하고 있는 중이니까, 조용히 좀 해 주세요.

'마침 ~하고 있을 때'라는 의미를 나타내는 표현입니다.

1회 2회 3회

さいちゅうだ ➡ さいちゅう(に) 125

쏙쏙 어휘 日程 일정　考えごと 이런저런 생각, 궁리, 걱정거리

111 さえ
~조차

접속 방법 「명사(+ 조사)」+ さえ

① ジムは日本に長くいるので会話は上手だが、文字はひらがなさえ読めない。
짐은 일본에 오랫동안 있었기 때문에 회화는 잘하지만, 문자는 히라가나조차 읽지 못한다.

② 彼女は親友の花子にさえ知らせずに一人で外国へ旅立った。
그녀는 친한 친구인 하나코에게 조차 알리지 않고, 혼자서 외국으로 여행을 떠났다.

③ 息子を失った彼女は生きる希望さえなくしてしまった。
아들을 잃은 그녀는 삶의 희망조차 잃어버리고 말았다.

④ この本は小学生でさえ読めるのだから、高校生のあなたは簡単に読めるでしょう。
이 책은 초등학생조차 읽을 수 있으니까, 고등학생인 당신은 (당연히) 쉽게 읽을 수 있겠죠.

⑤ 山の上には夏でさえ雪が残っている。
산꼭대기에는 여름에 조차도 눈이 남아 있다.

극단적인 예를 들어 '다른 것은 물론이고'라는 의미로 사용되는 표현입니다. 예문 ④와 같이 주격에 붙는 경우에는 「でさえ」의 용법으로 쓰이는 경우가 대부분이니까, 함께 기억해 두세요.

1회 2회 3회

쏙쏙 어휘 旅立つ 여행을 떠나다 失う 잃다, 상실하다

112 さえ～ば ★3

~하기만 하면, ~만 있으면

접속 방법 「동사의 ます형」+ さえすれば
「명사 + さえ」+ 동사의 가정형 / い형용사의 어간 + ければ / な형용사의 어간 + なら / 명사 + なら
「い형용사의 어간 + く / な형용사의 어간 + で」+ さえあれば

① これは薬を飲みさえすれば治るという病気ではない。入院が必要だ。
이것은 약을 먹기만 하면 낫는 병은 아니다. 입원이 필요하다.

② 謝りさえすれば許されるというのは間違いだ。謝っても許されない罪もある。
사과만 하면 용서받을 수 있다는 것은 잘못됐다. 사과해도 용서받을 수 없는 죄도 있다.

③ うちの子は暇さえあれば、本を読んでいます。
우리 집 아이는 틈만 나면, 책을 읽고 있습니다.

④ 湿度さえ低ければ、東京の夏も暮らしやすい。
습도만 낮으면, 도쿄의 여름도 지내기 편하다.

⑤ このシャツ、もう一まわり大きくさえあれば着られるのに。残念だな。
이 셔츠, 한 치수만 더 크면 입을 수 있는데. 안타깝다.

⑥ 子どもたちの体さえ健康なら、親はそれだけでうれしい。
아이들의 몸만 건강하다면, 부모는 그것만으로 기쁘다.

「～さえ～ば…」의 형태로 『…』가 성립하는 데에는 「～」라고 하는 조건이 실현되면, 그 밖에는 아무것도 필요 없다'고 하는 의미로 사용되는 표현입니다.

1회 2회 3회

さきだつ ➡ にさきだって 434
さきだって ➡ にさきだって 434
さしあげる ➡ あげる 15
させていただけませんか ➡ させてもらえませんか 130

113 させてください
~하게 해 주십시오

접속 방법 「동사의 사역형의 て형(させて)」+ ください

① 市役所へ行かなければならないので、今日は早く帰らせてください。
시청에 가야하기 때문에, 오늘은 일찍 돌아가게 해 주세요.

② 後で取りに来ますから、ここにちょっとかばんを置かせてください。
나중에 가지러 올 테니까, 여기에 잠시 가방을 놓게 해 주세요.

③ 勝手ですが、9時ごろこちらの方から電話をかけさせてください。
제 사정에만 맞춰서 죄송합니다만, 9시쯤에 제가 전화를 하게 해 주세요.

④ その仕事はぜひわたしにさせてくださいませんか。
그 일은 꼭 제가 하게 해 주시지 않겠습니까?

▶ 자기가 하는 일에 대해 상대방이 허락해 줄 것을 정중하게 의뢰하는 표현입니다. 「동사의 사역형+てください」의 형태로, 상대방이 허락할 것을 확신해서 사용하는 경우가 많습니다.

▶ 이 표현에서는 누가 그 행위를 하는가에 주의해야 하는데, 아래의 예문을 읽고 그 표현법을 잘 익혀 두세요.

◆ ちょっと休ませてください。
　잠시 쉬게 해 주세요. 〈내가 쉬겠다는 의미〉

　ちょっと休んでください。
　잠시 쉬세요. 〈상대방을 쉬게 하겠다는 의미〉

□ □ □
1회 2회 3회

쏙쏙 어휘　勝手 제멋대로임　ぜひ 꼭, 반드시

114 させてくれませんか ★3

~하게 해(시켜) 주십시오, 제가 ~해도 될까요?

접속 방법 「동사의 사역형의 て형(させて)」 + くれませんか

① A : 山田さん、すみませんが、週末、車を使わせてくれませんか。
   야마다 씨, 죄송한데요, 주말에 제가 차를 쓰면 안 될까요?

   B : ええ、いいですよ。
   네, 그러세요.

② A : 今日の食事はわたしに払わせてくださいませんか。この前、ごちそうになりましたから。
   오늘 식사는 제가 내도 될까요? 얼마 전에 대접을 받았으니까요.

   B : そうですか。じゃあ、よろしくお願いします。
   그래요? 그럼, 잘 부탁하겠습니다.

③ A : その仕事、わたしにやらせてくれない？ 表を作るのは得意なの。
   그 일, 나한테 시켜주지 않을래? 표를 만드는 것은 자신 있어.

   B : そうか。じゃ、頼むよ。
   그래? 그럼, 부탁할게.

▶ 자기가 하는 일에 대해 상대방이 허락해 줄 것을 정중하게 부탁하는 표현입니다.
▶ 허물없는 사이의 대화에서는 예문 ③처럼「させてくれない？」의 형태로 쓰이기도 합니다.

1회 2회 3회

쏙쏙 어휘 表 표 得意 숙달되어 있음, 자신이 있음

115 させてもらえませんか ★3
~하게 해 주십시오, ~해도 될까요?

접속 방법 「동사의 사역형의 て형 (させて)」+ もらえませんか

① A : すみませんが、電話をかけさせてもらえませんか。
   죄송한데요, 전화 좀 걸어도 될까요?

   B : ええ、いいですよ。 네, 좋아요.

② A : ちょっと気分が悪いのですが、ここで休ませていただけませんか。
   속이 좀 안 좋은데요, 여기서 좀 쉴 수 없을까요?

   B : ええ、どうぞ。 네, 그러세요.

③ A : 用事があるので、きょうは早く帰らせていただけますか。
   볼일이 있어서, 오늘은 일찍 돌아가도 될까요?

   B : ええ、どうぞ。 네, 그러세요.

④ A : ちょっとこのかばん、ここに置かせてもらえない？
   잠시 이 가방, 여기에 놓아도 될까요?

   B : うん、いいよ。 응, 좋아.

▶ 자기가 하는 일에 대해 상대방이 허락해 줄 것을 정중하게 부탁하는 표현입니다.
▶ 이 표현에서는 누가 그 행위를 하는가에 주의해야 하는데, 아래의 예문을 통해 그 표현법을 잘 익혀 두세요.

   ◆ 写真をとっていただけませんか。
      사진을 찍어주시지 않겠습니까? (상대방에게 찍어달라고 부탁하는 의미)
      写真をとらせていただけませんか。
      사진을 찍어 드릴까요? (내가 찍어주겠다는 의미)

1회 2회 3회

쏙쏙 어휘　用事 볼일, 용무　置く 두다, 놓다

116 させられる ★4

억지로 ~하다, 어쩔 수 없이 ~하게 되다, ~를 당하다

접속 방법 활용표 참조

① アルバイトをしている店で、店長に言葉の使い方を覚えさせられました。
아르바이트를 하는 가게에서 점장이 단어 사용법을 억지로 익히게 했습니다.

② 野球チームに入りたいけれど、毎日練習させられるのはいやです。
야구팀에 들어가고 싶지만, 매일 연습을 하게 되는 것은 싫습니다.

③ わたしが子どものころは、家の中のいろいろな仕事を手伝わされました。しかし、今の親は子どもにあまり手伝わせないようです。
제가 어렸을 때는 (저에게) 집안의 여러 가지 일을 억지로 돕게 했습니다. 그러나 요즘 부모는 아이에게 그다지 도우라고 하지 않는 것 같습니다.

④ 子どものころ、兄によく泣かされました。
어렸을 때에 형이 자주 저를 울렸습니다.

⑤ あの人にはよくびっくりさせられます。いつも夜遅くいろいろな国から電話をかけてくるので……。
그 사람은 저를 자주 깜짝 놀라게 합니다. 항상 밤늦게 여러 나라에서 전화를 하기 때문에…….

⑥ きのう田口君と3時に約束したのですが、駅で30分も待たされました。
어제 다구치 군과 3시에 약속을 했는데, 역에서 30분이나 저를 기다리게 했습니다.

사역수동의 문장으로, 예문 ①~③과 같이 '어떤 사람의 명령이나 지시를 받아서 할 수 없이 그 동작을 한다'고 하는 의미를 나타냅니다. 예문 ④~⑥처럼 지시를 받은 것은 아니지만, 결과적 또는 심리적으로 그렇게 되었을 때 사용하기도 합니다. 어떤 경우라도 그 사실을 달갑게 생각하지 않는 사람(나, 또는 심리적으로 나에게 가까운 사람이 많음)을 주어로 해서 나타내야 한다는 것을 꼭 기억하세요.

1회 2회 3회

117 させる

시키다, 하게 하다 〈강제 사역〉

접속 방법 활용표 참조

① 部屋が汚いので、お父さんは子どもに部屋をそうじさせました。
방이 지저분해서 아버지는 아이에게 방 청소를 시켰습니다.

② 仕事がたくさんあるので、社長は社員に日曜日も仕事をさせました。
일이 많기 때문에, 사장님은 사원에게 일요일에도 일을 시켰습니다.

③ 先生は学生にA社の辞書を勧めて買わせました。
선생님은 학생에게 A사의 사전을 권유해서 (강제로) 사게 했습니다.

④ 先生は子どもたちに運動場を走らせました。
선생님은 아이들에게 운동장을 뛰게 했습니다.

⑤ 子どもがあまり外で遊ばないので、親は子どもを野球クラブに入らせました。
아이들이 별로 밖에서 놀지 않기 때문에, 부모는 자녀를 야구클럽에 들어가게 했습니다.

일반적으로는 손윗사람이 손아랫사람에게 어떤 행위를 강제로 시키거나 권유할 때에 사용하는 표현입니다. 손윗사람에게 부탁하는 경우에는 사용하지 않으므로, 아래의 예문을 통해 잘 익혀 두세요.

◆ (×) 後輩は先輩に先生の住所を調べさせました。
(○) 後輩は先輩に先生の住所を調べてもらいました。
후배는 선배에게 선생님의 주소를 알아봐달라고 부탁했습니다.

1회 2회 3회

쏙쏙 어휘　汚い 지저분하다　勧める 권하다

118 させる ★4

~하게 하다 〈유발 사역〉

접속 방법 활용표 참조

① ジム：……その人は本当は……おばけだったのです……。
…그 사람, 사실은……유령이었습니다…….

子どもたち：キャーッ、こわあい……。
까악~, 무서워…….

→ジムはおばけの話をして、子どもたちをこわがらせました。
→ 짐이 유령이야기를 해서, 아이들을 무서워하게 했습니다(아이들이 무서워 했습니다).

② よしおさんはいつもおもしろい話をして、みんなを笑わせます。
요시오 씨는 늘 재미있는 이야기를 해서, 모두를 웃게 합니다.

③ 花子さんはオリンピックの選手になって、両親をびっくりさせました。
하나코 씨는 올림픽 선수가 되어, 부모님을 놀라게 했습니다.

④ いつも親や先生を泣かせていた太郎は、今は3人の子の親です。
항상 부모님과 선생님을 울렸던 타로는 지금 세 자녀의 부모입니다.

⑤ リー：先生、この問題は……。선생님, 이 문제는…….
先生：むずかしい質問ばかりして、わたしを困らせないでください。
어려운 질문만 해서, 나를 곤란하게 하지 마세요.

▶ '어떤 일이 직접적인 원인이 되어, 결과적으로 다른 사람의 심리적인 변화나 감정적인 동작을 불러 일으킨다'는 의미를 나타냅니다.

▶ 그 밖에 「泣く(울다)・驚く(놀라다)・喜ぶ(기뻐하다)・悲しむ(슬퍼하다)・安心する(안심하다)・怒る(화내다)」등의 감정을 동반하는 동사가 자주 사용되니까, 잘 기억해 두세요.

119 させる

~하게 하다 〈허가・은혜의 사역〉

접속 방법 활용표 참조

① 子どもが読みたいと言ったので、お父さんは子どもに昔のまんがを読ませました。
아이가 읽고 싶다고 해서, 아버지는 아이에게 옛날 만화책을 읽게 했습니다.

② あのお母さんは子どもがやりたいと言っても、ゲームをやらせません。
그 어머니는 아이가 하고 싶다고 해도, 게임을 시키지 않습니다.

③ おいしいいちごですね。正夫にも食べさせたいです。大好きだから。
맛있는 딸기군요. 마사오에게도 주고 싶어요. 아주 좋아하니까.

④ A：あ、新しい雑誌ですね。ちょっと読ませてください。
아, 새로 나온 잡지이군요. 잠깐 읽게 해 주세요(읽어볼게요).

　B：どうぞ。그러세요.

⑤ その女の人は立って、わたしの母をすわらせてくれました。
그 여자는 일어나서, 나의 어머니를 앉게 해 주었습니다.

⑥ アルバイトで、わたしはいろいろ勉強させてもらって、よかったと思っています。
나는 아르바이트로 여러 가지를 배울 수 있어, 다행이었다고 생각하고 있습니다.

⑦ 先生はわたしに学生時代の話をいろいろ聞かせてくださいました。
선생님은 나에게 학창시절의 다양한 이야기를 들려 주셨습니다.

⑧ 父：たかし、遊びはもうやめて、おふろに入りなさい。
다카시, 이제 그만 놀고 목욕하거라.

　母：楽しそうに遊んでいるから、もう少し遊ばせておきましょうよ。
즐거운 듯이 놀고 있으니까, 조금 더 놀게 해 둡시다.

▶ '누군가가 소망하는 바를 허락한다'라는 의미이며, 또한 상대방의 호의를 나타내기도 합니다. 여기서는 누가 그 행위를 하는가에 주의해야 하므로, 아래 예문을 통해 잘 익혀 두세요.

◆ ちょっと読ませてください。
잠시 읽게 해 주세요. (내가 읽게 해달라는 의미)

▶ ⑧과 같이「동사 + させておく」의 형태로, 그 행위를 계속하는 것을 허락한다고 하는 의미도 있습니다.

120 させる ★2
~하게 하다 〈책임 사역〉

접속 방법 활용표 참조

① 水をあげるのを忘れてしまって、ペットの小鳥を死なせてしまいました。
물을 주는 것을 잊어버려서, 애완용 작은 새를 죽게 하고 말았습니다.

② 肉を冷蔵庫に入れたまま、何日も使わなかったので、くさらせてしまいました。
고기를 냉장고에 넣어 둔 채 며칠이나 사용하지 않아서, 상하게 하고 말았습니다.

③ わたしのためにお金を使わせてしまって申し訳ありません。
저 때문에 돈을 쓰게 해서 죄송합니다.

④ (待ち合わせで遅れた人) どうもお待たせしました。
(약속장소에 늦은 사람) 많이 기다리셨습니다.

⑤ A : だいじょうぶですか。手伝いましょうか。 괜찮습니까? 도와드릴까요?
　 B : (パソコンの上にお茶をこぼした人) あ、大丈夫です。
　　　……どうもお騒がせしました。
(컴퓨터 위에 차를 흘린 사람) 아, 괜찮습니다. …… 소란을 떨어 죄송합니다.

▶「동사 + させてしまう」의 형태로, '자기가 원인을 제공하여 상대방을 좋지 않은 상황에 놓이게 한 점에 대해 책임을 느끼고 있다'라는 의미로 사용됩니다.
▶ 예문 ④, ⑤는 하나의 인사말처럼 사용하는 정해진 표현이니까, 그대로 외워 두세요.

121 させる

~하게 하다 〈타동사화 시킨 사역〉

접속 방법 활용표 참조

① (天気予報) 関東地方の上に雲がかかっていますが、これは雨を降らせる雲ではありません。
(일기예보) 간토지방 위에 구름이 끼어 있습니다만, 이것은 비를 내리게 하는 구름은 아닙니다.

② この寺の「あじさい」は、梅雨の季節になると美しい花を咲かせて人々を楽しませてくれます。
이 사찰의 '자양화'는 장마철이 되면 아름다운 꽃을 피워 사람들을 즐겁게 해 줍니다.

③ 子どもたちは歌やダンスがある楽しい劇を、目を輝かせて見ていました。
아이들은 노래와 춤이 있는 즐거운 연극을 눈을 반짝거리며 보고 있었습니다.

④ 木村先生は子どもたちの文章を書く能力を向上させようと、日々努力しています。
기무라 선생님은 아이들의 글을 쓰는 능력을 향상시키려 날마다 노력하고 있습니다.

▶ 어떤 상황에서 그 사건을 일으키는 주체를 중심으로 진술하려고 하지만 이에 적합한 타동사가 없기 때문에, 자동사를 타동사로 변환해서 사용하는 용법입니다.

▶ 예문 ④와 같이 「向上する(향상하다)・発展する(발전하다)・進歩する(진보하다)・完成する(완성하다)・実現する(실현하다)」등 원래부터 자동사인 한자어(漢語) 동사에서도 이와 같은 용법을 찾아볼 수 있습니다.

| 1회 | 2회 | 3회 |

さておき ➡ はさておき 516
さることながら ➡ もさることながら 565

쏙쏙 어휘 寺 절, 사찰　あじさい 자양화, 수국　梅雨 장마　文章 문장

122 ざるをえない ★2

~할 수 밖에 없다, ~해야 한다

접속 방법 동사의 ない형 + ざるを + えない (※예외: しない → せざるをえない)

① 会社の上の人に命令された仕事なら、社員は嫌でもやらざるをえない。
직장 상사가 명령한 일이라면, 사원은 싫더라도 하지 않을 수 없다.

② 会社が倒産したのは社長に責任があると言わざるをえない。
회사가 도산한 것은 사장에게 책임이 있다고 말할 수밖에 없다.

③ 化学は好きではないが、必修だから取らざるをえない。
화학은 좋아하지 않지만, 필수이기 때문에 듣지(수강하지) 않을 수 없다.

④ 体調はあまりよくないが、今日は人手が足りないので働かざるをえない。
몸 상태는 그다지 좋지 않지만, 오늘은 일손이 부족하기 때문에 일할 수밖에 없다.

▶ 그 일을 하고 싶지는 않지만, 어쩔 수 없는 상황으로 인해「しかたなく~する(할 수 없이 ~하다)」라고 할 때에 사용하는 표현입니다.

▶「ざる」는 옛말로 지금의「ない」와 같은 의미인데,「ざるをえない」는「ないわけにはいかない(~하지 않을 수 없다, ~해야 한다)」보다는「しかたなく(어쩔 수 없이)」의 느낌이 더 강하게 드는 표현입니다.

1회 2회 3회

쏙쏙 어휘 倒産 도산, 부도   必修 필수   人手 일손, 인력

123 し

~하고

접속 방법 보통형 ＋ し

① A：木村さんはどうして夏が好きなんですか。
　　　기무라 씨는 왜 여름을 좋아하는 겁니까?
　　B：そうですね。夏休みがあるし、泳げるし……。
　　　글쎄요. 여름휴가도 있고, 수영을 할 수도 있고…….

② 今日は雨も降っているし、ジョギングはやめよう。
　　오늘은 비도 내리고 있고, 조깅은 그만두자.

③ A：どうして引っ越すんですか。
　　　왜 이사를 합니까?
　　B：今のアパートは駅から遠いし、部屋も好きじゃないんです。
　　　지금 사는 아파트는 역에서도 멀고, 방도 마음에 들지 않습니다.

④ 今日はひまだし、天気もいいから、公園に行きましょう。
　　오늘은 한가하고 날씨도 좋으니까, 공원에 나갑시다.

▶ 이유를 나열해서 말할 때 사용하며, 「から」나 「ので」보다 인과관계(因果関係)가 조금 약한 표현입니다.
▶ 예문 ②처럼 한 가지 이유만을 들고 있지만, 그 밖에 다른 이유도 있다고 하는 느낌을 주기도 하니까 잘 기억해 두세요.

1회 2회 3회

しかたがない ➡ ほかない 534

쏙쏙 어휘　ジョギング 조깅　引っ越す 이사하다

124 しかない ★3

~하는 수 밖에 없다, ~해야 한다

접속 방법 동사의 사전형 / **する**동사의 명사형 + **しかない**

① 1度決心したら最後までやるしかない。
한번 결심했으면, 끝까지 할 수 밖에 없다.

② この事故の責任はこちら側にあるのだから、謝るしかないと思う。
이 사고의 책임은 우리 측에 있으니까, 사과할 수밖에 없다고 생각한다.

③ ビザの延長ができなかったのだから、帰国するしかない。
비자 연장을 못했기 때문에, 귀국할 수밖에 없다.

'다른 방도가 없어 할 수 없이 그렇게 할 수밖에 없다'는 자포자기하는 기분으로 말할 때 사용하는 표현입니다.

1회 2회 3회

쏙쏙 어휘 謝る 사과하다 ビザ 비자 延長 연장

125 しだい

~되는 대로, ~하는 즉시

접속 방법 「동사의 ます형」+ 次第

① スケジュールが決まり次第、すぐ知らせてください。
스케줄이 정해지는 대로 바로 알려 주세요.

② 資料の準備ができ次第、会議室にお届けします。
자료 준비가 되는 즉시, 회의실로 보내드리겠습니다.

③ 向こうから連絡があり次第、出発しましょう。
상대편에서 연락이 오는 대로 바로 출발합시다.

④ 会長が到着し次第、会を始めたいと思います。もうしばらくお待ちください。
회장님이 도착하시는 대로 회의를 시작하겠습니다. 잠시만 더 기다려 주십시오.

「~次第…」의 형태로, '「~」가 일어나면 즉시「…」를 하겠다'고 하는 의지를 나타내고자 할 때 자주 사용하는 표현입니다.

□ □ □
1회 2회 3회

쏙쏙 어휘 届ける 보내다, 닿게 하다   向こう 맞은편, 건너편

126 しだいだ ★2

~입니다, ~인 까닭에

접속 방법 「보통형(な형용사의 어간 + である / 명사 + である)」 + 次第だ

① 社長 : 君は大阪には寄らなかったんだね。
자네는 오사카에는 들르지 않았었지?

社員 : はい、部長から帰れという連絡が入りまして、急いで帰って来た次第です。
네, 부장님한테서 돌아가라고 하는 연락이 와서, 서둘러 돌아왔을 따름입니다.

② 客 : 品物が届かなかったのはそちらの手違いだというんですね。
물건이 도착하지 않았던 것은 그쪽의 착오라는 거죠?

店員 : はい、まことに申し訳ございませんが、そういう次第でございます。
네, 대단히 죄송합니다만, 사정상 그렇게 되었습니다.

③ 以上のような次第で、来週の工場見学は中止にさせていただきます。
이상과 같은 사정으로, 다음 주의 공장견학은 중지하겠습니다.

이유나 사정을 설명하고, '그래서 ~라고 하는 결과가 되었다'고 말하고자 할 때에 사용하는 표현입니다. 문장 안에서는 예문 ③처럼 「しだいで」라는 형태로 쓰이니까, 꼭 기억해 두세요.

1회 2회 3회

しだいだ ➡ しだいで 142

쏙쏙 어휘　寄る 들르다, 다가서다　手違い 착오, 실책

127 しだいで

~에 따라(서), ~에 달렸다

접속 방법 「명사」+ 次第で

① 言葉の使い方次第で相手を怒らせることもあるし、喜ばせることもある。
   단어의 사용방법에 따라 상대방을 화나게 할 수도 있고, 기쁘게 할 수도 있다.

② わたしはその日の天気次第で、1日の行動の予定を決めます。
   나는 그날의 날씨에 따라서, 하루의 행동 일정을 결정합니다.

③ 国の援助を受けられるか受けられないかは、この仕事の結果次第です。
   국가의 원조를 받을 수 있을지 없을지는 이 일의 결과에 달렸습니다.

▶ 주로 정도나 종류의 차이를 나타내는 말에 이어져서, '그것에 대응해서 어떤 일이 변한다, 어떤 일을 결정한다'라고 말하고자 할 때에 사용하는 표현입니다. 여기서 「~次第で」의 「~」가 뒤에 오는 사항의 결정요소가 되며, 「いかんで」와 의미, 용법은 비슷하지만, 「いかんで」보다는 일상적으로 사용되는 말입니다.

▶ 문말에서는 예문 ③처럼 「しだいだ」라는 형태로 쓰입니다.

참고 いかんで

1회 2회 3회

쏙쏙 어휘 怒る 화내다, 나무라다   援助 원조

128 しだいでは

~에 따라서는

접속 방법 「명사」 + 次第では

① 成績次第では、あなたは別のコースに入ることになります。
성적에 따라서는 당신은 다른 코스에 들어가게 됩니다.

② 道の込み方次第では、着くのが大幅に遅れるかもしれません。
길이 막히는 상황에 따라서는 도착하는 것이 대폭 늦어질 지도 모릅니다.

③ 考え方次第では、苦しい経験も貴重な思い出になる。
생각 여하에 따라서는 힘든 경험도 귀중한 추억이 된다.

▶ 주로 정도나 종류의 차이를 나타내는 말에 이어져서, '그 중 어떤 경우는 …하는 수도 있다'라고 말하고자 할 때에 사용합니다. 「しだいで」 용법의 일부로, 여러 가능성 가운데에서 하나의 예를 들어 말할 때 사용하는 표현입니다.

▶ 「いかんでは」와 의미, 용법은 비슷하지만, 「いかんでは」보다는 일상적으로 사용되는 말입니다.

참고 いかんでは・しだいで

1회	2회	3회

したがって ➡ にしたがって 435
したって ➡ にしたところで 436
したところで ➡ にしたところで 436
したら ➡ にしたら 437
している ➡ をしている 643
しては ➡ にしては 439
しても ➡ にしたら 437
しても~しても ➡ にしても~にしても 442
してる ➡ をしている 643

쏙쏙 어휘   大幅 큰 폭, 수량·가격·규모 등의 변동이 큼   苦しい 고통스럽다, 괴롭다

129 しまつだ ★1

(나쁜 결과로의) 형편, 꼴, 태도

접속 방법 「동사의 사전형」+ しまつだ

① あの子は乱暴で本当に困る。学校のガラスを割ったり、いすを壊したり、とうとうきのうは友だちとけんかして、けがをさせてしまうしまつだ。
그 아이는 난폭해서 정말로 곤란하다. 학교 유리창을 깨고, 의자를 망가뜨리고, 결국 어제는 친구와 싸움을 해서 다치게 한 지경이다.

② きのうはいやな日だった。会社では社長に注意されるし、夜は友人とけんかしてしまうし、最後は帰りの電車の中にかばんを忘れてきてしまうしまつだ。
어제는 짜증나는 날이었다. 회사에서는 사장님에게 주의를 받고, 밤에는 친구와 싸움을 하고, 끝내는 돌아오는 전철 안에 가방을 놓고 내리고 오기까지 했다.

③ 君はきのうもまた打ち合わせの時間に遅れたそうじゃないか。そんなしまつじゃ人に信用されないよ。
자네는 어제도 또 회의시간에 늦었다고 하던데. 그런 태도로는 남에게 신용을 얻지 못해.

▶ '나쁜 상황들이 반복되다가 결국에는 더욱 안 좋은 결과가 되었다'고 그 경위를 설명할 때에 사용하는 표현입니다.
▶ 뒷문장에는 「とうとう(드디어)・最後は(결국은)」등의 말이 함께 오는 경우가 많습니다.

1회 2회 3회

じゃいけない ➡ てはいけない 274
じゃう ➡ てしまう 264-265
じゃかなわない ➡ てはかなわない 275
じゃないか ➡ ではないか 277

쏙쏙 어휘 乱暴 난폭함   帰り 돌아옴(감)   打ち合わせ 미리 의논함, 미리 상의함

130 しろ ★4

~해라 〈명령〉

접속 방법 | 활용표 참조

① (交通標識) 止まれ　(교통표지) 멈춤
② (けんかをしている人に) やめろ!
　(싸움을 하고 있는 사람에게) 그만 둬!
③ (父が子どもをしかって) 静かにしろ!
　(아버지가 자식을 꾸짖으며) 조용히 해!
④ (友だち同士で) よかったら、今晩うちに来いよ。
　(친구끼리) 괜찮으면, 오늘 밤 우리 집에 와(라).
⑤ (社長が社員に) あしたまでにレポートを出してくれ。
　(사장이 사원에게) 내일까지 보고서를 제출해 주게.
⑥ 母はいつも使ったものはかたづけろと言います。
　어머니는 항상 사용한 물건은 치우라고 말합니다.

▶ 명령형으로 끝나는 문장은 주로 남성이 다른 사람에게 강력하게 명령하는 표현입니다. 또한 예문 ④처럼 남성이 친한 상대에게 제안이나 권유의 의미로 사용하는 경우도 있으니까, 주의해서 알아 두세요.
▶ 예문 ⑥처럼 간접화법으로 문장 속에서 사용되거나, 시험 등의 지시문에서는 남녀에 관계없이 사용합니다.

참고　しろ〈명령〉と(言う)・な〈금지〉と(言う)

1회 2회 3회

しろ ➡ にしても 440-441
しろ ➡ にしろ 443

쏙쏙 어휘　交通標識 교통 표지　同士 끼리, 사이　しかる 꾸짖다, 나무라다

131 しろと(言う)

～하라고 말하다 〈명령〉

접속 방법 활용표 참조

① 母の手紙にはいつも体を大切にしろと書いてあります。
어머니의 편지에는 항상 건강에 유의하라고 적혀 있습니다.

② 森先生は若いときに本を読めとおっしゃいます。
모리 선생님은 젊을 때에 책을 읽으라고 말씀하십니다.

③ 先輩は失恋したわたしに、終わったことは忘れろと言った。
선배님은 실연당한 나에게, 끝난 일은 잊으라고 말했다.

④ 祖父はわたしに3歩前を見て歩けと言った。
할아버지는 나에게 세 걸음 앞을 보고 걸으라고 말했다.

▶ 충고나 명령 등을 간접화법으로 간결하게 나타낼 때 사용하는 표현입니다.
▶ 위에 나온 충고나 명령의 예문은 ①母の手紙「体を大切にしなさい」, ②森先生「若いときに本を読みなさい」, ③先輩「終わったことは忘れなさい」 또는 「終わったことは忘れろ」, ④祖父「3歩前を見て歩きなさい」 또는 「3歩前を見て歩け」 등으로도 쓸 수 있으니까, 참고하세요.

1회 2회 3회

しろ～しろ ➡ にしろ～にしろ 444

쏙쏙 어휘　失恋 실연

132 すえ(に)

~한 끝에

접속 방법　「동사의 た형 / 명사 + の」 + 末(すえ)(に)

① 帰国するというのは、さんざん迷った末に出した結論です。
　 귀국하겠다고 한 것은 몹시 망설인 끝에 내린 결론입니다.

② 委員会を二つに分けるというのは、関係者がいろいろ検討した末の決定です。
　 위원회를 둘로 나눈다고 한 것은 관계자가 여러모로 검토한 끝에 내린 결정입니다.

③ 試合はAチームとBチームの激しい戦いの末、Aチームが勝った。
　 시합은 A팀과 B팀의 격렬한 싸움 끝에, 결국 A팀이 이겼다.

④ 5時間に及ぶ討議の末に、両国は「オレンジ」の自由化問題について最終的な合意に達した。
　 5시간에 걸친 토의 끝에, 양국은 '오렌지'의 자유화 문제에 대해서 최종적인 합의에 도달했다.

▶ '여러 가지 방법으로 ~한 끝에 이런 결과가 되었다'라고 말하고자 할 때에 사용합니다.
▶ 「いろいろ(여러 가지)・さんざん(몹시)・長い時間(오랜 시간)」 등의 강조하는 말과 함께 자주 사용됩니다.
▶ 같은 표현으로는 「あげく」가 있으니까, 함께 기억해 두세요.

참고 あげく

1회 2회 3회

すぎない ➡ にすぎない　445

쏙쏙 어휘　委員会 위원회　及ぶ 달하다, 미치다　討議 토의　達する 이르다, 도달하다

133 すぎる

지나치게 ~하다

접속 방법 「동사의 **ます**형 / **い**형용사의 어간 / **な**형용사의 어간」 + すぎる
(※예외 : ない → なさすぎる)

① このケーキはちょっと甘すぎます。
   이 케이크는 너무 달아요.

② わあ、このスーツ 10万円ですか。高すぎますよ。
   와~. 이 양복이 십만 엔입니까? 너무 비싸군요.

③ 食べすぎておなかがいっぱいです。
   과식해서 배가 잔뜩 부릅니다.

④ あの人はまじめだけれど、ユーモアがなさすぎる。
   그 사람은 성실하지만, 유머가 너무 없다.

정도가 딱 좋은 수준을 넘었다는 것을 말하고자 할 때 사용하는 표현으로, 마이너스적인 표현입니다.

1회 2회 3회

쏙쏙 어휘　ユーモア 유머

134 ずくめ ★1

~투성이다, ~일색이다

접속 방법 「명사」+ ずくめ

① 山田さんのうちは、長男の結婚、長女の出産と、最近、おめでたいことずくめだ。
야마다 씨의 댁은 장남의 결혼, 장녀의 출산으로 최근에 경사스런 일 일색이다.

② あの時、彼はお葬式の帰りだったらしく、黒ずくめの服装だった。
그때 그는 장례식에서 돌아오는 길인 듯, 온통 검정색 일색의 복장이었다.

③ 彼から手紙が来たし、叔父さんからお小遣いももらったし、今日は朝からいいことずくめだ。
그 사람한테서 편지도 왔고, 삼촌에게 용돈도 받았고, 오늘은 아침부터 좋은 일뿐이다.

▶ '~로 가득 차 있다, ~가 차례차례로 일어난다'고 하는 의미를 나타내며, 물건·색깔·사건 등에도 사용할 수 있습니다. 일상 생활 주변에서 일어나는 좋은 일에 주로 사용합니다.

▶ 그 밖에 「ごちそうずくめ(맛있는 것투성이)・宝石ずくめ(보석 투성이)・けっこうずくめ(좋은 일투성이)」 등의 표현으로 사용됩니다.

1회 2회 3회

쏙쏙 어휘 長男 장남   葬式 장례식   お小遣い 용돈

135 ずじまい ★2

~하지 못하고 끝났다

접속 방법 「동사의 ない형」＋ ず ＋ じまい (※예외 : しない → せずじまい)

① あの映画も終わってしまった。あんなに見たいと思っていたのに、とうとう見ずじまいだった。
그 영화도 끝나고 말았다. 그토록 보고 싶었는데, 결국 못 보고 끝났다.

② あの本はいろいろな友だちに勧められたんですが、なんとなく気が進まず結局読まずじまいでした。
그 책은 여러 친구들한테서 추천을 받았지만, 왠지 내키지가 않아서 결국 읽지 못하고 말았습니다.

③ そろそろ昼食を、と思っていたら来客があり、そのうちにミーティングが始まり、結局昼食は取らずじまいだった。
슬슬 점심을 먹으려고 하던 참에 손님이 찾아오고, 곧 회의가 시작되어 결국 점심은 먹지 못하고 말았다.

④ その件については、いろいろな人に聞いて回ったが、結局真相はわからずじまいだった。
그 건에 대해서는 여러 사람에게 물어보고 다녔지만, 결국 진상은 밝혀지지 않고 끝났다.

▶ '어떤 의도가 심리적, 시간적, 물리적 장해로 인해 실현되지 못하고 끝났다'라는 의미를 나타내며, 의지 동사에 붙는 경우가 많습니다. 또한, 전체 문장을 명사로 취급해서 표현합니다.
▶ 「結局(결국)・とうとう(드디어)」등의 말과 함께 자주 사용하며, 약간 구어적인 표현입니다.

1회 2회 3회

쏙쏙 어휘   気が進む 마음이 내키다   来客 내객, 방문객   真相 진상

136 ずに ★4

~하지 않고

접속 방법 「동사의 ない형」 + **ずに** (※예외: しない → せずに)

① 切手をはら**ずに**手紙をポストに入れてしまいました。
우표를 붙이지 않고 편지를 우체통에 넣고 말았습니다.

② 暑いので、子どもはふとんをかけ**ずに**寝ています。
더워서 아이는 이불을 덮지 않고 자고 있습니다.

③ 今年の夏休みは山へ行か**ずに**、海へ行くことにしました。
올 여름휴가는 산에 가지 않고, 바다에 가기로 했습니다.

④ 山田さんはパソコン教室に参加せ**ずに**、自分で勉強してみると言っています。
야마다 씨는 컴퓨터 교실에 참가하지 않고, 스스로 공부해 보겠다고 말하고 있습니다.

▶ 「동사 + ずに」의 「ず」는 ない형의 고어(故語) 표현으로, 「동사 + ないで」와 같은 용법입니다.
▶ 예문 ①, ②는 어떤 상태로 동작을 했는지를 나타내며, 예문 ③, ④는 「代りに(대신에)·対比(대비)」의 의미를 나타내고 있습니다.

1회 2회 3회

쏙쏙 어휘 ポスト 우체통, 우편함   ふとんをかける 이불을 덮다

137 ずにはいられない ★2

~하지 않고는 견딜 수 없다, ~하지 않고는 참을 수 없다

접속 방법 「동사의 ない형」 + ずにはいられない
(※예외 : しない → せずにはいられない)

① おなかが痛くて声を出さずにはいられなかった。
배가 아파서 소리를 지르지 않고는 견딜 수 없었다.

② (本の広告から) おもしろい！読み始めたら、終わりまで読まずにはいられない。
(책 광고에서) 재밌다! 읽기 시작하면, 끝까지 읽지 않을 수 없다.

③ 地震の被災者のことを思うと、早く復興が進むようにと願わずにはいられません。
지진 피해자에 대해 생각하면, 하루 빨리 부흥이 진행되기를 바라지 않을 수 없습니다.

④ 林さんは「なぜ？」と思うと人に聞かずにはいられないようだ。何でも質問する。
하야시 씨는 '왜?'라고 생각하면 다른 사람한테 묻지 않고는 견딜 수 없나 보다. 뭐든지 질문한다.

▶ 육체적으로 더는 참을 수 없음을 하소연하거나 사건의 정황으로 보아 말하는 사람의 마음 속에 '정말 ~하고 싶다'라는 생각이 들어 도저히 억제할 수 없을 때 사용하는 표현입니다.
▶ 말하는 사람의 기분이나 직감 등을 표현하는 말이므로, 3인칭에 사용할 때는 문말에 예문 ④처럼「ようだ・らしい・のだ」를 붙여야 한다는 것을 꼭 기억해 두세요.
▶ 의미가 같은 표현으로는「ないではいられない」가 있습니다.

1회 2회 3회

쏙쏙 어휘 声を出す 소리를 지르다, 목소리를 내다   復興 부흥

138 ずにはおかない ★1

~하게 만든다, ~하게 한다 〈자발적 작용〉

접속 방법 「동사의 ない형」 + ずにはおかない
/ 「동사의 ない형」 + ないでは + おかない
(※예외 : しない → せずにはおかない)

① あの犬を描いた映画は、見る人を感動させずにはおかない。
그 개를 그린 영화는 보는 사람들을 감동시킨다.

② 現在の会長と社長の争いは、会社全体を巻き込まないではおかないだろう。
현재의 회장과 사장의 다툼은 회사 전체를 휘말려 들어가게 할 것이다.

③ 彼のやり方は他の人に不信感を抱かせずにはおかない。
그 사람의 방식은 다른 사람에게 불신감을 품게 만든다.

▶ '그와 같은 사태나 행동이 일어나다'라는 의미를 나타냅니다. 예문 ①은 기분을 나타내는 말과 함께 쓰이며, 자연스럽게 그와 같은 기분이 된다고 하는 표현입니다.
▶ 예문 ②의「ないではおかない」도 의미와 용법은 같습니다.

쏙쏙 어휘 争い 다툼, 분쟁 巻き込む 말려들게 하다 抱く 품다, 안다

139 ずにはおかない〈必ずする〉 ★1

~하지 않고 내버려두는 일은 없다, 반드시 ~한다

접속 방법 「동사의 ない형」+ ずにはおかない
／「동사의 ない형」+ ないでは + おかない
(※예외 : しない → せずにはおかない)

① このチームに弱いところがあれば、相手チームはそこを攻めずにはおかないだろう。
이 팀에 약한 부분이 있다면, 상대 팀은 반드시 그곳을 공격할 것이다.

② あの刑事はこの殺人事件の犯人を逮捕しないではおかないと言っている。
그 형사는 이 살인사건의 범인을 반드시 체포하겠다고 말하고 있다.

③ マナーが悪い人を罰しないではおかないというのが、この国の方針です。
매너가 나쁜 사람을 반드시 벌을 주는 것이, 이 나라의 방침입니다.

'~하지 않고 내버려두는 일은 절대로 용납하지 않는다, 반드시 ~한다'라는 강한 의지, 의욕, 방침이 있을 때 사용하는 표현입니다.

1회 2회 3회

쏙쏙 어휘　攻める 공격하다　刑事 형사　罰する 처벌하다

140 ずにはすまない

~하지 않고는 끝나지 않는다, 반드시 ~해야 한다

접속 방법 「동사의 ない형」+ ずには + すまない
/ 「동사의 ない형」+ ないでは + すまない
(※예외: しない → せずにはすまない)

① 大切なものを壊してしまったのです。買って返さずにはすまないでしょう。
귀중한 물건을 망가뜨리고 말았습니다. 반드시 사서 돌려주지 않으면 안 되겠죠.

② 検査の結果によっては、手術せずにはすまないだろう。
검사 결과에 따라서는 반드시 수술하지 않고서는 해결되지 않을 것이다.

③ 彼はかなり怒っているよ。ぼくらが謝らないではすまないと思う。
그 사람은 상당히 화가 나 있어. 반드시 우리들이 사과해야 해결될 것 같아.

④ 林さんにあんなにお世話になったのだから、1度お礼に行かないではすまない。
하야시 씨에게 그토록 신세를 졌기 때문에, 한 번은 사례인사를 하러 가야 한다.

그 당시의 정황이나 사회적인 통념에 비추어 볼 때 '그렇게 하지 않는 것은 용서받을 수 없는 행위다' 또는 '자기 자신이 생각해도 그렇게 해야 한다'고 말하고자 할 때 사용하는 매우 정중한 표현입니다.

1회 2회 3회

쏙쏙 어휘   壊す 망가뜨리다, 부수다   お礼 사례, 사례 인사

141 すら ★1
～조차 〈강조〉

접속 방법 「명사」 + すら

① 高橋さんは食事をする時間すら惜しんで、研究している。
다카하시 씨는 식사를 할 시간조차 아까워하며, 연구하고 있다.

② 腰の骨を傷めて、歩くことすらできない。
허리뼈를 다쳐서, 걷는 것조차 못한다.

③ 大学教授ですらわからないような数学の問題を10歳の子どもが解いたと評判になっている。
대학교수조차도 모를 만한 수학문제를 열 살짜리 아이가 풀었다고 평판이 자자하다.

④ 李さんは日本人ですら知らない日本語の古い表現をよく知っている。
이 씨는 일본인조차 모르는 일본어의 고어 표현을 잘 알고 있다.

극단적인 한 예를 들어서 '다른 것은 물론이고'라고 하는 의미로 사용합니다. 「さえ」와 비슷하게 사용하지만, 「さえ」보다는 약간 문어체적인 표현입니다. 예문 ③, ④처럼 주격에 붙는 경우는 「ですら」의 형태로 쓰이는 경우가 많습니다.

1회 2회 3회

する ➡ にする 446
すれば ➡ にしたら 437
せいか ➡ せいで 157

쏙쏙 어휘 惜しむ 아까워하다 傷める 아프게 하다, 다치다 解く 풀다

142 せいで

~탓에, ~때문에

접속 방법 「な형용사의 어간 + な・である / 명사 + の・である」+ せいで

① 林さんが急に休んだせいで、今日は3時間も残業しなければならなかった。
하야시 씨가 갑자기 쉬는 바람에, 오늘은 3시간이나 야근을 했어야 했다.

② マリが授業中に何回も話しかけてくる。そのせいでわたしまで先生にしかられてしまう。
마리가 수업 중에 몇 번이나 말을 걸어온다. 그 탓으로 나까지 선생님에게 혼나고 만다.

③ タンさんは最近体の具合が悪いと聞いているが、気のせいか、顔色が悪く見える。
탄 씨는 최근에 몸이 좋지 않다고 들었는데, 기분 탓인지 안색이 안 좋아 보인다.

④ 兄さんが今日晩ご飯を全然食べなかったのは病気のせいだと思う。
형이 오늘 저녁밥을 전혀 먹지 않았던 것은 병이 난 탓이라고 생각한다.

「~せいで、…」의 형태로, '~가 원인으로, …라고 하는 좋지 않은 결과가 되었다'고 말하고자 할 때에 사용하는 표현입니다. 예문 ③의 「せいか」는 '그것만이 원인인지 아닌지 알 수 없지만'이라는 느낌이 포함되어 있습니다.

1회 2회 3회

せよ ➡ にしても 440-441
せよ ➡ にせよ 447
せよ~せよ ➡ にせよ~にせよ 448
そう ➡ にそって 451
そういない ➡ にそういない 449

쏙쏙 어휘 話しかける 말을 걸다, 말을 붙이다

143 そうだ
~라고 한다 〈전문〉

접속 방법 「보통형」+ そうだ ★4

① テレビの天気予報によると、あしたは大雨が降るそうです。
   텔레비전의 일기예보에 의하면, 내일은 많은 비가 내린다고 합니다.

② 兄の電話によると、きのう元気な男の子が生まれたそうです。
   형의 전화에 따르면, 어제 건강한 사내아이가 태어났다고 합니다.

③ 新聞によれば、この町にも新しい空港ができるそうだ。
   신문에 따르면, 이 마을에도 새로운 공항이 생긴다고 한다.

④ 友だちの手紙では、今年のスペインの夏はあまり暑くないそうだ。
   친구의 편지로는 올해 스페인의 여름은 별로 덥지 않다고 한다.

⑤ おじいさんの話によると、おばあさんは若いころきれいだったそうです。
   할아버지의 말씀에 따르면, 할머니는 젊었을 때 아름다웠다고 합니다.

▶ 말하는 사람이 듣거나 읽거나 해서 얻은 정보를 전달할 때 쓰는 표현으로, 정보의 출처는 「…によると」, 「…によれば」, 「…では」 등으로 나타냅니다.

▶ 「そうだ」에는 부정이나 과거, 의문의 형태는 존재하지 않습니다. 아래의 예문을 통해 잘 기억해 두세요.
   ◆ (×) 暑いそうではない。　　(×) きれいだそうでした。

▶ 「~そうだ」의 「~」에는 「だろう・らしい・ようだ」는 올 수 없으니까, 아래의 예문을 통해 잘 익혀 두세요.
   ◆ (×) 天気予報によると、あしたは大雨が降るだろうそうです。

1회 2회 3회

쏙쏙 어휘　空港 공항　スペイン 스페인

144 そうだ ★4

~인 듯하다, ~인 것 같다 〈양태〉

접속 방법 「い형용사의 어간 / な형용사의 어간」+ そうだ
（※예외 : いい → よさそうだ・ない → なさそうだ）

① きのうは母の日だったので、花をプレゼントしました。母はとても うれしそうでした。
어제는 어머니의 날이었기 때문에 꽃을 선물했습니다. 어머니는 매우 기뻐하는 것 같았습니다.

② 妹はケーキを食べたそうな顔をしています。
여동생은 케이크를 먹고 싶은 듯한 표정을 짓고 있습니다.

③ たろうちゃんは健康そうで、かわいい赤ちゃんです。
타로는 건강해 보이는 귀여운 아기입니다.

④ このカレーライスはあまり辛くなさそうだ。
이 카레라이스는 그다지 맵지 않은 것 같다.

⑤ ねこがソファの上で気持ちよさそうに寝ています。
고양이가 소파 위에서 기분 좋은 듯이 자고 있습니다.

▶ 말하는 사람이 본 어떤 상황이나 인상에 대해 말하고자 할 때 사용하는 표현으로, な형용사처럼 활용합니다. (「~そうな + 명사 / ~そうに + 동사」등)
▶ 눈으로 보아서 바로 알 수 있는 사항에는 사용하지 않으니까, 아래의 예문을 통해 잘 익혀 두세요.
  ◆ (×) わあ、汚そうなへやですね。
▶ 명사에 이어지는 형태는 존재하지 않는다는 것도 꼭 기억해 두세요.
  ◆ (×) あの人は病気そうです。

쏙쏙 어휘 母の日 어머니의 날 気持ちよい 기분 좋다, 유쾌하다

145 そうだ

금방이라도 ~할(일) 것 같다 〈직전〉

접속 방법 「동사의 **ます형**」+ そうだ

① A: あ、シャツのボタンが取れそうですよ。
    아, 셔츠 단추가 떨어질 것 같아요.
   B: あ、本当だ。すぐつけます。
    아, 정말이네! 금방 달겠습니다.

② あ、あんなに黒い雲が出ている。雨が降りそうだ。かさを持っていこう。
    아, 저렇게 많이 먹구름이 생기고 있어. 비가 내릴 모양이야. 우산을 갖고 가자.

③ 女の子は泣きそうな顔で、「さよなら」と言った。
    여자 아이는 울 듯한 표정으로, '안녕!'이라고 말했다.

④ 窓から風が入ってきて、ケーキの上のろうそくが消えそうになりました。
    창문에서 바람이 들어와, 케이크 위에 있는 촛불이 꺼질 것 같았습니다.

⑤ 今年は寒い日が続いたので、桜はまだ咲きそうもありません。
    올해는 추운 날이 계속되었기 때문에, 벚꽃은 아직 필 것 같지 않습니다.

어떤 상황의 전개를 보고 이제 곧 뭔가가 일어날 것 같다고 하는 생각을 나타낼 때 사용하는 표현입니다. 예문 ⑤처럼 부정의 형태는 보통 「そうもない」가 됩니다.

1회 2회 3회

쏙쏙 어휘 ボタンが取れる 단추가 떨어지다   ろうそく 초, 양초

146 そうだ ★4

~일 것 같다 〈예상・판단〉

접속 방법 「동사의 ます형 / い형용사의 어간 / な형용사의 어간」 + そうだ
(※예외 : いい → よさそうだ・ない → なさそうだ)

① 今年の夏は暑くなりそうです。
올 여름은 더워질 것 같습니다.

② このパソコンソフトならわたしにも使えそうです。
이 컴퓨터 소프트 프로그램이라면 저도 사용할 수 있을 것 같습니다.

③ この店には、ちょうどいいのがなさそうだから、ほかの店をさがしてみます。
이 가게에는 딱 알맞은 것이 없을 것 같으니까, 다른 가게를 찾아보겠습니다.

④ 体のためによさそうなことをいろいろやっています。
건강을 위해 좋을 만한 것을 이것저것 해 보고 있습니다.

⑤ わたしはこの試合には勝てそうもない。
나는 이 시합에는 이길 수 없을 것 같다.

말하는 사람의 판단, 추측, 예측, 예감을 말하고자 할 때 사용하는 표현입니다. 예문 ⑤와 같이 동사의 부정형은 보통「そうもない」가 됩니다.

□ □ □
1회 2회 3회

そうもない ➡ そうだ〈様子〉〈直前〉〈予想・判断〉 159 - 161
そくした ➡ にそくして 450
そくして ➡ にそくして 450
そって ➡ にそって 451

쏙쏙 어휘 パソコンソフト 퍼스널 컴퓨터 소프트웨어 勝つ 이기다

147 そばから
~하는 즉시, ~하자마자

접속 방법　「동사의 사전형 / 동사의 た형」+ そばから

① 小さい子どもは、お母さんがせんたくするそばから、服を汚してしまいます。
  어린 아이는 어머니가 빨래를 하기 무섭게, 옷을 더럽힙니다.

② 仕事をかたづけるそばから次の仕事を頼まれるのでは体がいくつあっても足りない。
  일을 처리하자마자 다음 일을 부탁받아서는 몸이 몇 개라도 모자라다.

③ もっと若いうちに語学を勉強するべきだった。今は習ったそばから忘れてしまう。
  좀 더 젊었을 때에 어학을 공부했어야 했다. 지금은 배우는 족족 잊어버리고 만다.

▶ 「~そばから…」의 형태로, '「~」해도「~」해도 금방 다시「…」가 일어난다'고 말하고자 할 때 사용하는 표현입니다.
▶ 바람직하지 않은 일에 사용하는 경우가 많다는 것, 기억해 두세요.

□ □ □
1회 2회 3회

それまでだ ➡ ばそれまでだ 521

쏙쏙 어휘　汚す 더럽히다

체크 문제   さ행

◆ 다음 문장의 괄호 안에 들어갈 알맞은 표현을 써 넣으세요.

① 会社が倒産したのは社長に責任があると言わ(　　　　　)。
   회사가 도산한 것은 사장에게 책임이 있다고 말할 수밖에 없다.

② 来年度の行事日程については、今検討している(　　　　　)。
   내년도의 행사일정에 대해서는 현재 검토하고 있는 중입니다.

③ 考え方(　　　　　)、苦しい経験も貴重な思い出になる。
   생각 여하에 따라서는 힘든 경험도 귀중한 추억이 된다.

④ よしおさんはいつもおもしろい話をして、みんなを笑わ(　　　　　)。
   요시오 씨는 늘 재미있는 이야기를 해서 모두를 웃게 합니다.

⑤ 食べ(　　　　　) おなかがいっぱいです。
   과식해서 배가 잔뜩 부릅니다.

⑥ 息子を失った彼女は生きる希望(　　　　　) なくしてしまった。
   아들을 잃은 그녀는 삶의 희망조차 잃어버리고 말았다.

⑦ 資料の準備ができ(　　　　　)、会議室にお届けします。
   자료 준비가 되는 즉시. 회의실로 보내드리겠습니다.

⑧ あの時、彼はお葬式の帰りだったらしく、黒(　　　　　) の服装だった。
   그때 그는 장례식에서 돌아오는 길인 듯, 온통 검정색 일색의 복장이었다.

⑨ 野球チームに入りたいけれど、毎日練習(　　　　　) のはいやです。
   야구팀에 들어가고 싶지만, 매일 연습을 하게 되는 것은 싫습니다.

⑩ このカレーライスはあまり辛くなさ(　　　　　)。
   이 카레라이스는 그다지 맵지 않은 것 같다.

⑪ 小さい子どもは、お母さんがせんたくする(　　　　)、服を汚してしまいます。
어린 아이는 어머니가 빨래를 하기 무섭게, 옷을 더럽힙니다.

⑫ 林さんが急に休んだ(　　　　)、今日は3時間も残業しなければならなかった。
하야시 씨가 갑자기 빠진 탓에, 오늘은 3시간이나 야근을 했어야 했다.

⑬ ビザの延長ができなかったのだから、帰国する(　　　　)。
비자 연장을 못했기 때문에, 귀국할 수밖에 없다.

⑭ 今日は雨も降っている(　　　　)、ジョギングはやめよう。
오늘은 비도 내리고 있고, 조깅은 그만두자.

⑮ 試合はAチームとBチームの激しい戦いの(　　　　)、Aチームが勝った。
시합은 A팀과 B팀의 격렬한 싸움 끝에, 결국 A팀이 이겼다.

⑯ おなかが痛くて声を出さ(　　　　)。
배가 아파서 소리를 지르지 않고는 견딜 수 없었다.

⑰ その仕事はぜひわたしにさ(　　　　)。
그 일은 꼭 제가 하게 해 주시지 않겠습니까?

⑱ 検査の結果によっては、手術せ(　　　　)だろう。
검사 결과에 따라서는 반드시 수술하지 않고서는 해결되지 않을 것이다.

か행 체크 문제 정답 ▶さ행 정답 ☞ 370 p

① かぎりだ　　② かもしれません　　③ ことにしました　　④ がたい
⑤ ことになっています　　⑥ ことができます　　⑦ ことだし　　⑧ こそ
⑨ がします　　⑩ がてら　　⑪ こととなると　　⑫ けれど
⑬ からといって　　⑭ くらいなら　　⑮ がる　　⑯ がち
⑰ くれた

148 たい ★5

~하고 싶다

접속 방법 「동사의 ます형」+ たい

① 夏休みには富士山に登りたいです。 여름방학에는 후지산에 오르고 싶습니다.
② 君は将来何になりたいの。 너는 장래에 무엇이 되고 싶니?
③ 森さんは林さんに会いたくないと言っています。
   모리 씨는 하야시 씨를 만나고 싶지 않다고 말하고 있습니다.
④ ああ、暑い。冷たいビールが飲みたいなあ。
   아아, 덥다. 차가운 맥주를 마시고 싶어.
⑤ きのうアニメの映画を見に行きました。わたしはあまり見たくなかったんですが、弟が見たいと言ったので見たんです。
   어제 애니메이션 영화를 보러 갔습니다. 저는 별로 보고 싶지 않았지만, 남동생이 보고 싶다고 해서 봤습니다.

▶ 말하는 사람의 희망이나 욕구를 나타내는 표현으로, 상대방의 욕구나 희망을 듣는 경우에 사용하기도 합니다. 활용은 い형용사와 동일합니다.
▶ 타동사의 경우에는 예문 ④의 「ビールを飲む」→「ビールが飲みたい」처럼 「を」가 「が」로 변하는 경우가 많습니다.
▶ 3인칭에 표현 할 경우에는 그대로 문말에 사용할 수 없고, 예문 ③과 같이 「がっている・と言っている・と思っている・ようだ」 등을 붙여야 합니다.
▶ 정중하게 묻는 경우나 손윗사람에게는 직접적으로 사용하지 않는 편이 좋으니까, 아래 예문을 통해 잘 익혀 두세요.
   ◆ (△) (おみやげ屋で) 課長、何が買いたいんですか。
     (○) 課長、何をお買いになりますか。
       과장님, 무엇을 사시겠습니까?

참고 がる

| たいして | ➡ | にたいして | 452-453 |
| たいする | ➡ | にたいして | 452-453 |

149 たいものだ ★2
정말 ~ 하고 싶다 〈원하고 바람〉

접속 방법 「동사의 ます형」+ たい + ものだ

① ライト兄弟は子どものころからなんとかして空を飛びたいものだと思っていた。
라이트 형제는 어렸을 때부터 어떻게든 해서 하늘을 정말 날고 싶다고 생각했었다.

② 今年こそ海外旅行をしたいものだ。
올해야말로 정말 해외여행을 하고 싶다.

③ なんとか早くギターが上手に弾けるようになりたいもんだ。
어떻게든 빨리 기타를 잘 치게 됐으면 좋겠다.

▶ 욕구를 나타내는「たい」와「もの」를 동시에 사용해서, 강렬한 소망이나 희망을 나타내는 표현입니다. 또한,「~たいものだ」는「~たいなあ」의 의미가 됩니다.
▶ 예문 ①, ③처럼「なんとか・なんとかして」의 표현과 함께 자주 사용됩니다.
▶ 회화체에서는 예문 ③과 같이「~たいもんだ」의 형태로 주로 사용되니까, 잘 기억해 두세요.

たえない	➡	にたえない	454
たえる	➡	にたえる	455
たがさいご	➡	たらさいご	198
だから	➡	のだから	490

쏙쏙 어휘   ギター 기타   弾く (악기를) 켜다, 치다

150 だけ ★3

~만큼, ~밖에, ~뿐

접속 방법 「보통형의 긍정형 (な형용사의 어간 + な)」 + だけ (명사에 붙는 예는 없음)

① テーブルの上のものは食べたいだけ食べてもかまわないんですよ。
　테이블 위에 있는 것은 먹고 싶은 만큼 먹어도 상관없습니다.

② ここにあるお菓子をどうぞ好きなだけお取りください。
　여기에 있는 과자를 어서 원하는 만큼 집으세요.

③ あしたはできるだけ早く来てください。
　내일은 가능한 한 빨리 와 주세요.

④ わかっているだけのことはもう全部話しました。
　제가 알고 있는 것은 이미 다 이야기했습니다.

▶ '이제 더는 없다고 하는 한계까지 …하다'고 말하고자 할 때에 사용하는 표현입니다. 예문 ③처럼 「できるだけ」의 형태로 관용적으로 사용하는 경우도 있으니까, 잘 알아 두세요.

▶ 동사 이외에 「ほしいだけ・동사의 ます형 + たいだけ・好きなだけ」 등의 예도 있으니까, 함께 기억해 두세요.

쏙쏙 어휘 かまわない 상관없다, 무방하다　お菓子 과자

151 だけあって ★2

~였던 만큼, ~였기 때문에, 그만한 값어치를 한다

접속 방법 「명사 / 보통형 (な형용사의 어간)」 + だけあって

① 彼女はさすがオリンピック・チャンピオンだけあって、期待どおりの見事な演技を見せてくれた。
　그녀는 역시 올림픽 챔피언인 만큼 기대했던 대로 멋진 연기를 보여 주었다.

② 木村さんは10年も北京に住んでいただけあって、北京のことは何でも知っている。 기무라 씨는 10년이나 북경에 살았던 만큼 북경에 대해서는 무엇이든지 알고 있다.

③ A : 加藤さんは足が長くてスタイルがいいね。
　　가토 씨는 다리가 길고 스타일이 좋네.
　B : さすが、若いときにバレリーナだっただけのことはあるね。
　　역시 젊었을 때 발레리나였던 만큼 무언가 다르긴 하네.

④ A : きのうのロック・コンサート、どうだった？ 10年ぶりに来日したんだろう？　어제 락 콘서트 어땠어? 10년 만에 일본에 온 거지?
　B : 素晴らしかった！ 長年待っただけのことはあったよ。
　　끝내줬어! 오랫동안 기다렸던 만큼의 가치가 있었어.

⑤ このギターは実にいい音がする。名人が作っただけあるよ。
　이 기타는 실로 소리가 좋다. 명인이 만든 만큼 뭔가 다르긴 하네.

▶ '그 재능과 노력, 지위, 경험에 어울리는'이라고 감탄하거나 칭찬할 때 사용하는 표현으로, 결과, 능력, 특징을 표현하는 말이 자주 옵니다. 주로「さすが」와 함께 사용하며, 예문⑤의「だけある」는 허물없는 사이에서 쓰는 표현입니다.

▶ 예문 ③ ~ ⑤처럼 문말에서는「だけのことはある・だけある」의 형태가 됩니다.

1회 2회 3회

쏙쏙 어휘　北京 북경, 베이징　長年 오랜 세월　音がする 소리가 나다

だけある ➡ だけあって　168
だけでなく ➡ ただ〜だけでなく　176

152　だけに　★2

〜인 만큼, 〜이기 때문에 〈적격・알맞음〉

접속 방법　「명사 / 보통형 (な형용사의 어간 + な・である /명사 + である)」+ だけに

① 快晴の大型連休だけに、道路は行楽地へ向かう車でいっぱいだ。
　날씨가 화창한 긴 연휴인 만큼 도로는 행락지로 향하는 자동차로 꽉 찼다.

② 山崎さんは経験20年のベテラン教師であるだけに、さすがに教え方が上手だ。
　야마자키 씨는 교사 경력 20년인 베테랑 교사인 만큼 역시 가르치는 방법이 뛰어나다.

③ 辻さんは子どものときからイギリスで教育を受けただけに、きれいな英語を話す。
　츠지 씨는 어릴 때부터 영국에서 교육을 받은 만큼 흠잡을 데 없는 영어를 사용한다.

④ 静さんは若いだけに、のみこみが速い。
　시즈카 씨는 젊은 만큼 이해가 빠르다.

▶ 「〜だけに、…」의 형태로, 「〜」에는 이유가 되는 일이나 상황 등을 말하고, 그것과 어울리는 결과로써 발생하는 일이나 추측되는 것을 「…」에서 이야기할 때 사용하는 표현입니다.
▶ 「…」에서는 평가나 판단을 말하는 경우가 많습니다.
▶ 예문 ②처럼 「さすがに」와 함께 사용되는 경우도 많으니까, 함께 알아 두세요.

쏙쏙 어휘　快晴 쾌청　行楽地 행락지　ベテラン 베테랑　のみこみ 납득, 이해

153 だけに ★2

~때문에, ~이기에 〈예상의 반대〉

접속 방법 「보통형 (な형용사의 어간 + な・である / 명사・명사 + である)」+ だけに

① 田中さんは普段から体が丈夫なだけに、かえってがんの発見が遅れたのだそうだ。
다나카 씨는 평소에 몸이 건강했기 때문에 오히려 암 발견이 늦어졌다고 한다.

② 最近は体調が悪くてあきらめていただけに、今日の優勝はなおさらうれしい。
최근에는 몸 상태가 좋지 않아 포기하고 있었기 때문에 오늘 우승은 더욱 기쁘다.

③ 祖母は年を取っているだけに、やさしいきれいな色の服を着たいと言っている。
할머니는 나이가 나이인 만큼 부드럽고 예쁜 색깔의 옷을 입고 싶다고 하신다.

「~だけに、…」의 형태로, '~이기 때문에, 보통 이상으로 더욱 …' 또는 '~이므로, 예상과는 반대로'라는 의미를 나타냅니다. 예문 ①, ②처럼 「かえって・なおさら」와 함께 자주 사용되니까, 기억해 두세요.

쏙쏙 어휘 かえって 오히려, 반대로 なおさら 더욱, 한층 年を取る 나이를 먹다, 늙다

154 だけの ★2

~할 만한, ~할 만큼의

접속 방법 「보통형(な형용사의 어간 + な・である / 명사 + である」+ だけの

① とうとう看護師の免許が取れた。この3年間努力しただけのかいはあった。
드디어 간호사 면허증을 땄다. 이 3년간 노력한 만큼의 보람은 있었다.

② この本を買いたいが、5,000円払うだけの価値があるだろうか。
이 책을 사고 싶지만, 오천 엔을 지불할 만한 가치가 있는 것일까.

「~だけの + 명사」의 형태로, '~에 상응하는 명사가 있다'고 말하고자 할 때 사용하는 표현입니다.

1회 2회 3회

だけのことはある ➡ だけあって 168

쏙쏙 어휘　免許が取る 면허를 따다　価値 가치

155 だけまし

~만으로 만족, ~만으로 단념

접속 방법 「보통형(な형용사의 어간 + な・である / 명사 + である)」+ だけまし

① A：大木君、会議だっていうのに、外出しちゃいましたよ。
　　　오오키 군, 회의인데 외출해 버렸어요.
　 B：書類をそろえてくれただけましだよ。
　　　서류를 챙겨놓은 것만으로도 다행이지.

② 子ども：お兄ちゃん、またマンガ読んでるよ。
　　　　　형 또 만화책 읽고 있어.
　 親　　：帰ってきて、机の前に座っただけましよ。
　　　　　집에 와서 책상 앞에 앉은 것만해도 다행이지.

③ A：せっかくの運動会というのに、天気予報、当たりませんでしたね。
　　　모처럼 하는 운동회인데 일기예보 빗나갔네요.
　 B：雨が降らないだけましですよ。
　　　비가 내리지 않는 것만으로도 다행이에요.

▶ 더 좋지 않은 사태가 발생할 수 있지만, 최소한의 일은 성립했다고 인정하며 만족스럽진 않지만 상대방이나 상황을 허락하는 기분으로 사용하는 표현입니다. 약간 구어체 표현이기도 합니다.

▶ 「まし」는 '썩 좋다고는 할 수 없지만, 다른 안 좋은 것 보다는 그래도 낫다'라고 하는 의미의 な형용사입니다.

1회 2회 3회

쏙쏙 어휘　せっかく 모처럼　当たる 적중하다, 맞다

156 たことがある ★4
~한 적이 있다, ~한 경험이 있다〈경험〉

접속 방법 「동사의 た형」+ ことがある

① わたしは 3年前に 1度日本へ来たことがあります。
저는 3년 전에 한 번 일본에 온 적이 있습니다.

② わたしは子どものとき、北海道に住んでいたことがある。
나는 어렸을 때 홋카이도에 산 적이 있다.

③ てんぷらは店で食べたことはありますが、自分で作ったことはありません。
튀김 요리는 가게에서 먹어 본 적은 있지만, 제가 직접 만들어 본 적은 없습니다.

④ あの人には前にどこかで会ったことがありますが、名前が思い出せません。
저 사람은 전에 어딘가에서 만난 적이 있습니다만, 이름이 생각나지 않습니다.

⑤ A：病気で入院したことがありますか。
병 때문에 입원한 적 있습니까?

　B：いいえ、ありません。
아니요, 없어요.

▶ 경험을 나타내는 표현으로,「子どものころ(어렸을 때)・前に(전에)・むかし(예전)・今までに(지금까지)」등의 말과 함께 사용되는 경우가 많습니다.
▶ 너무 가까운 과거를 나타내는 말과는 함께 사용하지 않으며,「いつも(늘)・たいてい(대개)・よく(자주, 잘)」등의 표현과 함께 사용하는 경우도 없으니까, 잘 알아 두세요.

쏙쏙 어휘   北海道 북해도, 홋카이도   てんぷら 튀김

157 たことがある ★4
~한 적이 있다 〈과거의 특별한 일〉

접속 방법　「보통형의 과거형」 + ことがある

① 学生時代、お金がなくて、必要な本が買えなかったことがあります。
　학창 시절, 돈이 없어서 필요한 책을 못 샀던 적이 있습니다.

② 5年前にこの地方で山火事が起こったことがあります。
　5년 전에 이 지방에서 산불이 난 적이 있습니다.

③ 1度だけこの町がにぎやかだったことがあります。10年前のオリンピックのときです。
　딱 한 번 이 마을이 활기찼던 적이 있습니다. 10년 전 올림픽 때입니다.

과거에 특별한 일이 있었다고 하는 의미를 나타냅니다. 가까운 과거를 나타내는 말과는 그다지 함께 사용하지 않으니까, 아래의 예문을 통해 잘 알아 두세요.
◆ (×) 2、3日前とてもおなかが痛かったことがある。

1회　2회　3회

쏙쏙 어휘　山火事 산불　オリンピック 올림픽

158 だす ★4

~하기 시작하다

접속 방법 「동사의 ます형」 + 出す

① 雨がやんだら、たくさんの鳥が鳴き出しました。
비가 그치자 많은 새들이 울기 시작했다.

② 道で急に走り出すと、危ないですよ。
길에서 갑자기 뛰기 시작하면 위험해요.

③ あの人は本を読んでいて、とつぜん笑い出しました。
저 사람은 책을 읽다가 갑자기 웃기 시작했습니다.

④ 止まっていた時計が急に動き出しました。
멈춰 있던 시계가 갑자기 움직이기 시작했습니다.

▶ 사람의 의지로는 억제하기 어려운 동작이나 사건이 시작된다고 하는 의미를 나타내는 표현입니다. 「急に(갑자기)・とつぜん(돌연)」 등의 부사와 함께 사용하는 경우가 많습니다.
▶ 말하는 사람의 의지를 나타내는 문장에는 사용하지 않으니까, 아래의 예문을 통해 잘 익혀 두세요.
　◆ (×) 今年からフランス語を習い出そう。
　　(○) 今年からフランス語を習い始めよう。
　　　올해부터 프랑스어를 배워 보자.

참고 はじめる

쏙쏙 어휘　危ない 위험하다　動く 움직이다

159　ただ～だけでなく
단지 ~뿐만 아니고

접속 방법　ただ +「명사 / 보통형 (な형용사의 어간 + な・である / 명사 + である)」+ だけでなく

① 肉や魚だけでなく、野菜もたくさん食べたほうがいい。
고기랑 생선뿐만 아니라, 채소도 많이 먹는 편이 좋다.

② 東京都民だけでなく、全国民が今度の都知事の選挙に関心を持っている。
도쿄 도민뿐만 아니라 전국민이 이번 도지사 선거에 관심을 가지고 있다.

③ 食品はただ味がいいだけでなく、安全で健康的であることも大切だ
식품은 단지 맛뿐만 아니라, 안전하고 영양이 풍부한 것도 중요하다.

④ 田中さんはただプロ野球の選手であるだけでなく、市のスポーツ教室のためにも活躍している。
다나카 씨는 단지 프로 야구 선수로서만이 아닌 그 지역 스포츠 교실을 위해서도 활약하고 있다.

▶ '～뿐만 아니라 더 크게 다른 것에도 영향을 미친다'라고 말하고자 할 때에 사용합니다.
▶ 일상 회화 속에서는「だけでなく・ばかりでなく・にかぎらず」등을 사용합니다.

1회　2회　3회

쏙쏙 어휘　都知事 도지사 (東京都의 지사)　安全 안전

160 ただ～のみ ★1

오직 ～만(이)

접속 방법 ただ +「명사 / 보통형 (な형용사의 어간 + である / 명사 + である)」+ のみ

① マラソン当日の天気、選手にとってはただそれのみが心配だ。
마라톤 당일의 날씨, 선수 입장에서는 오로지 그것만이 염려된다.

② 戦争直後、人々はただ生きるのみでせいいっぱいだった。
전쟁 직후, 사람들은 단지 살아가는 것만으로도 벅찼다.

③ ただ厳しいのみではいい教育とは言えない。
단지 엄격하기만 해서는 좋은 교육이라고는 말할 수 없다.

④ 今はもう過去を振り返るな。ただ前進あるのみ。
이제는 절대 과거를 돌아 보지 마라. 오로지 전진만이 있을 뿐이다.

'단(단지) ～뿐(만)'이라고 한정할 때 사용하며, 딱딱한 문어체 표현입니다.

ただ～のみならず ➡ ただ～だけでなく 176

쏙쏙 어휘 生きる 살다, 지내다   振り返る 뒤돌아보다

161 たって

~라고 해도

접속 방법 「동사의 た형 / い형용사의 어간 + く + た / な형용사의 어간 + だ / 명사 + だ」 + って

① いくら安くたって、好きじゃないものは買わない。
아무리 싸더라도 좋아하지 않는 물건은 사지 않는다.

② 何回電話をかけたって、一郎は電話に出ない。なんだか変だ。
몇 번 전화를 해도 이치로는 전화를 받지 않는다. 왠지 이상하다.

③ このパソコンソフトは簡単だから、子どもだって使えます。
이 컴퓨터 소프트웨어는 간단하기 때문에 어린 아이라도 사용할 수 있습니다.

「たって」는 「ても」, 「だって」는 「でも」의 의미를 나타내며, 허물없는 사이에서 쓰는 회화체 표현입니다.

참고 ても

だって ➡ ても 285

쏙쏙 어휘 電話に出る 전화를 받다

162 たとえ〜ても ★3

만약 〜라고 해도, 설령 〜라고 해도

접속 방법 たとえ +「동사의 て형 + も / い형용사의 어간 + くても / な형용사의 어간 + でも / 명사 + でも」

① たとえ雪が降っても、仕事は休めません。
  설령 눈이 내린다 하더라도 일은 쉴 수 없습니다.

② たとえお金がなくても、幸せに暮らせる方法はあるはずだ。
  비록 돈이 없더라도 행복하게 살 수 있는 방법은 있을 것이다.

③ たとえ困難でも、これを一生の仕事と決めたのだから最後までがんばりたい。
  비록 힘들더라도 이 일을 평생의 직업으로 결정했으니까, 끝까지 열심히 하고 싶다.

④ たとえそのうわさが事実でも、あの先生に対するわたしの信頼は崩れません。
  설령 그 소문이 사실이라 하더라도 그 선생님에 대한 저의 신뢰는 무너지지 않습니다.

「たとえ〜ても、…」의 형태로, '만약에 「〜」가 성립한다고 해도, 그것과 관계없이 「…」라고 하는 상황이 되면'이라고 말하고자 할 때 사용하는 표현입니다.

쏙쏙 어휘 うわさ 소문   崩れる 무너지다, 흐트러지다

163 たところ
~했더니, ~했는데

접속 방법 「동사의 た형」+ ところ

① 昔住んでいた町を訪ねたところが、まったく様子が変わっていて迷ってしまった。
예전에 살았던 마을을 찾아갔더니 완전히 모습이 바뀌어서 헤매고 말았다.

② 留学について父に相談してみたところ、喜んで賛成してくれた。
유학에 대해서 아버지께 상의했더니 흔쾌히 찬성해 주셨다.

③ プリンターが壊れたので店に問い合わせたところ、修理センターに持って行くのが一番いいと言われた。
프린터가 망가져서 가게에 문의해 봤더니, 수리 센터에 가지고 가는 것이 제일 좋다고 한다.

④ 田中さんならわかるだろうと思って聞いてみたところが、彼にもわからないということだった。
다나카 씨라면 알고 있을 거라고 생각해서 물어 봤더니, 그도 모른다고 한다.

▶ '어떤 일을 하니까, 이랬었다'라고 다시 한번 설명할 때에 사용하는 표현으로, 특히 일반적인 사건을 설명하는 것이 아니라 '어떤 일을 한 결과, 이러한 상황이 되었다' 또는 '이런 새로운 사실을 알게 되었다'고 말하고자 할 때에 사용합니다.

▶ 뒤에 오는 문장에는 어쩌다가 해서 생긴 결과가 이어지므로, 말하는 사람의 의지를 나타내는 문장은 오지 않으니까 아래 예문을 통해 잘 익혀 두세요.

◆ (×) 両親と相談したところ、日本への留学を決めた。
　(○) 両親と相談したところ、日本へ留学してもいいということだった。
부모님과 상의해 보니, 일본으로 유학가도 괜찮을 것 같다.

▶ 예문 ①, ④처럼 기대했던 것과는 달랐다고 말하고자 할 때는「たところが」의 형태가 된다는 것도 함께 기억해 두세요.

たところだ ➡ ところだ　335

164 たところで ★1

~한다고 해도, ~라 하더라도

접속 방법 「동사의 た형」＋ ところで

① 今から走っていったところで、開始時間に間に合うはずがない。
지금 뛰어가 봤자, 시작 시간 전에 도착할 리가 없다.

② 周りの人が何を言ったところで、彼は自分の意見を曲げないだろう。
주위 사람들이 뭐라 하건 간에, 그는 자신의 의견을 굽히지 않을 것이다.

③ いくら働いたところで、こう物価が高くては生活は楽にはならない。
아무리 일해 봤자, 이렇게 물가가 비싸서는 생활이 편해지지 않는다.

④ 専門書はどんなに売れたところで、2,000冊くらいだろう。
전문서적은 아무리 잘 팔려 봤자, 2,000권 정도일 것이다.

⑤ わたしは才能がないから、いくら練習したところで、きれいに弾けるようにはならない。
나는 재능이 없기 때문에 아무리 연습해 봤자, 능숙하게 연주할 수 없다.

⑥ 専門の知識がない人がこの本を何回読んだところで、理解できるようにはならない。
전문 지식이 없는 사람이 이 책을 몇 번 읽어 봤자, 이해할 수 있게 되지는 않는다.

▶ 「~たところで」의 형태로 '만일에 ~가 성립한다고 해도 결과는 예상과 반대로 쓸데없는 일이 되어 버린다, 정도가 낮은 결과밖에 되지 않는다'라고 하는 말하는 사람의 판단을 진술할 때에 사용하는 표현입니다.

▶ 뒤에 오는 문장은 말하는 사람의 주관적인 단정, 추측 등이 많으며, 문말에는 과거형이 오지 않습니다.

▶ 예문 ④~⑥과 같이 「どんなに・いくら・たとえ・의문사・조수사」와 함께 사용하는 경우가 많습니다.

165 たとたん(に) ★3

〜하자마자, 〜한 순간

접속 방법 「동사의 た형」+ とたん(に)

① ずっと本を読んでいて急に立ち上がったとたん、めまいがしました。
계속해서 책을 읽다가 갑자기 일어서자, 바로 현기증이 났습니다.

② わたしが「さようなら」と言ったとたん、彼女は泣き出した。
내가 '자, 그럼 잘 지내'라는 말을 하자마자 그녀는 울기 시작했다.

③ 出かけようと思って家を出たとたんに、雨が降ってきた。
외출하려고 집을 나서자마자 비가 내리기 시작했다.

④ 電話のベルが鳴ったとたんに、みんなは急にシーンとなった。みんなが待っていた電話なのだ。
전화벨이 울리자마자 모두들 갑자기 조용해졌다. 모두가 기다리고 있던 전화인 것이다.

▶ 「〜たとたん(に)…」의 형태로, '〜'가 끝남과 거의 동시에 「…」라고 하는 예기치 않은 일이 일어났다'고 말하고자 할 때에 사용하며, 앞과 뒤의 일은 서로 관련 있는 경우가 많습니다.
▶ 「たとたん(に)」는 현실의 사건을 묘사하는 것이므로, 의지적인 행위를 나타내는 문장이나 「よう・つもり」등의 의지문, 명령문, 부정문 등이 뒤에 오는 일은 없습니다. 또한, 자기 일에는 사용하지 않으니까, 아래 예문을 통해 잘 알아 두세요.
◆ (×)国へ帰ったとたんに、結婚しようと思います。
▶ 같은 용법을 갖는 표현에는 다음과 같은 것이 있으니까, 함께 기억해 두세요.

참고 (か)とおもうと・か〜ないかのうちに・がはやいか・なり・やいなや

たなら〜だろうに ➡ たら〜だろう(に) 199

쏙쏙 어휘 立ち上がる 일어서다 めまいがする 현기증이 나다

166 だに

~만이라도, ~조차

접속 방법 「명사 / 동사의 사전형 / する동사의 명사형」+ だに

① わたしがこのような立派な賞をいただくなどとは夢にだに思わなかった。
내가 이런 멋진 상을 받으리라고는 꿈에서조차 생각하지 못했다.

② このように地球温暖化が進むとは、30年前には、想像だにしなかった。
이런 식으로 지구온난화가 진행되리라고는 30년 전에는 상상조차 하지 못했다.

③ テロで大勢の人が殺されるなんて考えるだに恐ろしい。
테러로 많은 사람들이 살해된다니, 생각하는 것만으로도 소름이 끼친다.

▶ 문어체적인 표현으로, 관용적으로 사용됩니다.
▶ 예문 각각의 의미는 ①「夢にだに思わない」는「夢にも思わない(꿈에도 생각 못 한다)」, ②「想像だにしない」는「想像さえしない(상상도 하지 않는다)」, ③「考えるだに」는「考えるだけでも(생각만 해도)」의 뜻이 됩니다.
▶ 예문 ③처럼「考える, 聞く」등의 동사와 함께 사용되어 관용적으로 '~하는 것만으로도'의 의미를 나타냅니다.

1회 2회 3회

쏙쏙 어휘 テロ 테러 大勢 많은 사람, 여럿 恐ろしい 무섭다, 두렵다

167 たばかりだ ★4
막 ~ 한참

접속 방법 「동사의 た형」 + ばかりだ

① A: もしもし、夏子さん、わたしが送った写真、もう見た?
　　여보세요, 나츠코 씨, 내가 보낸 사진 봤어요?

　 B: あ、ごめんなさい。今、うちに帰ってきたばかりで、まだ見ていないのよ。
　　아, 미안. 지금 막 집에 돌아와서 아직 못 봤어.

② 入社したばかりなのに、毎日とてもいそがしいです。
　 입사한 지 얼마 되지도 않았는데 매일 굉장히 바쁩니다.

③ 日本に来たばかりのころは、日本語がぜんぜんわからなかった。
　 일본에 막 왔을 무렵에는 일본어를 전혀 몰랐다.

④ うちには生まれたばかりの子犬が3びきいます。
　 저희 집에는 태어난 지 얼마 안 된 강아지가 세 마리 있습니다.

⑤ 去年日本に来たばかりなので、まだ敬語がじょうずに使えません。
　 작년에 일본에 왔기 때문에 아직 경어를 제대로 사용하지 못합니다.

▶ 사건이 일어난 지 얼마 돼지 않았음을 나타낼 때에 사용합니다. 예문 ①, ②, ⑤와 같이 「동사의 た형 + ばかりなので、…」, 「동사의 た형 + ばかりなのに、…」의 형태로, 그로 인해 일어난 상황을 말하고자 할 때에 자주 사용하는 표현입니다.

▶ 「동사의 た형 + ところだ」와 의미는 비슷하지만, 주로 이 표현은 직후의 시점이라는 것만을 나타냅니다. 또한 「동사의 た형 + ばかりだ」는 예문 ⑤처럼 「동사의 た형 + ところだ」보다 시간적인 폭이 넓으니까, 아래의 예문을 통해 잘 알아 두세요.

◆ (×) わたしは去年日本に来たところです。

참고 ところだ

168 たび(に)

~할 때마다

접속 방법 「동사의 사전형 / 명사 + の」+ たび(に)

① 出張のたびにレポートを書かなければならない。
출장갈 때마다 레포트를 써야 한다.

② あの人は会うたびにおもしろい話を聞かせてくれる。
그 사람은 만날 때마다 재미있는 이야기를 들려 준다.

③ 父は外国に行くたびに珍しいおみやげを買ってくる。
아버지는 외국에 갈 때마다 희귀한 선물을 사 온다.

'어떤 일이 일어나면, 그때는 항상 같은 상황이 된다'고 말하고자 할 때에 사용하는 표현입니다.

쏙쏙 어휘 珍しい 진귀하다, 희귀하다   おみやげ 선물

169 たほうがいい

~하는 편이 좋다(낫다)

접속 방법 「동사의 た형 / 동사의 ない형」+ 方がいい

① A：この部屋、空気が悪いですね。少し窓を開けた方がいいですよ。
　　이 방, 공기가 안 좋네요. 창문을 좀 여는 편이 좋겠어요.

　B：そうですね。ちょっと開けましょう。
　　그러네요. 잠깐 엽시다.

② A：ダイエットのためには、ちゃんと食べてから運動した方がいいですよ。
　　다이어트를 위해서는 제대로 먹은 후에 운동하는 편이 좋아요.

　B：そうですか。
　　그래요?

③ A：このことは会議の前に課長に報告しておいた方がいいですよ。
　　이 일은 회의 전에 과장님께 보고해 두는 편이 좋을 거예요.

　B：わかりました。
　　알겠습니다.

④ 父　：雨が降りそうだから、かさを持っていった方がいいよ。
　　　　비가 올 것 같으니까, 우산을 가져가는 게 좋을 것 같아.

　子ども：はあい。
　　　　네~.

⑤ 息子：お父さん、あまりたばこを吸わない方がいいですよ。
　　　　아버지, 되도록 담배를 피우지 않는 편이 좋을 것 같아요.

　父　：そうだね。
　　　　그러게.

⑥ A：夜、遅い時間にものを食べない方がいいですよ。
　　　밤 늦은 시간에는 음식을 안 먹는 편이 좋아요.

　B：そうですね。
　　　그렇겠죠?

⑦ 森川：田中さん、あしたはミーティングがあるから、遅刻しない方が
　　　　いいですよ。 다나카 씨, 내일은 미팅이 있으니까 지각하지 않는 게 좋을 거에요.

　田中：わかっていますよ。
　　　　알고 있어요.

⑧ A：危ないから、あまりバイクには乗らない方がいいよ。
　　　위험하니까 되도록 오토바이는 안 타는 게 좋아.

　B：わかってるよ。
　　　나도 알아.

▶ 자기의 의견이나 일반적인 의견을 상대방에게 제안하거나, 권유할 때 사용하는 표현입니다. 그렇게 할 것인지 하지 않을 것인지는 상대방이 판단해서 결정할 일이지만, 예문 ⑧처럼 명령에 가까운 의미가 되는 경우도 있으니까, 잘 알아 두세요.

▶ 손윗사람에게 충고하는 듯한 의미로는 잘 사용하지 않으니까, 꼭 기억해 두세요.

1회 2회 3회

쏙쏙 어휘　ダイエット 다이어트　バイク 소형 오토바이, 자전거

187

170 ため(に)

~하기 위해(서) 〈목적〉

접속 방법 「동사의 사전형 / 명사 + の」 + ため(に)

① 西洋美術を勉強するために、イタリア語を習っています。
서양미술을 공부하기 위해 이탈리아어를 배우고 있습니다.

② 田中さんはサッカーの試合に勝つために、毎日10キロ走っています。
다나카 씨는 축구 시합에 이기기 위해 매일 10킬로미터씩 뛰고 있습니다.

③ 国際会議に出席のため、ドイツのフランクフルトへ行きました。
국제회의에 출석하기 위해 독일 프랑크푸르트에 갔습니다.

④ 人は何のために生きているのだろう。
사람은 무엇을 위해 살아가고 있는 것일까?

▶ 행위의 목적을 설명하는 표현으로, 「ために」의 앞에서는 목적을 이야기하고 뒤에서는 무엇을 할 것인가를 이야기할 때 사용합니다.
▶ 「ために」는 의지를 포함한 동사에 붙으니까, 아래 예문을 통해 잘 알아 두세요.
  ◆ (×) 話がよく聞こえるために、前の方にすわります。
    (○) 話をよく聞くために、前の方にすわります。
      이야기를 잘 듣기 위해 앞쪽에 앉겠습니다.

1회 2회 3회

쏙쏙 어휘 西洋 서양 イタリア語 이탈리아어

171 ため(に)

~를 위한 〈은혜〉

접속 방법 「명사 + の」 + ため(に)

① これは日本語を勉強する人のための本です。
이것은 일본어를 공부하는 사람을 위한 책입니다.

② 田中さんは会社のために40年間働いてきました。
다나카 씨는 회사를 위해 40년간 일해 왔습니다.

③ お年寄りのために、使い方の説明をもっと大きい字で書いてください。
노인분들을 위해 사용 설명서를 더 큰 글씨로 써주시기 바랍니다.

사람이나 단체 등에게 '이익이 되도록'이라는 의미를 나타내는 표현입니다.

1회 2회 3회

쏙쏙 어휘 字 글자

172 ため(に)
~때문에 〈원인〉

접속 방법 「보통형 (な형용사의 어간 + な / 명사 + の)」 + ため(に)

① (駅のホームで) 大雪のため、電車が遅れています。
(역 홈에서) 폭설로 인해 전철이 지연되고 있습니다.

② 田中さんは出席日数が足りなかったために、卒業できませんでした。
다나카 씨는 출석일수가 부족해서 졸업하지 못했습니다.

③ この町は交通が不便なため、バイクを利用する人が多い。
이 마을은 교통편이 불편하기 때문에 오토바이를 이용하는 사람이 많다.

④ 数学の問題は数が多かったため、時間が足りなかった。
수학 문제는 문제 수가 많았기 때문에 시간이 모자랐다.

▶ 「~ため(に)、…」의 형태로 일반적이지 않은 결과가 된 이유에 대해서 설명할 때 사용하는 표현이며, 문어체에서 자주 사용합니다. 일반적인 사항에 대해 사용하면 부자연스러운 문장이 되므로, 아래의 예문을 통해 잘 알아 두세요.

◆ (△) おいしかったため、たくさん食べました。
  (○) おいしかったため、食べすぎてしまいました。
    맛있었기 때문에 과식하고 말았습니다.

▶ 「…」에는 말하는 사람의 의지를 나타내는 문장이나 의뢰 등의 표현은 오지 않으니까, 아래의 예문을 통해 잘 알아 두세요.

◆ (×) うるさいため、静かにして。
  (○) うるさいから、静かにして。
    시끄러우니까, 조용히 해 줘.

1회 2회 3회

쏙쏙 어휘 日数 일수   数学 수학

173 たら ★4

~하면, ~되면〈그 후에〉

접속 방법 「동사의 た형」+ ら

① 夏休みになったら、国へ帰ります。
여름방학이 되면 고국으로 돌아갑니다.

② 京都駅に着いたら、わたしに電話をください。すぐ迎えに行きます。
교토역에 도착하면 저에게 전화 주세요. 바로 마중하러 가겠습니다.

③ 今撮った写真ができたら、わたしにも1枚ください。
지금 찍은 사진이 나오면 저도 한 장 주세요.

▶ 「동사의 た형 + ら、~」의 형태로, '동사의 동작·작용(미래의 일)이 완료된 후「~」을 한다, 「~」이 된다'고 하는 의미를 나타냅니다. 이 표현에는 가정의 의미는 없으니까, 기억하세요.
▶ 「~」에는 말하는 사람의 의지나 생각, 의견, 조언 등을 나타내는 문장이 오는 경우가 많습니다.
▶ 이 사용법은「동사의 た형 + ら」만의 특별한 용법입니다.

1회 2회 3회

쏙쏙 어휘　写真 사진　~枚 ~장

174 たら ★4

~라면 〈조건〉

접속 방법 「동사의 た형」+ ら / 「い형용사의 어간」+ かったら / 「な형용사의 명사형」+ だったら / 「명사」+ だったら

① もし、おもしろい本があったら、買ってきてください。
　혹시 재미있는 책이 있으면 사다 주세요.

② 気分が悪かったら、帰ってもいいんですよ。
　몸이 안 좋으면 집에 가도 되요.

③ もし、かばんが高くなかったら、わたしも一つ買いたいです。
　만일 가방이 비싸지 않으면 저도 하나 사고 싶습니다.

④ さと子の病気が心配だったら、電話をかけてみたらいいじゃないか。
　사토코의 병 상태가 걱정되면 전화를 걸어 보면 되잖아.

⑤ もし、男の子だったら、「あきら」という名前をつけましょう。
　만일 사내 아이면 '아키라'라고 이름을 붙입시다.

⑥ もし、あした雨でなかったら、海へ遊びに行きましょう。
　만약에 내일 비가 안 오면 바다로 놀러 갑시다.

▶ 「~たら、…」는 '만약 ~가 성립한 경우에는 …가 성립한다'라는 뜻의 가정 조건을 나타내는 표현입니다.

▶ 「たら」문의 문말에는 말하는 사람의 의지가 들어 있는 문장이나 상대방에 대해 적극적으로 대응하는 문장이 올 수 있습니다. 또한, 「たら」에는 「ば・なら・と」등처럼 문말에 오는 표현에 제약이 없습니다.

1회 2회 3회

たら ➡ たらどうですか　200

쏙쏙 어휘　気分が悪い 기분이 나쁘다, 몸이 안 좋다

175 たら～(のに)

～했었으면(～였을 텐데)

접속 방법 「동사의 た형」＋ら／「い형용사의 어간」＋かったら／「な형용사의 어간」＋だったら／「명사」＋だったら ＋ ～(のに)

① (遅れてパーティーに来た友だちに) もうおいしい料理は残っていないよ。もっと、早く来たら食べられたのに。
(파티에 늦게 온 친구에게) 벌써 맛있는 음식은 다 먹었어. 좀 더 빨리 왔으면 먹을 수 있었을 텐데……

② (婚約者に) ぼくの父が生きていて、君を紹介することができたらよかったのに。
(약혼자에게) 우리 아버지가 살아 계셔서 당신을 소개할 수 있었으면 좋았을 텐데……

③ 昨夜、あのレストランはとても込んでいた。もし予約していなかったら、入ることもできなかっただろう。
어젯밤, 그 레스토랑은 굉장히 붐볐었다. 만일 예약을 안 했더라면 들어가지도 못했을 것이다.

▶「～たら、…のに」의 형태로,「～たら」로 사실과는 다른 결과를 가정해서「…」가 실현되지 않은 것 등에 대해, '유감스러운 기분'이나 '좋았었다'는 기분 등을 설명할 때 사용합니다.
▶ 문말에는「よかった・よかったのに・けれど」등의 표현이 많이 옵니다.

참고 と～(のに)〈실제와 반대되는 가상〉・ば～(のに)〈실제와 반대되는 가상〉

쏙쏙 어휘 婚約者 약혼자 昨夜 어젯밤

176 たらいい ★4

~하는 것이 좋다, ~하면 좋다〈권유〉

接속 방법 「동사의 た형 + ら」 + いい

① 疲れているようですね。今、仕事も忙しくないから、2、3日休んだらいいですよ。
   피곤한 것 같네요. 지금 일도 바쁘지 않으니까, 2, 3일 쉬는 게 어때요?

② わからないことがあるときは、何でも先生に質問してみたらいいじゃないか。
   모르는 것이 있을 때는 뭐든지 선생님에게 질문하면 되잖아?

③ 眠れないときはどうしたらいいんですか。
   잠이 안 올 때는 어떻게 하면 되죠?

④ 外国人に道を聞かれたら、ジェスチャーを交えて日本語で教えてあげたらいいんですよ。
   외국인이 길을 물어오면 제스처를 섞어 가며 일본어로 가르쳐 주면 돼요.

▶ 다른 사람에게 권유, 제안하거나 조언을 할 때에 사용하는 표현이며, 예문 ③처럼 어떤 방법을 취해야 좋은지 조언을 구하는 경우 등에도 사용할 수 있습니다.

▶ 비슷한 표현으로는「といい・ばいい」가 있는데, 이는 구어체적인 표현입니다.

참고 といい〈권유〉・ばいい〈권유〉

1회 2회 3회

쏙쏙 어휘 ジェスチャー 제스처, 몸짓   交える 섞다, 교차시키다

177 たらいい ★4

~하면 좋겠다 〈희망〉

접속 방법　「동사의 た형」＋ ら /「い형용사의 어간」＋ かったら /「な형용사의 어간」＋ だったら /「명사」＋ だったら ＋ いい

① (運動会の前の日) A：あした、晴れたらいいな。 내일 맑았으면 좋겠다.
　　　　　　　　　　B：そうですね、いい天気だったらいいですね。
　　　　　　　　　　그러게요, 날씨가 좋으면 좋겠네요.

② あした、マリアさんに会えたらいいなあ。
　내일 마리아 씨를 만났으면 좋겠는데…….

③ 結婚式の日まで、おばあさんが元気だったらいいんだけど。
　결혼식 날까지 할머니가 건강하시면 좋을 텐데…….

④ 寮の食事がもう少しおいしかったらいいのになあ。
　기숙사 밥이 조금만 더 맛있으면 좋을 텐데…….

▶ 그렇게 되기를 바란다고 하는 희망이나 바람을 나타낼 때 쓰이며, 문말에는 감탄의 기분을 나타내는 「~なあ」를 붙이는 경우가 많습니다.

▶ 실현되기 어렵다는 느낌이 있을 경우에는 예문 ③, ④처럼 「けど・のに・が」 등을 붙이는 경우가 많습니다.

▶ 「~たらいい」의 「~」에는 말하는 사람의 의지를 내포한 말은 오지 않으므로, 아래의 예문을 통해 잘 알아 두세요.

　◆ (×) あした、マリアさんに会ったらいいなあ。

▶ 「といい・ばいい」와 서로 교환해서 사용할 수도 있습니다.

　　　　　　　　　참고 といい〈희망〉・ばいい〈희망〉

1회　2회　3회

たらいい ➡ といい　301 - 302

쏙쏙 어휘　晴れる 맑다, 개이다　寮 기숙사

178 たらいいですか ★4
~하면 좋겠습니까

접속 방법 「의문사 + 동사의 た형 + ら」+ いいですか

① A : 予約をキャンセルしたいんですが、どうしたらいいですか。
예약을 취소하고 싶습니다만, 어떻게 하면 되죠?

B : お名前は? 성함이?

② A : 市役所へ行きたいんですが、どう行ったらいいですか。
시청에 가고 싶습니다만, 어떻게 가면 되죠?

B : あの3番のバスで三つ目ですね。
저 3번 버스로 세 정거장이네요.

③ 学生 : レポートはいつまでに出したらいいですか。
리포트 언제까지 내면 돼요?

先生 : 30日までに出してください。 30일까지 내세요.

④ A : すきやきを作りたいんですが、肉のほかに何を買ったらいい?
스키야키를 만들고 싶은데요, 고기 말고 또 뭘 사면 될까?

B : 野菜と豆腐と……。 채소하고 두부하고…….

상대방에게 지시를 요청하는 표현으로, 「의문사 + ~ばいいですか」와 의미·용법이 대체로 비슷합니다.

참고 ばいいですか

1회 2회 3회

쏙쏙 어휘 キャンセル 캔슬, 취소   三つ目 세 번째

179 だらけ ★3

~ 투성이

접속 방법 「명사」+ だらけ

① 子どもたちは泥だらけになって遊んでいる。
아이들은 진흙 투성이가 되서 놀고 있다.

② わたしが英語で書いた間違いだらけの手紙をジムに直してもらった。
내가 쓴 영어 편지에 틀린 데가 한 두 군데가 아니었는데, 짐이 고쳐 주었다.

③ けんかでもしたのか、彼は傷だらけになって帰ってきた。
싸움이라도 했는지, 그는 상처투성이가 돼서 집에 돌아왔다.

④ 休暇でわたしが家に帰ると、祖母はしわだらけの顔をくしゃくしゃにして、うれしそうに「よく帰ってきたね。待ってたよ」と言って迎えてくれる。
휴가를 얻어 내가 집에 가자 할머니는 주름이 가득한 얼굴로 부스스 웃으시며 반갑게 '어이구 잘 왔어. 내가 얼마나 기다렸다구'하며 맞이해 주셨다.

'안 좋은 것이 많이 보인다, 더덕더덕 붙어 있다'라는 의미를 나타내는 표현입니다. 그 외에도 「ほこりだらけ(먼지 투성이)・ごみだらけ(쓰레기 투성이)・血だらけ(피 투성이)・灰だらけ(재 투성이)・穴だらけ(구멍 투성이)」 등의 표현이 있으니까, 함께 기억해 두세요.

쏙쏙 어휘 泥 진흙   しわ 주름   くしゃくしゃ 부스스함, 흐트러짐, 뒤죽박죽임

180 たらさいご ★1

~하면 그만으로

접속 방법 「동사의 た형 + ら」+ 最後

① まさおは遊びに出かけたら最後、暗くなるまで戻ってきません。
마사오는 놀러 나가면 그걸로 그만이에요. 깜깜해질 때까지 돌아오질 않아요.

② ファイルは1度削除したら最後、元に戻せないから、気をつけたほうがいいですよ。
파일은 한 번 삭제하면 그걸로 끝입니다. 원래 상태로 복구할 수 없으니까, 조심하는 게 좋아요.

③ 彼は国境を1歩でも出たが最後、2度と故郷には戻れないことを知っていた。
그 사람은 국경을 한 발자국이라도 넘어가면 앞으로 두 번 다시 고향에는 돌아올 수 없다는 사실을 알고 있었다.

④ あの人にお金を貸したが最後、返してもらえないから、気をつけたほうがいいよ。
저 사람에게 돈을 빌려주면 그걸로 끝이야. 절대 안 갚으니까 조심하는 편이 좋을 거야.

▶ 「最後(마지막)」라고 하는 말이 가리키는 것처럼 '~한다면 이제 모든 것이 잘못된다, 마지막이다'라고 하는 느낌을 나타낼 때 사용하는 표현입니다.
▶ 예문 ④의 「たが最後」도 용법은 같지만, 「たら最後」쪽이 더 구어체적인 표현입니다.

1회 2회 3회

たら~た ➡ と~た 347-349

쏙쏙 어휘 元に戻る 처음으로 돌아가다　国境 국경

181 たら〜だろう(に) ★3

〜하면(〜했으면), 〜했을 텐데

접속 방법 「동사의 た형」+ ら /「い형용사의 어간」+ かったら /「な형용사의 어간」+ だったら /「명사」+ だったら + 〜だろう(に)
「동사의 가정형」+ ば /「い형용사의 어간」+ ければ /「な형용사의 명사형」+ なら /
「명사」+ なら + 〜だろう(に)

① もしあのとき、そのことを知っていたら、お伝えしたでしょうに。
지난달 만나뵈었을 때, 그가 일본에 돌아왔다는 것을 알고 있었으면 말해드렸을 텐데…….

② 田中課長が今回の担当だったら、契約は成立していただろう。
이번에 다나카 과장님이 담당하셨으면 계약은 성립됐을 텐데…….

③ きのうのうちにあなたからのメールを読んでいれば、今朝すぐに連絡したでしょうに。
어제 중에 당신한테서 온 메일을 읽었더라면, 오늘 아침에 바로 연락했을 텐데…….

④ 若いうちにもっと語学を勉強しておけば、好きな旅行の仕事ができただろう。
좀 더 젊었을 때 어학을 공부해 두었다면, 좋아하는 여행과 관련된 일을 할 수 있었겠지.

⑤ もう少し値段が安ければ、わたしにも買えるだろうに。
가격이 좀 더 싸면 나도 살 수 있을 텐데…….

▶ '과거 또는 현재의 사실에 반하는 것을 가정해서 그 경우에는 다른 상황이 일어났을 것이다, 사실은 그렇게 되지는 않았지만'이라는 의미를 나타내는 표현입니다.
▶ 문장의 끝에「に」또는「のに」를 붙이면, 그렇게 되지 않은 것을 유감스럽게 생각하는 느낌이 강해집니다.
▶ 예문 ⑤는 '(사실은)비싸서 못 산다'라고 하는 현재의 상황을 가리키며, 예문 ①, ③과 같이 정중한 표현에서는「たら〜でしょうに」라는 형태가 됩니다.

쏙쏙 어휘 契約 계약 今朝 오늘 아침

182 たらどうですか ★4
~하면 어떻겠습니까?

접속 방법 「동사의 た형 + ら」+ どうですか

① A : すみません、3番のバスはどこから出ますか。
저기요, 3번 버스는 어디서 출발합니까?

B : さあ、あそこの案内所で聞いたらどうですか。
글쎄요, 저 쪽에 있는 안내소에서 물어보시는 게 좋을 것 같은데요.

A : ありがとうございます。감사합니다.

② A : このごろ体の具合がよくないんです。
요즘 몸 상태가 안 좋아요.

B : そうですか。病院へ行ってみたらいかがですか。
그래요? 병원에 가 보는 게 어때요?

③ A : バイト、そんなに大変なら、やめたらどう？
아르바이트, 그렇게 힘들면 그만두는 게 어때?

B : やめられないんですよ。그만둘 수가 없어요.

④ 妻 : もう10時よ。一休みしたら？ 벌써 10시야. 잠깐 쉬는 게 어때?

夫 : そうだね。そうしよう。그래. 그렇게 하자.

▶ 어떤 행동을 하도록 상대방에게 제안하는 표현으로, 「たほうがいい」쪽이 직접적인 제안을 나타냅니다.

▶ 허물없는 사이에서의 대화에서는 예문 ③, ④처럼 「たらどう？・たら？」라는 형태가 된다는 것을 잘 기억해 두세요.

1회 2회 3회

쏙쏙 어휘 一休み 잠깐 쉼

183 たり〜たりする ★5

~하기도 하고 ~하기도 한다〈복수의 행위〉

접속 방법 「동사의 た형 + り + 동사의 た형 + り」+ する

① 日曜日には、本を読んだり、テレビを見たりします。
일요일에는 책을 읽거나 텔레비전을 보거나 합니다.

② 子どものころ野球をしたり、魚をとったりして、よく外で遊びました。
어릴 적에 야구를 하기도 하고 물고기를 잡기도 하면서 자주 밖에서 놀았습니다.

③ 去年は大雨が降ったり、地震が起きたりして、大変でした。
작년에는 폭우가 내리기도 하고 지진도 일어나고 해서 힘들었습니다.

④ 公園で子どもたちがボール投げをしたり、水遊びをしたりしています。
공원에서 아이들이 공던지기를 하거나 물놀이를 하거나 하고 있습니다.

⑤ もっと広い家に引っ越して犬を飼ったりしたい。
더 큰 집으로 이사 가서 개를 키우거나 하고 싶다.

⑥ たばこの吸いがらを道路に捨てたりしないでください。
담배 꽁초를 길거리에 버리거나 하지 말아 주세요.

▶ 여러 가지 일을 할 때나 여러 가지 일이 일어나는 가운데 두 세 가지의 예를 들어 나열할 때 사용하는 표현입니다. 예문 ①, ②처럼 한 사람이 여러 가지 동작을 하는 경우와 ④처럼 복수의 사람이 여러 가지 동작을 하는 경우로 나눌 수 있습니다.

▶ 예문 ⑤처럼 「동사의 た형 + り」를 한 번만 사용하여, 그 외에도 있다고 하는 것을 암시하는 표현이거나 예문 ⑥처럼 완곡한 표현으로서 사용하는 경우도 있으니까, 함께 알아 두세요.

쏙쏙 어휘 投げる 던지다 水遊び 물놀이

184 たり～たりする

~하기도 하고 ~하기도 한다 〈불확실〉

접속 방법 「동사의 た형 ＋ り ＋ 동사의 た형 ＋ り」/
「い형용사의 어간 ＋ かったり ＋ い형용사의 어간 ＋ かったり」/
「な형용사의 어간 ＋ だったり ＋ な형용사의 어간 ＋ だったり」/
「명사 ＋ だったり ＋ 명사 ＋ だったり」＋ する

① 庭のそうじは父がしたり、母がしたり、兄がしたりします。
정원 청소는 아버지가 하기도 하고 어머니가 하기도 하고 형이 하기도 합니다.

② うちでは夕食の時間は7時だったり8時だったりして、決まっていません。
우리 집 저녁 식사 시간은 7시일 때도 있고 8시일 때도 있고, 정해져 있지 않습니다.

③ 1週間に1度かならず来てください。来たり来なかったりでは困ります。
일주일에 한 번은 반드시 오세요. 왔다 안 왔다 하면 곤란합니다.

④ このごろの天候は暑かったり寒かったりですから、風邪をひきやすいです。
요즘 날씨는 더웠다 추웠다 해서, 감기 걸리기 쉽습니다.

일정하지 않은 것을 나타내며, 동사 이외의 품사에도 사용할 수 있습니다. 예문 ③, ④처럼 「～たり～たりだ」의 형태로 사용하는 경우도 많으니까, 잘 알아 두세요.

쏙쏙 어휘　庭 정원　天候 날씨, 일기

185 たり～たりする

~했다 ~했다 한다 〈반복〉

접속 방법 「동사의 た형 + り + 동사의 た형 + り」+ する

① 退院してから1週間ぐらいは毎日寝たり起きたりしていました。
   퇴원하고 나서 일주일 정도는 매일 자다 깨다 했습니다.

② 子どもたちがプールで、水から出たり入ったりして遊んでいます。
   아이들이 수영장에서 물에 들어갔다 나왔다 하며 놀고 있습니다.

③ あの人は門の前を行ったり来たりしています。どうしたのでしょう。
   저 사람은 문 앞을 왔다 갔다 하고 있습니다. 왜 그러는 걸까요?

④ バスの運転手：バスの中では立ったりすわったりしないでください。危ないですから。
   버스 안에서는 위험하니까, 앉았다 일어섰다 하지 말아 주시기 바랍니다.

반대의 동작·사건이 반복되는 것을 나타내는 표현으로, 2개의 대립하는 동사(出る(나가(오)다)·入る(들어가다)·行く(가다)·来る(오다)·上がる(올라가다)·下がる(내려가다) 등)를 사용하여 표현합니다.

1회 2회 3회

쏙쏙 어휘 プール 수영장 運転手 운전수

186 たりとも〜ない ★1

~조차도 ~하지 않는다

접속 방법 「1 + 조수사」 + たりとも〜ない

① 彼の働きぶりは1分たりとも無駄にしたくないという様子だった。
그가 일하는 모습은 단 1분이라도 낭비하고 싶어하지 않는 그런 모습이었다.

② 開会式までの日数を考えると、工事は1日たりとも遅らせることはできない。
개회식까지 남은 날짜를 생각하면, 공사는 하루라도 늦출 수 없다.

③ 1日2時間給水という厳しい制限の中で、この夏は水を1滴たりとも無駄にすることはできなかった。
하루에 2시간 급수라는 힘겨운 제한 속에서, 올 여름은 물을 한 방울이라도 낭비할 수 없었다.

「1조수사 + たりとも〜ない」의 형태로, 가장 적은 것을 예로 들어 「1〜も〜ない」라고 전체 부정을 강조하는 표현입니다. 같은 표현으로는 「といえども〜ない」가 있습니다.

참고 といえども〜ない

1회 2회 3회

쏙쏙 어휘   無駄 헛됨   給水 급수   滴 방울

187 たる ★1

~라고 하는, ~라는

접속 방법 「명사」+ たる

① 国を任された大臣たる者は、自分の言葉には責任を持たなければならない。
나라를 책임지는 대신이라는 사람은 자신의 말에는 책임을 져야 한다.

② 一国一城の主たる者、1回や2回の失敗であきらめてはならぬ。
한 나라의 큰 책임을 맡은 사람은 한두 번의 실패로 포기해서는 안 된다.

③ 国の代表たる機関で働くのだから誇りと覚悟を持ってください。
나라의 대표라고 하는 기관에서 일하는 것이므로, 긍지와 각오를 가지세요.

▶ 「~たる + 명사」의 형태로, '그와 같은 입장에 있기 때문에 거기에 적합한 태도를 가져야 한다'고 말하고자 할 때 사용하는 표현입니다.
▶ 「명사 + たる者」의 형태로 자주 사용되며, 명사는 말하는 사람을 높게 평가하고 있는 입장을 나타내는 말입니다. 또한, 문어적인 딱딱한 표현입니다.

1회 2회 3회

たる ➡ にたる 456

쏙쏙 어휘 一国一城の主 한 나라의 큰 책임을 맡은 사람 誇り 긍지, 자랑

188 だろう ★4
~일 것이다, ~겠지 〈추측〉

접속 방법 「보통형 (な형용사의 어간 / 명사)」+ だろう

① 田中さんは旅行には行かないだろう。忙しいと言っていたから。
다나카 씨는 여행 안 갈 거야. 바쁘다고 했었으니까.

② 今年は家族旅行は無理だろう。
올해에는 가족여행 가는 것은 무리일 것 같다.

③ 10年後にはこの町も公園の数がもっと多くなっているでしょう。
10년 후에는 이 동네에도 공원 숫자가 더 많아지겠죠.

④ 久しぶりにいなかに帰ります。村もずいぶん変わったでしょう。
오랜만에 고향으로 돌아갑니다. 동네도 많이 변했겠지요.

⑤ 松本選手は今度の試合に出られるでしょうか。
마쓰모토 선수는 이번 시합에 나올 수 있을까요?

▶ 확실하게 단정지을 수 없는 일이나 일기예보 등 미래의 예측을 나타내는 데에 자주 사용되는 표현으로, 예문 ④처럼 현재와 과거의 일에 대한 추측에도 사용됩니다.

▶ 말하는 사람의 의지적인 행위를 예측할 때는 사용하지 않으니까, 아래 예문을 통해 잘 알아 두세요.

◆ (×) わたしは来年、結婚するでしょう。

▶ 「でしょう」는 「だろう」의 정중한 형태입니다. 예문 ⑤와 같이 「でしょうか」는 말하는 사람이 추측을 하면서 부드럽게 묻는 표현입니다.

1회 2회 3회

쏙쏙 어휘   多くなる 많아지다   いなか 시골, 고향

189 だろう ★3

정말 ~ 하다 〈기분의 강조〉

접속 방법 「보통형(い형용사의 사전형・い형용사의 사전형 + の / な형용사의 어간・な형용사의 어간 + なの / 명사・명사 + なの)」+ だろう

① (夕日を見て) ああ、なんときれいな夕焼けだろう。
(석양을 보며) 아, 이 얼마나 아름다운 석양이란 말인가.

② (果物を食べながら) なんておいしい果物だろう。
(과일을 먹으며) 정말 맛있는 과일이다.

③ 子どもってなんてかわいいんでしょう。
어린 아이란 참 귀엽지요.

④ 新しい芽が出る新緑とはなんと美しいのだろう。
새싹이 돋아나는 신록이란 정말 아름답다.

▶ 심리적으로 강한 느낌이나 감격한 것에 대해 감정을 넣어서 말할 때 사용하는 표현입니다.
▶ 「なんと・なんて・どんなに・いかに」와 함께 쓰이는 경우가 많습니다.

참고 ことか

□ □ □
1회 2회 3회

だろう ➡ でしょう 〈同意求め・確認〉 266

쏙쏙 어휘 夕日 석양 かわいい 귀엽다 芽 싹 新緑 신록

190 だろうとおもう ★4

~일 것이라고 생각한다, ~일 것이다

접속 방법 「보통형 (な형용사의 어간 / 명사)」 + だろうと思う

① キャンプの参加者は50人ぐらいだろうと思います。
캠프 참가자는 50명 정도일 것이다.

② みんなが集まるので、パーティーはきっと楽しいだろうと思います。あなたもぜひ来てください。
모두 모일 테니까, 파티는 분명 재있을 겁니다. 당신도 꼭 와 주세요.

③ あしたの運動会では、きっと白組が勝つだろうと思う。
내일 열릴 운동회에서는 분명 백팀이 이길 것이다.

④ 父はこの結婚には反対するだろうと思う。
아버지는 이 결혼에는 반대할 거라고 생각한다.

⑤ 子どもにはわたしの説明がわからなかっただろうと思う。
아이에게는 내가 한 설명이 이해가 안 될 수도 있다고 생각한다.

▶ 말하는 사람이 추량, 추측한 것을 말할 때에 사용하며, 「だろう(추측)」보다는 말하는 사람의 감정이 훨씬 명확한 표현입니다. 「だろう」를 사용하지 않고 「と思う」만으로도 추측의 의미를 나타낼 수 있지만, 그 경우 「だろうと思う」보다 확신의 강도는 약해집니다.

▶ 말하는 사람의 의지가 담긴 행위를 예측할 때는 사용하지 않으니까, 주의하세요.

참고 だろう〈추측〉

1회 2회 3회

ちがいない	➡	にちがいない	457
ちゃ	➡	ては	272
ちゃいけない	➡	てはいけない	274

쏙쏙 어휘   参加者 참가자   白組 (경기에서의) 백팀, 백군

ちゃう	➡	てしまう	264-265
ちゃかなわない	➡	てはかなわない	275
ちゅうしんにする	➡	をちゅうしんとして	644
ついて	➡	について	458

191 ついでに ★3

~하는 김에, ~하는 차에

접속 방법 「동사의 사전형・동사의 た형 / する동사의 명사형 + の)」+ ついでに

① パリの国際会議に出席するついでに、パリ大学の森先生をお訪ねしてみよう。
파리에서 열리는 국제회의에 출석하는 김에 파리 대학에 계시는 모리 선생님을 찾아 뵈어야겠다.

② 買い物のついでに図書館に寄って本を借りてきた。
쇼핑하는 김에 도서관에 들러서 책을 빌려 왔다.

③ 上野の美術館に行ったついでに久しぶりに公園を散歩した。
우에노에 위치한 미술관에 간 김에 오랜만에 공원을 산책했다.

④ 林:森さん、悪いけど、立ったついでにお茶いれて。
모리 씨, 미안하지만 일어선 김에 차 좀 타 줘.

'어떤 일을 할 기회를 이용해서, 다른 일도 한다'고 말하고자 할 때 사용하는 표현입니다. 앞의 문장은 처음부터 예정되어 있던 행동이고, 뒤에 오는 문장은 추가적인 행동을 나타냅니다.

1회 2회 3회

つうじて	➡	をつうじて	645-646
つき	➡	につき	459

쏙쏙 어휘 お茶をいれる 차를 끓이다, 차를 내다

192 っけ
~였나?, ~였지?

접속 방법 「보통형 (「~ましたっけ」・「~でしたっけ」도 있음)」 + っけ

① A : 英語の試験は5番教室だっけ。
영어 시험 5번 교실이었나?

B : 8番じゃない?
8번 교실 아냐?

② 弟 : 「ケン討する」の「ケン」は、キヘンだっけ、ニンベンだっけ。
'검토하다'의 '검'은 나무 목 변인가? 아님 사람인 변인가?

姉 : キヘンに決まってるでしょ。
당연히 나무 목 변이지.

③ A : 今度の研修旅行には、工場見学も日程に入っていましたっけ。
이번 연수여행에는 공장 견학도 일정에 포함됐었나?

B : 時間的に無理だというんで除かれたんだよ。
시간적으로 무리라고 해서 제외됐어.

확실하지 않은 일에 대한 의문을 나타내며, 상대방에게 다짐을 받거나 확인할 때 사용하는 표현입니다.

□ □ □
1회 2회 3회

つけて ➡ につけ(て) 460

쏙쏙 어휘 除く 제외하다, 없애다

193 っこない ★2

~할 리가 없다

접속 방법 「동사의 ます형」 + っこない

① こんな難しい本を買ってやったって、小学校1年生の太郎にはわかりっこない。
이렇게 어려운 책 사 줘 봤자, 초등학교 1학년인 타로가 이해할 리가 없지.

② こんなにひどい嵐じゃテニスはできっこない。今日はやめておこう。
이렇게 심하게 바람이 불어서는 절대 테니스는 못 쳐. 오늘은 그만 두자.

③ (雑誌を見ながら) 妻：いいマンションね。でも、家賃が30万円よ。
좋은 맨션이네. 하지만, 집세가 30만 엔이야.

夫：30万円! そんな高い家賃、ぼくたちに払えっこないよ。
30만 엔 그렇게 비싼 집세를 우리가 낼 수 있을 리가 없어.

가능성을 강하게 부정할 때 사용하는 표현입니다. 가능 표현을 사용하는 경우가 많으며, 말하는 사람의 판단을 나타냅니다. 「するわけがない・はずがない」와 매우 비슷한 의미이며, 친한 사람과의 대화에서 주로 사용됩니다.

1회 2회 3회

ったらない ➡ といったらない 324

쏙쏙 어휘 嵐 몹시 거센 바람, 폭풍우　マンション 맨션　家賃 집세

194 つつ ★2

~하면서도 〈역접〉

접속 방법　「동사의 ます형」＋ つつ

① 悪いと知りつつ、友達の宿題の答えを書いてそのまま出してしまった。
　잘못된 일이라는 걸 알면서도 친구의 숙제 답을 베껴서 그대로 제출해 버렸다.

② 毎日お返事を書かなければと思いつつ、今日まで日がたってしまいました。
　매일 답장 써야 된다고 생각을 하면서도 못 쓰고 오늘까지 이르게 되었습니다.

③ 悪いと知りつつも、ごみを分別せずに捨ててしまう。
　나쁘다는 걸 알면서도 쓰레기를 분리하지 않고 버린다.

④ 佐藤さんの顔色の悪いことが気になりつつも、急いでいたので何も聞かずに帰ってきてしまった。
　사토 씨의 안색이 안 좋은 게 마음에 걸리면서도, 급한 일이 있었기 때문에 왜 그런지 물어보지도 않고 집에 와 버렸다.

▶ 「동사의 ます형 + つつ」의 형태로, '~ 하고 있지만'이라는 역설적인 의미를 나타냅니다. 말하는 사람(話者)이 후회하거나 고백하는 경우에 많이 사용되는 표현입니다.

▶ 관용 표현이 많으며, 위의 예문 외에도 「言いつつ(말하면서도)・感じつつ(느끼면서도)」등이 자주 사용되니까, 함께 외워 두세요.

▶ 예문 ④의 「동사의 ます형 + つつも」의 형태로도 사용됩니다.

1회　2회　3회

쏙쏙 어휘　日がたつ 날이 지나다, 세월이 가다　分別 분별, 분리　気になる 걱정이 되다, 마음에 걸리다

195 つつ

~하면서 〈동시 진행〉

접속 방법 「동사의 ます형」 + つつ

① 電車に揺られつつ、2時間ほどいい気持ちで眠った。
흔들리는 전철 안에서 2시간 정도 기분 좋게 잤다.

② 夜、仕事を終えてウイスキーを味わいつつ、お気に入りの推理小説を読むひとときは最高である。
밤에 일을 마치고 위스키를 맛보면서 내가 좋아하는 추리소설을 읽는 그 짧은 시간이 최고다.

③ この問題については、会員の皆さんと話し合いつつよく考えてみましょう。
이 문제에 대해서는 회원 여러분들과 이야기를 나누면서 잘 생각해 봅시다.

④ 山に登りつつ、人は人生についてさまざまなことを考える。
산에 올라가면서 사람은 인생에 대해 여러 가지 생각을 한다.

⑤ 最近わたしはCDで好きな音楽を聞きつつ、小説の構想を練る。
요즘 나는 CD로 좋아하는 음악을 들으면서 소설 구상을 한다.

▶ '한 사람이 한 가지 일을 하면서, 동시에 또 하나의 일을 한다'고 하는 의미를 나타내는 표현입니다. 「〜つつ…する」에서는 「〜」의 동작이 부차적이고, 「…」의 동작이 주체가 됩니다.

▶ 「ながら」와 같은 사용법을 갖지만, 「ながら」보다 문어체적인 표현입니다.

참고 ながら 〈동시 진행〉

쏙쏙 어휘 揺られる 흔들리다   味わう 맛보다   お気に入り 마음에 듦   ひととき 잠깐   練る 다듬다, 쌓다

196 つ~つ ★1

~하기도 하고 ~하기도 하고, ~했다 ~했다

접속 방법 「동사의 ます형」＋ つ ＋「동사의 ます형」＋ つ

① マラソンの最後(さいご)の500メートルで二人(ふたり)の選手(せんしゅ)は抜(ぬ)きつ抜(ぬ)かれつの競争(きょうそう)になった。
마라톤 최종 500미터 지점에서 두 선수는 앞서거니 뒤서거니 하면서 경쟁했다.

② 風(かぜ)に飛(と)ばされた赤(あか)いぼうしは木(こ)の葉(は)のように浮(う)きつ沈(しず)みつ川(かわ)を流(なが)れていった。
바람에 날아간 빨간 모자는 나뭇잎처럼 떴다 가라앉았다 하며 강을 흘러내려 갔다.

③ 変(へん)な男(おとこ)の人(ひと)がうちの前(まえ)を行(い)きつ戻(もど)りつしている。何(なに)をしているんだろう。
수상한 남자가 우리 집 앞을 왔다 갔다 하고 있다. 무슨 일일까?

뒤에 오는 동사의 동작이나 작용이 어떤 상태로 행해지고 있는지를 나타낼 때 사용하는 표현입니다. 「つ~つ」는 두 개의 대립되는 동사(浮(う)く(떠오르다)・沈(しず)む(가라앉다)) 등에 접속하며, 관용적으로 사용됩니다.

1회 2회 3회

쏙쏙 어휘　メートル 미터　抜(ぬ)きつ抜(ぬ)かれつ 앞서거니 뒤서거니　木(こ)の葉(は) 나뭇잎

197 つつある ★2

~하고 있는

접속 방법　「동사의 ます형」+ つつある

① わたしはホテルの窓から山の向こうに沈みつつある夕日を眺めながら、1杯のコーヒーをゆっくりと楽しんだ。
나는 호텔 창가를 통해 산 저편으로 지고 있는 석양을 바라보며 커피 한 잔의 여유를 즐겼다.

② わたしの会社では、休み時間が長くなり、明るい社員食堂もできた。職場の環境は改善されつつある。
우리 회사는 휴식시간도 길어 졌고 밝은 분위기의 사원 식당도 생겼다. 직장 환경은 점점 개선되어 가고 있다.

③ この国はこの1年ほどの間に政治的に安定した。経済も次第に安定しつつある。
이 나라는 지난 일 년 동안 정치적으로 안정되었다. 경제도 점점 안정되어 가고 있다.

▶ 사건이나 사안이 어떤 방향으로 진행하고 있다는 의미를 나타내며, 특히 진행 중이라는 것을 명확하게 말하고자 할 때 사용합니다.
▶ 회화체에는 거의 사용하지 않으니까, 주의하세요.

1회 2회 3회

쏙쏙 어휘 沈む 가라앉다, 지다　夕日 석양　次第に 점점, 차츰

198 つづける ★4

계속 ~하다

접속 방법 「동사의 ます형」＋ つづける

① 山道を1日中歩き続けて、足が痛くなりました。
산길을 하루종일 계속 걸어다녀서, 다리가 아픕니다.

② わたしは小学校から高校まで12年間もこの学校に通い続けました。
저는 초등학교에서 고등학교까지 12년 동안이나 이 학교를 계속 다녔습니다.

③ 一つのことをやると決めたら、やり続けることが大切です。
한 가지 일을 하려고 결정했다면, 계속 하는 것이 중요합니다.

④ うちの庭では、冬の間もいろいろな花が咲き続けます。
우리 집 정원에는 겨울 동안에도 여러 가지 꽃이 계속 핍니다.

'동작이나 습관을 계속하거나, 작용이 계속되고 있다'고 하는 의미를 나타내는데, '계속 하고 있다, 쭉 계속되고 있다'는 것을 강조 할 때도 사용합니다.

참고 おわる・はじめる

1회 2회 3회

つつも ➡ つつ〈逆接〉 212

쏙쏙 어휘 1日中 온종일

199 って

~래, ~라고 하던데 〈전문〉

접속 방법 「보통형」＋って

① A：来週の授業は休みだって。 다음 주 수업 휴강이래.

　B：ほんと。よかった。 정말? 잘 됐다.

② 兄：今日の天気はどう？
　　　오늘 날씨 어때?

　妹：天気予報では、午後から晴れるって。
　　　일기예보에서는 오후부터 갤 거래.

③ 後藤さんは明日来られないって。
　고토 씨는 내일 못 온대.

④ A：これいくらで買ったの。
　　　이거 얼마주고 샀어?

　B：お姉さんにもらったんだけど、2,000円だったんだって。
　　　언니한테 받았는데, 2,000 엔이었대.

▶ 전달, 인용의「と」가「って」로 변형된 표현으로, 「と言っている(~라고 말하고 있다)・と書いてある(~라고 쓰여져 있다)」등의 동사 부분이 생략된 것이라고 생각하면 됩니다.

▶ 예문 ①은「休みだそうだ(휴강이라고 한다)」의 의미를 나타냅니다. 예문 ①~③은 하강조의 억양으로 말합니다.

쏙쏙 어휘　授業 수업　休み 휴일

200 って

~라니, ~라는 것은 〈주제〉

접속 방법 「동사의 사전형 + (の) / い형용사의 사전형 / な형용사의 어간 / 명사」 + って

① A : PCって何ですか。
   PC란 게 뭐예요?

   B : パソコンのことですよ。
   컴퓨터를 말하는 거예요.

② A : 子どもを持つのって、大変ですか。
   아이를 기른다는 건, 힘든가요?

   B : ええ。でも、うれしいことも多いですよ。
   네. 하지만 기쁜 일도 많아요.

③ 昔「大きいことっていいことだ」という言葉があった。
   옛날에 '크다는 건 좋은 거다'라는 말이 있었다.

어떤 사항에 대한 정의, 의미에 대해서 설명할 때의 표현으로, 허물없는 사이에서 주로 사용되는 회화체입니다. 문어체에서는 예문 ①은 「PCとは(PC라는 것은)」, 예문 ②는 「~というのは(~라고 하는 것은)」라는 의미가 됩니다.

참고 とは 〈정의〉

쏙쏙 어휘 昔 옛날, 예전   言葉 말, 단어

201 って ★4

~라는, ~라고 하는 〈이름〉

접속 방법 「명사」+ って

① 伊藤さん、チャヤさん**って**人から電話がありましたよ。
이토 씨, 차야 씨라는 분한테서 전화가 왔었어요.

② 「ミラノ」**っていう**イタリア料理の店、知ってる?
'밀라노'라는 이태리 식당, 알아요?

③ これは村上春樹**って**作家が書いた『海辺のカフカ』**っていう**小説です。
이것은 무라카미 하루키라고 하는 작가가 쓴 '해변의 카프카'라는 소설입니다.

▶ 「~って + 명사」의 형태로, 회화체에서 잘 모르는 사람이나 사물, 장소 등의 이름을 말하고자 할 때 사용하는 표현입니다.
▶ 「~って + 명사」라고도 하고, 「~っていう + 명사」라고도 합니다.
▶ 문어체에서는 「명사 + という + 명사」의 형태로 쓰입니다.

참고 という 〈이름 소개〉

□ □ □
1회 2회 3회

って ➡ と 〈直接話法〉〈間接話法〉 295 - 296
っていう ➡ って 〈名前〉 219
っていうことは ➡ というものは 317
っていうのは ➡ というのは 313
っていえば ➡ といえば 321
ってことは ➡ というものは 317

쏙쏙 어휘 海辺 해변, 바닷가 カフカ 카프카 (유대계 독일 작가)

219

202 っぱなし

계속 ~한 상태, 계속 ~인 채

접속 방법 「동사의 ます형」+ っぱなし

① 道具が出しっぱなしだよ。使ったら、かたづけなさい。
  도구가 꺼내진 채 그대로잖아. 썼으면 정리 좀 해라.

② あのメーカーは売りっぱなしではなく、アフターケアがしっかりしている。
  저 메이커는 팔기만 하는 게 아니라 사후 처리도 확실하게 해 줘.

③ この仕事は立ちっぱなしのことが多いので、疲れる。
  이 일은 계속 서 있어야 하는 경우가 많아서 피곤하다.

④ 講演会では休憩もなしに2時間も話しっぱなしで、とても疲れた。
  강연회에서 휴식도 없이 두 시간씩이나 계속 이야기를 해서 많이 피곤하다.

▶ '~한 채로, 그 뒤에 당연히 해야 하는 것을 하지 않고 있다'는 의미를 나타내는 표현입니다.
▶ 예문 ③, ④는 '그 상태가 쭉 이어진다'는 의미가 됩니다.
▶ 마이너스적 의미를 가지고 사용되는 경우가 많으니까, 잘 알아 두세요.

쏙쏙 어휘　メーカー 메이커, 제조자　アフターケア 사후 처리, 사후 서비스　休憩 휴식

203 っぽい ★2

~같은 느낌이 든다, 자주 그렇게 ~한다, ~한 계통의

접속 방법 「동사의 ます형 / 명사」+ っぽい

① きみ子はもう20歳なのに話すことが子どもっぽい。
기미코는 스무 살인데 이야기하는 내용이 유치하다.

② 花子は飽きっぽくて何をやってもすぐやめてしまう。
하나코는 금방 싫증을 내서 뭘 하더라도 금방 그만두고 만다.

③ 母は年のせいかこのごろ忘れっぽくなって、いつも物を探している。
엄마는 나이 탓인지 요즘 건망증이 심해져서 항상 물건을 찾는다.

④ あの白っぽいセーターを着ている人が田中さんです。
저 흰색 계통의 스웨터를 입고 있는 사람이 다나카 씨입니다.

⑤ この部屋は日当たりが悪いので、いつもなんとなく湿っぽい。
이 방은 햇볕이 잘 안 들어서 언제나 왠지 습한 느낌이 든다.

▶ 횟수의 많고 적음보다는 사물의 성질에 대해서 이야기할 때 사용하는 표현으로, 부정적인 일에 쓰이는 경우가 대부분입니다.
▶ 그 밖에도 「男っぽい(남자 같다)・うそっぽい(거짓말 같다)・色っぽい(야하다)・黒っぽい(검은색 같다)・疲れっぽい(피곤한 것 같다)・怒りっぽい(자칫하면 화를 내다)」 등의 표현이 있으니까, 함께 기억해 두세요.

1회 2회 3회

쏙쏙 어휘 日当たり 볕이 듦, 양달　なんとなく 왠지, 어쩐지

204 つもりだ ★4
～할 예정이다, ～할 생각이다 〈의지〉

접속 방법 「동사의 사전형 / 동사의 ない형」 + つもりだ

① 先生：今度のレポートで、君は何について書くつもりですか。
　　　이번 리포트에 자네는 무엇에 대해 쓸 생각인가?
　学生：まだ決めていません。
　　　아직 안 정했습니다.

② 今年からテニスを始めるつもりだったけど、忙しくてできそうもない。
　올해부터 테니스를 시작할 생각이었는데, 바빠서 불가능할 것 같다.

③ 今のアパートは会社から遠いので、7月中に引っ越すつもりです。
　지금 사는 아파트는 회사에서 멀어서 7월 중에 이사할 생각입니다.

④ 弟は東京で仕事を探すつもりらしい。
　동생은 도쿄에서 취직자리를 알아볼 생각이라고 한다.

⑤ わたしは夏のキャンプには行かないつもりです。
　저는 여름 캠프에는 가지 않을 생각입니다.

⑥ 春休みは忙しくなりそうなので、図書館でのアルバイトはしないつもりです。
　봄 방학에는 바빠질 것 같아서 도서관 아르바이트는 하지 않을 작정입니다.

⑦ マリさんは30歳まで結婚しないつもりだそうだ。
　마리 씨는 서른 살까지 결혼 안 할 생각이라고 한다.

⑧ ぼくは父の会社に入るつもりはありません。
　저는 아버지 회사에 들어갈 생각이 없습니다.

▶ 장래에 뭔가를 한다거나 또는 하지 않는다고 하는 말하는 사람의 의지나 예정, 계획을 나타내는 표현입니다.

▶ 의미는「ようとおもう」와 대체로 동일하지만 보다 구체적이고 실현 가능성이 높은 계획에 대한 표현을 나타내며, 단시간에 실현되는 것에는 잘 사용하지 않습니다.

- ◆ (×) では、今から朝のミーティングをするつもりです。
  - (○) では、今から朝のミーティングをします。 그럼, 지금부터 아침 미팅을 하겠습니다.
- ▶ 3인칭의 의지에 대해서는「ようとおもう」와 용법이 동일하며,「つもりだそうだ・つもりらしい・つもりのようだ」등의 형태로 사용됩니다.
- ▶ 「つもりはありません」은「ないつもりです」보다 강한 부정의 느낌을 나타냅니다.
- ▶ 손윗사람에게는「~つもりですか」라고 직접적으로 질문하는 것은 피하는 것이 좋습니다.
  - ◆ (△) 先生、この夏どこかへいらっしゃるつもりですか。
  - (○) 先生、この夏どこかへいらっしゃるご予定ですか。
    선생님, 올 여름 어딘가에 가실 예정입니까?

참고 **ようとおもう**

쏙쏙 어휘   レポート 리포트, 보고서   始める 시작하다   探す 찾다

205 つもりだ ★3

~한 셈치고, ~하다고 생각하고 〈의도와 실제의 불일치〉

접속 방법 「보통형 (な형용사의 어간 + な / 명사 + の)」 + つもりだ
＊예외 : 동사는 「동사의 た형」의 형태만 사용함.

① （ダイエット中の）娘：ああ、ケーキ食べたいな。
　（다이어트 중).　　　　아, 케이크 먹고 싶다.
　　　　　　　　　　母：食べたつもりになって、がまんしなさい。
　　　　　　　　　　먹은 셈 치고 참아.

② A：それは何の絵？
　　그거 무슨 그림이야?

　B：ねこをかいたつもりなんだけど……。
　　고양이를 그린다고 그린 건데…….

③ 自分では正しいつもりでしたが、答えは間違っていました。
　제 자신은 맞다고 생각했는데 정답이 아니었습니다.

④ 父は元気なつもりでいるけれど、やはり年をとりましたね。
　아버지 나름대로는 건강하다고 생각하고 계시지만, 역시 나이 드신 건 사실이에요.

⑤ あの子はきれいなドレスを着て、お姫さまのつもりだよ。
　저 아이는 예쁜 드레스를 입고 자기 나름대로는 공주라고 생각하고 있는 거야.

'그런 의도는 가지고 있지만, 사실이나 실제 행동의 결과는 그렇지 않다'는 의미를 나타냅니다.

1회 2회 3회

つれて ➡ につれて　461

쏙쏙 어휘　がまん 참음, 견딤　正しい 바르다, 옳다　お姫さま 공주

206 て

~하고, ~해서 〈나열·대비〉

★5

접속 방법 「동사의 て형」

① 朝はパンを食べて、コーヒーを飲みます。
아침에는 빵을 먹고 커피를 마십니다.

② 3時にヤンさんが来て、4時にカンさんが来ました。
3시에 양 씨가 오고, 4시에 강 씨가 왔습니다.

③ 毎日、7時にうちを出て、6時ごろうちへ帰ります。
매일 7시에 집을 나와, 6시 경에 집에 돌아갑니다.

④ わたしは昼は学校で勉強して、夜は英語学校で英語を教えています。
저는 낮에는 학교에서 공부하고, 밤에는 영어학원에서 영어를 가르치고 있습니다.

동사의 て형을 사용해서 앞의 문장과 뒤에 오는 문장을 부드럽게 연결시키는 표현입니다. 예문 ①, ②는 병렬, 예문 ③, ④는 대비의 의미를 나타냅니다.

1회 2회 3회

쏙쏙 어휘 昼 낮 英語 영어

207 て

~하고, ~해서 〈순차・전 단계〉

접속 방법   「동사의 て형」

① 電気を消して、部屋を出ます。
전깃불을 끄고 방에서 나옵니다.

② A駅まで電車で行って、B駅で乗りかえて、C駅で降ります。
A역까지 전철로 가서, B역에서 갈아타고 C역에서 내립니다.

③ すみませんが、コピーを10枚取って、木村さんのところへ持っていってください。
미안하지만, 열 장을 복사해서 기무라 씨에게 갖다 주세요.

④ スーパーへ行って、たまごを買った。
슈퍼마켓에 가서 달걀을 샀다.

⑤ 田中君はいつもノックしないでわたしの部屋に入る。
다나카 군은 항상 노크하지 않고, 내 방에 들어온다.

▶ 동사의 て형을 이용하여, 앞과 뒤를 부드럽게 연결시키는 표현입니다. 예문 ①~③에서는 동작의 순서를 나타내고 있습니다.
▶ ②처럼 동사의 て형을 두 번 사용하는 경우도 있으며, 예문 ④, ⑤는 뒤의 동작을 위해 필요한 전 단계를 가리킵니다.
▶ 전후 관계를 명확하게 말할 때는「동사의 て형 + から」를 사용해야 합니다.
▶ 부정형은「동사의 ない형 + ないで・동사의 ない형 + ずに」입니다.

참고 ずに・ないで

쏙쏙 어휘   電気を消す 전기를 끄다   乗りかえる 갈아타다

208 て

~하고, ~한 상태로 〈방법·상태〉

접속 방법 「동사의 て형」

① 音声を聞いて発音の練習をします。
음성을 들으며 발음 연습을 합니다.

② 女の子たちは芝生にすわって、話しています。
여자 아이들은 잔디밭에 앉아 이야기를 하고 있습니다.

③ 暑いので、子どもたちはふとんをかけないで寝ています。
더워서 아이들은 이불을 덮지 않고 자고 있습니다.

④ こちらの名前と住所を書かないで手紙を出した。
내 이름과 주소를 적지 않고 편지를 부쳤다.

▶ 동사의 て형으로 전후를 부드럽게 연결하는 표현입니다.
▶ 예문 ①은 방법·수단을 나타내고, 예문 ③은 어떤 상태로 동작하는지 또는 어떤 일이 일어나는지를 나타내고 있습니다.
▶ 부정 표현은 「동사의 ない형 + ないで・동사의 ない형 + ずに」입니다.

참고 ずに・ないで

1회 2회 3회

쏙쏙 어휘 芝生 잔디   手紙を出す 편지를 부치다

227

209 て ★4

~해서, ~하기 때문에 〈이유・원인〉

접속 방법 「동사의 て형 / い형용사의 어간 + くて / な형용사의 어간 + で / 명사 + で」

① 用事があって会には参加できません。 볼 일이 있어서 모임에는 참석할 수 없습니다.
② 遅くなって、すみません。 늦어서 죄송합니다.
③ 手伝ってくれて、ありがとう。 도와줘서 고마워.
④ 田中さんの声が小さくてよく聞こえません。
다나카 씨의 목소리는 작아서 잘 안 들립니다.
⑤ 母のことが心配で眠れなかった。 엄마가 걱정돼서 잠을 못 잤다.
⑥ 台風で木が倒れた。 태풍으로 인해 나무가 쓰러졌다.
⑦ 歯が痛かったので、ご飯が食べられなくて困った。
이가 아파 밥을 먹을 수가 없어서 힘들다.
⑧ (10年ぶりに会った人に) あなたが元気で、ほんとうによかった。
(십 년 만에 만난 사람에게) 당신이 건강해서 정말 다행이야.

▶ 이유・원인의 의미를 나타내며,「から」나「ので」보다 의미는 약한 편입니다.
▶ 뒤에 오는 문장에는「困る(곤란하다)・たいへん(큰일이다)・疲れた(피곤하다)」등의 정신적, 육체적인 상태나 불가능을 나타내는 표현을 사용하는 경우가 많습니다.
▶ 문말에는 말하는 사람의 의지나 상대방에 대한 일정한 역할을 나타내는 문장은 오지 않으니까, 주의하세요.
▶ 예문 ②, ③처럼 인사말로서 관용적으로 사용하기도 합니다.
▶ 이 사용법의 경우, 부정의 형태는「なくて」입니다.

참고 なくて 〈나열・이유〉〈이유〉

쏙쏙 어휘　参加 참가　台風 태풍

210 て

~하고, ~해서 〈느슨한 연결〉

접속 방법 「い형용사의 어간 + くて / な형용사의 어간 + で / 명사 + で」

① 新幹線は速くて、安全です。
　신칸센은 빠르고 안전합니다.

② この部屋は広くて、明るい。
　이 방은 넓고 밝다.

③ 昨夜は暑くて、寝られなかった。
　어젯밤에는 더워서 잠을 못 잤다.

④ 山崎さんは親切で、やさしい人です。
　야마자키 씨는 친절하고 상냥한 사람입니다.

⑤ 林さんは中国人で、林さんは日本人です。
　린 씨는 중국 사람이고, 하야시 씨는 일본 사람입니다.

▶ い형용사, な형용사, 명사의 て형으로 부드럽게 이어진 표현입니다.
▶ 전후에 오는 말에 따라 여러 가지 의미를 갖는데, 예문 ①, ②, ④는 중복, ③, ⑤는 약한 의미의 원인, ⑥은 대비를 나타냅니다.
▶ 문말에는 말하는 사람의 의지나 상대방에 대한 적극적인 작용을 나타내는 문장은 오지 않으니까, 주의하세요.

1회　2회　3회

で ➡ て 225-229

쏙쏙 어휘　新幹線 신칸센　安全 안전

211 てあげる
~해 드리다

접속 방법 「동사의 て형」 + あげる

① パーティーの後、中山さんは春子さんを家まで送ってあげました。
파티가 끝난 후, 나카야마 씨는 하루코 씨를 집까지 배웅해 주었습니다.

② 山田さんは林さんにいいアルバイトを紹介してあげたそうです。
야마다 씨는 하야시 씨에게 좋은 아르바이트를 소개해 주었다고 합니다.

③ 先生がとても忙しそうだったので、わたしたちは先生の食事を作ってさしあげました。
선생님이 굉장히 바빠 보이셔서 저희들은 선생님 식사를 만들어 드렸습니다.

④ きのう、林さんのおばあさまが大きい荷物を持っていらっしゃったので、持ってさしあげました。
어제 하야시 씨의 할머님이 큰 짐을 들고 계셔서 들어 드렸습니다.

⑤ わたしは毎日犬を散歩に連れていってやります。
저는 매일 강아지에게 산책을 시켜 줍니다.

⑥ A：林さんは、夜、お子さんたちに本を読んであげますか。
하야시 씨는 밤에 자녀들에게 책을 읽어 줍니까?

B：ええ、毎晩読んでやります。
네, 매일 밤 읽어 줍니다.

▶ 상대방을 위해 친절한 행위를 한 것을 나타내는 표현입니다. 친절한 행위를 하는 사람은「わたし(나)」, 또는 행위를 받을 사람보다 심리적으로「わたし(나)」에 가까운 사람을 가리킵니다.

◆ (×) メリーさんはわたしの妹に英語を教えてあげました。
  (○) 兄はメリーさんに折り紙を教えてあげました。
  형은 메리 씨에게 종이접기를 가르쳐 주었습니다.

▶ 자기의 행위를 「동사의 て형 + あげる」라고 말하면 자기의 친절한 마음을 강조하는 듯한 느낌으로 되어 버리는 경우가 있으므로, 일 때문에 생기는 당연한 행위에는 사용하지 않습니다.
  ◆ (×) 案内係：では、お部屋に案内してあげます。お荷物を持ってあげましょう。
     (×) 先生、わたしの両親の写真を見せてさしあげますよ。
▶ 동사에 따라서 조사의 사용법이 다르므로, 아래의 예문을 통해 잘 알아 두세요.
  ◆ 子どもを助けてあげます。
     아이를 도와 주겠습니다.
     森さんにかさを貸してあげます。
     모리 씨에게 우산을 빌려 드리겠습니다.
     花子さんの荷物を持ってあげます。
     하나코 씨의 짐을 들어 드리겠습니다.
     子どもに歌を歌ってあげます。
     아이에게 노래를 불러 주겠습니다.
▶ 「동사의 て형 + さしあげる」는 예문 ③, ④와 같이 행위를 받는 사람이 손윗사람인 경우에 사용하며, 「동사의 て형 + やる」는 예문 ⑤와 같이 동식물 등의 경우에 사용합니다. 또한 예문 ⑥처럼 자신의 가족에 대해서 가족 이외의 다른 사람에게 말할 때에도 사용할 수 있으니까, 잘 기억해 두세요.

참고 なくて

1회 2회 3회

쏙쏙 어휘 折り紙 종이접기   係 계, 담당, 관련   助ける 돕다, 구하다

212 てある

~되어 있다, ~해 두다

접속 방법 「동사의 て형」+ ある

① A：これ、見てください。わたしの部屋の写真です。
　　이거 보세요. 제 방 사진이에요.

　B：へえ。机の上に人形がたくさん
　　かざってありますね。あ、テレビの上にも
　　人形が置いてありますね。
　　와, 책상 위에 인형이 많이 장식되어 있네요. 어, 텔레비전 위에도 인형이 놓여 있네요.

② リンさんの持ち物には、みんなリンさんの名前が書いてあります。
　린 씨의 소지품에는 모두 린 씨의 이름이 쓰여져 있습니다.

③ 駅のかべに、いろいろなポスターがはってある。
　역 쪽에 있는 벽에 다양한 포스터가 붙어 있다.

④ A：お迎えに来ました。門の前にわたしの車を止めてありますから、すぐに出発できます。
　　모시러 왔습니다. 문 앞에 제 차를 세워 두었으니 바로 출발 할 수 있을 겁니다.

　B：それはどうもありがとうございます。
　　정말 감사해요.

⑤ A：旅行は来週ですよね。準備はもうしてありますか。
　　다음 주가 여행이지요. 준비는 벌써 다 하셨어요?

　B：ええ、3時の新幹線と駅前のホテルを予約してありますから、だいじょうぶです。
　　네, 3시에 출발하는 신칸센하고 호텔 예약해 두었으니까 괜찮아요.

⑥ わたしはもう夏休みの計画表を作ってあります。
　저는 이미 여름 방학 계획표를 만들어 두었습니다.

「동사의 て형(타동사) + ある」의 형태로, 사람이 뭔가 목적을 가지고 행한 행위의 결과가 남아 있다고 하는 상태를 나타내는 표현입니다. 예문 ①~③과 같이 눈으로 본 상태를 나타낼 때에는 「명사 + が + 동사의 て형 + ある」라는 형태를 사용하며, 예문 ④~⑥처럼 직접 눈으로 본 것이 아니라 준비가 완료된 상태를 말하고자 할 때에는 「명사 + を + 동사의 て형 + ある」의 형태로 쓰이는 경우가 많습니다. 또한 이 경우에는 사람이 주어가 되지만 생략되는 경우가 대부분이니까, 잘 알아 두세요.

1회 2회 3회

「자동사 + **ています**」 보이는 상태를 있는 그대로 묘사할 때 사용 예) ドアが開いています。 　　문이 열려 있습니다.	
「타동사 + **てあります**」 어떤 목적을 가지고 그런 행동을 했다고 말하고자 할 때 사용 예) ドアが開けてあります。 　　문을 열어 둡니다.	

◆ A：あ、ドアが少し開いていますね。寒くないですか。
　　어, 문이 조금 열려 있네요. 춥지 않아요?
　B：うちのねこが自由に出入りできるように、少し開けてあるんです。
　　우리 집 고양이가 마음대로 드나들 수 있도록 조금 열어 둔 거예요.

쏙쏙 어휘　かざる 장식하다　計画表 계획표　出入り 출입, 드나듦

233

213 であれ

~이든, ~라고 하더라도

접속 방법 「명사」 + であれ

① 命令されたことが何であれ、きちんと最後までやらなければならない。
명령 받은 일이 무엇이든 확실하게 끝까지 하지 않으면 안 된다.

② たとえ相手が大臣であれ、一市民であれ、自分の意見をはっきり言うべきだ。
비록 상대방이 장관이든 일개 시민이든 자신의 의견을 확실하게 말해야 한다.

③ どんな国であろうと、教育を重視しない国は発展しない。
어떤 나라던 간에 교육을 중시하지 않는 나라는 발전하지 않는다.

▶ 「~であれ」의 형태로 '~에 관계없이'라는 의미를 나타내며, 뒤에는 '사태는 같다'라는 의미의 문장이 옵니다. 말하는 사람의 주관적인 판단이나 추측을 나타내는 문장이 오는 경우가 많습니다.

▶ 예문 ②처럼 「명사1 + であれ、명사2 + であれ」의 형태도 있으며, 「たとえ~であれ・의문사 ~であれ」의 형태로 쓰이는 경우가 많습니다.

1회 2회 3회

쏙쏙 어휘 相手 상대방 重視する 중시하다

214 であれ～であれ ★1
~이든지 ~이든지

접속 방법 「명사」＋ であれ ＋「명사」＋ であれ

① 着るものであれ食べるものであれ、むだな買い物はやめたいものです。
　입을 것이든 먹을 것이든 쓸데없이 물건을 사는 일은 정말 그만두고 싶습니다.

② 物理学であれ化学であれ、この国は基礎研究が遅れている。
　물리학도 그렇고 화학도 그렇고, 이 나라는 기초연구가 뒤처져 있다.

③ 学校教育であれ家庭教育であれ、長い目で子どもの将来を考えた方がいい。
　학교 교육이든 가정 교육이든, 긴 안목으로 아이의 장래를 생각하는 것이 좋다.

④ 論文を書くのであれ、研究発表をするのであれ、十分なデータが必要だ。
　논문을 쓸 때도 그렇고 연구 발표를 할 때도 그렇고, 충분한 데이터가 필요하다.

▶ '～라도 ～라도'라는 뜻으로, 예를 몇 개 들어서 '그 전부에 다 들어맞는다'고 말하고자 할 때 사용하는 표현입니다.
▶ 비슷한 의미를 갖는「にしても～にしても・にしろ～にしろ・にせよ～にせよ」보다는 더 딱딱한 표현입니다.

참고 にしても～にしても・にしろ～にしろ・にせよ～にせよ

ていく ➡ てくる　251-259
ていただく ➡ てもらう　291

쏙쏙 어휘　物理学 물리학　化学 화학　長い目 긴 안목

215 ていない
~하지 않았다

접속 방법 「동사의 て형」 + いない

① どこの大学を受けるかまだ決めていません。
   어느 대학을 시험 볼 지 아직 정하지 않았습니다.

② A：もう4時になりましたか。
   벌써 4시에요?

   B：いいえ、まだなっていません。
   아니요. 아직 안 됐어요.

③ A：もう朝ご飯を食べた？
   벌써 아침 밥 먹었어?

   B：ううん、まだ食べてない。
   아니. 아직 안 먹었어.

▶ 당연히 그렇게 될 일이 아직 완료되지 않았다는 의미를 나타내는 표현으로, 완료되지 않은 결과가 그 후(현재)의 상태에 영향을 미치고 있는 경우에 사용합니다. 단순한 과거를 말하는 경우에는 과거형을 사용하면 됩니다.

◆ A：きのう、朝ご飯を食べましたか。
   어제 아침밥을 먹었습니까?

(×) B：いいえ、食べていません。

(○) B：いいえ、食べませんでした。
   아니요, 먹지 않습니다.

▶ 예문 ③처럼 허물없는 사이의 대화에서는 「동사의 て형 + いない」가 「동사의 て형 + ない」로 됩니다.

1회 2회 3회

쏙쏙 어휘   受ける 응하다, 치르다

216 ていらい

~한 이후, ~한 후 ★2

접속 방법 「동사의 て형 / する동사의 명사형」 + 以来

① 大学を卒業して以来、田中さんには1度も会っていません。
대학을 졸업한 이후, 다나카 씨와는 한 번도 만나지 않았습니다.

② 一人暮らしを始めて以来、ずっと外食が続いている。
혼자 살기 시작한 이후, 쭉 외식을 계속하고 있다.

③ あの画家の絵を見て以来、あの画家にすっかり夢中になっています。
그 화가의 그림을 본 이후, 그 화가에게 완전히 반했습니다.

④ 来日以来、父の友人のお宅にホームステイしています。
일본에 온 이후, 아버지 친구 집에서 홈스테이를 하고 있습니다.

▶ '어떤 행동을 한 후, 그 상태가 쭉 계속되고 있다'고 하는 의미를 나타내는 표현입니다.
▶ 「てからは」와 거의 같은 의미를 나타내며, 뒤에 오는 행동이 일회성인 경우에는 사용하지 않으니까 예문을 통해 잘 익혀 두세요.
◆ (×) 退院して以来、山に出かけました。
  (○) 退院して以来、家で静かに暮らしています。
  퇴원한 이후에, 집에서 조용히 지내고 있습니다.

참고 **てからは**

쏙쏙 어휘 一人暮らし 혼자 삶(독거)　夢中 열중함, 몰두함　ホームステイ 홈스테이

217 ている

~하고 있다 〈진행・계속〉

★5

접속 방법 「동사의 て형」+ いる

① 父は部屋で新聞を読んでいます。
   아버지는 방에서 신문을 읽고 있습니다.

② わたしが家に帰ってきたとき、子どもたちは庭で遊んでいました。
   내가 집에 돌아왔을 때, 아이들은 정원에서 놀고 있었습니다.

③ (テレビのニュース) 北海道では雪が降っています。
   (텔레비전 뉴스) 홋카이도에는 눈이 내리고 있습니다.

④ 冷たい風が吹いています。
   찬바람이 불고 있습니다.

⑤ わたし、ここで待ってるわ。
   나, 여기서 기다리고 있을게.

▶ 동작이나 사건이 진행 또는 계속 중인 것을 나타내는 표현으로, 동사는 계속 동사를 사용합니다. 예문 ③, ④처럼 자연현상을 나타낼 때도 사용할 수 있습니다.

▶ 허물없는 사이의 대화에서는 「ている」가 「てる」로 됩니다.

쏙쏙 어휘   ニュース 뉴스

218 ている ★5

~하고 있다 〈습관・반복・직업・신분〉

접속 방법　「동사의 て형」＋ いる

① わたしは毎年富士山に登っています。
저는 매년 후지산에 올라갑니다.

② この道ではよく交通事故が起きているから気をつけてください。
이 길에서는 교통사고가 자주 일어나니까 조심하세요.

③ 父は昨年から仕事で毎月1回中国へ行ってるんです。
아버지는 작년부터 일 때문에 매달 한 번씩 중국에 가십니다.

④ 山田さんはタイの大学で日本語を教えています。
야마다 씨는 태국에 있는 대학에서 일본어를 가르치고 있습니다.

⑤ 弟はドイツの大学でヨーロッパの歴史を勉強しています。
동생은 독일에 있는 대학에서 유럽의 역사를 공부하고 있습니다.

⑥ 林さんは貿易会社の社長をしている。
하야시 씨는 무역회사 사장이다.

▶ 습관이나 행위의 반복을 나타내는 표현으로, 예문 ②처럼 순간 동사(순간적인 동작・작용을 나타내는 동사)도 사용할 수 있으며, 예문 ④~⑥은 직업, 신분 등을 나타냅니다.
▶ 예문 ③처럼 허물없는 사이의 대화에서는「ている」가「てる」로 됩니다.

쏙쏙 어휘　毎年 매년, 매해　貿易会社 무역회사

219 ている ★4
~인 상태이다 〈변화의 결과가 남음〉

접속 방법 「동사의 て형」+ いる

① あ、この時計は止まっています。
   아, 이 시계 멈췄습니다.

② あ、かばんの口が開いていますよ。さいふが落ちますよ。
   아, 가방 열렸어요. 지갑이 떨어져요.

③ 遠山さんは今フィリピンに行っています。マニラにいます。
   도야마 씨는 지금 필리핀에 가 있습니다. 마닐라에 있습니다.

④ 田中さんは結婚しています。子どもが3人います。
   다나카 씨는 결혼을 했습니다. 아이가 3명 있습니다.

⑤ みちこさんは、白いスカートをはいて、白いぼうしをかぶっています。
   미치코 씨는 하얀 색 스커트를 입고 하얀 색 모자를 쓰고 있습니다.

⑥ A: あの、サングラスをかけている人はどなたですか。
   저기요, 선글라스를 끼고 있는 사람 누구예요?
   B: ああ、あの赤いシャツを着た人ね。あれはリーさんですよ。
   아~, 저 빨간 색 셔츠 입은 사람이요? 저 사람은 리 씨예요.

⑦ あ、電気がついてるよ。部屋にだれかいるんだね。
   아, 불이 켜져 있네. 방에 누군가 있단 말이네.

▶ 주체의 변화 된 결과가 남아있는 상태를 나타내며, 동사는 순간 동사(순간적인 동작을 나타내는 동사)를 사용합니다. 예문 ①, ②는 사람이 뭔가의 목적을 가지고 그렇게 했는지 자연스럽게 그렇게 되었는지에 관계없이, 단지 보이는 상황을 말하는 경우에 사용합니다. 예문 ③, ④는 행위 후의 상태가 그대로 계속되고 있는 것을 나타내며, 예문 ⑤, ⑥은 「입고 벗는 것을 나타내는 타동사의 て형 + いる」의 형태로 복장을 나타내는 표현입니다.

▶ 명사를 설명할 때는 예문 ⑥처럼 「ている + 명사」를 「た + 명사」로 바꿔서 사용할 수 있으나, 동작이 진행 중인 것을 나타내는 「ている」에서는 사용할 수 없습니다.

- ◆ めがねをかけている人 안경을 쓰고 있는 사람 〈상태〉
  = めがねをかけた人 안경을 쓴 사람 〈상태〉
  ピアノを弾いている人 피아노를 치고 있는 사람 〈상태〉
  ≠ ピアノを弾いた人 피아노를 친 사람 〈상태〉
- ▶ 허물없는 사이의 대화에서는 예문 ⑦과 같이 「ている」가 「てる」로 됩니다.

1회 2회 3회

220 ている ★4

~하다, ~인 상태이다 〈원래의 외견, 상태〉

접속 방법 「동사의 て형」 + いる

① 弟は父によく似ています。
남동생은 아버지하고 많이 닮았습니다.

② 500メートルぐらい行くと、この道は少し左に曲がっています。
500미터 정도 가면 이 길은 약간 왼쪽으로 굽어져 있습니다.

③ この道は海の方まで続いています。
이 길은 바다까지 이어져 있습니다.

원래의 형태, 성질 등을 나타내는 표현으로, 「優れている(뛰어나다)・面している(접해 있다)」 등의 예도 있습니다.

1회 2회 3회

쏙쏙 어휘 似る 닮다 曲がる 구부러지다, 돌다

221 ている ★2

~했다 〈경력・경험〉

접속 방법 「동사의 て형」＋ いる

① アポロ11号は1969年に月に着陸している。
아폴로 11호는 1969년에 달에 착륙했다.

② モーツァルトは12歳のときに、オペラを作曲している。
모차르트는 12살 때 오페라를 작곡했다.

③ ひろしは3歳のときこの病気（はしか）にかかっているからもうかかることはない。
히로시는 세 살때 이 병(홍역)에 결렸었기 때문에 이제 다시 걸리는 일은 없다.

역사적인 사항이나 경력・경험 등을 기록으로서 진술하는 표현입니다.

1회 2회 3회

ているところだ ➡ ところだ 335

쏙쏙 어휘 アポロ 아폴로   着陸 착륙   オペラ 오페라

222 ておく

~해 두다

| 접속 방법 | 「동사의 て형」+ おく |

① A：山田君、コピー用紙がないから、買っておいてください。
   야마다 군, 복사 용지가 없으니까 좀 사다 두세요.

   B：はい、わかりました。
   네, 알겠습니다.

② 引っ越しは9月の初めだから、夏休みに国へ帰る前に準備をしておこうと思います。
   이사는 9월 초니까 여름방학에 고국에 돌아가기 전에 준비해 두려고 합니다.

③ A：窓を閉めましょうか。
   창문 닫을까요?

   B：いえ、開けておいてください。
   아니요, 열어 두세요.

④ A：この箱、どうしましょうか。
   이 상자 어떻게 할까요?

   B：ちょっとそこに置いといてください。後でかたづけますから。
   잠깐 거기에 두세요. 나중에 정리할 테니까.

▶ '무언가의 목적을 위해, 그 준비의 일환으로서 어떤 행위를 한다'고 하는 의미를 나타내며, 의지 동사에 접속합니다. 또한, 예문 ③, ④처럼 일시적인 조치를 나타내는 표현도 있습니다.
▶ 예문 ④처럼 회화체에서는 「ておく→とく」가 됩니다.

참고 ないでおく

쏙쏙 어휘 箱 상자   後で 나중에

223 てから

~해서, ~한지, ~하고 부터 〈동작의 순서〉

접속 방법　「동사의 て형」+ から

① この仕事をぜんぶやってからビールを飲みます。
　　이 일을 전부 하고 나서 맥주를 마실 겁니다.

② 新しい家を買うときは、よく調べてから買いましょう。
　　새 집을 살 때는 잘 알아보고 나서 사도록 합시다.

③ 先にお金を払ってから、3番の窓口に行ってください。
　　먼저 돈을 지불하고 나서 3번 창구로 가시기 바랍니다.

④ バスが止まってから席を立ってください。
　　버스가 멈추고 난 다음에 자리에서 일어나세요.

⑤ みんなが帰ってから、そうじをしよう。
　　사람들이 모두 집에 돌아간 다음에 청소하자.

▶ 「てから…」의 형태로,「て」의 행위를 먼저 하거나 또는 반드시 한다고 하는 것을 강조하는 표현입니다. 전후 관계가 명확하게 정해져 있는 것에 대해서는 사용하지 않으니까, 아래 예문을 통해 잘 알아 두세요.
　◆ (×) ドアを開けてから、外に出た。
　　(○) ドアを開けて、外に出た。
　　　문을 열고 밖으로 나갔다.
▶ 뒤에는 상태를 나타내는 문장이 아닌 동작을 나타내는 동사가 옵니다.
　◆ (×) みんな帰ってから、ごみがいっぱいだった。
▶ 하나의 문장 속에서「てから」를 두 번 이상 사용할 수 없으니까, 주의하세요.

쏙쏙 어휘　窓口 창구　ごみ 쓰레기

224 てから ★4
~하고 나서 〈기점〉

접속 방법 「동사의 て형」 + から

① わたしが日本に来てから、もう4年たちました。
제가 일본에 온 지 벌써 4년이 지났습니다.

② 林さんがこの会社に入ってきてから、会社の中が明るくなりました。
하야시 씨가 이 회사에 들어온 다음부터 회사 분위기가 밝아졌습니다.

③ たばこをやめてから、体重が急に増えた。
담배를 끊은 다음부터 몸무게가 갑자기 늘었다.

④ 赤ちゃんが生まれてから、わたしは毎日とても忙しいです。
아기가 태어난 다음부터 저는 날마다 굉장히 바쁩니다.

「てから…」의 형태로, 「て」는 어떤 변화나 계속적인 일의 기점을 나타냅니다. 뒤에는 사태의 변화, 또는 계속되고 있는 상태를 나타내는 문장이 오니까, 잘 알아 두세요.

1회 2회 3회

쏙쏙 어휘 赤ちゃん 아기   生まれる 태어나다

225 てからでないと ★3
~하지 않으면, ~가 되지 않으면

접속 방법 「동사의 て형」+ からでないと

① 野菜を生で食べるなら、よく洗ってからでないと、農薬が心配だ。
채소를 그냥 그대로 먹으려면 잘 씻고 먹어야지, 그렇지 않으면 농약이 걱정된다.

② 木村教授には前もって電話してからでないと、お会いできないかもしれません。
기무라 교수님은 미리 전화하지 않으면 못 만나 뵐 지도 모릅니다.

③ そのことについては、よく調査してからでなければ、責任ある説明はできない。
그 일에 대해서는 잘 조사해보기 전에는 책임 있는 설명은 할 수 없다.

④ 田中さんは出張中だから、来週からでないと出社しません。
다나카 씨는 출장 중이라서 다음 주부터 출근합니다.

▶ '어떤 일을 한 후가 아니면 안 되기 때문에, 우선 그렇게 하는 것이 필요하다'라고 하는 의미를 나타내며, 그 뒤에는 곤란이나 불가능의 의미를 가진 문장이 옵니다.
▶ 보통은 동사의 て형에 이어지지만, 예문 ④처럼 시간을 나타내는 말에 직접 붙는 경우도 있으니까, 잘 알아 두세요.
▶ 예문 ③의「てからでなければ」도 의미와 용법은 같으니까, 함께 기억해 두세요.

1회 2회 3회

てからでなければ ➡ てからでないと 246

쏙쏙 어휘 農薬 농약 前もって 미리, 사전에 出社 출근

226 てからというもの(は)

~하고 부터는

접속 방법 「동사의 て형」+ からというもの

① たばこを止め**てからというもの**、食欲が出て体の調子がとてもいい。
담배를 끊고나서 부터는 식욕이 왕성해져서 몸 상태가 매우 좋다.

② あの本を読ん**でからというものは**、どう生きるべきかについて考えない日はない。
그 책을 읽고 부터는 어떻게 살아가야 하는지에 대해 생각을 하지 않는 날이 없다.

③ 円高の問題は深刻だ。今年になっ**てからというもの**、円高傾向は進む一方だ。
엔고 문제는 심각하다. 올해 들어서는 엔고 현상이 더 심해지고 있다.

▶ '그 행위나 사건이 뒤에 일어나는 상태의 계기가 되어서'라는 의미를 나타내며, 이후의 변화에 대해서는 말하는 사람의 심정적을 말할 때 사용하는 표현입니다.
▶ 「てからは」와 의미・용법이 대체적으로 비슷하지만, 「というもの」가 있기 때문에 좀 더 강조하는 의미로 사용합니다.

참고 **てからは**

□ □ □
1회 2회 3회

쏙쏙 어휘 円高 엔고 一方 오로지 ~뿐임, 주로 한 방향으로만 치우쳐 있음

227 てからは ★3
~하고 부터는

접속 방법 「동사의 て형」+ からは

① 先月、禁煙してからは、1度もたばこを吸っていません。
지난달에 담배 끊고 나서는 한 번도 담배를 안 피웠습니다.

② 2年前に社会人になってからは、ひまな時間はほとんどありません。
2년 전에 사회인이 된 다음부터 한가한 시간은 거의 없습니다.

③ 毎日飲んでいた薬を止めてからは、かえって食欲も出て元気に過ごしています。
매일 먹던 약을 끊고 부터는 오히려 식욕이 생겨서 건강하게 지내고 있습니다.

④ 就職してからは、旅行に行くチャンスがありません。
취직하고 나서는 여행 갈 기회가 없습니다.

▶ '어떤 행동이 일어난 후, 어떤 상태가 쭉 계속되고 있다'고 말하고자 할 때 사용합니다.
▶ 「ていらい」와 거의 비슷한 의미를 나타냅니다.
▶ 「てから」와 달리 딱 한 번만 일어나거나 지속성이 없는 사안에 대해서는 사용할 수 없으니까, 주의하세요.
　◆ (×) 就職してからは、外国旅行に行きました。
　　 (○) 就職してから、外国旅行に行きました。
　　　　취직하고 나서 해외여행을 갔었습니다.

참고 ていらい・てから〈기점〉

できる ➡ ことができる 104

쏙쏙 어휘 禁煙 금연　外国旅行 해외여행, 국외여행

228 てください
~해 주세요, ~해 주십시오

접속 방법 「동사의 て형 / 동사의 ない형 + ないて(で)」 + ください

① あのう、もう少しゆっくり言ってください。
저기, 조금만 더 천천히 말해 주세요.

② 疲れたでしょう。ここでどうぞゆっくり休んでください。
피곤하죠? 자, 여기서 푹 쉬세요.

③ ここに名前を書いて、事務所に出してください。
여기에 이름을 써서, 사무소에 내 주세요.

④ (教室で) キムさん、15ページを読んでください。
(교실에서) 김 씨, 15페이지 읽으세요.

⑤ (立て札) ここにごみを捨てないでください。
(팻말) 여기에 쓰레기를 버리지 마세요.

⑥ すみません、そこに荷物を置かないでください。
죄송한데요, 거기에 짐을 놓지 말아 주세요.

⑦ (カラオケで) ぼくは歌がへただけど、笑わないでくださいね。
(노래방에서) 저는 노래를 잘 못하니까, 웃지 마세요.

⑧ ご用のない方は、ここに車を止めないでください。
용건이 없으신 분은 이곳에 주차하지 마시기 바랍니다.

▶ 예문 ① ~ ④는 사람에게 의뢰, 권유하거나, 가볍게 지시하는 표현입니다.
▶ 예문 ⑤ ~ ⑧은 금지하거나, 사람에게 뭔가를 하지 않도록 부탁하는 표현으로 쓰였습니다.

쏙쏙 어휘 立て札 팻말   カラオケ 가라오케

229 てくださいませんか ★5
~해 주시지 않겠습니까

접속 방법 「동사의 て형 / 동사의 ない형 + ないて(で)」+ くださいませんか

① 上田さん、ちょっとこの文をチェックしてくださいませんか。
우에다 씨, 이 문장 좀 체크 해 주시지 않겠습니까?

② ちょっとテレビの音を小さくしてくださいませんか。
텔레비전 소리를 조금만 작게 해 주시지 않겠습니까?

③ すみません、課長に会議の予定を伝えてくださいませんか。
죄송한데요, 과장님께 회의 스케줄을 전해 주시지 않겠습니까?

④ 出入り口ですから、ここに自転車を置かないでくださいませんか。
출입구니까 여기에 자전거를 두지 마시기 바랍니다.

「てください」보다 정중한 의뢰나 지시를 나타낼 때 사용하는 표현입니다.

1회 2회 3회

てくださる ➡ てくれる 260

쏙쏙 어휘 課長 과장(님)　出入り口 출입구, 출입문

230 てくる

~하고 오다 〈갔다가 돌아오다〉

접속 방법 「동사의 て형」+ くる

① えっ、もうお茶の時間ですか。じゃ、ちょっと手を洗ってきます。
어, 벌써 쉬는 시간이에요? 그럼, 잠깐 손 좀 씻고 올게요.

② もう12時ですね。じゃあ、わたしはお弁当を持っていないので、あそこの食堂で食べてきます。
벌써 12시네요. 그럼 저는 도시락을 안 가지고 왔으니까, 저 식당에서 먹고 올게요.

③ あっ、コーヒー豆がない。ちょっと待っていてください。すぐ近くの店で買ってきますから。
어, 커피 원두가 없네. 잠깐만 기다리세요. 바로 앞에 있는 가게에서 사 올 테니까요.

작은 목적을 위해 일시적으로 그 상황을 벗어나는 것을 나타내는데, 이 용법에는 「동사의 て형 + いく」의 형태는 없으니까, 주의하세요.

1회 2회 3회

쏙쏙 어휘 手を洗う 손을 씻다   コーヒー豆 커피 원두

231 てくる

~해 지다, ~해 가다 〈순차〉

접속 방법 「동사의 て형」 + くる / 「동사의 て형」 + いく

① 森さん、あした、ここへ来るとき駅で地図をもらってきてください。
모리 씨, 내일 여기 올 때 역에서 지도를 받아오세요.

② (会社で) あしたは市役所に寄ってきますから、1時間ぐらい遅くなります。
내일은 시청에 들렀다 올 테니까, 1시간 정도 늦을 거예요.

③ 中国へ行く前に中国語を勉強していきます。
중국에 가기 전에 중국어를 공부해 갑니다.

④ 病院へ行く途中で、お見舞いの品物を買っていきましょう。
병원에 가는 길에 병문안에 가지고 갈 물건을 사 갑시다.

어떤 지점에서 뭔가를 하고, 그리고 나서 이동하는 것을 나타낼 때 사용하는 표현입니다.

1회 2회 3회

쏙쏙 어휘 地図 지도 途中 도중

232 てくる ★4

~해지다, ~하게 되다 〈변화〉

접속 방법 「동사의 て형」 + くる / 「동사의 て형」 + いく

① 日本語の授業はだんだん難しくなってきました。
일본어 수업은 점점 어려워지기 시작했습니다.

② 寒くなって風邪をひく人が増えてきた。
추워져서 감기에 걸리는 사람이 많아졌다.

③ 日本の生活にだいぶ慣れてきました。 일본 생활에 많이 익숙해졌습니다.

④ (天気予報) 今夜から風と雨がだんだん強くなっていくでしょう。
(일기예보) 오늘 밤부터 비와 바람이 점점 강해질 것으로 예상됩니다.

⑤ 日本では子どもの数がだんだん減っていくだろうと言われています。
일본은 앞으로 아이들의 숫자가 점점 줄어들 거라고 합니다.

⑥ 新しい駅ができたので、この町の人々の生活は少しずつ変わっていくだろう。 새로운 역이 생겼기 때문에 이 마을 사람들의 생활은 앞으로 조금씩 변해갈 것이다.

▶ 「동사의 て형 + くる」는 과거부터 현재(말하는 사람이 보고 있는 시점)까지 계속 변하고 있는 것을 나타내며, 「동사의 て형 + いく」는 현재(말하는 사람이 보고 있는 시점)에서부터 미래를 향해서 계속 변해가는 것을 나타냅니다.

▶ 주로 변화를 나타내는 동사와 함께 사용합니다.

쏙쏙 어휘 風邪をひく 감기에 걸리다   慣れる 숙달되다   だんだん 점점

233 てくる

~해 오다 〈계속〉

접속 방법 「동사의 て형」＋ くる/「동사의 て형」＋ いく

① 森さんは若いころからずっと、カメラの仕事をしてきました。
모리 씨는 젊었을 때부터 계속 카메라와 관련된 일을 해 왔습니다.

② 今まで都会で生活してきました。これからはいなかで暮らします。
지금까지 도시에서 살아 왔습니다. 앞으로는 시골에서 살 겁니다.

③ これからもこの仕事を続けていくつもりです。
앞으로도 이 일을 계속해 갈 생각입니다.

④ 今日まで一人でがんばってきました。これからはあなたといっしょになかよくやっていきましょう。
오늘날까지 혼자서 열심히 해 왔습니다. 앞으로는 당신과 함께 사이좋게 해 나갑시다.

▶ 시간적인 계속을 나타내는 표현입니다.
▶ 「동사의 て형 + きた」는 과거부터 현재까지 계속되고 있는 것,「동사의 て형 + いく」는 현재부터 미래로 계속될 것을 나타냅니다. 말하는 사람의 시점은 현재 또는 어떤 일정한 시기에 있으며,「今まで(지금까지)・これから(이제부터)」 등의 표현과 함께 자주 사용됩니다.

1회 2회 3회

쏙쏙 어휘　都会 도시　なかよく 사이좋게

234 てくる

~한 상태로 오다 〈이동의 상태〉

접속 방법 「동사의 て형」 + くる / 「동사의 て형」 + いく

① 飛行機の中で眠ってきました。
비행기 안에서 자고 왔습니다.

② あしたは、お弁当を持ってきてください。
내일은 도시락을 가지고 오세요.

③ 荷物が多いから、タクシーに乗っていきましょう。
짐이 많으니까 택시를 타고 갑시다.

④ 日曜日に弟を動物園へ連れていきました。
일요일에 남동생을 동물원에 데리고 갔습니다.

이동하는 수단이나 상황 등에서 이동할 때에 같이 병행해서 행동하는 것을 나타낼 때 사용하는 표현입니다.

1회 2회 3회

쏙쏙 어휘 眠る 자다, 잠들다   連れる 데리고 가(오)다, 동반하다

235 てくる ★4

~해 오다 〈방향성〉

접속 방법　「동사의 て형」+ くる /「동사의 て형」+ いく

① ほら、マリがこちらの方へ走ってきますよ。
여기 보세요. 마리가 이 쪽을 향해 뛰어 오고 있어요.

② この川は富士山からこの町へ流れてくるのです。
이 강은 후지산으로부터 이 마을로 흘러 들어온 것입니다.

③ 美しい女の人がとなりの部屋に引っ越してきました。
아름다운 여인이 옆 방으로 이사 왔습니다.

④ ジムが話し始めると、みんながジムのところへ集まってきました。
짐이 이야기를 시작하자 모두 짐 쪽으로 모여 들기 시작했습니다.

⑤ 秋になると、夏の鳥は南の国へ飛んでいきます。
가을이 되면 여름 새는 남쪽 나라로 날아갑니다.

⑥ わたしが大きな声を出したので、犬は驚いて逃げていきました。
내가 큰 소리를 질렀기 때문에 강아지는 놀라 도망갔습니다.

▶ 이동 동사나 이동의 의미를 갖는 동사에 방향성을 주어, 말하는 사람이나 화제로 하고 있는 사람에 대한 접근, 멀어짐을 나타냅니다.

▶ 이동 동사에는 「歩く(걷다)・走る(달리다)・通る(지나가다)・飛ぶ(날다)・流れる(흐르다)」 등이 있습니다. 단독으로서는 방향성이 없기 때문에, 방향을 나타내고 싶을 경우에는 「동사의 て형 + くる・동사의 て형 + いく」의 형태로 사용하면 됩니다.

1회　2회　3회

쏙쏙 어휘　동사의 ます형 + 始める ~하기 시작하다　集まる 모이다　逃げる 도망치다, 달아나다

236 てくる ★3

~한다 〈말하는 사람으로의 접근과 이동〉

접속 방법 「동사의 て형」 + くる / 「동사의 て형」 + いく

① 授業が終わって、学生たちが教室から出てきます。
수업이 끝나고, 학생들이 교실에서 나옵니다.

② 授業が始まって、学生たちが教室に入っていきます。
수업이 시작되고, 학생들이 교실로 들어갑니다.

③ 授業が始まって、学生たちが教室に入ってきます。
수업이 시작되고, 학생들이 교실로 들어옵니다.

④ 授業が終わって、学生たちが教室から出ていきます。
수업이 끝나고, 학생들이 교실에서 나갑니다.

⑤ (電車の中で) 電車が駅に着くと、遠足に行く子どもたちがおおぜい乗ってきました。
(전철 안에서) 전철이 역에 도착하자 소풍 가는 아이들이 많이 탔습니다.

▶ 이동의 의미로 짝을 이루는 동사에 접속해서, 말하는 사람에 대한 접근과 멀어짐을 나타냅니다.

▶ 말하는 사람의 시점이 놓인 위치에 따라서「ていく・てくる」가 바뀌게 됩니다. 말하는 사람은 예문 ①, ②에서는 교실 밖에 있고, 예문 ③, ④에서는 교실 안에 있습니다. 이동의 의미로 짝을 이루는 동사란, 「入る(들어가다)・出る(나오다)・上がる(오르다)・下りる(내리다), のぼる(올라가다)・くだる(내려가다)・乗る(타다)・降りる(내리다)」 등을 가리킵니다.

쏙쏙 어휘   遠足 소풍

237 てくる

~해 온다 〈말하는 사람으로의 접근〉

접속 방법 「동사의 て형」+ くる

① となりの部屋から何かいいにおいがしてきます。
옆 방에서 뭔가 좋은 냄새가 납니다.

② 小学校が近いので、いつも子どもたちの元気な声が聞こえてきます。
초등학교가 집 가까이에 있어서 언제나 아이들의 활기찬 목소리가 들려옵니다.

③ 九州にいる妹がみかんを送ってきた。
규슈에 있는 여동생이 귤을 보내 왔다.

④ 今日もユキのところにイタリアから電話がかかってきました。
오늘도 유키에게 이탈리아로부터 전화가 걸려 왔습니다.

▶ 물건이나 감각(냄새・목소리 등)이 말하는 사람에게 영향을 끼치는 것을 나타냅니다.
▶ 이 용법에는 「동사의 て형 + いく」의 형태는 존재하지 않으니까, 주의하세요.

쏙쏙 어휘   いいにおいがする 좋은 냄새가 나다   みかん 귤

238 てくる ★3

~하기 시작하다 〈변화가 나타남〉

접속 방법 「동사의 て형」+ くる

① あ、またおなかが痛くなってきた。
아, 배가 또 아프기 시작했다.

② あーあ、眠くなってきた。
아~아, 졸려.

③ 寒いと思ったら、ほら、雪が降ってきましたよ。
춥다 했더니, 보세요, 눈이 내리기 시작했어요.

▶ 변화의 출현, 시작을 나타낼 때 사용합니다.
▶ 말하는 사람의 의지와는 관계없이, 자연발생적으로 일어나는 것에 사용하며, 심리적·감각적인 현상에 대한 느낌이 있는 경우가 많습니다. 이 용법에는 「동사의 て형 + いく」의 형태는 없으니까, 주의하세요.

1회 2회 3회

쏙쏙 어휘   おなかが痛い 배가 아프다   ほら 이봐, 자 (상대방의 주의를 끌려고 할 때에 내는 소리)

239 てくれる ★4

~해 주다

접속 방법 「동사의 て형」 + くれる

① よう子さんはとても親切で、わたしが困っているといつも助けてくれます。
요코 씨는 매우 친절해서 제가 곤경에 빠지면 언제나 도와 줍니다.

② 町田さんはクラス会の時間が変わったことを、わたしたちに知らせてくれませんでした。
마치다 씨는 반창회 시간이 바뀐 것을 저희에게 알려주지 않았습니다.

③ 中川さんはわたしの壊れたパソコンを直してくれました。
나카가와 씨는 고장난 제 컴퓨터를 고쳐 주었습니다.

④ 今日わたしは学校を休んだ。午後リーさんがお見舞いに来てくれた。
오늘 나는 학교에 못 갔다. 오후에 이 씨가 문병을 와 주었다.

⑤ 山田先生はわたしの話をよく聞いてくださいました。そして静かな声でいろいろなことを話してくださいました。
야마다 선생님은 제 이야기를 잘 들어 주셨습니다. 그리고 조용한 목소리로 여러 가지 이야기를 해 주셨습니다.

▶ 「わたし(나)」 또는 심리적으로 「わたし」와 가까운 사람에게 다른 사람이 해준 일을 기쁘거나 감사하게 느꼈을 때 사용하는 표현으로, 고맙지 않다고 느꼈을 때는 수동문으로 나타냅니다.

▶ 행위의 방향을 나타내고 싶을 때에도 이 표현법을 사용하니까, 예문을 통해 잘 알아 두세요.

◆ カンさんが写真を見せました。강 씨가 사진을 보여 주었습니다. 〈누구에게 보여 줬는지 모름〉
カンさんが写真を見せてくれました。강 씨가 사진을 보여 주었습니다. 〈나에게 사진을 보여 줌〉

▶ 조사 사용법(わたしを / わたしに~を / わたしの~を)에 주의해야 합니다.

▶ 「동사의 て형 + くださる」는 예문 ⑤처럼 행위를 하는 사람이 손윗사람일 경우에 사용합니다.

참고 くれる

같은 사건을 나타내는 데에도 말하는 사람이 감사하다고 느낀 경우에는 「동사의 て형 + くれる」를, 그렇지 않은 경우(고맙지 않음) 에는 수동형을 사용해야 합니다.

- カンさんが窓を閉めました。〈말하는 사람의 감정이 포함되지 않은 사실만 말한 문장〉
  강 씨가 창문을 닫았습니다.
- カンさんが窓を閉めてくれました。〈고맙다고 느낀 경우〉
  강 씨가 창문을 닫아 주었습니다.
- カンさんに窓を閉められました。〈고맙지 않은 경우〉
  강 씨가 창문을 닫았습니다.

1회 2회 3회

쏙쏙 어휘   クラス会 학급회   知らせる 알리다, 통지하다

240 てこそ ★2

~해야 비로소

접속 방법 「동사의 て형」 + こそ

① 試合に勝ってこそ、プロのスポーツ選手と言える。
시합에 이겨야만 비로소 프로 스포츠 선수라고 말할 수 있다.

② スポーツでもゲームでも自分でやってこそ、そのおもしろさがわかる。
스포츠도 그렇고 게임도 그렇고, 자기가 해 봐야 비로소 그 재미를 알 수 있다.

③ 野の花は自然の中にあってこそ、美しい。
들꽃은 자연 속에 있을 때 비로소 아름답다.

「~てこそ、…」의 형태로, '~하고 나서야 처음으로 뭔가를 안다, 뭔가가 될 수 있다'고 말하고자 할 때 사용합니다. '~하지 않으면, ~할 때까지는 모른다'라고 하는 의미가 되며, 「…」에는 플러스적인 의미의 말이나 가능의 말을 자주 사용합니다.

1회 2회 3회

でさえ ➡ さえ 126
てさしあげる ➡ てあげる 230

쏙쏙 어휘   おもしろさ 재미   野 들, 들판   自然 자연

241 てしかたがない ★3

~해서 견딜 수가 없다

접속 방법 「동사의 て형 / い형용사의 어간 + くて / な형용사의 어간 + で」+ しかたがない

① いよいよあした帰国できるかと思うと、うれしくてしかたがありません。
드디어 내일 귀국할 수 있다고 생각하니, 기뻐서 어쩔 줄을 모르겠습니다.

② 毎日会社に行って、人に会うのがいやでしかたがない。
매일 회사에 가서 사람들을 만나는 게 너무나도 싫습니다.

③ 朝から寒気がしてしかたがない。熱が出るのかもしれない。
아침부터 오한이 나서 견딜 수가 없다. 열이 날 지도 모른다.

④ 体の調子が悪いときは、周りの人たちがうるさく思えてしかたがない。
몸 상태가 나쁠 때는 주변 사람들이 시끄럽게 느껴져서 견딜 수가 없다.

▶ 어떤 감정이나 몸의 감각이 솟구쳐서 '그 상태가 너무 강해서 억제할 수 없다'고 할 때에 사용합니다.
▶ 말하는 사람의 감정, 몸의 감각, 욕구 등을 나타내는 표현법이기 때문에, 3인칭에 사용할 때는 문말에 「ようだ・らしい・のだ」를 붙여야 합니다.
▶ 예문 ④처럼 「思える(생각되다)・泣ける(눈물나다)」 등의 자발 동사와 함께 사용할 수 있습니다.
▶ 「~てしょうがない」는 회화체 표현입니다.

참고 てしょうがない

□ □ □
1회 2회 3회

でしかたがない ➡ てしかたがない 263

쏙쏙 어휘 いよいよ 드디어   寒気がする 오한이 나다   周り 주변, 주위

242 てしまう ★4

~해 버리다, ~을 끝내다 〈완료〉

접속 방법 「동사의 て형」+ しまう

① A : あの本、読み終わりましたか。 그 책, 다 읽었어요?
   B : ええ、もうぜんぶ読んでしまいましたから、どうぞ。
   네, 이제 다 읽었으니까 보세요.

② そうじやせんたくなどの家事は、いつも土曜日にやってしまいます。そして、土曜日の夜や日曜日はゆっくりします。
   청소나 빨래 등 집안 일은 언제나 토요일에 다 해 버립니다. 그리고 토요일 밤과 일요일에는 푹 쉽니다.

③ A : ミーティング、始まるんですか。 미팅, 지금 시작해요?
   B : いえ、始まるのは7時ですから、先に食事をしてしまってください。
   아니요, 7시에 시작하니까 그 전에 식사를 끝내 주세요.

④ この仕事はもっと時間がかかると思いましたが、30分でできてしまいました。 이 일은 시간이 더 걸릴 거라고 생각했는데 30분만에 다 끝냈습니다.

⑤ A : そろそろ出かけようか。 슬슬 나갈까?
   B : このお皿、洗っちゃうから、ちょっと待って。
   이 접시, 지금 설거지 할 테니까 잠깐만 기다려.

▶ '전부・완전히・빨리 ~을 끝내(냈)다'라는 것을 심리적으로 강조하고자 할 때 사용하는 표현으로, 강조할 필요가 없을 때에 사용하면 부자연스러워지므로 주의해서 사용해야 합니다.
  ◆ (×) もう東西大学に合格してしまいました。
    (○) 東西大学に合格しました。 도자이 대학에 합격했습니다.
  ◆ [설명을 들은 후에] (×) もうわかってしまいました。 (○) わかりました。 알겠습니다.
▶ 예문 ③처럼 미래의 일에도 사용할 수 있으며, ④처럼 말하는 사람의 의외의 기분을 나타낼 때에도 사용합니다.
▶ 회화체에서는 예문 ⑤처럼「てしまう → ちゃう」의 형태로 쓰입니다.

243 てしまう ★4

~하게 되다 〈유감〉

접속 방법 「동사의 て형」+ しまう

① A : けさは遅かったですね。오늘 아침에는 지각했네요.
   B : すみません、いつものバスに遅れてしまったんです。
   죄송해요, 항상 타던 버스를 놓쳐 버렸거든요.

② 買ったばかりの時計が壊れてしまった。
   산 지 얼마 안 된 시계가 고장나 버렸다.

③ 銀行のカードをなくしてしまって、困っています。
   은행 카드를 잃어 버려서 골치 아픕니다.

④ ライトをつけないで自転車に乗っていたので、警官に注意されてしまいました。
   라이트를 안 켜고 자전거를 탔기 때문에 경찰에게 주의를 받고 말았습니다.

⑤ かぎをそんなところに置いておくと、また忘れちゃうよ。かばんの中に入れなさい。
   열쇠를 그런 곳에 두면 또 잊어버려. 가방 속에 넣어 두렴.

⑥ 今日もまた、お酒を飲んじゃった。今週は飲み過ぎた。
   오늘도 또 술을 마셨다. 이번 주에는 너무 많이 마셨다.

- 말하는 사람(話者)의 '실패했다・유감이다・난처하다' 등의 기분을 나타낼 때 사용하는 표현입니다.
- 예문 ⑤처럼 앞으로 일어날 일에 대해서도 사용할 수 있습니다.
- 회화체에서는 예문 ⑤처럼「てしまう → ちゃう」의 형태로 쓰입니다.

1회 2회 3회

쏙쏙 어휘 동사의 た형 + ばかり ~한 지 얼마 안 되는   警官 경찰관

244 でしょう ★5

어때요, ~이지요 〈동의를 구함, 확인〉

접속 방법 「보통형 (な형용사의 어간 / 명사)」 + でしょう

① A：このセーター、わたしが編んだんです。いい色でしょう。
이 스웨터 제가 짠 거예요. 색깔 예쁘죠?

B：ほんとうにきれいですね。 정말 예쁘네요.

② A：これ、いいだろう。きのう買ったんだ。
이거 좋지? 어제 산 거야.

B：うん、いいバイクだね。ぼくにも貸してよ。
응, 오토바이 좋네. 나한테도 빌려 줘.

③ A：ただいま。 다녀 왔어.

B：おかえりなさい。外は寒かったでしょう。 잘 다녀 왔어요? 밖에 추웠죠?

④ 子ども：お父さん、はさみはどこ？ 아빠, 가위 어딨어?

父　：ほら、机の上にちゃんとあるだろう。 거 봐, 책상 위에 제대로 있잖아.

⑤ A：あした、お茶の会があるでしょう。あなたは出席しますか。
내일, 다과회 있잖아요. 가실 거에요?

B：ええ、行きます。いっしょに行きましょうよ。 네, 갈 거예요. 같이 가요.

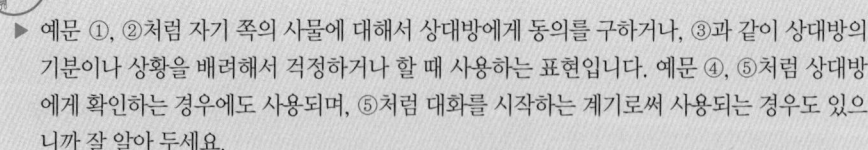

▶ 예문 ①, ②처럼 자기 쪽의 사물에 대해서 상대방에게 동의를 구하거나, ③과 같이 상대방의 기분이나 상황을 배려해서 걱정하거나 할 때 사용하는 표현입니다. 예문 ④, ⑤처럼 상대방에게 확인하는 경우에도 사용되며, ⑤처럼 대화를 시작하는 계기로써 사용되는 경우도 있으니까 잘 알아 두세요.

▶ 「だろう」는 주로 남성이 친한 상대에게 말할 때 사용한다.

쏙쏙 어휘　編む 뜨다, 엮다　お茶の会 다과회

でしょう ➡ だろう 206-207

245 てしょうがない ★3

어쩌면 좋을지 모르겠다, ~해서 죽겠다

접속 방법 「동사의 て형 / い형용사의 어간 + くて / な형용사의 어간 + で」+ しょうがない

① 小さいノートパソコンを使い始めたためか、このごろ目が疲れてしょうがない。 새 노트북을 쓰기 시작한 때문인지 요즘 눈이 피곤해 죽겠다.

② 姉からの手紙によると母が病気だそうだ。母の苦労を思うと、泣けてしょうがない。
누나한테 온 편지에 의하면 엄마가 아프다고 한다. 엄마가 한 고생을 생각하면 너무나도 눈물이 난다.

③ 彼がどうして突然サッカー部をやめたのか、わたしは気になってしょうがない。 난 그 사람이 왜 갑자기 축구부를 그만뒀는지 궁금해 미치겠다.

④ 朝寝坊をしたために入学試験に間に合わなかった。残念でしょうがない。 늦잠을 자는 바람에 입학 시험 (시간)에 지각했다. 안타까워 미치겠다.

▶ 어떤 감정이나 몸의 감각 등 '그 상태가 너무 강렬해서 억제할 수 없다'고 말할 때 사용하는 표현입니다.
▶ 말하는 사람의 감정, 몸의 감각, 욕구 등을 나타내는 표현이므로, 3인칭에 사용할 때는 문말에 「ようだ・らしい・のだ」를 붙여야 합니다.
▶ 예문 ②처럼 「思える・泣ける」등의 자발 동사와 함께 사용할 수 있습니다.
▶ 「てしかたがない」는 친밀한 관계에서 사용하는 회화체 표현입니다.

참고 てしかたがない

ですら ➡ すら 〈강조〉 156

쏙쏙 어휘   苦労 고생, 수고   突然 돌연, 갑자기   朝寝坊をする 늦잠을 자다

246 てたまらない ★3

~해서 견딜 수가 없다, ~해서 죽겠다

접속 방법 「동사의 て형 / い형용사의 어간 + くて / な형용사의 어간 + で」+ たまらない

① 風邪薬を飲んだから、眠くてたまらない。
감기약을 먹었더니 졸려서 죽겠다.

② 試験のことが心配でたまらず、夜もよく眠れない。
시험이 너무 걱정 돼서 밤에도 잠을 잘 못 잔다.

③ 若いころは親元を離れたくてたまらなかったが、今は親のことがとても懐かしい。
젊었을 때는 부모님 슬하에서 너무나도 벗어나고 싶었는데, 지금은 부모님이 너무나도 그립다.

④ どうしたんだろう。今日は朝からのどが渇いてたまらない。何か飲みたくてたまらない。
왜 이러지? 오늘은 아침부터 목이 너무 마르다. 뭐라도 마시고 싶어 미치겠다.

▶ '어떤 감정이나 몸의 감각 등 '그 상태가 너무 강렬해서 억제할 수 없다'고 말할 때 사용하는 표현입니다.

▶ 말하는 사람의 감정, 몸의 감각, 욕구를 나타낼 때에 사용하며, 3인칭에 사용할 때는 문말에 「ようだ・らしい・のだ」를 붙여야 합니다.

▶ 자발 동사인 「思える・泣ける」등과는 함께 사용할 수 없으니까, 주의하세요.
  ◆ (×) 病気の母のことを思うと泣けてたまらない。
  (○) 病気の母のことを思うと泣けてならない。
  병이 난 엄마를 생각하면 눈물이 나서 견딜 수 없다.

1회 2회 3회

쏙쏙 어휘 風邪薬 감기약 のどが渇く 목이 마르다

247 てでも

~해서라도

접속 방법 「동사의 て형」+ でも

① わたしが演劇をすることに父は反対をしている。しかし、わたしは父と縁を切ってでも、やりたい。
  내가 연극하는 것을 아버지는 반대하고 있다. 하지만 나는 아버지와 연을 끊는 한이 있어도 연극을 하고 싶다.

② 駆け落ちしてでも、わたしは彼女と結婚する。
  같이 도망쳐서 사는 한이 있더라도 나는 그녀와 결혼할거다.

③ 交通事故で足を折って出演できなかったが、わたしはこの舞台だけははってでも行きたかった。
  교통사고로 다리가 부러져서 출연하지 못했지만 나는 이 무대만큼은 몸을 기어서라도 나가고 싶었다.

어떤 일을 하고 싶다는 강한 욕구나 희망을 실현하기 위해서는 극단적인 수단을 취하는 것도 주저하지 않는다고 하는 강한 결의를 나타낼 때의 표현입니다. 뒤에 오는 문장에는 보통 하고 싶은 일이나 희망 등을 나타내는 문장이 온다는 것, 기억해 두세요.

1회 2회 3회

てない ➡ ていない 236

쏙쏙 어휘 縁を切る 인연을 끊다   駆け落ち 사랑의 도피   折る 부러뜨리다, 꺾다

248 でなくてなんだろう ★1
~이 아니고 뭐겠는가

접속 방법 「명사」 + でなくてなんだろう

① 彼は体の弱い妻のために空気のきれいな所へ引っ越すことを考えているようだ。これが愛でなくてなんだろう。
그 사람은 몸이 허약한 아내를 위해 공기가 좋은 곳으로 이사가는 것을 생각하고 있는 것 같다. 이것이 사랑이 아니고 무엇이겠는가.

② 親鳥は北の国へ帰る日が来てもけがをした子鳥のそばを離れようとはしなかった。これが親子の情愛でなくてなんだろう。
어미새는 북쪽 나라로 돌아갈 날이 왔어도 다친 새끼 새 옆을 떠나려고 하지 않았다. 이것이 부모의 사랑이 아니고 무엇이겠는가.

③ 上田氏はぜいたくはせず、つねに人々のためを考えていた。これが指導者の姿勢でなくてなんだろう。
우에다 씨는 거만하지 않고, 늘 사람들을 위해 생각한다. 이것이 지도자의 자세가 아니고 무엇이겠는가.

추상명사를 예로 들어 '이것이 ~라고 할 수 있는 것이다'라고 감정적으로 말할 때 사용하며, 소설, 수필 등에 쓰이는 문어체적 표현입니다.

1회 2회 3회

쏙쏙 어휘 親鳥 어미새   子鳥 새끼 새   親子 부모와 자식   ぜいたく 사치스러움, 거만

249 てならない

~해서 견딜 수가 없다

접속 방법 「동사의 て형 / い형용사의 어간 + くて / な형용사의 어간 + で」+ ならない

① この写真を見ていると故郷の友だちのことが思い出されてなりません。
이 사진을 보고 있으면, 고향 친구들이 떠올라서 견딜 수 없습니다.

② 地球温暖化の問題を考えると、子どもたちの将来のことが気になってならない。
지구 온난화 문제를 생각하면, 아이들의 장래가 걱정되어 견딜 수가 없다.

③ 田中さんは今の収入でこれから家族 4 人が生活していけるのか、心配でならないようだ。
다나카 씨는 현재의 수입으로 앞으로 4인 가족이 생활해 나갈 수 있을지 걱정되어 견딜 수 없어 하는 것 같다.

▶ 자연스럽게 어떤 감정이나 몸의 감각이 살아나 '억제할 수 없다'고 말할 때에 사용합니다.
▶ 말하는 사람(話者)의 감정, 감각, 욕구를 나타내는 말이므로, 3인칭에 사용할 때는 예문 ③과 같이 문말에 「ようだ・らしい・のだ」를 접속해야 합니다.
▶ 자발적 의미를 나타내는 「思える・思い出される・泣ける」 등의 표현과 함께 사용하며, 부정적인 기분을 나타내는 경우가 많습니다.

1회 2회 3회

쏙쏙 어휘 地球温暖化 지구 온난화   収入 수입

250 ては

~하고는

접속 방법 「동사의 て형」+ は

① 夫はさっきから味を見てはなべの中をかき回している。どんな料理ができるのだろうか。
남편은 아까부터 음식 맛을 보고는 계속해서 냄비 안을 젓고 있다. 어떤 요리가 완성될까.

② 正月は食べては寝、飲んでは寝の日を過ごしていた。
정월에는 먹고 나면 자고, 술 마시고 나면 또 자는 생활을 했다.

③ 山田さんはパソコンのキーボードをたたいては考え、たたいては考えています。
야마다 씨는 컴퓨터 자판을 치다가 또 생각하고, 또 치다가 또 생각하고 있다.

④ 石田さんは報告書を課長に出しちゃ直されてるよ。
이시다 씨는 과장님께 보고서를 제출하면 항상 지적을 받아.

「동사의 て형 + は + 동사」의 형태로, 두 가지 동작이 반복하는 상태를 나타낼 때 사용합니다. 예문 ③의 「동사의 て형 + は + 동사, 동사의 て형 + は + 동사」처럼 두 번 사용해서 반복성을 강조하는 용법도 있으니까, 기억해 두세요. 예문 ④의 「ちゃ」는 회화체 표현입니다.

1회 2회 3회

ではありません ➡ んじゃない 665

쏙쏙 어휘　味を見る 맛을 보다　正月 정월, 설날

251 ではあるまいし ★1

~도 아니고

접속 방법 「명사 + では」+ あるまいし

① 神様ではあるまいし、10年後のことなんかわたしにわかりませんよ。
　신도 아니고, 십 년 후의 일을 내가 어떻게 알아요.

② 子ども：この虫とこの虫はよく似ているけど、どこか違うのかなあ。
　이 벌레하고 이 벌레하고 거의 비슷한데, 어딘가 다른 걸까?
　祖父：昆虫学者じゃあるまいし、そんな難しいことはおじいちゃんにはわからないよ。
　곤충학자도 아니고, 이렇게 어려운 건 할아버지도 모르지.

③ 学生：先生、この申込書、どう書けばいいのですか。
　선생님, 이 신청서 어떻게 쓰면 돼요?
　先生：外国語で書くのじゃあるまいし、あなたの母国語で書けばいいんだから読んで考えなさい。
　외국어로 쓰는 것도 아니고 본인의 모국어로 쓰면 되니까, 읽고 나서 생각해 봐.

▶ '~은 아니므로, 당연히 …'라고 말하고자 할 때의 표현으로, 뒤에 오는 문장에는 상대방에 대한 말하는 사람(話者)의 판단이나 주장, 말하는 상대방에 대한 충고, 권유 등이 옵니다.
▶ 예스러운 느낌의 회화체적인 표현으로, 공식적인 문장에는 사용하지 않는다는 것 꼭 기억해 두세요.

쏙쏙 어휘　昆虫 곤충　母国語 모국어

252 てはいけない ★4
~하면 안 된다, ~는 안 된다

접속 방법 「동사의 て형 + は / い형용사의 어간 + くては / な형용사의 어간 + では / 명사 + では」+ いけない

① （立て札）ここは危険です。この川で泳いではいけません。
(팻말) 이곳은 위험합니다. 이 강에서 수영을 하면 안 됩니다.

② 病院の中で携帯電話を使ってはいけません。
병원 안에서 휴대폰을 사용해서는 안 됩니다.

③ 図書館の電気は暗くてはいけません。
도서관 조명은 어두우면 안 됩니다.

④ 証明書の写真はスピード写真ではいけませんか。
증명서 사진은 즉석 사진을 사용하면 안 됩니까?

⑤ 父：それ、さわっちゃいけないよ。 그거, 만지면 안 돼.
　子：うん。 응.

⑥ 子どもはお酒を飲んじゃいけないんだよ。
아이는 술을 마시면 안 된다.

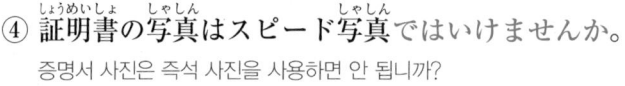

▶ 금지나 규제를 나타내는 표현으로, 교사가 학생에게 또는 부모가 자식에게 주의를 주거나 공공법규를 가리키거나 할 때 사용합니다.
▶ 예문 ④의 「てはいけませんか」는 「てもいいですか」와 마찬가지로 허가를 구하는 표현이지만, 좀 더 정중하게 묻는 표현입니다.
▶ 회화체 표현에서는 예문 ⑤, ⑥처럼 「ちゃいけない・じゃいけない」가 됩니다.

ではいられない ➡ ないではいられない 378

쏙쏙 어휘　スピード写真 즉석 사진

253 てはかなわない ★2

~할 수 없다, 견딜 수 없다, 골치 아프다

접속 방법 「동사의 て형 + は / い형용사의 어간 + くては / な형용사의 어간 + では / 명사 + では」 + かなわない

① 課長にこう毎晩のように飲みに誘われてはかなわない。
과장님이 이렇게 매일 밤마다 술 마시러 가자고 하면 더는 견딜 수가 없다.

② 辛い料理はきらいではないけど、こんなに辛くてはかなわない。
매운 음식이 싫은 건 아니지만, 이렇게 매우면 먹을 수가 없다.

③ 説明書がこんなに複雑ではかなわない。もっと易しい説明書はないかな。
설명서가 이렇게 복잡해서는 알 수가 없다. 더 쉬운 설명서는 없을까.

④ 毎日こう暑くちゃかなわないね。
매일 이렇게 더워서는 못 살지.

⑤ 毎日残業ばかりじゃかないませんよ。たまには早く帰りたいですよ。
매일 야근만 해서는 버틸 수가 없습니다. 가끔은 집에 빨리 가고 싶다구요.

▶ 현 시점에서의 불평이나 불만을 말할 때 사용하는 표현으로, 「こう・こんなに」 등의 말과 함께 현재의 상태를 말하는 경우가 많습니다. 그 상태를 「ては・では」로 받아서, 그것은 곤란하다고 하는 의미의 「かなわない」를 붙인 표현입니다.

▶ 예문 ④, ⑤와 같이 허물 없는 사이의 대화에서는 「ては」는 「ちゃ」로, 「では」는 「じゃ」로 변합니다.

ではかなわない ➡ てはかなわない 275

쏙쏙 어휘 毎晩 매일 밤　複雑 복잡함

254 てはじめて

~하고 나서 비로소

접속 방법 「동사의 て형」+ はじめて

① 入院してはじめて健康のありがたさがわかりました。
입원하고 나서야 비로소 건강의 고마움을 알게 되었습니다.

② スポーツは自分でやってみてはじめてそのおもしろさがわかるのです。
스포츠는 자기 스스로 해 보고 나서야 비로소 그 재미를 알게 됩니다.

③ 大きな仕事は十分な準備があってはじめて成功するのだ。
중대한 일은 충분한 준비가 있고 나서야 비로소 성공하는 것이다.

「동사의 て형 + はじめて…」의 형태로, 어떤 일을 하기 전에는 그렇지 않았는데, 그 후에 그것이 계기가 되어 어렵사리 '~한 것'을 알게 되었다거나 「…」하게 된다고 하는 의미를 나타냅니다.

1회 2회 3회

쏙쏙 어휘   ありがたさ 고마움   十分 충분함

255 ではないか ★2

~는 것이 아닌가, ~이 아닌가 〈감동〉

접속 방법 「보통형 (な형용사의 어간 / 명사)」 + ではないか

① 朝起きてみたら、何年も咲かなかった花が咲いているではないか。今日はきっと何かいいことがあると思った。
아침에 일어났더니 몇 년 씩 꽃을 피우지 않던 꽃이 피어 있는 게 아닌가! 오늘은 분명히 뭔가 좋은 일이 일어날 거라는 생각이 들었다.

② いつもは頼りない5歳の子どもが、病気のわたしを一生懸命看病してくれるではないか。
평소에는 미덥지 못하던 다섯 살짜리 아이가 병에 걸린 나를 열심히 간병해 주는 게 아닌가!

③ 彼の引っ越し先はなんと人口1,000人の小さな孤島ではないか。
그 사람이 이사 가는 곳은 놀랍게도 인구가 천 명밖에 안 되는 작은 외딴섬이 아닌가!

④ なんとこの犬はわたしの喜びや悲しみをみんなわかってくれるではありませんか。
놀랍게도 이 강아지는 저의 기쁨과 슬픔을 전부 알아 주는 게 아니겠습니까!

「~ではないか」의 「~」에는 놀람·감탄·감동 등의 기분을 나타내는 표현이 오며, 소설이나 수필 등에 사용되는 문어체적인 표현입니다.

1회 2회 3회

쏙쏙 어휘 頼りない 미덥지 않다, 의지할 것이 없다　看病 간병, 간호　孤島 외딴 섬

256 ではないか

~이다, ~이지 않느냐 〈판단〉

접속 방법 「보통형 (な형용사의 어간 / 명사)」 + ではないか

① あの子はまだ子どもではないか。親はどうして彼を外で遊ばせないのだろう。
그 아이는 아직 어린 아이가 아닌가. 부모는 왜 그 아이를 밖에서 놀게 하지 않는 걸까.

② 彼女はあなたのことをあんなに心配しているではありませんか。連絡してあげたらどうですか。
그녀는 당신을 그렇게나 많이 걱정하고 있지 않습니까. 연락하는 게 어떻습니까?

③ 外は大雪じゃありませんか。こんな日に外出するのは危険ですよ。
밖에는 눈이 많이 내리지 않습니까? 이런 날에 외출하는 것은 위험합니다.

④ 勉強したくなければしなければいいじゃないか。自分のことは自分で判断しろ。
공부하고 싶지 않으면 안 하면 되지 않느냐? 자기 일은 자기가 알아서 판단해라.

▶ 「~ではないか」의 형태로, 「~」에서 자기의 판단을 말하고, 상대방에게 자기의 판단에 대한 동의를 구하거나 상대방에게 반론하거나 할 때에 사용합니다.
▶ 정중한 표현은 예문 ②처럼「ではありませんか」가 되며, 허물없는 사이의 대화에서는 예문 ④처럼「じゃないか」로 씁니다.

1회 2회 3회

쏙쏙 어휘 外出する 외출하다 判断 판단

257 てほしい ★3

~하길 바란다, ~했으면 좋겠다

접속 방법 「동사의 て형 / 동사의 ない형 + で」+ ほしい

① クラス会の予定が決まったら、すぐわたしに知らせてほしいのですが。よろしくお願いします。
반창회 스케줄이 정해지면 바로 저한테 알려주셨으면 하는데요. 부탁 드릴게요.

② (手紙) 毎日、寒い日が続いています。早く暖かくなってほしいですね。
(편지) 매일같이 추운 날씨가 계속되고 있습니다. 빨리 따뜻해졌으면 좋겠네요.

③ このことはほかの人には言わないでほしいのです。
이 일은 다른 사람한테는 말하지 말았으면 좋겠는데요.

④ 子どもには漫画ばかり読むような大人になってほしくない。
아이가 매일 만화만 읽는 그런 어른은 되지 않았으면 좋겠다.

⑤ 姉：この部屋、ずいぶん汚いね。 이 방, 너무 지저분하다.
妹：お姉さんだって全然かたづけないじゃない。わたしにそんなこと言わないでほしい。
언니도 전혀 정리 안 하잖아. 나한테 그런 말 하지 말았으면 좋겠어.

- ▶ 말하는 사람(話者)이 상대방이나 그 외의 다른 사람, 또는 어떤 사안에 대해서 요구나 희망이 있는 경우에 사용하는 표현입니다.
- ▶ 부정형으로는「동사의 ない형 + でほしい」와「동사의 て형 + ほしくない」의 두 가지 형태가 있습니다.
- ▶「ないでほしい」는 예문 ③처럼「ないでください」의 의미로 사용하는 경우가 많습니다.
- ▶「てほしくない」는 예문 ④처럼 상대방과 관계없이 자기의 요구사항이나 희망을 말하는 경우에도 사용하며, 예문 ⑤와 같이 상대를 비난할 때에도 사용합니다.

258 てほしいものだ ★2

~하길 바란다, ~해 주었으면 좋겠다

접속 방법 「동사의 て형 / 동사의 ない형 + で」+ ほしいものだ

① 親は生まれた子に、早く歩けるようになってほしいものだと願う。
부모는 태어난 아기가 빨리 걸을 수 있게 됐으면 좋겠다고 기원한다.

② 医者：健康のために、だれでも歩くことを生活の中に習慣として取り入れてほしいものです。
건강을 위해 모든 사람이 걷기를 생활 속 습관으로 받아들였으면 좋겠습니다.

③ 工事がうるさくて仕事ができない。なんとか早く終わってほしいもんだ。
공사 소리가 너무 시끄러워서 일을 할 수 없다. 어떻게든 빨리 끝났으면 좋겠다.

④ 災害がもうこれ以上ひどくならないでほしいものだ。
재해가 이제 더 이상 심해지지 않았으면 하는 바람이다.

▶ 다른 사람에 대한 강한 부탁을 나타내는 표현입니다.
▶ 예문 ③와 같이 「なんとか・なんとかして」라는 문형과 함께 자주 쓰입니다.
▶ 회화체에서는 「てほしいもんだ」가 사용됩니다.

참고 ものだ

□ □ □
1회 2회 3회

てほしいもんだ ➡ てほしいものだ 280

쏙쏙 어휘　取り入れる 받아들이다, 걷어들이다　災害 재해

259 てまえ ★1

~한 주제라서, ~했기 때문에 (체면상)

접속 방법 「동사의 사전형・て형＋いる・た형 / 명사＋の」＋手前

① 妻に「来年の休みには外国へ連れていく」と約束した手前、今年はどうしても行かなければならない。
부인에게 '내년 휴가 때는 외국에 데리고 갈게'라고 약속했기 때문에 체면상 올해에는 무슨 일이 있어도 가야 한다.

② その場の雰囲気で「趣味はスケート」と彼女に言ってしまった手前、今になって「実はできないんだ」とは言えないので、あわてて練習している。
그 자리 분위기 때문에 그녀에게 '취미는 스케이트야'라고 말해 버렸기 때문에 체면상 이제 와서 '사실은 못 타'라고는 말할 수 없어서 급하게 연습하고 있다.

③ 人の前でスピーチをするのは得意ではないが、「何事も経験が大事」といつも言っている手前、断ることはできなかった。
사람들 앞에서 연설 하는 것은 별로 자신 없지만 '모든 일이든 경험이 중요하다'라고 항상 말해 왔기 때문에 체면상 거절할 수는 없었다.

'뭔가 말하거나 어떤 일을 해 버린 후, 자기의 체면을 지키기 위해서 어쩔 수 없이 실행한다'는 것을 나타낼 때 사용하는 표현입니다.

1회 2회 3회

쏙쏙 어휘 スケート 스케이트   あわてる 당황하다, 허둥거리다

260 てまで
~해서까지

★2

| 접속 방법 | 「동사의 て형」+ まで |

① 裁判で争ってまで、彼女は離婚したかったのだ。
재판을 해서라도 그녀는 이혼하고 싶었다.

② 家族を犠牲にしてまで、会社のために働く必要はないよ。
가족을 희생하면서까지 회사를 위해 일할 필요는 없다.

③ わたしは人とけんかをしてまで、この計画を実行しようとは思わない。
나는 사람들과 싸움을 하면서까지, 그 계획을 실행하고 싶지 않다.

▶ 극단적인 상황에서 '이런 정도까지'라고 감정을 실어서 말할 때 사용하는 표현입니다.
▶ 뒤에는 사람의 의지 · 주장 · 판단 · 평가 등을 나타내는 문장이 주로 옵니다. 예문 ②처럼 상대방에게 일정 역할을 기대할 때 사용하기도 합니다.

1회 2회 3회

쏙쏙 어휘 裁判 재판   争う 싸우다, 다투다   犠牲 희생

261 てみせる ★2

~해 보이겠다, ~해보이고 말겠다 〈결의・각오〉

접속 방법　「동사의 て형」+ みせる

① ぼくはあしたの柔道の試合で必ず勝ってみせる。がんばるぞ。
　나는 내일 유도시합에서 반드시 이기고 말 테야. 힘내자!

② こんな不況に負けるものか。必ず会社を立て直してみせる。
　이런 불황에 질 수야 없지. 반드시 회사를 다시 일으킬 테니 잘 보라구.

③ こんな簡単な仕事、わたしなら1日でかたづけてみせますよ。
　이렇게 간단한 일, 저라면 하루에 끝낼 수 있으니 잘 보시라구요.

④ 彼はみんなの前で見事な手品をやってみせた。
　그는 모두 앞에서 멋진 마술 실력을 보여 주었다.

'열심히 노력해서 달성하자, 달성할 수 있다'라고 하는 말하는 사람(話者)의 강한 의지를 타인에게 나타내는 표현으로, 다른 사람에게 알림으로써 자기자신을 스스로 격려하고자 할 때 사용하는 표현입니다. 예문 ④와 같이 다른 사람의 앞에서 실제 동작으로 무언가를 소개한다고 하는 의미로도 사용됩니다.

1회　2회　3회

쏙쏙 어휘　柔道 유도　立て直す 다시 세우다, 재건하다　見事 훌륭함, 멋짐　手品 마술, 요술

262 てみる
～해 보다

접속 방법 「동사의 て형」＋ みる

① この新しいボールペンを使ってみました。とても書きやすいですよ。
새로 산 이 볼펜을 써 보았습니다. 굉장히 잘 써져요.

② A：休みの日に日光へ行きませんか。
쉬는 날에 닛코에 가지 않을래요?

　 B：日光ですか。いいですね。ぜひ1度行ってみたいと思っていたんです。
닛코요? 좋죠. 꼭 한 번 가 보고 싶었거든요.

③ (デパートで) 客：ちょっとこのスカートをはいてみてもいいですか。
저기, 이 치마 좀 입어 봐도 돼요?

　　　　　　　 店員：はい、こちらでどうぞ。
네, 이쪽에서 입어 보세요.

④ A：コンサートの切符がまだあるか聞いてみましたが、もうないそうです。
콘서트 티켓이 아직 있는 지 물어 봤는데 이제 없다네요.

　 B：それは残念ですね。
그거 안됐네요.

무언가를 알기 위해서 시험 삼아 해 보는 것을 나타내는 표현으로, 의지 동사에 붙습니다.

1회 2회 3회

쏙쏙 어휘　ボールペン 볼펜　スカート 스커트, 치마

263 ても ★4

~해도, ~하더라도

접속 방법 「동사의 て형」+ も /「い형용사의 어간」+ くても /「な형용사의 어간」+ でも /「명사」+ でも

① わたしはタイ語を知らないので、読んでもわかりません。
저는 태국어를 모르기 때문에 읽어도 몰라요.

② A：いい仕事があったら、アルバイトをしますか。
좋은 자리 있으면 아르바이트 할래요?
B：いいえ、勉強が大変なので、いい仕事があってもアルバイトはしません。 아니요, 공부가 힘들어서 좋은 자리가 있더라도 아르바이트는 안 할 거예요.

③ この会社は給料は安いんですが、給料が高くなくても、わたしはこの会社で働きたいです。
이 회사는 월급은 얼마 안 되지만, 월급이 많지 않더라도 저는 이 회사에서 일하고 싶습니다.

④ ジム：その仕事は日本語が下手でも、できるでしょうか。
이 일은 일본어를 잘 못해도 할 수 있습니까?
社員：ええ、この仕事は日本語が上手に話せなくても、できますよ。
네, 이 일은 일본어를 잘 못해도 할 수 있습니다.

⑤ 部屋の外から「山田さーん」と何回呼んだって、返事がないんです。
방 밖에서 '야마다 씨'하고 몇 번을 불러도 대답이 없습니다.

⑥ こんな言葉、いくら調べたって、辞書にはありませんよ。
이런 단어, 아무리 찾아 봤자 사전에는 없어요.

▶ 「~ても / でも、…」의 형태로, 「~」가 성립하게 되면 당연히 「…」가 성립되어야 하는데 그렇지 않다'고 하는 의미를 나타내며(역접 가정), 양보의 의미로도 쓰입니다.
▶ 예문 ②처럼 「たら・ば・と」의 질문에 「いいえ」로 대답하는 경우에도 사용합니다.
▶ 예문 ①, ②처럼 가정의 문장에도 ③, ④처럼 기정 사실의 문장에도 ⑥과 같이 양쪽 모두인 경우에도 사용합니다. 또한 예문 ⑤, ⑥처럼 의문사와 함께 자주 쓰입니다.

> 허물없는 사이의 대화에서는 ⑤, ⑥처럼 「でも」는 「だって」, 「ても」는 「たって」가 됩니다.
>
> 참고 だって

でも ➡ ても 285

264 てもいい ★4
~해도 좋다, ~ 해도 괜찮다〈허가〉

접속 방법 「동사의 て형」＋ も ＋ いい

① 今日の会議は303号室を使ってもいいですよ。 오늘 회의는 303호실을 써도 돼요.
② (部屋のドアをノックして) A：入ってもいいですか。 들어가도 돼요?
　　　　　　　　　　　　　　B：はい、どうぞ。 네, 들어오세요.
③ A：同窓会の雑誌の原稿をメールで送ってもいいですか。
　　　동창회 잡지 원고 메일로 보내도 됩니까?
　　B：どうぞ、メールで送ってください。 그럼요, 메일로 보내세요.
④ A：ここで、たばこを吸ってもいいでしょうか。 여기서 담배를 피워도 될까요?
　　B：すみません。ここはちょっと。 죄송하지만, 여기서는 좀…….

▶ 허가를 요구하거나 할 때 사용하며, 주로 동사에 붙습니다. 주어는 보통 생략됩니다.
▶ 요구에 대한 대답은 「はい、～てもいいです」나 「いいえ、～てはいけません」보다는 예문 ②, ③의 「はい、どうぞ。～てください」 또는 ④의 「すみませんが、ちょっと。」「すみませんが、～ないでください」「すみませんが、…禁止になっています」 등의 표현으로 말하는 경우가 많습니다.
▶ 선배나 손윗사람에게는 「てもいいです」의 표현은 사용하지 않는 편이 좋습니다.
　　◆ (△) 先生、わたしのカメラを使ってもいいです。
　　　 (○) 先生、わたしのカメラを使ってください。
　　　　　선생님, 제 카메라를 사용하세요.

265 てもいい ★4

~해도 좋다, ~해도 괜찮다 〈양보〉

접속 방법 「동사의 て형 + も / い형용사의 어간 + くても / な형용사의 어간 + でも / 명사 + でも」 + いい

① 弟：兄さん、お金貸して。형. 돈 좀 빌려 줘.
　兄：え、またお金。貸してもいいけど、1万円だけだよ。
　뭐! 또 돈 얘기야? 빌려줄 수는 있지만 딱 만 엔만이야.

② アパートを探しているんです。狭くてもいいんですが……。いい部屋はありませんか。 아파트를 찾고 있는데요. 좁아도 상관없는데……. 괜찮은 방 없을까요?

③ 簡単でもいいから、駅からの地図を描いてください。
간단해도 상관 없으니까 역부터 어떻게 가는지 약도 좀 그려 주세요.

④ きのうのプリントなくしてしまったんです。コピーでもいいからもらえませんか？ 어제 주신 프린트 잃어버렸어요. 복사본이라도 상관 없는데 받을 수 없을까요?

⑤ 何時になってもいいから、今夜電話ください。
몇 시가 되도 상관없으니까 오늘 밤에 전화 주세요.

▶ 양보를 나타내는 표현으로, 최상의 조건은 아니지만 이 정도면 만족한다고 하는 의미를 나타냅니다.
▶ 예문 ⑤는 「의문사 + ～てもいい」의 형태로, '어떤 경우라도 좋다'라는 의미로 쓰였습니다.

참고 てもかまわない 〈양보〉

でもいい ➡ てもいい 286 - 287

쏙쏙 어휘 描く (그림 등을) 그리다　プリント 프린트　コピー 복사

266 てもかまわない ★4

~해도 좋다, ~해도 괜찮다 〈허가〉

접속 방법 「동사의 て형」＋ も ＋ かまわない

① 学生：授業中に飲み物を飲んでもかまいませんか。
　　　　수업 중에 음료수 마셔도 돼요?

　 先生：あ、教室の中は、飲食禁止になっています。
　　　　아, 교실 안에서 먹고 마시는 것은 금지되어 있습니다.

② 父　：子どもの運動会のとき、ビデオをとってもかまいませんか。
　　　　아이 운동회 때 비디오로 찍어도 괜찮습니까?

　 先生：ええ、いいですよ。どうぞ。그럼요. 마음껏 찍으세요.

③ 燃えないごみはここに捨てないでください。燃えるごみは捨ててもかまいません。 안 타는 쓰레기는 이곳에 버리지 마세요. 타는 쓰레기는 버려도 상관 없습니다.

④ 山崎　：シャンナさん、寮に夜電話してもかまわないでしょうか。
　　　　산나 씨, 기숙사로 밤에 전화 걸어도 괜찮나요?

　 シャンナ：大丈夫です。どうぞ、電話してください。괜찮아요. 전화하세요.

▶ 허가를 요구하거나 승낙하는 표현으로, 주로 동사에 붙습니다. 주어는 보통 생략됩니다. 요구에 대한 대답은「はい、~てもかまいません」나「いいえ、~てはいけません」보다 예문 ②처럼「ええ」,「どうぞ。~てください」, 요구를 불허할 때는「すみませんが、ちょっと。」,「すみませんが、~ないでください」등을 사용하는 경우가 많습니다.

▶ 선배나 손윗사람에게는「てもかまいません」의 표현은 사용하지 않는 편이 좋습니다.
　◆ (△) 先生、わたしのカメラを使ってもかまいません。
　　 (○) 先生、わたしのカメラを使ってください。
　　　　선생님, 제 카메라를 사용하세요.

▶ 예문 ②의「~てもかまいませんか」는 자신의 행동이 상대방에게 지장이 있는지 여부를 묻는 방법으로,「てもいいですか」보다 정중하게 묻는 표현입니다.

참고 **てもいい** 〈허가〉

267 てもかまわない ★4

~해도 괜찮다, ~해도 좋다 〈양보〉

접속 방법 「동사의 て형 + も / い형용사의 어간 + くても / な형용사의 어간 + でも / 명사 + でも」+ かまわない

① あなたが読みたいと言っていた本を持ってきましたよ。わたしはもう読んだから、返してくれなくてもかまいませんよ。
   당신이 읽고 싶다고 했던 책 가지고 왔어요. 저는 이미 읽었으니까, 돌려주지 않아도 괜찮아요.

② 狭くてもかまわないんですが、安いアパートはありませんか。
   좁아도 상관없습니다만, 싼 아파트는 없습니까?

③ A：結婚する相手は、料理が上手な人がいい？
      결혼 상대로 음식 잘 만드는 사람이 좋아?
   B：別に。いい人なら、料理が下手でもかまわないよ。
      특별히 그렇지도 않아. 사람만 좋으면 음식 잘 못해도 상관없어.

④ A：お昼ご飯は何を食べましょうか。점심 뭐 먹을까요?
   B：わたしはおそばでも、カレーライスでも、何でもかまいませんよ。
      저는 메밀국수도 상관없고, 카레도 상관없고, 뭐든지 괜찮아요.

⑤ 何時でもかまいませんから、かならず今夜電話をください。待っています。
   몇 시라도 상관없으니까, 꼭 오늘 밤에 전화 주세요. 기다리고 있을게요.

▶ 양보를 나타내는 표현으로, 최상의 조건은 아니지만 이것으로 만족한다고 하는 의미를 나타냅니다.
▶ 예문 ④, ⑤는「의문사 + ～てもかまわない」의 형태로 '어떤 경우라도 괜찮다'는 의미로 쓰였습니다.

참고 **てもいい**〈양보〉

でもかまわない ➡ てもかまわない 288 - 289

268 てもさしつかえない ★2

~해도 괜찮다, ~해도 상관없다

접속 방법 「동사의 て형 + も / い형용사의 어간 + くても / な형용사의 어간 + でも / 명사 + でも」+ さしつかえない

① A：この写真、見てもさしつかえないですか。
　　　이 사진, 봐도 돼요?

　B：ええ、どうぞ。
　　　그럼요, 보세요.

② 医者：少しぐらいならお酒を飲んでもさしつかえありませんよ。
　　　　약간의 술이라면 드셔도 상관없습니다.

③ 申込用紙はコピーでもさしつかえありません。
　　신청용지는 복사한 거라도 상관없습니다.

④ 支払いは今すぐでなくてもさしつかえありません。後でもいいですよ。
　　요금 지불은 지금 바로 안 하셔도 됩니다. 나중에 하셔도 상관 없습니다.

⑤ ぼくは寝るときは部屋が明るくてもさしつかえない。どこでも寝られる。
　　나는 잘 때 방이 밝아도 별 상관없다. 아무데서나 잘 수 있다.

「~ても・~でも」로 나타나는 조건이라도 상관은 없다는 뜻을 나타낼 때 사용합니다. 「てもいい・てもかまわない」와 대체로 비슷한 의미이지만, 「てもさしつかえない」의 쪽이 소극적인 허가, 양보, 또는 정중한 질문이 됩니다.

□ □ □
1회 2회 3회

でもさしつかえない ➡ てもさしつかえない　290
でもない ➡ ないでもない　379

쏙쏙 어휘　コピー 복사　支払い 지불, 지급

269 てもらう ★4

~해 주다

접속 방법 「동사의 て형」+ もらう

① わたしは朝起きられないので、いつも母に頼んで起こしてもらいます。
저는 아침에 일어나지를 못해서 언제나 어머니께 부탁해서 깨워달라고 합니다.

② 急にお金が必要になったので、友だちにお金を貸してもらった。
갑자기 돈이 필요해져서 친구에게 돈을 빌렸다.

③ わたしは、10年前おじに買ってもらった辞書を、今も使っています。
저는 10년 전에 작은 아버지가 사 주신 사전을 지금도 쓰고 있습니다.

④ わたしは、高橋先生にスピーチの作文を直していただきました。
저는 다카하시 선생님께 스피치 원고를 수정 받았습니다.

⑤ 先生に教えていただいた歌を今でも覚えております。
선생님께서 가르쳐 주신 노래를 지금도 기억하고 있습니다.

▶ 누군가 친절한 행위를 해 주었을 때 사용하는 표현으로 행위를 받는 사람은「わたし(나)」, 또는 친절한 행위를 하는 사람보다 심리적으로「わたし」에 가까운 사람을 가리킵니다.

◆ (×) メリーさんは兄に折り紙を教えてもらいました。
  (○) 妹はメリーさんに英語を教えてもらいました。
      여동생은 메리 씨에게 영어를 배웠습니다.

▶「てもらう」는「てくれる」와 달리, 어떤 행위를 부탁했다고 하는 느낌이 담겨 있습니다.

▶「ていただく」는 예문 ④, ⑤처럼 행위를 하는 사람이 손윗사람인 경우에 사용합니다.

참고 もらう

쏙쏙 어휘 おじ 부모의 형제   スピーチ 스피치

270 てやまない

~해 마지않다

접속 방법 「동사의 て형」 + やまない

① くれぐれもお大事に。1日も早いご回復を祈ってやみません。
부디 몸조리 잘 하세요. 하루라도 빨리 회복하시길 기원하겠습니다.

② 今後も会員の皆さまのご活躍を願ってやみません。
앞으로도 회원 여러분의 활약을 기원해 마지않겠습니다.

③ 水不足で水道が止まっているそうですが、1日も早く雨が降るように祈ってやみません。
물 부족으로 수도가 나오지 않는다고 하는데, 하루라도 빨리 비가 내리기를 계속 기원하겠습니다.

④ 震災地の復興を願ってやみません。
지진 피해 지역의 부흥을 계속 기원해 마지않습니다.

▶ 「祈る(기도하다)・願う(기원하다)・愛する(친애하다)」 등의 동사에 대해서 상대방에 대한 감정을 계속해서 강하게 바라고 있을 때 사용하는 표현입니다.

▶ 말하는 사람의 기분을 나타내는 말로써, 3인칭 문장에는 거의 사용하지 않으니까 잘 기억해 두세요.

□ □ □
1회 2회 3회

てやる ➡ てあげる 230
てる ➡ ている 238-242
てるところ ➡ ところだ 335

쏙쏙 어휘   回復 회복   水道 수도   震災地 재해지역   復興 부흥

271 と ★4

~하면 〈조건〉

접속 방법 「보통형의 현재형」＋ と

① 暖かくなると、桜の花が咲きます。
　날씨가 따뜻해지면 벚꽃이 핍니다.

② ここを強く押さないと、電気はつきません。
　이곳을 강하게 누르지 않으면 전기가 켜지지 않습니다.

③ となりの部屋がうるさいと、眠れません。
　옆 방이 시끄러우면 잠을 잘 수가 없습니다.

④ 外国語が上手だと、いろいろな仕事ができます。
　외국어를 잘 하면 다양한 일을 할 수 있습니다.

⑤ この学校は外国人でないと入れません。
　이 학교는 외국인이 아니면 입학할 수 없습니다.

⑥ この道を右に曲がると、駅が見えます。
　이 길을 오른쪽으로 돌아가면 역이 보입니다.

⑦ わたしはおなかがすくと、いつもラーメンを作って食べます。
　저는 배가 고파지면 언제나 라면을 만들어 먹습니다.

⑧ A：会議の時間が変わったことを木村さんにも知らせないと。
　　회의시간 바뀐 거 기무라 씨에게도 알려줘야지.

　B：そうですね。 그러게요.

⑨ 母：ともちゃん、早く起きないと。もう7時半ですよ。
　　토모야, 빨리 일어나야지. 벌써 7시 반이야.

▶ 「〜と、…」의 형태로 「〜」가 성립한 경우, 필연적으로 「…」가 성립한다'고 하는 의미를 나타냅니다. 이때 「…」의 문말에는 현재형이 온다는 것을 기억해 두세요.
▶ 「…」에는 말하는 사람의 의지, 의뢰 등을 나타내는 문장은 오지 않으니까, 주의하세요.

- (×) 春になると、山へ遊びに行きましょう。
- (○) 春になると、きれいな花が咲きます。
  봄이 되면 예쁜 꽃이 핍니다.

▶ 말하는 사람의 의지가 들어있는 행동이라도 예문 ⑦처럼 습관적인 행위의 경우는 의지성이 희박하므로 사용할 수 있습니다.

▶ 예문 ⑧, ⑨는 회화체 표현이며, 이처럼「동사 + ないと」는 일상생활 속에서 상대방이나 자기 자신에게 어떤 행동을 취하도록 재촉하는 경고의 의미로 자주 사용됩니다.「동사 + ないと」의 뒤에는「いけない(안 된다)・だめだ(안 된다)・困る(곤란하다)」등의 부정적인 말이 생략되어 있다고 보면 됩니다.

272 と ★3

~하자, ~하고 나서 〈계기(잇달아 일어남)〉

접속 방법 「동사의 사전형」 + と

① 兄は上着を着ると、だまって出ていきました。
형은 상의를 입더니 곧바로 아무 말도 하지 않고 나갔습니다.

② 次郎は手紙を読み終わると、すぐに返事を書き始めました。
지로는 편지를 다 읽더니 곧바로 답장을 쓰기 시작했습니다.

③ このごろ、マリはうちに帰ってくると、すぐどこかへ電話をかけます。
요즘 마리는 집에 돌아오면 바로 어딘가에 전화를 겁니다.

▶「~と、…」의 형태로, '~의 동작에 이어서 바로 …의 동작을 하는 상태'를 나타냅니다.
▶「~」과「…」의 주어는 동일합니다.
▶「…」에는 말하는 사람(話者)의 의지나 의뢰를 나타내는 문장은 오지 않으니까, 기억하세요.
▶ 예문 ③처럼 문말이 현재형인 경우에는 습관적으로 자주 그렇게 하는 것을 나타냅니다.

273 と

~라고 〈직접화법〉

접속 방법 「정중형・보통형」+ と (※첫 번째 설명 참조)

① 花子さんは「サッカーの試合をはじめて見ました」と言いました。
하나코 씨는 '축구시합을 처음 봤습니다'라고 말했습니다.

② 祖母は「いち、に、さん」と言わないで「ひとつ、ふたつ、みっつ」と数えます。
할머니는 '일, 이, 삼'이라고 하지 않고, '하나, 둘, 셋'이라고 셉니다.

③ 犬は「ワンワン」、ねこは「ニャーニャー」と鳴きます。
강아지는 '멍멍', 고양이는 '야옹야옹'하고 웁니다.

④ あの子はぼくに「こんにちは」って言ったよ。
그 아이는 나에게 '안녕'이라고 했어.

▶ 직접적인 인용을 나타내며, 말한 내용을 그 상태로「　」에 넣어서「と」로 받습니다. 예문 ②, ③처럼「言う」이외의 동사에서도 사용할 수 있습니다.
▶ 회화체 표현에서는 예문 ④처럼「って」를 사용합니다.

쏙쏙 어휘　上着 상의　数える 세다　鳴く (동물이나 새 등이) 울다

274 と

~라고 〈간접화법〉

접속 방법 「보통형」＋ と

① 花子さんはサッカーの試合をはじめて見たと言いました。
하나코 씨는 축구시합을 처음 봤다고 말했습니다.

② 英語の"Thank you."は日本語で「ありがとう」と言います。
영어의 "Thank you"는 일본어로 「ありがとう」라고 합니다.

③ 次郎はお父さんに早く会いたいと手紙に書きました。
지로는 아버지에게 빨리 보고 싶다는 편지를 썼습니다.

④ 今日の漢字の試験は簡単だったと思う。
오늘 한자 시험은 간단했다고 생각한다.

⑤ 初めてコアラを見たとき、かわいいなって思った。
처음으로 코알라를 봤을 때, 귀엽다는 생각을 했다.

- ▶ 간접적인 인용을 나타내며, 말한 내용을 「　」(인용부호)에 넣지 않고 「と」로 받습니다.
- ▶ 직접화법을 간접화법으로 바꿀 때, 정중체로 말하거나 보통형으로 바꾸어 「と」로 받으면 됩니다.
- ▶ 간접화법으로 바꾸면, 인칭의 표현방법이나 시점이 있는 동사 「行く-来る」 등도 변합니다.
  - ◆ マリは「わたしは来週あなたの家に行きます」と言った。
    マリは、来週わたしの家に来ると言った。
    마리는 다음 주에 우리 집으로 오겠다고 했다.
- ▶ 회화체 표현에서는 예문 ⑤처럼 「って」를 사용합니다.

1회 2회 3회

쏙쏙 어휘　初めて 처음으로, 최초로　コアラ 코알라

275 と〜(のに) ★3

~하면 (~할 텐데) 〈사실과 반대되는 가상〉

접속 방법 「보통형의 현재형」+ と〜(のに)

① 伊藤：きのうのパーティーは楽しかったですよ。木村さんも来られるとよかったのに。
어제 파티는 즐거웠어요. 기무라 씨도 오셨으면 좋았을 텐데…….

　木村：そうですか。行けなくて、残念でした。
그래요? 못 가서 저도 아쉬워요.

② 田中さんは、もう少し友だちの意見を聞くといいのに……。
다나카 씨는 조금만 더 친구의 의견을 들으면 좋으련만…….

③ (助手をする人について) もっと経験のある人だとよかったんだけれど。
(조수를 하는 사람에 대해서) 더 경험이 많은 사람이면 좋았을 텐데…….

▶「〜と、…のに / けれど」의 형태로, 「〜と」로 사실과는 다르다는 것을 가정해서 「…」로 실현하지 못한 것에 대해 유감스러움을 진술할 때 사용하는 표현입니다.
▶ 문말에는 「のに・けれど」등의 표현이 자주 옵니다.

참고 たら〜(のに)・ば〜(のに)〈가상〉

쏙쏙 어휘　助手 조수　経験 경험

276 とあいまって

~와 합쳐져서, ~와 섞여서

접속 방법 「명사」 + と相まって

① 彼の才能は人一倍の努力と相まって、見事に花を咲かせた。
그 사람의 재능은 남다른 노력이 더해져 멋지게 꽃을 피웠다.

② 彼の厳しい性格は、社会的に受け入れられなかった不満と相まって、ますますその度合を増していった。
그의 까다로운 성격은 사회적으로 받아들여지지 않았다는 불만과 합쳐져 더욱 그 정도가 심해져 갔다.

③ 日本の山の多い地形が、島国という環境と相まって、日本人の性格を形成しているのかもしれない。
산이 많은 일본의 지형이 섬나라라고 하는 환경과 함께 일본인의 성격을 형성하고 있는지도 모른다.

「~とあいまって」의 형태로, '어떤 사항에 ~라고 하는 다른 사항이 부가되어, 더욱 큰 효과를 낳는다'라는 의미를 나타내는 표현입니다.

쏙쏙 어휘　人一倍 남보다 더한층　受け入れる 받아들이다　増す 불어나다, 늘다　地形 지형

277 とあって

~라서

접속 방법 「명사 / 보통형」+ とあって

① アフリカへ行くのは初めてとあって、会員たちは興奮気味であった。
아프리카에 가는 것은 처음이라 회원들은 흥분 상태였다.

② 夏物の売り出しが始まったが、景気が上向きとあって、商店街の人出は多かった。
여름 제품이 판매되기 시작되었는데 경기가 좋아지고 있어서 상점가에 많은 사람들이 물건을 사러 나왔다.

③ 久しぶりの晴天の休日とあって、山は紅葉を楽しむ人でいっぱいだ。
오랜만에 화창한 휴일이라서, 산은 단풍을 즐기려는 사람들로 꽉 찼다.

④ 苦しい練習を乗り越えての優勝とあって、どの選手の顔も喜びにあふれていた。
힘든 연습을 이겨내고 한 우승이라서 모든 선수의 얼굴은 기쁨으로 넘쳐났다.

「～とあって、…」의 형태로,「～」에서는 특별한 상태나 상황에 대해서 진술하고,「…」에서는 그것이 원인이 되어 일어난 일에 대해 말할 때 사용합니다. 말하는 사람이 관찰한 것을 진술하는 경우가 많으며, 뉴스 등에서 자주 사용하는 표현입니다.

쏙쏙 어휘 売り出し 팔기 시작함 上向き 오름세 人出 인파 晴天 맑은 하늘 乗り越える 극복하다

278　とあれば ★1

～라면, ～라고 한다면

접속 방법　「명사」＋ とあれば

① 子どもの教育費とあれば、多少の出費もしかたがない。
아이들의 교육비라면 다소 돈이 나가는 것은 어쩔 수가 없다.

② 彼は人柄がいいから、彼のためとあれば協力を惜しまない人が多いだろう。
그 사람은 인품이 좋기 때문에 그 사람을 위해서라면 협력을 아끼지 않을 사람이 많을 것이다.

▶ 「～とあれば」의 형태로 '～을 위해서라면 그것은 필요하다, 받아들일 수 있다'라고 말하고자 할 때 사용합니다.
▶ 관용적으로 「～ためとあれば」의 형태로 사용되는 경우가 많으며, 뒤에는 의뢰나 권유의 문장은 오지 않으니까 주의하세요.

1회　2회　3회

쏙쏙 어휘　教育費 교육비　多少 다소　人柄 인품, 사람됨　惜しむ 아까워하다

279 といい ★4

~면 좋겠다 〈희망〉

접속 방법 「보통형의 현재형」 + といい

① （スポーツ大会の前日） A：あした、雨が降らないといいですね。
　　　　　　　　　　　　　　내일 비 안 왔으면 좋겠네요.

　　　　　　　　　　　　　B：そうですね。いい天気になるといいですね。
　　　　　　　　　　　　　　그러게요. 날씨가 좋았으면 좋겠어요.

② A：赤ちゃんができたんだって？ おめでとう。男の子と女の子と
　　どっちがいい？ 아기가 생겼다며? 축하해. 아들하고 딸하고 어느 쪽이 좋아?

　　B：そうだなあ。今度は女の子だといいな。 글쎄. 이번에는 딸이면 좋겠어.

③ 学校がもうちょっと駅から近いといいんだけど。
　　학교가 역에서 조금만 더 가까우면 좋겠는데.

④ 正月には国へ帰れるといいなあ。 정월에는 고향에 돌아갈 수 있었으면 좋겠어.

▶ 그렇게 되기를 바란다고 하는 희망이나 바람을 전할 때에 사용하는 표현으로, 문말에는 감탄의 기분을 나타내는「なあ」를 붙이는 경우가 많습니다.
▶ 실현하기 어렵다고 느끼고 있는 경우에는 예문 ③처럼 문말에「けど・のに・が」등을 붙이는 경우가 많습니다.
▶「〜といい」의「〜」에는 말하는 사람(話者)의 의지를 내포한 말은 사용하지 않으니까, 다음 예문을 통해 잘 기억해 두세요.
　　◆ (×) 正月には国へ帰るといいなあ。
▶「たらいい・ばいい」와 서로 교환해서 사용할 수 있습니다.

　　　　　　　　　　　　　　참고 たらいい〈희망〉・ばいい〈희망〉

쏙쏙 어휘　大会 대회　正月 정월

280 といい ★4

~하면 좋다 〈권유〉

접속 방법 「동사의 사전형」＋ といい

① 眠れないときは、ちょっとお酒を飲むといい。
  잠이 안 올 때는 술을 조금 마시면 좋다.

② 海外旅行には、軽い電子辞書を持っていくといい。
  해외여행에는 가벼운 전자사전을 가지고 가면 좋다.

③ この結婚式場は夏ならすいているから、夏に式を挙げるといいですよ。
  이 예식장은 여름에는 붐비지 않으니까, 여름에 식을 올리면 좋습니다.

④ クリーニング屋なら、A店に行くといいです。サービスがいいから。
  세탁소라면 A가게로 가면 좋아요. 서비스를 잘 해주니까요.

▶ '그렇게 하는 것이 좋은 생각이다'라는 의미를 나타내며, 다른 사람에게 권유하거나 제안하거나 조언할 때 사용하는 표현입니다.

▶ 같은 의미의 표현으로는 「〜たらいい・〜ばいい」가 있습니다.

▶ 「どうするのが適切か」로 질문하는 경우에는 「どうするといいか」는 사용할 수 없으며, 「どうしたらいいか」나「どうすればいいか」를 사용합니다.

  ◆ (×) 眠れないとき、どうするといいですか。
    (○) 眠れないとき、どうしたらいいですか。
    잠이 오지 않을 때, 어떻게 하면 됩니까?

▶ 무언가를 하지 않도록 권유하는 경우에는 「동사의 ない형 + 方がいい」를 사용합니다.
  ◆ (×) しないといい。　(○) しない方がいい。 하지 않는 편이 좋다.

참고 たらいい〈권유〉・ばいい〈권유〉

쏙쏙 어휘　電子辞書 전자사전　式を挙げる 식을 올리다　クリーニング屋 세탁소

281 といい〜といい ★1

~도 좋고 ~도 좋고, ~도 그렇고 ~도 그렇고

접속 방법 「명사」+ といい +「명사」+ といい

① デザインといい色といい、彼の作品が最優秀だと思う。
디자인도 그렇고 색깔도 그렇고, 그 사람의 작품이 제일 우수하다고 생각한다.

② 頭のよさといい気のやさしさといい、彼はリーダーとしてふさわしい人間だ。
머리 좋은 것도 그렇고 마음씨 착한 것도 그렇고, 그 사람은 리더로서 적합한 사람이다.

③ リーさんといいラムさんといい、このクラスにはおもしろい人が多い。
이 씨도 그렇고 람 씨도 그렇고, 이 클래스에는 재미있는 사람이 많다.

④ 額の広いところといいあごの四角いところといい、この子は父親にそっくりだ。
이마가 넓은 것도 그렇고 턱이 네모난 것도 그렇고, 이 아이는 아빠랑 똑같이 생겼다.

어떤 사항에 대해서 몇 가지 예를 들어 '어떤 점에서 보더라도 ~이다'라는 뜻의 말하는 사람(話者)의 평가를 말하고자 할 때 사용하는 표현입니다.

1회 2회 3회

쏙쏙 어휘 リーダー 리더, 지도자   額 이마   あご 턱   四角 사각   そっくり 꼭 닮은 모양

282 という

~라고 하다, ~라고 부르다 〈이름 소개〉

접속 방법　「명사」+ という

① この花の名前は「スミレ」といいます。
　　이 꽃의 이름은 '제비꽃'입니다.

② A : 会長さんは何というお名前ですか。
　　회장님은 성함이 어떻게 되시죠?

　B : 会長は木村といいます。
　　회장님 성함은 기무라입니다.

③ はじめまして。前田と申します。
　　처음 뵙겠습니다. 마에다라고 합니다.

④ わたし「ちあき」っていうの。どうぞ、よろしく。
　　나 '치아키'라고 해. 잘 부탁해.

▶ 사람이나 물건의 명칭을 말할 때 사용하는 표현입니다.
▶ 예문 ③의「と申します」는「という」의 겸손한 표현입니다.
▶ 예문 ④처럼 회화체에서는「っていう」를 사용합니다.

참고　って〈이름〉

1회　2회　3회

쏙쏙 어휘　スミレ 제비꽃　会長 회장(님)

283 という

~라는, ~라고 하는 〈이름〉

★4

| 접속 방법 | 「명사」 + という |

① むかしむかし、桃太郎という男の子がいました。
   옛날 옛날에 모모타로라고 하는 남자 아이가 있었습니다.

② 山口県の萩という所へ行ってきました。
   야마구치 현의 하기라고 하는 곳에 다녀왔습니다.

③ わたしは小林というものですが、ラヒムさんという方はいらっしゃいませんか。
   저는 고바야시라고 하는 사람인데요, 라힘 씨라는 분 안 계십니까?

④ ニュージーランドの「キウイ」っていう鳥はとてもかわいいです。
   뉴질랜드의 '키위'라고 하는 새는 굉장히 귀엽습니다.

- 「~という + 명사」의 형태로, 잘 모르는 사람이나 물건 또는 장소의 명칭을 말할 때 사용합니다.
- 회화체에서는 예문 ④처럼 「っていう」의 형태가 되며, 허물없는 사이에서는 「って + 명사」로 쓰입니다.

참고 って〈이름〉

쏙쏙 어휘　むかしむかし 옛날 옛적　キウイ 키위(뉴질랜드 삼림에 사는 새)

284 という

~라고 하는 〈내용 설명〉

접속 방법 「보통형」 + という

① 母から来月日本へ来るという手紙が来ました。
엄마한테 다음 달에 일본에 온다는 편지가 왔습니다.

② 兄から結婚するという知らせが来た。
형으로부터 결혼한다는 소식이 왔다.

③ 日本では少子化がもっと進むだろうという記事を読んだ。
일본은 저출산 문제가 더욱 심각해질 것이라는 기사를 읽었다.

④ この学校には、生徒は髪を染めてはいけないっていう規則があるんだ。
이 학교에는 학생은 머리를 염색해서는 안 된다고 하는 규칙이 있어.

▶ 「~という + 명사」의 형태로, 명사의 내용을 설명할 때 사용하는 표현입니다. 명사는 전화 · 알림 · 기사 등의 정보지식 이외에, 규칙, 의견, 사건 등의 내용을 설명하는 경우에도 사용합니다.

▶ 회화체에서는 예문 ④처럼 「っていう」나 「って」의 형태로 쓰입니다.

1회 2회 3회

쏙쏙 어휘　少子化 저출산 문제　髪を染める 머리를 염색하다　規則 규칙

285 というか~というか

~라고 해야 할지 ~라고 해야 할지 ★2

접속 방법 「명사 / 보통형 (な형용사의 어간/ 명사)」+ というか
+ 「명사 / 보통형 (な형용사의 어간/ 명사)」+ というか

① A : 山の方に別荘をお持ちなんですって。
산에 별장 있으시다면서요.

B : ええ、まあ、別荘というか小屋というか、たまに週末を過ごしに行くだけなんですがね。
네, 뭐 별장이라고 해야 할지 오두막이라고 해야 할지, 가끔 주말을 보내러 가는 것뿐인 걸요.

② わたしが子どものころ住んでいた所には、川というか小川というかきれいな流れがあって、そこでよく魚をとって遊んだものです。
제가 어릴 적에 살던 곳에는 강이라고 해야 하나 냇물이라고 해야 하나 잘 모르겠지만 맑은 물이 흐르고 있었는데, 거기서 자주 물고기를 잡으며 놀곤 했습니다.

③ この店の従業員は親切というかよく気がつくというか、とにかくみんな感じがいい。
이 가게 종업원은 친철하다고 해야 하나 눈치가 빠르다고 해야 하나 어쨌든 느낌이 좋다.

화제가 되고 있는 사항에 대해서, 한 마디로 단정 짓는 것을 피해서 이런 저런 말로 바꾸어서 설명할 때 사용하는 표현입니다.

쏙쏙 어휘 別荘 별장   小川 시내, 실개천   気がつく 어떤 것에 생각이 미치다, 정신이 들다

286 ということだ
~라고 한다 〈전문〉

접속 방법 두 번째 설명 참조

① 今は田畑しかないが、昔はこの辺りが町の中心だったということだ。
지금은 논밭 밖에 없지만, 옛날에는 이 주변이 마을의 중심이었다고 한다.

② 新聞によると、あの事件はやっと解決に向かったとのことです。
신문에 의하면 그 사건은 드디어 해결 방향이 잡혔다고 합니다.

③ 大統領の来日は今月10日ということだったが、来月に延期されたそうだ。また、今回は夫人は同行しないだろうとのことだ。
대통령의 일본 방문은 이번 달 10일이라고 했었는데, 다음 달로 연기되었다고 한다. 또한 이번에는 부인은 동행하지 않을 거라고 한다.

④ お手紙によると、太郎君も来年はいよいよ社会人になられるとのこと、ご活躍を心から祈っています。
보내 주신 편지에 의하면 타로 내년에는 드디어 사회인이 된다고 하는데, 부디 큰 활약하시길 마음 속으로 빌겠습니다.

▶ 타인의 말을 전달하는 표현입니다.
▶ 전문의「そうだ」가 보통형 만을 수식하지만,「ということだ」는 기본적으로 보통형에 이어집니다. 직접적인 인용이라고 하는 느낌이 강하므로, 명령이나 예문 ③처럼 추측의 형등도 옵니다. 또한, 「~ということだった」라고 하는 과거형도 있습니다. 예문 ②~④처럼「とのことだ」도 의미와 용법은 같습니다.
▶ 예문 ④처럼「とのこと」는 특히 서간문(편지)에서「~だそうですが」의 의미로 쓰입니다.

1회 2회 3회

쏙쏙 어휘 田畑 논밭   来日 일본으로 옴   祈る 빌다, 기원하다

287 ということだ

~이다, ~라는 것이다 〈결론〉

접속 방법 두 번째 설명 참조

① 社長は急な出張で今日は出社しません。つまり、会議は延期だということです。
사장님은 갑자기 출장을 가게 되어서 오늘은 회사에 오시지 않습니다. 다시 말하면, 회의는 연기됐다는 거죠.

② 山田さんはまだ来ていませんか。つまり、また遅刻ということですね。
야마다 씨 아직 안 왔어요? 결국 또 지각이라는 거네요.

③ 係の人:明日は特別の行事のため、この駐車場は臨時に駐車禁止になります。
내일은 특별 행사 때문에 이 주차장은 임시로 주차할 수 없게 됩니다.

客 : ということは、つまり車では来るなということですね。
그 말은 곧 차를 가지고 오지 말라는 말이군요.

▶ 어떤 사실을 받아서 그로부터 '즉 ~이다'라는 결론을 이끌어내거나, 그에 대한 해석을 진술할 때 사용하는 표현입니다. 예문 ③은 상대방이 말한 것을 받아서, 상대방에게 확인할 때 사용합니다.

▶ 접속은 기본적으로는 보통형에 붙지만 말하는 사람이 그때 그때 진술하는 해석이나 결론이 연결되므로, 여러 가지 형태에 이어집니다.

ということは ➡ というものは 317

쏙쏙 어휘 行事 행사 臨時 임시

288 ということ
~라고 하면〈연상〉

접속 방법 「명사 / 보통형」+ というと

① この町に新しく病院ができた。病院というとただ四角いだけの建物を想像するが、この病院はカントリーホテルという感じのものだ。

이 마을에 새로 병원이 생겼다. 병원이라고 하면 단지 네모나기만 한 건물을 상상하는데, 이 병원은 컨트리 호텔의 느낌이 나는 건물이다.

② わたしは草花研究会で野草の研究をしています。研究をしているというと難しいことを想像するでしょうが、野や山を歩いて野草の観察をするんです。

저는 화초 연구회에서 야생풀에 대한 연구를 하고 있습니다. 연구를 한다고 하면 어려운 것을 상상하시겠지만, 산과 들을 걸으면서 야생풀을 관찰하는 것입니다.

③ 小学校というと大勢の子どもたちや広い校庭がまず頭に浮かぶでしょうが、わたしの通った小学校は山の中の小さな寺のようなものでした。

초등학교라고 하면 많은 아이들이나 넓은 교정이 우선 머릿 속에 떠오르시겠지만, 제가 다닌 초등학교는 산 속의 작은 절 같은 그런 곳이었습니다.

어떤 일을 화제로 하여 바로 떠오르는 이미지를 말할 때 사용하는 표현입니다.

1회 2회 3회

쏙쏙 어휘   想像する 상상하다   カントリー 컨트리, 시골   混雑 혼잡함   校庭 교정   浮かぶ 떠오르다

289 というと

~라면, 그렇다면 〈확인〉

접속 방법 두 번째 설명 참조

① A：林さんが結婚したそうです。あいさつ状が来ました。
   하야시 씨가 결혼했다고 합니다. 인사장이 왔습니다.

   B：林さんというと、前にここの受付をしていた林さんのことですか。
   하야시라고 하면 전에 여기서 접수 보던 하야시 씨를 말하는 거예요?

② A：リーさんは荷物を整理して、もう国へ帰りました。
   이 씨는 짐을 정리해서 벌써 고국으로 돌아갔습니다.

   B：帰ったというと、もう日本には戻らないということでしょうか。
   돌아갔다는 말은 이제 일본에는 돌아오지 않는다는 뜻입니까?

③ A：ヤンさんの家族は今3人ですよ。
   양 씨 가족은 지금 세 명이에요.

   B：というと、赤ちゃんが生まれたのですね。
   그 말은 즉, 아기가 태어났다는 얘기군요.

▶ 상대방이 한 말을 받아 그것이 자기가 생각하고 있는 내용과 같은지를 확인할 때 사용하는 표현입니다.
▶ 접속은 예를 들려고 하는 말에 그대로 이어지는 경우가 많습니다.
▶ 예문 ③처럼「というと」의 앞을 생략해서 접속사로 사용하는 경우도 있습니다.

1회 2회 3회

というと ➡ はというと 522

쏙쏙 어휘 整理する 정리하다

290 というところだ ★1
~라고 하는 정도이다

접속 방법 「명사」 + というところだ

① 来年度わたしがもらえそうな奨学金はせいぜい5万円というところだ。
내년도에 내가 받을 수 있을 것 같은 장학금은 기껏해야 오만 엔 정도이다.

② わたしが作れる料理ですか。そうですねえ。卵焼き、みそ汁といったところです。
제가 할 줄 아는 요리요? 글쎄요. 달걀 부침이나 된장국 정도예요.

③ 毎日の睡眠時間？ だいたい6時間といったところです。
매일 몇 시간 자냐구요? 보통 6시간 뭐 그 정도 자요.

'기껏해야 ~다, 아무리 좋아도 ~다, ~이상은 아니다'라고 말하고자 할 때 사용하는 표현으로, 그리 많지 않다고 생각할 수 있는 수량이나, 가볍게 느껴지는 말에 접속합니다. 예문 ②, ③의 「といったところだ」와도 의미와 용법은 같습니다.

1회 2회 3회

쏙쏙 어휘　奨学金 장학금　卵焼き 달걀 부침　みそ汁 된장국　睡眠 수면

291 というのは

~라고 하는 것은, ~란

접속 방법 「명사」+ というのは

① 教育ママというのは自分の子どもの教育に熱心な母親のことです。
   교육 엄마라고 하는 것은 자기 아이 교육에 열심인 엄마를 말합니다.

② 「いたしかたがない」というのはどういう意味ですか。
   「いたしかたがない」라고 하는 것은 어떤 의미입니까?

③ パソコンで「上書き保存」というのは訂正した文書を保存するという意味です。
   컴퓨터로 '덮어쓰기 보존'이라는 것은 정정한 문서를 보존한다는 의미입니다.

④ A: 空梅雨って何ですか。
   마른 장마란 게 뭐예요?
   B: 空梅雨っていうのは、ほとんど雨が降らない梅雨のことだよ。
   마른 장마라는 것은 거의 비가 오지 않는 장마를 말하는 거야.

▶ 어떤 어구의 의미나 정의를 말할 때 사용하며, '~라고 하는 것은 …이다, …라고 하는 뜻이다'라는 형태를 취하는 경우가 많습니다. 「とは」와 의미, 용법은 같지만, 「とは」보다 회화체적인 표현입니다.
▶ 허물없는 사이의 대화에서는 「っていうのは・って」라는 형태로 쓰입니다.

참고 って〈주제〉・とは〈주제〉

쏙쏙 어휘 上書き 표서, 겉에 씀   空梅雨 장마철에 비가 오지 않음

292 というもの ★1
~라고 하는 긴 시간동안

접속 방법 「시간을 나타내는 말」 + というもの

① 結婚して以来30年というもの、刺激に満ちた楽しい日々であった。
결혼한 이래 30년이라고 하는 긴 시간은 자극으로 가득찬 즐거운 나날이었다.

② 地震が起こって以来、この5日というもの食事らしい食事は1度もしていない。
지진이 일어난 이래 요 5일간은 식사다운 식사는 한 번도 못 했다.

③ 彼は山の中で迷ってしまい、12時間というもの何も食べないでぐったりしているところを救援隊に救われた。
그는 산 속에서 길을 잃고 12시간씩이나 아무것도 못 먹고 축 늘어져 있던 바로 그 때 구조대에 의해 구출되었다.

④ 突然子どもがいなくなって以来のこの10年というものは、わたしにとっていつも霧の中をさ迷っているような気分だった。
갑자기 아이가 사라진 이래 근 10년이란 세월은 나에게 있어서 언제나 안개 속을 헤매고 있는 듯한 기분이었다.

기간이나 시간을 나타내는 말에 붙어서 상당히 오래된 시간임을 감정을 넣어서 표현할 때 사용하며, 뒤에는 계속을 나타내는 문장이 옵니다. 「というもの」에 「は」가 붙으면, 보다 감탄적인 표현이 됩니다.

1회 2회 3회

쏙쏙 어휘 刺激 자극 満ちる 마음이나 감정이 가득차 있다 ぐったり 녹초가 됨, 축 늘어짐 霧 안개

293 というものだ ★2

~라고 할 수 밖에 없다

접속 방법 「보통형 (な형용사의 어간/ 명사)」+ というものだ

① 親が子どもの遊びまでうるさく言う……。あれでは子どもがかわいそうというものだ。
부모가 아이 노는 것까지 일일이 잔소리를 하니……. 저래서는 아이가 불쌍하다고 밖에 할 수 없다.

② あの議員は公費で夫人と私的な海外旅行をした。それはずうずうしいというものだ。
저 의원은 공비로 부인과 사적으로 해외여행을 했다. 그것은 뻔뻔하다고 밖에 할 수가 없다.

③ 困ったときには助けるのが真の友情というものでしょう。
힘들 때 돕는 게 바로 진정한 우정이라는 거겠죠.

④ 長い間の研究がようやく認められた。努力のかいがあったというものだ。
오랜 시간 동안 해 온 연구가 드디어 인정받았다. 노력한 보람이 있었다고 밖에 달리 할 말이 없다.

▶ 말하는 사람이 어떠한 사실을 보고, 그에 대한 감상이나 비판을 단정적으로 말할 때 사용하는 표현입니다.
▶ 과거형이나 부정형은 없으며, 항상 「というものだ」의 형태를 취합니다.

1회 2회 3회

쏙쏙 어휘 公費 국가 공공단체 등의 비용   ずうずうしい 뻔뻔스럽다, 낯두껍다

294 というものではない ★2

항상 ~라고는 할 수 없다

접속 방법 「보통형」 + というものではない

① 楽器は習っていれば自然にできるようになるというものではない。
練習が必要だ。

악기는 배우면 저절로 연주할 수 있게 되는 것이 아니다. 연습이 필요하다.

② 会議では何を言うかが大切だ。ただ出席していればいいというものではない。

회의에서는 무엇을 말할 것인지가 중요하다. 단지 출석만 하면 되는 것이 아니다.

③ 鉄道は速ければいいというものでもありません。乗客の安全が第一です。

철도는 빠르다고 좋은 것이 아닙니다. 승객의 안전이 제일 중요합니다.

④ まじめな人だから仕事ができるというものでもない。

성실한 사람이라고 일을 잘 한다고는 말할 수 없다.

▶ '항상 반드시 ~라고 할 수는 없다'라고 말하고자 할 때 사용하며, 어떤 주장이나 생각이 반드시 맞는다고 할 수만은 없다고 강경하게, 또는 부분적으로 부정하는 표현입니다.
▶ 예문 ②, ③처럼 「~ばいいというものでは(も)ない」라는 형태로 자주 사용됩니다.

1회 2회 3회

というものでもない ➡ というものではない 316

쏙쏙 어휘　楽器 악기　鉄道 철도

295 というものは ★2
~라고 것은, ~라고 하는 것은

접속 방법 「명사」+ というものは /「보통형」+ ということは

① 親というものはありがたいものだ。
부모라는 존재는 정말이지 고마운 존재이다.

② 外国で一人で暮らす大変さというものは、経験しないとわからない。
외국에서 혼자 생활하며 겪는 고생은 경험해 보지 않으면 알 수 없다.

③ ふるさとというものは遠く離れるといっそう懐かしくなる。
고향이라고 하는 것은 멀리 떨어져 있으면 한층 더 그리워진다.

④ 社会を変えるということは大変なことだ。
사회를 바꾼다는 것은 힘든 일이다.

⑤ 体が丈夫だということはありがたいことだと思っています。
몸이 튼튼하다는 것은 감사한 일이라고 생각합니다.

⑥ 自由時間が十分にあるってことはほんとうにいいことだ。
자유시간이 충분히 있다는 것은 정말 좋은 일이다.

- ▶ 본질이나 보편적인 성질에 감정을 넣어서 이야기하기 위해 어떤 일을 화제로 채택할 때 사용하며, 뒤에는 말하는 사람의 감상, 감회 등을 나타내는 문장이 옵니다.
- ▶ 명사를 받는 경우에는 예문 ① ~ ③처럼 「というものは」, 문장을 받을 경우에는 예문 ④ ~ ⑥처럼 「ということは」의 형태가 됩니다.
- ▶ 허물없는 대화에서는 예문 ⑥처럼 「ってことは」, 「って」의 형태가 됩니다.

쏙쏙 어휘 ふるさと 고향 懐かしい 그립다

296 というより ★3

~라기 보다, ~라고 하기 보다

접속 방법 두 번째 설명 참조

① コンピューターゲームは子どものおもちゃというより、今や大人向けの一大産業となっている。
컴퓨터 게임은 아이들의 장난감이라기보다, 오늘날에는 성인을 대상으로 하는 하나의 큰 산업이 되었다.

② A：この辺はにぎやかですね。 이 주변은 참 번화하네요.
   B：にぎやかというより、人通りや車の音でうるさいくらいなんです。
   번화라기보다, 지나다니는 사람들과 차 소리로 시끄러울 정도예요.

③ 子ども：選挙で投票するというのは、国民の義務なんでしょう。
   선거에서 투표한다고 하는 건, 국민의 의무잖아.
   父親：義務というよりむしろ権利なんだよ。
   의무라기보다는 오히려 권리라고 할 수 있지.

④ 部下：やはり田中さんにあいさつに行った方がいいでしょうか。
   역시 다나카 씨께 인사 드리러 가는 편이 좋을까요?
   課長：というより、行かなければならないでしょうね。
   가는 편이 좋다기보다는 꼭 가야만 할 거예요.

▶ 어떤 일에 대해 표현하거나 판단할 때, '~라고 하기보다, (말을 바꾸어서) ~라고 하는 편이 좋다'고 말할 때 사용하는 표현입니다.

▶ 접속은 화제로 삼으려고 하는 말에 그대로 이어지는 경우가 많습니다. 예문 ④는 화제로 삼으려고 하는 내용을 생략해서, 접속사적으로 사용한 것입니다.

1회 2회 3회

쏙쏙 어휘　一大 일대(명사 앞에 붙어 중요함을 나타냄)　人通り 사람의 왕래

297 といえども ★1

비록 ~라고 하더라도

접속 방법 「명사 / 보통형」 + といえども

① 高齢者といえども、まだまだ意欲的な人が大勢いる。
고령자라고는 해도 아직 의욕적인 사람이 많이 있다.

② 副主任といえども、監督者なら事故の責任は逃れられない。
부주임이라 하더라도 감독자라면 사고 책임으로부터 벗어날 수 없다.

③ 彼は暴力で友だちから金を取り上げるということをしたのだから、未成年といえども罰を受けるべきだ。
그는 폭력을 사용해서 친구한테 돈을 빼앗는 행위를 했으므로, 미성년자라고는 해도 벌을 받아야만 한다.

▶ 극단적인 입장에 놓인 사람이나 사물, 경우를 예를 들어「~であっても・~と言っても」라고 하여, 이로 인해 발생하는 특징이나 인상에 반대하는 것을 진술할 때 사용하는 표현입니다.
▶ 딱딱한 문어체 표현입니다.

1회 2회 3회

쏙쏙 어휘 逃れる 벗어나다, 면하다   取り上げる 빼앗다, 징수하다   罰を受ける 벌을 받다

319

298 といえども～ない ★1

~조차도, ~라고 하더라도

접속 방법　「1 + 조수사」 + といえども～ない

① 日本は物価が高いから、1円といえども無駄に使うことはできない。
일본은 물가가 비싸기 때문에 단 일 엔이라도 낭비할 수는 없다.

② わたしは1日といえども仕事を休みたくない。
나는 단 하루라도 일을 쉬고 싶지 않다.

③ 熱帯雨林に住む動物たちの中には、森を離れたら1日といえども生きられない動物がいるそうだ。
열대우림에 사는 동물들 중에는 숲을 떠나서는 단 하루도 살아갈 수 없는 동물이 있다고 한다.

「1 + 조수사 + といえども～ない」의 형태로, 최저 단위를 예로 들어서 「1～も～ない」라고 강한 완전 부정을 나타내는 표현입니다. 약간 고어(故語) 체이며, 비슷한 표현으로는 「たりとも～ない」가 있습니다.

참고　たりとも～ない

1회　2회　3회

쏙쏙 어휘　熱帯雨林 열대우림　森 숲

299 といえば ★2

~라고 하면, ~라고 한다면

접속 방법   두 번째 설명 참조

① 今年は海外旅行をする人が多かったそうです。海外旅行といえば、来年みんなでタイへ行く話が出ています。

올해는 해외여행을 하는 사람이 많았다고 합니다. 해외여행 하니까 생각났는데, 내년에 다같이 태국에 가자는 이야기가 나오고 있습니다.

② A : 娘の専門は幼児教育なんですよ。子どもが好きなんです。

딸 아이는 유아 교육을 전공했어요. 아이를 예뻐해요.

B : そうですか。幼児教育といえば、うちの近くに新しい幼稚園ができたんですよ。

그래요? 유아 교육하니까 생각났는데, 저희 집 근처에 유치원이 새로 생겼어요.

③ A : きのうの台風はすごかったねえ。記録的な大雨だったようですよ。

어제 태풍 엄청났지요. 기록적으로 많은 비가 왔다는 것 같아요.

B : 記録的っていえば、今年の暑さも相当でしたね。

기록적이란 말을 들으니까 생각났는데, 올해 더위도 상당했지요.

▶ 그 자리에 누군가가 화제로 한 것, 또는 자기 마음속에 떠오른 사항을 예를 들어서 화제로 삼을 때 사용하는 표현입니다.
▶ 접속은 화제로 하려고 하는 말에 그대로 이어지는 경우가 많습니다.
▶ 허물없는 사이의 대화에서는 예문 ③처럼 「っていえば」의 형태가 됩니다.

1회 2회 3회

쏙쏙 어휘   記録的 기록적   相当 상당함, 굉장함

300 といった ★2

~라는, ~라고 하는

접속 방법 「명사」+ といった

① インド料理やタイ料理といった南の国の食べ物には辛いものが多い。
인도 음식이나 태국 음식 같은 남쪽 나라 음식 중에는 매운 음식이 많다.

② 駅とかレストランとかいった所では、全面禁煙が望ましい。
역이라든지 레스토랑이라든지 하는 장소에서는 전면적으로 금연을 실시하는 것이 바람직하다.

③ うちの祖父母はパソコンとかデジタルカメラといった機械が大好きだ。
우리 할머니 할아버지는 컴퓨터라든지 디지털카메라 같은 기계를 굉장히 좋아한다.

▶ 「~といった + 명사」의 형태로, 어떤 사항에서 같은 종류의 구체적인 예를 몇 가지 들고자 할 때 사용하는 표현입니다. 「とか~とか」와 의미 · 용법이 같습니다.

▶ 「~とか~と(か)いった」의 형태로 사용하는 경우가 많으니까, 잘 알아 두세요.

참고 とか~とか

といったところだ ➡ というところだ 312

쏙쏙 어휘 全面 전면   望ましい 바람직하다   大好きだ 아주 좋아하다

301 といったら ★2

~로 말할 것 같으면

접속 방법 「명사」 + といったら

① あの学生のまじめさといったら、教師の方が頭が下がる。
그 학생의 성실함에는 교사의 고개가 수그러지게 된다.

② 広いキャンパスや市民開放のプールなど、この大学の施設といったら驚くものばかりです。
넓은 캠퍼스나 시민 개방 수영장 등. 이 대학 시설은 놀랄만한 것들뿐입니다.

③ 山の中の一軒家にたった一人で泊まったんです。あのときの怖さといったら、今思い出してもゾッとします。
산속 외딴집에서 혼자 묵었습니다. 그때 느낀 공포란 지금 생각해도 소름이 끼칩니다.

④ この夏の暑さといったらひどかった。観測史上最高だったそうだ。
올 여름 더위는 정말 지독했다. 관측사상 최고였다고 한다.

놀라거나 질림, 감동하는 등의 느낌을 가지고 그 느낌의 정도를 화제로 삼아서 말할 때 사용하는 표현입니다.

1회 2회 3회

といったらありはしない ➡ といったらない 324
といったらありゃしない ➡ といったらない 324

쏙쏙 어휘 頭が下がる 고개가 수그러지다   一軒家 외딴집   ゾッと 추위나 두려움으로 소름이 끼치는 모양

323

302 といったらない ★1
~은 말로 다 할 수 없다

접속 방법 「い형용사의 사전형 / 명사」 + といったらない

① この仕事は毎日毎日同じことの繰り返しだ。つまらないといったらない。
이 일은 매일매일 똑같은 일을 반복해야 한다. 그 지겨움이란 말로 다 표현할 수가 없다.

② 海を初めて見たときの感激といったらなかった。今でもよく覚えている。
바다를 처음 봤을 때의 감격이란 이루 다 말로 표현할 수 없다. 지금도 선명히 기억하고 있다.

③ 外国で一人暮らしを始めたときの心細さといったらありはしない。
외국에서 혼자 살기 시작했을 때의 적적함이란 이루 다 말로 표현할 수가 없다.

④ となりの人は大きな音でロックを聴く。うるさいといったらありゃしない。
옆 방 사람은 큰 소리로 락 음악을 듣는다. 그 소음이란 말로 다 표현할 수가 없다.

⑤ 弟の部屋の汚さったらない。3日前に使った食器がそのままおいてある。
동생 방이 지저분한 건 말로 표현할 수가 없을 정도이다. 3일 전에 사용한 그릇이 그대로 놓여 있다.

▶ 「~といったらない」의 형태로, 「~」의 정도가 극단적이라고 말하고자 할 때 사용하는 표현으로, 긍정적, 부정적 의미에서 모두 사용할 수 있습니다.

▶ 예문 ③ ~ ⑤의 「といったらありはしない・といったらありゃしない・ったらない」는 「といったらない」와 거의 비슷한 의미이지만, 이것은 부정적 의미에서만 사용한다는 것을 기억해 두세요.

▶ 예문 ④의 「といったらありゃしない」, ⑤의 「ったらない」는 허물없는 사이에서 사용하는 표현입니다.

쏙쏙 어휘 繰り返す 되풀이하다 感激 감격 心細い 허전하다, 불안하다 ロック 락

303 といっても ★3

~라고는 해도

접속 방법 「명사 / 보통형」＋ といっても

① わたしの住んでいる所はマンションといっても9戸だけの小さなものです。
제가 살고 있는 곳은 맨션이라고 해 봤자, 아홉 집밖에 없는 조그마한 집입니다.

② 旅費は高いといっても払えない額ではなかった。
여행비가 비싸다고 해 봤자, 지불할 수 없을 만큼의 금액은 아니었다.

③ アフリカで暮らしたことがあるといっても、実は1か月だけなんです。
아프리카에서 생활한 적이 있다는 해도, 실은 딱 한 달 산 거예요.

④ 彼はロシア語ができるといっても日常会話だけで、読み書きはできない。
그 사람은 러시아어를 할 수 있다고는 해도, 일상 회화뿐이고 읽고 쓰는 것은 못 한다.

⑤ わたしは日本人だといっても外国育ちだから漢字はほとんど読めないんです。
저는 일본인이기는 하지만 외국에서 자랐기 때문에 한자는 거의 못 읽습니다.

「~といっても、…」의 형태로, '~로 부터 예상되는 것과 달리, 실제로는 …'라고 실태에 대한 설명을 할 때 사용하는 표현입니다.

쏙쏙 어휘 旅費 여행 경비 読み書き 읽고 쓰기 ~育ち ~에서 자람, 또는 그런 사람

304 　といわず～といわず ★1
～도 ～도, ～도 그렇고 ～도 그렇고

접속 방법　「명사」＋といわず＋「명사」＋といわず

① 彼の部屋は机の上といわず下といわず、紙くずだらけです。
그 사람 방은 책상 위아래 할 것 없이 종이 조각투성이입니다.

② 手といわず足といわず、子どもは体中どろだらけで帰ってきた。
손발 할 것 없이 아이는 몸 전체가 진흙투성이가 되어 집에 돌아왔다.

③ 新聞記者の山田さんは国内といわず海外といわずいつも取材で飛び回っている。
신문 기자인 야마다 씨는 국내외 할 것 없이 언제나 취재 때문에 돌아다니고 있다.

④ 母はわたしのことが心配らしく、昼といわず夜といわず電話してくるので、ちょっとうるさくて困る。
엄마는 나를 걱정해서 밤낮 할 것 없이 전화를 걸어 와서 좀 귀찮고 곤란하다.

몇 가지 예를 들어서, '～도 ～도 구별 없이 어디라도(언제라도, 어느 것이라도, 모두 등)'라는 의미를 강조하고 싶을 때 사용하는 표현입니다.

とおして ➡ をとおして 647-648

쏙쏙 어휘　くず 부스러기, 쓰레기　体中 온몸　飛び回る 분주하게 돌아다니다

305 とおもいきや

~라고 생각했는데

접속 방법 세 번째 설명 참조

① 父は頑固だから兄の結婚には反対するかと思いきや、何も言わずに賛成した。
아버지는 완고하기 때문에 형 결혼에는 반대할 줄 알았는데, 아무 말도 없이 찬성했다.

② 彼はマリに会いたがっていたから、帰国したらすぐに彼女のところに行くかと思いきや、なかなか行かない。どうしたんだろう。
그 사람은 마리를 보고 싶어 했기 때문에 귀국하면 바로 그녀한테 갈 거라고 생각했는데 좀처럼 가지를 않는다. 어떻게 된 걸까.

③ お兄さんが大酒飲みだから彼もたくさん飲むのだろうと思いきや、1滴も飲めないんだそうだ。
형이 술을 아주 많이 마시기 때문에 그 사람도 많이 마실 줄 알았는데, 한 방울도 못 마신다고 한다.

▶ 「~とおもいきや」의 형태로, '일반적으로 예상을 하면 ~이지만, 이 경우는 ~가 아니었다'라고 의외의 기분을 나타낼 때 사용합니다.
▶ 약간 예스러운 표현이지만 가벼운 상황을 나타내는 경우에 사용되는 경우가 많고, 공식적인 문장이나 논문 등의 딱딱한 문장에는 사용할 수 없다는 것을 기억하세요.
▶ 인용의 「と」로 받기 때문에, 앞에는 여러 가지 형태가 올 수 있습니다.

1회 2회 3회

とおもうと ➡ (か)とおもうと 61

쏙쏙 어휘 頑固 완고함 大酒飲み 주당, 술고래

306 とおり(に)

~대로, ~한 그대로

접속 방법 「동사의 사전형・た형 / 명사 + の」+ とおりに /「명사」+ どおりに

① ものごとは自分の考えのとおりにはいかないものだ。
일이란 게 자기 생각대로는 안 되는 법이다.

② わたしの言ったとおりにやってみてください。
제가 말한 대로 해 보세요.

③ この本の作者に初めて直接会うことができた。わたしが前から思っていたとおりの方だった。
이 책의 저자를 처음으로 직접 만날 수가 있었다. 내가 전부터 생각하고 있던 것과 똑같은 분이었다.

④ 案内書を見ながら日光を歩いた。そのすばらしさは案内書どおりだった。
안내서를 보면서 닛코를 거닐었다. 그 아름다움은 안내서에 나와 있는 그대로였다.

일치하는 내용임을 나타낼 때 사용합니다. 「ように」와 의미, 용법이 비슷하지만, 「ように」보다 「まったく同じに(정말 똑같이)」라는 느낌이 더 강합니다.

참고 ように 〈같음〉

1회 2회 3회

どおり(に) ➡ とおり(に) 328
とおりだ ➡ とおり(に) 328

쏙쏙 어휘 ものごと 사물, 세상사 直接 직접

307 とか ★2

~라던데, ~라고 하던데

접속 방법 두 번째 설명 참조

① A：テレビで見たんだけど北海道はきのう大雪だったとか。
　　텔레비전에서 봤는데, 어제 홋카이도에 눈이 많이 왔다던데.

　　B：そうですか。いよいよ冬ですねえ。
　　그래요? 이제 겨울이군요.

② 課長の話では、打ち合わせの資料を2時前には用意しておかなければならないとか。間に合うかなあ。
　과장님 말씀으로는 회의 자료를 2시 전까지는 준비해 둬야 한다고 하던데. 그때까지 할 수 있을려나.

③ 来年は妹さんが日本へ留学のご予定だとか。楽しみに待っています。
　내년에 여동생 분께서 일본으로 유학가실 예정이라고 하던데요. 기대하고 있겠습니다.

▶ 전달을 나타내는 표현으로, 이와 비슷한 뜻을 가진 전달문의 표현「そうだ」나「ということだ」보다 정확하지 못한 느낌이나 확실하게 말하는 것을 피하고자 할 때에 사용합니다.
▶ 기본적으로 접속은 보통형에 이어지지만, 그 외의 형태에 붙는 경우도 있습니다.
▶ 약간은 허물없는 표현이기도 합니다.

참고 ということだ〈전문〉

1회 2회 3회

쏙쏙 어휘 打ち合わせ 미리 상의함, 협의　用意 준비

308 とか～とか ★3
～라든가 ～라든가

접속 방법 「명사 / 동사의 사전형 / 보통형」＋ とか ＋「명사 / 동사의 사전형 / 보통형」＋ とか

① 科目の中ではわたしは数学とか物理とかの理科系の科目が好きです。
과목 중에서 저는 수학이라든지 과학 등의 이과 계열 과목을 좋아합니다.

② 学校とか図書館とかでは静かに勉強するのが礼儀だ。
학교나 도서관 등에서는 조용히 공부하는 것이 예의이다.

③ 親と話し合うとか先輩に相談するとかして早く進路を決めてください。
부모님과 상담하든지 선배에게 상의하든지 해서 빨리 진로를 결정하세요.

④ わからないところは、詳しい人に聞くとか、ネットで調べるとかしてください。
잘 모르는 부분은 잘 아는 사람에게 물어 보든지 인터넷에서 찾아 보든지 하세요.

⑤ 好きだとかきらいだとか言わないで、ちゃんと食べなさい。
싫다 좋다 말하지 말고, 제대로 좀 먹어라.

⑥ いつも仕事をやめるとか続けるとか言っているけど、どうするつもりですか。 항상 일을 그만두겠다느니 계속 하겠다느니 하는데, 어떻게 할 생각입니까?

▶ 어떤 사항이나 방법이 비슷한 구체적인 예를 나타내고자 할 때의 표현입니다. 「명사 ＋ とか ＋ 명사 ＋ とかの…」는 「명사 ＋ とか ＋ 명사 ＋ とかいった…」의 표현으로도 사용할 수 있습니다.
▶ 예문 ③처럼 방법을 구체적으로 예로 든 경우, 「～とか～とかして」의 형태가 됩니다.
▶ 예문 ⑤, ⑥은 대립관계에 있는 말을 나열해서, 말하는 것이나 태도가 항상 바뀌어서 명확하지 않다는 것을 비난하는 뜻으로 쓰였습니다.

참고 といった

쏙쏙 어휘　理科系 이과 계열　礼儀 예의　進路 진로

309 とき

~일 때, ~였을 때

접속 방법 「보통형 (な형용사의 어간 + な / 명사 + の)」 + とき

① 母は本を読むとき、めがねをかけます。 엄마는 책을 읽을 때 안경을 씁니다.

② わたしがけがをしたとき、母はとても心配しました。
제가 다쳤을 때 어머니는 굉장히 걱정을 많이 하셨습니다.

③ うれしいときもさびしいときも、わたしはよくこの音楽を聞きます。
기쁠 때나 슬플 때나 저는 이 음악을 자주 듣습니다.

④ 地震のときは、すぐに火を消しなさい。 지진이 일어났을 때에는 바로 불을 꺼라.

「~とき…」의 형태로, 「…」의 동작, 상태의 시간을 「~」로 나타내는 표현으로, 여기서 「~」가 현재형이 될지, 과거형이 될지는 문장 전체의 시제에 관계없이 「~」와 「…」와의 시간차에 의해 결정됩니다. 「~」 쪽이 먼저라면 「동사의 た형 + とき」, 동시이거나 뒤라면 「동사의 사전형 + とき」를 사용하면 됩니다.

朝、人に会ったとき、「おはようございます」と言います。
　　　　「~」 전　　　　　　　　　　　　「…」 후

きのう、寝るとき、まどを閉めました。
　　　　「~」 후　　　　　「…」 전

♠ 동사₁ た とき、동사₂ たる

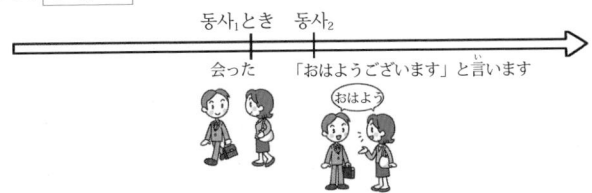

동사₁ た とき、동사₂ たる

310 ときたら ★1
~로 말할 것 같으면, ~로 말하자면

접속 방법 「명사」 + ときたら

① お宅の息子さんは外でよく遊んでいいですね。うちの子ときたらテレビの前を離れないんですよ。
댁의 아드님은 밖에서 잘 놀아서 좋으시겠어요. 우리 아이는 텔레비전 앞에서 떠나질 않아요.

② 周りの家はみんなきれいなのに、わが家ときたら草がいっぱい生えている。
주변에 있는 집들은 모두 깔끔한데, 우리 집만 풀이 무성하게 자라 있다.

③ この自動販売機ときたらよく故障する。取り替えた方がいいと思う。
이 자동판매기는 자주 고장이 난다. 교체하는 편이 나을 것 같다.

비난, 불만의 기분을 가지고 생활 주변의 것을 화제로 삼아서 말할 때 사용하는 표현입니다.

1회 2회 3회

とく ➡ ておく 243

─────────

쏙쏙 어휘 草 풀 生える 나다, 자라다 自動販売機 자동판매기 取り替える 바꾸다, 교체하다

311 どころか

~하기는 커녕, ~하기는 고사하고 〈정반대〉

접속 방법 「명사 / 보통형 (な형용사의 어간 + な・である / 명사 + である)」+ どころか

① タクシーで行ったら道が込んでいて、早く着くどころかかえって30分も遅刻してしまった。
택시 타고 갔더니 길이 막혀서 일찍 도착하기는커녕, 오히려 30분씩이나 지각하고 말았다.

② 休日に子ども連れで遊園地に出かけるのは、楽しいどころか苦しみ半分だ。
쉬는 날에 아이를 데리고 유원지에 가는 일은 즐겁기는커녕, 거의 반 죽음이다.

③ A：先日お貸しした本、どうでしたか。たいくつだったんじゃありませんか。 지난번에 빌려 드린 책 어땠어요? 지루하지 않았어요?
B：たいくつなどころか寝るのも忘れて読んでしまいました。
　　지루하기는커녕 잠도 안 자고 읽었어요.

④ 専門家どころか小学生がこの難しいゲームソフトを作ったのだそうだ。
전문가는커녕 초등학생이 이 어려운 게임 소프트를 만들었다고 합니다.

▶ 「~どころか…」의 형태로, '~라고 하는 예상이나 기대를 완전히 부정하고, 사실은 그 정반대의 …이다'라고 말하고자 할 때에 사용합니다.
▶ 「どころか」는 「~どころではなく」라고 표현하기도 합니다.

1회 2회 3회

쏙쏙 어휘   道が込む 길이 막히다   子ども連れ 부모가 아이를 데리고 있음   半分 반쯤, 어느 정도

312 どころか

~에서는 물론, ~은 고사하고 〈정도의 대비〉

접속 방법 「명사 / 보통형 (な형용사의 어간 + な・である / 명사 + である)」+ どころか

① この製品はアジア諸国どころか南米やアフリカにまで輸出されている。
이 제품은 아시아 여러 국가는 물론, 남미나 아프리카에까지 수출되고 있다.

② 彼は中国語どころか、タイ語やベトナム語もよくできます。
그 사람은 중국어는 물론이고, 태국어와 베트남어도 잘 합니다.

③ うちの父はお酒は全くだめで、ウイスキーどころかビールも飲めない。
우리 아버지는 술을 전혀 못 하시기 때문에 위스키는 고사하고 맥주도 못 드신다.

④ となりの部屋に住む人は変な人だ。出会っても話をするどころか、あいさつもしない。
옆방에 사는 사람은 이상하다. 마주쳐도 이야기는 고사하고, 인사도 하지 않는다.

예문 ①, ②처럼「명사1 + どころか + 명사2 + も (긍정문)」의 형태에서는 '명사1은 물론이고, 좀 더 정도가 무거운 명사2도 그렇다'라는 의미를 나타냅니다. 예문 ③, ④처럼「명사1 + どころか + 명사2 + も (부정문)」의 형태에서는 '명사1은 물론, 좀 더 정도가 가벼운 명사2도 그렇지는 않다'라는 의미를 나타냅니다.

1회 2회 3회

ところから ➡ ことから 105

쏙쏙 어휘 諸国 여러 나라 南米 남미 出会う 우연히 만나다, 마주치다

313 ところだ ★3

~하려는 참이다, 한창 ~중이었다, 이제 막 ~했다

접속 방법 「동사의 사전형 · て형 + いる · た형」 + ところだ

① (時報前に) 時刻は間もなく3時になるところです。
(시보 전에) 시각은 곧 3시가 되겠습니다.

② 会場に着いたのは3時だった。ちょうど会議が始まるところだった。間に合ってよかった。
회장에 도착한 것은 3시였다. 딱 회의가 시작되려던 참이었다. 안 늦어서 다행이다.

③ 家を出るところを母に呼び止められ、いろいろ用事を頼まれた。
집을 막 나서려는데 엄마가 불러세워서 여러 가지 볼일을 부탁했다.

④ コンサートは6時に始まります。今、会場の用意をしているところです。
콘서트는 6시에 시작됩니다. 지금 회장에서 준비하고 있는 중입니다.

⑤ A：マリアさん、お茶を飲みますか。
마리아 씨, 차 마실래요?

B：今、手紙を書いているところなので、後で飲みます。
지금 한참 편지를 쓰고 있는 중이라서요. 나중에 마실게요.

⑥ ご飯を食べているところに電話がかかってきた。
밥을 한참 먹고 있을 때 전화가 걸려왔다.

⑦ いい夢を見ていたのに、ごちそう食べるところで目が覚めてしまった。
맛있는 음식을 대접받는 좋은 꿈을 꾸고 있는 중에 잠이 깨버렸다.

⑧ (車の中で) A：ホテル、どのへんかなあ。 호텔, 어디지?
(자동차 안에서) B：ちょっと待って。今地図で調べてるところだから。
잠깐만 기다려. 지금 지도 보고 있는 중이니까.

⑨ A：このニュース、もう山田さんに知らせましたか。
이 뉴스, 벌써 야마다 씨에게 알려줬어요?

B：ええ、今、ファクスを送ったところです。
네, 지금 막 팩스를 보냈어요.

⑩ A : もしもし、夏子さん、わたし、ゆり子。
　　여보세요, 나츠코 씨. 나 유리코야.

　B : あ、ちょうどよかった。わたし、今、帰ってきたところなの。
　　아, 딱 맞춰 전화했네. 나 지금 막 집에 왔거든.

⑪ 会議が終わったところへ小林さんがあわてて入ってきた。
　　회의가 막 끝났을 때, 고바야시 씨가 서둘러 들어왔다.

- ▶ 어떤 동작이나 작용사건의 흐름 속에서, 행위나 변화가 일어나는 시점이 언제인지를 나타낼 때 사용하는 표현입니다. 「동사의 사전형 + ところ」는 직전의 시점을 나타내며, 「동사의 て형 + いるところ」는 진행 중인 시점을 나타냅니다. 「동사의 た형 + ところ」는 직후의 시점을 나타냅니다.

- ▶ 「동사의 사전형 + ところ」는 '그렇게 할 것이다, 그렇게 되리라'고 예상하는 경우에는 사용하지 않으며, 의도가 있는 행위나 확실히 그렇게 될 거라는 변화를 나타내는 경우에 사용합니다.
  - ◆ (×) あの二人は今けんかをするところです。
  - ◆ (○) あの二人は、今新幹線に乗るところです。
    그 두 사람은 지금 신칸센을 타려는 참입니다.

- ▶ 「동사의 て형 + いるところ」는 상태성의 일이나 의도가 없는 행위 등에는 사용하지 않습니다.
  - ◆ (×) 今日本に住んでいるところです。
  - (×) 彼は今、せきをしているところです。

- ▶ 뒷문장에 어떤 동사가 오느냐에 따라 「ところ」의 뒤에 붙는 조사가 「ところに・ところへ・ところを・ところで」 등으로 변하니까, 잘 알아 두세요.

- ▶ 허물없는 사이의 대화에서는 예문 ⑧처럼 「ているところだ」가 「てるところだ」로 됩니다.

1회 2회 3회

쏙쏙 어휘　時報 시각을 알림, 또는 그 소리　呼び止める 불러 세우다　せきをする 기침을 하다

314 ところだった

~할 뻔했다

접속 방법　「동사의 사전형 / ない형」+ ところだった

① 誤解がもとで、危うく大切な親友を失うところだった。
오해로 인해 하마터면 소중한 친구를 잃을 뻔했다.

② 考えごとをしながら歩いていたので、もう少しで横道から出てきた自転車にぶつかるところだった。
이런저런 생각을 하며 걷고 있다가, 하마터면 골목길에서 나오던 자전거와 부딪칠 뻔했다.

③ 切符売り場に来るのがもう少し遅かったら、映画の予約券が買えないところだった。
매표소에 오는 것이 조금만 늦었더라면, 영화 예매권을 못 살 뻔했다.

④ 200メートルの平泳ぎの競泳でもう少しで1位になるところだったのに、タッチの差で2位だった。
200m 평영 경기에서 조금만 잘 했으면 1등 할 뻔했는데, 터치 차이로 2등을 했다.

'~와 같은 결과가 될 것 같았지만, 실제로는 그렇지 않았다'라고 말하고자 할 때 사용하는 표현입니다. 나쁜 결과가 되기 직전의 상황을 표현하는 경우가 많으며, 「もう少しで(좀 더)・あぶなく(あやうく)(하마터면)」등의 부사와 함께 자주 쓰입니다.

1회 2회 3회

쏙쏙 어휘　考えごと 이런저런 생각, 걱정거리　　横道 골목길, 옆길　　切符売り場 매표소　　平泳ぎ 평영

315 どころではない ★2

~할 여유는 없다, ~할 때가 아니다

접속 방법 「동사의 사전형 / 명사・する동사의 명사형」+ どころではない

① A : 高橋さん、今度の休みに京都へ行くんだけど、いっしょに行きませんか。
　　다카하시 씨, 이번 휴가 때 교토 가는데 같이 안 갈래요?

　　B : ごめんなさいね。わたし、今忙しくて、旅行どころじゃないんです。
　　미안해요. 제가 지금 바빠서 여행할 정신이 아니에요.

② 当時はお金もなく、誕生日といっても祝うどころではなかった。
　당시에는 돈도 없고 생일이라고 해도 축하할 만한 상황이 아니었다.

③ 桜の季節だというのに、お花見どころじゃなく、夜遅くまで仕事をしている。
　벚꽃의 계절이라는데, 꽃구경 할 여유도 없이 밤 늦게까지 일을 하고 있다.

「~どころではない」의 형태로, '~와 같은 것을 할 여유는 없다'고 강하게 부정할 때 사용하는 표현입니다. 회화체적인 표현이며, 공식적인 문장이나 논문 등의 딱딱한 문장에는 사용하지 않으니까 주의하세요.

どころではない ➡ どころか　333-334
どころではなく ➡ どころではない　338

쏙쏙 어휘　祝う 축하하다　夜遅く 밤늦게　季節 계절

316 ところを ★1

~임에도 불구하고, ~인데도

접속 방법 「보통형 (な형용사의 어간 + な / 명사 + の)」+ ところを

① お忙しいところをご出席くださり、ありがとうございました。
바쁘신 와중에도 출석해 주셔서 감사드립니다.

② 黙っていてもいいところを彼は「わたしがやりました」と自分から正直に言った。
아무 말 안 해도 되는데 그 사람은 '제가 그랬습니다'하고 자기가 먼저 솔직하게 말했다.

③ お疲れのところを、わざわざおいでくださり恐縮しております。
피곤하신데 이렇게 일부러 와 주셔서 송구스럽습니다.

'~라고 하는 상황인데도 …했다'라고 말하고자 할 때 사용하며, 상대방의 상황에 대한 배려의 표현입니다. 인사말이며, 감사 표현을 할 때 사용하는 관용적인 표현이 많습니다. 이 외에도 「お休みのところを(쉬시는 중에)・ご多忙のところを(공사다망한 중에)」 등의 표현이 있습니다.

쏙쏙 어휘 正直 정직함 わざわざ 일부러 恐縮 죄송하게 여김

317 ところをみると
~인 것을 보면

접속 방법 「보통형 (な형용사의 어간 + な)」+ ところをみると

① 部屋の電気がまだついている**ところをみると**、森さんはまだ起きているようだ。
  방에 불이 아직 켜져 있는 것을 보면, 모리 씨는 아직 안 자는 것 같다.

② 互いに遠慮しあっている**ところをみると**、あの二人はそう親しい関係ではないのだろう。
  서로 사양하고 있는 것을 보면, 저 두 사람은 그렇게 친한 관계는 아닐 것이다.

③ 今回の募集に対して、予想以上に申し込みが多かった**ところをみると**、この企画は成功するかもしれない。
  이번 모집에 대해 예상했던 것보다 신청을 많이 한 것을 보면, 이 기획은 성공할 지도 모른다.

▶ 「~ところをみると、…」의 형태로, '~라고 하는 사실을 보고, …라고 하는 것을 추측할 수 있다'라고 말하고자 할 때 사용하는 표현입니다.
▶ 주로 상태를 나타내는 표현에 접속되어 사용됩니다.

1회 2회 3회

としたって ➡ としても 344
としたって ➡ にしたところで 436
としたところで ➡ にしたところで 436

쏙쏙 어휘 互い 서로, 상호간　遠慮 사양, 조심함　募集 모집

318 としたら ★3

~라고 한다면

접속 방법 「보통형」+ としたら

① もし、ここに100万円あったとしたら、何に使いますか。
만약 여기에 백만 엔이 있다면, 무엇에 쓰겠습니까?

② この名簿が正しいとしたら、まだ来ていない人が二人いる。
이 명부가 맞다면, 아직 오지 않은 사람이 두 명 있다.

③ わたしの言葉が彼を傷つけたのだとしたら、本当に申し訳ないことをしたと思う。
내가 한 말이 그 사람에게 상처가 됐다면, 정말로 미안하게 생각한다.

▶ '지금은 그와 같은 상황에 있는 것은 아니지만 그런 상황을 가정한다면' 또는 '명확하지 않은 것에 대해 그렇다고 가정한다면'이라는 의미를 나타내는 표현입니다.
▶ 비슷한 표현으로는「とすれば・とすると」가 있으니까, 함께 기억해 두세요.

참고 とすると・とすれば

쏙쏙 어휘　名簿 명부　傷つける 상처를 입히다, 다치게 하다　申し訳ない 미안하다, 면목없다

319 として

~로서

접속 방법 「명사」+ として

① わたしは前に1度観光客として日本に来たことがある。
나는 전에 한 번 관광객으로서 일본에 온 적이 있다.

② わたしは卒業論文のテーマとして資源の再利用の問題を取り上げることにした。
나는 졸업 논문의 주제로 자원의 재이용 문제를 다루기로 했다.

③ 今回の事故につきましては、会社側としてもできるだけのことをさせていただきます。
이번 사고에 대해서는 회사 측으로서도 가능한 한 것을 해 드리겠습니다.

④ 古代ギリシャで初めて学問としての数学が始まった。
고대 그리스에서 처음으로 학문으로서의 수학이 시작됐다.

⑤ この問題についてわたしとしては特に意見はありません。
이 문제에 대해서 저로서는 특별히 의견은 없습니다.

⑥ S氏は医者としてよりも小説家として有名だ。
S 씨는 의사로서 보다도 소설가로서 유명하다.

예문 ① ~ ③처럼 단순한 어떤 행위를 하거나 ④ ~ ⑥처럼 무언가를 평가할 때의 입장, 자격, 명목을 나타낼 때 사용하는 표현입니다.

1회 2회 3회

쏙쏙 어휘   取り上げる 채택하다, 문제 삼다   古代 고대   ギリシャ 그리스

320 として〜ない ★2

〜도, 〜조차도

접속 방법 「1 + 조수사」+ として〜ない

① 火事で焼けてしまったので、わたしの子どものころの写真は1枚として残っていない。
화재로 불타버렸기 때문에 나의 어릴 적 사진은 한 장도 남아 있지 않다.

② ぼくは1日として君のことを考えない日はない。愛しているよ。
나는 단 하루라도 네 생각을 하지 않는 날이 없어. 사랑해.

③ 犯人が通った出入り口の近くに人が何人かいたのだが、だれ一人として気がついた人はいなかった。
범인이 빠져나간 출입구 부근에 몇 명의 사람이 있었지만, 누구 한 사람도 눈치 챈 사람은 없었다.

「1 + 조수사 + として〜ない」의 형태로, 최저 단위의 것을 예로 들어 부정을 강하게 어필하는 표현입니다. 또한, 예문 ③처럼 의문사를 앞에 붙여서 「의문사 + 1 + 조수사 + として〜ない」의 형태로 사용하는 경우가 많습니다. 또 다른 예로는 「何ひとつとしてない」가 있습니다.

쏙쏙 어휘 火事 화재 犯人 범인

321 としても ★3

~라고 하더라도, ~라고 해도

접속 방법 「보통형」 + としても

① たとえわたしが大金持ちだとしても、毎日遊んで暮らしたいとは思わない。
설령 내가 큰 부자라고 해도, 매일 놀기만 하면서 살고 싶지는 않다.

② 仮にわたしが病気で倒れたとしても、これだけの蓄えがあれば大丈夫だろう。
가령 내가 병으로 쓰러진다고 하더라도, 이 정도의 저축이 있으면 문제 없을 것이다.

③ 彼ほどの才能があれば、どんな家に生まれたとしても音楽家になっていただろう。
그 사람 정도의 재능이 있으면, 어떤 집안에서 태어났더라도 음악가가 되어 있었을 것이다.

④ もし彼がわたしの親しい友人であったとしても、わたしは彼を許さなかっただろう。
만약 그 사람이 내 친한 친구였다고 해도, 나는 그 사람을 용서하지 않았을 것이다.

⑤ どんな事業を始めるとしたって、お金は必要だ。
어떤 사업을 시작하더라도, 돈은 필요하다.

▶ 「~としても、…」의 형태로, '실제로는 ~가 아니지만, 만약 그렇게 되더라도'라고 말하고자 할 때 사용하는 표현입니다. 「…」에서는 역접의 사항을 진술하면 됩니다.
▶ 말하는 사람(話者)의 주장, 의견 등을 진술할 때 자주 사용합니다.
▶ 「たとえ~としても・仮にとしても・의문사 + としても」 등과 함께 자주 쓰입니다.
▶ 허물없는 사이의 회화체에서는 예문 ⑤처럼 「としたって」의 형태로 쓰입니다.

쏙쏙 어휘 大金持ち 큰 부자 仮に 가령 蓄え 저축 親しい 친하다

としない ➡ ようとしない　601
とする ➡ ようとする　602

322　とすると
～라고 한다면, ～라고 가정하면

접속 방법　「보통형」＋ とすると

① 運転免許証を取るのに30万円以上もかかるとすると、今のわたしには無理だ。
운전면허를 따는데 30만 엔씩이나 든다면, 지금 나에게는 무리다.

② 車を持っている彼が来ないとすると、だれが荷物を運んでくれるのだろうか。
차를 가지고 있는 그 사람이 안 온다면, 누가 짐을 옮겨 준단 말인가.

③ あの男が犯人だとすると、警察はつかまえるチャンスを逃したことになる。
저 남자가 범인이라고 한다면, 경찰은 체포할 수 있는 기회를 놓쳤다는 말이 된다.

▶ '그렇게 가정하면, 어떻게 될까'라고 말하고자 할 때 사용하는 표현입니다.
▶ 같은 표현으로「としたら・とすれば」가 있습니다.

참고 としたら・とすれば

쏙쏙 어휘　運転免許証 운전면허증　輸送 수송, 운반　つかまえる 붙잡다, 잡다

323 とすれば

~라고 하면, ~라고 치면

접속 방법 「보통형」 + とすれば

① 時給800円で1日4時間、1週間に5日働くとすれば、1週間で1万6,000円になる。
시급 800 엔으로 하루에 4시간, 일주일에 5일 일한다고 하면 일주일에 16,000 엔이 된다.

② $3x=y$ で、y が9だとすれば、x は3である。
$3x=y$ 에서 y 가 9라고 하면, x 는 3이 된다.

③ 報告書の数字が間違っているとすれば、結論はまったく違うものになるだろう。
보고서의 숫자가 잘못됐다면, 결론은 전혀 다른 것이 될 것이다.

④ 転勤になるかどうかわからないけど、もし行くとすれば、一人暮らしをすることになる。
전근하게 될지 어떨지 모르겠지만, 만약 가게 된다면 자취생활을 하게 된다.

▶ 「~とすれば…」의 형태로, '~라고 가정한다면, …라고 하는 논리적인 결과가 된다'고 하는 의미로 사용하는 경우가 많습니다.
▶ 같은 표현으로는「としたら・とすると」가 있습니다.

참고 としたら・とすると

1회 2회 3회

쏙쏙 어휘 時給 시급　数字 숫자

324 と〜た

~하니까 ~했다 〈계기〉

접속 방법 「동사의 사전형 + と」+ ~た / 「동사의 た형 + ら」+ ~た

① のり子が「タロー」と呼ぶと、その犬は走ってきました。
노리코가 '타로야'하고 부르자, 그 개는 달려왔습니다.

② 音楽をかけると、子どもたちはおどりはじめました。
음악을 틀자, 아이들은 춤을 추기 시작했습니다.

③ お酒を飲んだら、気分が悪くなりました。
술을 마셨더니, 속이 안 좋아졌습니다.

▶ 「동사1 と, 동사2 た」의 형태로, '동사1의 행위가 계기가 되어서 동사2가 일어났'고 하는 경우에 사용합니다.

▶ 「동사2」에는 말하는 사람의 의지가 담긴 행위를 나타내는 문장은 오지 않습니다. 예문 ③처럼 「たら〜た」와 의미, 용법은 같지만 약간 구어체적인 표현입니다.

쏙쏙 어휘 気分が悪い 속이 매스껍다, 느낌이 안 좋다

325 と~た ★4

~니까 ~했다 〈발견〉

접속 방법 「동사의 사전형 + と」+ ~た / 「동사의 た형 + ら」+ ~た

① ドアを開けると、大きい犬がいました。
문을 열자 큰 개가 있었습니다.

② 部屋に入ると、会議はもう始まっていた。
방에 들어갔더니 회의는 벌써 시작된 상태였다.

③ 机の上を見ると、彼女からの手紙がありました。
책상 위를 봤더니, 그녀로부터 온 편지가 있었습니다.

④ 携帯の電源を入れたら、メールが7通も来ていました。
휴대폰 전원을 켰더니, 문자 메시지가 7통이나 와 있었습니다.

⑤ Mデパートへ行ったら、今日は休みでした。
M백화점에 갔더니, 오늘은 쉬는 날이었습니다.

▶ 「동사 + と、~」의 형태로, 「동사 + と」의 행위에 의해서 '이미 일어났었던 일이나, 계속되고 있던 일 등을 발견했다'고 하는 의미를 나타냅니다. 「~」는 「동사의 て형 + いた」의 형태가 많습니다. 또한, 「동사 + と」의 전후 주어는 다르다는 것을 기억해 두세요.
▶ 의외의 일이 일어났을 때 사용되며, 놀람의 기분을 나타내는 경우가 많습니다.
▶ 다음 두 문장의 차이점에 대해 주의할 필요가 있으니까, 잘 알아 두세요.

◆ 窓を開けると、富士山が見えます。〈항상 있는 일〉
창문을 열면 후지산이 보입니다.
窓を開けると、富士山が見えました。〈어느 특정한 때의 일〉
창문을 열면 후지산이 보였습니다.

1회 2회 3회

쏙쏙 어휘 電源を入れる 전원을 켜다

326 と〜た ★4

~는데 ~했다, ~니까 ~했다 〈우연〉

접속 방법 「동사의 사전형 + と」+ ~た / 「동사의 た형 + ら」+ ~た

① 本を読んでいると、窓から鳥が入ってきました。
   책을 읽고 있는데, 창 밖에서 새가 날아 들어왔습니다.

② 弟の家族のことを心配しながら地震のニュースを見ていると、弟から「ぼくたちは大丈夫だよ」と電話がかかってきました。
   동생 가족에 대한 걱정을 하며 지진에 관한 뉴스를 보고 있었는데, 동생으로부터 '우리는 괜찮아'라고 전화가 걸려 왔습니다.

③ 山道を歩いていたら、林の中からさるの親子が出てきました。
   산길을 걷고 있었는데, 숲속에서 어미 원숭이와 새끼 원숭이가 나왔습니다.

④ スーパーで買い物をしていたら、マリさんも来ました。
   슈퍼마켓에서 물건을 사고 있는데, 마리 씨도 물건을 사러 왔습니다.

- 「동사1 と、동사2」의 형태로, 「동사1」이라는 동작을 하고 있을 때, 「동사2」가 일어났다 또는 우연히 무언가와 마주쳤다고 말하고자 할 때 사용합니다.
- 「동사1 と/ たら」의 동사는 「〜ている」의 형태가 많으며, 우연이거나 뜻밖이라는 느낌이 있습니다.
- 「동사2」에서는 일어난 일 등을 나타내는 문장이기 때문에, 상태나 말하는 사람(話者)의 행위를 나타내는 문장은 오지 않으니까 주의하세요.
- 예문 ③, ④처럼 「たら〜た」와 의미, 용법은 같지만, 약간 구어체적인 표현입니다.

1회 2회 3회

とたん(に)	➡	たとたん(に)	182
どちら	➡	と〜とどちら	350
どっち	➡	と〜とどちら	350
とって	➡	にとって	462

327 と〜とどちら ★4
〜와 〜중 어느 쪽

접속 방법 「명사 + と」+「명사 + と」+ どちら

① A：あなたは紅茶とコーヒーとどちらが好きですか。
　　당신은 홍차하고 커피하고 어느 게 더 좋아요?
　B：紅茶の方が好きです。홍차가 좋아요.

② A：土曜日と日曜日とどちらがつごうがいいですか。
　　토요일하고 일요일하고 어느 쪽이 시간 괜찮으세요?
　B：どちらでもいいですよ。둘 다 상관없어요.

③ A：あなたはスポーツをするのと見るのとどちらが好きですか。
　　당신은 스포츠를 하는 것하고 보는 것하고 어느 걸 좋아하세요?
　B：どちらも好きです。둘 다 좋아해요.

④ A：このセーターとあのセーターとどっちがいい?
　　이 스웨터하고 저 스웨터하고 어느 게 나아?
　B：あっちの方がきれいよ。저게 더 예쁜데.

▶ 두 개의 물건을 화제로 삼아, 그것을 비교하면서 질문할 때 사용하는 표현입니다. 비교를 나타내는 질문에는「명사1より 명사2のほうが…。」에서「명사1より」를 생략하여「명사2のほうが…。」의 형태로 대답하면 됩니다.

▶ 허물없는 사이의 회화체에서는「どちら」를「どっち」로 말하기도 합니다.

1회 2회 3회

とどまらず ➡ にとどまらず 463

쏙쏙 어휘　紅茶 홍차　セーター 스웨터

328 とともに

~와 함께 〈함께〉

접속 방법 「명사」＋ とともに

① 手紙とともに当日の写真も同封した。
편지와 함께 당일의 사진도 동봉했다.

② 彼はその薬をコップ1杯の水とともに飲んだ。
그 사람은 그 약을 한 잔의 물과 함께 먹었다.

③ この国では、今でも結婚した長男が両親とともに暮らすのが普通だそうだ。
이 나라에서는 지금도 결혼한 장남이 부모님과 함께 사는 것이 일반적이라고 합니다.

'~와 함께, ~와 공동으로, ~에 첨가해서' 등의 의미를 나타내며, 문어체적인 표현입니다.

1회 2회 3회

쏙쏙 어휘 当日 당일 普通 보통, 예사

329 とともに

~와 함께, ~와 같이 〈상관관계〉

접속 방법 「동사의 사전형 / 명사」＋ とともに

① 日差しが強まり、気温が高くなるとともに次々と花が開き始める。
햇볕이 강해지고 기온이 높아짐에 따라 잇달아 꽃이 피기 시작한다.

② 秋の深まりとともに今年も柿がおいしくなってきた。
가을이 깊어짐에 따라 올해도 감이 먹음직스럽게 익어 갔다.

③ この国では内戦の拡大とともに、人々の生活の安定は次第に失われていった。
이 나라에서는 내전이 확대됨에 따라 사람들의 생활 안정은 점차 사라져갔다.

④ 体が慣れていくとともに、トレーニングの種類を増やそうと思っている。
몸이 적응해 감에 따라 트레이닝 종류를 늘려갈 생각이다.

▶ 「~とともに、…」의 형태로, '~가 변화하면, …도 변화한다'라고 뜻을 나타내는 표현입니다.
▶ 「~」와 「…」에는 변화를 나타내는 말이 오니까, 잘 기억해 두세요.

1회 2회 3회

쏙쏙 어휘　日差し 햇볕이 비침, 햇살　深まる 깊어지다　内戦 내전

330 とともに ★2

~와 동시에 〈동시〉

접속 방법 「동사의 사전형 / い형용사의 사전형 / な형용사의 어간 + である / する동사의 명사형 · 명사 + である」+ とともに

① ベルが鳴るとともに、子どもたちはいっせいに運動場へ飛び出した。
  종이 울리자마자 아이들은 일제히 운동장으로 뛰쳐나갔다.

② 彼は京都に転勤するとともに、結婚して家庭を持った。
  그 사람은 교토로 전근하자마자, 결혼해서 가정을 꾸렸다.

③ 試合の終了とともに、観客は総立ちとなって勝者に盛大な拍手を送った。
  시합이 종료되자마자, 관객은 모두 기립하여 승자에게 커다란 박수를 보냈다.

④ 佐藤さんはわたしの親友であるとともに、人生の大先輩でもある。
  사토 씨는 나의 친한 친구인 동시에 인생의 대선배이기도 하다.

⑤ この賞をいただいて、うれしいとともに感謝の気持ちでいっぱいです。
  이 상을 받게 되어, 기쁨과 함께 감사의 마음으로 가득합니다.

▶ 「~とともに、…」의 형태로, 「~」가 일어남과 동시에 「…」가 일어난다고 말하고자 할 때 사용합니다.
▶ 예문 ④, ⑤는 '「~」이기도 하고 동시에 「…」이기도 하다'라는 의미를 나타냅니다.

□ □ □
1회 2회 3회

쏙쏙 어휘 総立ち 모두 일어섬, 총기립 　勝者 승자 　盛大 성대함 　親友 친한 친구, 벗

331 とともに

~와 함께 〈부가〉

접속 방법 「명사 / 보통형(な형용사의 어간 + である / 명사 + である」 + とともに

① 病気の子どものこととともに、いなくなった犬のことも気になって今日は仕事が手につきませんでした。

아픈 아이에 대한 걱정과 함께 사라진 강아지도 걱정이 되서, 오늘은 일이 손에 잡히지 않았습니다.

② 現代の親は教育問題とともに子どもの健康や安全について頭を悩ませている。

요즘 부모들은 교육문제와 함께 아이들의 건강과 안전에 대해서 고민하고 있다.

③ JRとしては、今後サービスの向上を図るとともに、よりいっそうの安全性の向上を図っていかなければならない。

JR로서는 앞으로 서비스 향상을 도모함과 동시에 한층 더 나은 안전성 향상을 도모해 가지 않으면 안 된다.

「~とともに…」의 형태로, '~이외에, 또 다른 …도(을)'라는 의미를 나타냅니다.

쏙쏙 어휘   手につかない 손에 잡히지 않다   頭を悩ます 고민하다   図る 도모하다

332 となると

~하게 되면, ~하게 된다면 〈새로운 사건의 가정・확정〉 ★2

접속 방법 「명사 / 보통형」+ となると

① 夫: 太郎が大阪へ行くことになるかもしれないよ。
   타로가 오사카로 가게 될 지도 몰라.
   妻: そう。太郎が大阪転勤となると、これからメールや電話のやりとりで忙しくなるね。
   그래? 타로가 오사카로 전근가게 되면 앞으로 메일이나 전화 주고 받느라 바빠지겠네.

② 学生: 試験の成績が悪い場合は、レポートを書かされるらしいよ。
   시험 성적이 안 좋은 경우에는 리포트 써야 한다.
   学生: そうか。夏休み前にレポートを書くとなると、ちょっと大変だなあ。
   그래? 여름 방학 전에 리포트를 쓰게 되면 좀 골치 아프겠는데.

③ 管理人: こちらの駐車場は工事中なので、しばらく使えません。
   이곳 주차장은 공사 중이기 때문에, 한동안 이용할 수 없습니다.
   A: え、この駐車場が使えないとなると、ちょっと不便だなあ。
   음, 이곳 주차장을 이용하지 못하게 되면 좀 불편하겠는데.

④ A: たばこの税金が上がったらしいですよ。
   담배에 붙는 세금이 올랐다는 것 같던데.
   B: たばこの値上がりとなると、喫煙者は減るでしょうね。
   담뱃값이 오르게 되면 흡연자는 줄어들겠네요.

▶ '만일에 그런 상황이 된다면 또 다른 새로운 상황이 발생한다'고 말하고자 할 때 사용합니다.
▶ 예문 ①, ②는 '만약, 가정해서'라는 뜻의 사태를 가정해서 말하는 경우이고, ③, ④는 '그렇게 하기로 결정되었다면'이라는 뜻의 기정 사실을 말하는 경우로 쓰였습니다.

333 となると
~가 되니까, ~가 되면 〈화제〉

접속 방법 「명사」 + となると

① 専門の生物学では今までいろいろな動物を扱ったが、自分の赤ん坊となるとどう扱っていいのかわからない。
전공인 생물학에서는 지금까지 다양한 동물을 다루어 왔지만, 내 아이가 되니까 어떻게 다루어야 할지 모르겠다.

② 現在、台風などの予報についてはかなりの水準に達しているが、地震の予知となると、まだまだだ。
현재 태풍 등의 예보에 대해서는 상당한 수준에 도달해 있지만, 지진 예지는 아직 멀었다.

③ わたしはどんな魚の料理も好きです。でも、サメとなると料理法も知らないし、食べる気もしません。
나는 물고기로 만든 음식은 뭐든지 좋아해요. 하지만 상어는 조리법도 모르고 먹을 마음도 안 생겨요.

▶ 어떤 화제를 예로 들어 그 화제가 가지고 있는 본질적인 조건이나 사정을 떠올려서, 그것에 관해 말하는 사람(話者)의 판단이나 감상을 진술할 때 사용합니다.
▶ 뒤에는 말하는 사람(話者)의 판단문이 온다는 것, 아래 예문을 통해 잘 알아 두세요.
　◆ (×) 日本は科学技術が進んだが、宇宙開発となるとわたしもやってみたいことだ。
　　(○) 日本は科学技術が進んだが、宇宙開発となるとまだまだ先が長い。
　　일본은 과학기술이 발전하고 있지만, 우주개발에는 아직 갈길이 멀다.

□ □ □
1회 2회 3회

とのこと(だ) ➡ ということだ 〈伝聞〉 308

쏙쏙 어휘　赤ん坊 아기　達する 이르다, 도달하다　予知 예지, 미리 앎　サメ 상어

334 とは ★2

~라는 것은, ~은/는 〈정의〉

접속 방법 「명사」+ とは

① 水蒸気とは気体の状態に変わった水のことである。
수증기라고 하는 것은 기체 상태로 변한 물을 말한다.

② 季語とは季節を表す言葉で、俳句の中で必ず使われるものです。
계절어란 계절을 나타내는 말로, 하이쿠에서 반드시 사용되는 말입니다.

③ 赤字とは収入より支出が多いことです。
적자라고 하는 것은 수입보다 지출이 많은 것을 말합니다.

④ ねえ、エンゲル係数って何?
있잖아, 엥겔계수라는 게 뭐야?

▶ 어떤 명사의 의미나 정의에 대해 말할 때 사용하는 표현이며, 「~とは…ことだ・…ものだ・…という意味だ」라는 형태를 취하는 경우가 많습니다. 「というのは」와 의미, 용법은 같지만, 「とは」 쪽이 문어체적인 표현입니다.

▶ 허물없는 사이의 대화에서는 예문 ④처럼 「って」로 쓰입니다.

참고 というのは

쏙쏙 어휘 水蒸気 수증기   季語 계절어   赤字 적자   エンゲル係数 엥겔계수

335 とは

~라니 〈놀람〉

접속 방법　「보통형」+ とは

① いつもはおとなしい田中さんがはっきりと反対の意見を言うとは意外でした。
평소에는 얌전한 다나카 씨가 확실하게 반대 의견을 말하다니. 의외였습니다.

② 驚きました。先生がわたしの誕生日を覚えていてくださったとは。
깜짝 놀랐습니다. 선생님이 저의 생일을 기억해 주시다니.

③ 14歳の少女がオリンピックで優勝するなんて誰も予想しなかった。
14세 소녀가 올림픽에서 우승을 하다니. 누구도 예상하지 못했다.

▶ 「~とは…」의 형태로, 예상하지 않았던 「~」라는 사실을 보거나 들었을 때의 놀라움이나 감회를 말할 때 사용하는 표현입니다. 「~」에서 알게 된 사실에 대해 말하고, 「…」에서 놀람 등을 나타냅니다.
▶ 예문 ②는 도치된 표현입니다.
▶ 회화체 표현에서는 예문 ③처럼 「なんて」가 됩니다.

참고 なんて

1회　2회　3회

쏙쏙 어휘　意外 의외　少女 소녀

336 とはいうものの ★2

~라고 하지만

접속 방법 「명사 / 보통형」 + とはいうものの

① 立春とはいうものの、春はまだ遠い。
입춘이라고는 하지만, 봄은 아직 멀었다.

② 彼は20歳とはいうものの、まだ子どもだ。
그는 스무 살이라고는 해도 아직 애다.

③ オリンピックは「参加することに意味がある」とはいうものの、やはり自分の国の選手には勝ってほしいと思う。
올림픽은 '참가하는 데에 의미가 있다'고는 하지만 역시 우리 나라 선수가 이겼으면 하는 마음이 든다.

▶ '〜とはいうものの、…'의 형태로, '〜의 사항에 대해 일단은 인정하지만, 실제는 그 일로부터 예상되는 상황대로는 가지 않는다'라는 의미를 나타낼 때 사용합니다.
▶ 예문 ③처럼 '〜의 사항을 일단은 인정하고 양보한 다음, …에서 다른 사항을 주장하는'이라는 뜻을 나타내기도 합니다.

쏙쏙 어휘 立春 입춘   参加 참가

337 とはいえ ★1

~라고는 하지만, ~이기는 해도

접속 방법 「명사 / 보통형」 + とはいえ

① 彼は留学生とはいえ、日本語を読む力は普通の日本人以上です。
그 사람은 유학생이기는 하지만, 일본어 독해력은 일본인 이상입니다.

② ここは山の中とはいえ、パソコンもファクスもあるから不便は感じない。
이곳은 산속이기는 하지만 컴퓨터도 있고 팩스도 있어서, 불편함은 못 느낀다.

③ 大新聞に書いてあるとはいえ、それがどこまで本当のことかはわからない。
유명한 신문에 쓰여 있다고는 해도, 그게 어디까지 사실인지는 알 수 없다.

④ 山の夏は、8月とはいえ、朝夕は涼しくて少し寒いぐらいだ。
산속의 여름은 8월이라고는 해도, 아침 저녁으로는 선선해서 조금 추울 정도다.

「~とはいえ」의 형태로, 「~」로부터 받는 인상이나 특징의 일부를 부정해서 실제 상황을 설명할 때 사용하는 표현입니다. 보통은 뒤에는 말하는 사람(話者)의 의견, 판단 등이 오는 경우가 많습니다.

쏙쏙 어휘 涼しい 시원하다, 서늘하다

338 とはかぎらない
~라고는 할 수 없다

★3

접속 방법 「보통형」 + **とはかぎらない**

① 天気予報がいつも当たる**とはかぎらない**。ときには外れることもある。
일기예보가 항상 맞는다고는 할 수 없다. 가끔은 빗나갈 때도 있다.

② 話題の映画だからといって、必ずしもおもしろい**とはかぎらない**。
화제의 영화라고 해서 반드시 재미있는 것은 아니다.

③ 新聞に書いてあることがいつも真実(だ)**とはかぎらない**。
신문에 쓰여 있는 것이 언제나 진실이라고는 할 수 없다.

④ 事故が起きない**とはかぎらない**から、高い山に登るときはしっかり準備をした方がいい。
사고가 일어나지 않는다는 보장은 없으니까, 높은 산에 오를 때는 확실하게 준비를 하는 편이 좋다.

'…라고 하는 것이 반드시 또는 언제나 진실이라고는 할 수 없다, 때에 따라서는 예외도 있다'라고 말하고자 할 때 사용하는 문형으로, 「いつも・全部・だれでも・必ずしも」 등의 부사와 함께 사용되는 경우가 많습니다. 또한, 예문 ②처럼 「~からといって」 등의 말에 연관되는 경우가 많습니다.

1회 2회 3회

쏙쏙 어휘 外れる 빗나가다 真実 진실

339 とばかり(に) ★1
~처럼, ~같이

접속 방법 「정중형・보통형」+ とばかりに

① あの子はお母さんなんかきらいとばかりに、家を出ていってしまいました。
그 아이는 마치 엄마가 밉다는 양 집을 나가버렸습니다.

② 彼はお前も読めとばかり、その手紙を机の上に放り出した。
그 사람은 마치 너도 읽으라는 듯이 그 편지를 책상 위에 던졌다.

③ みんなが集まって相談していると、彼女はわたしには関係ないとばかりに横を向いてしまった。
모두가 모여서 상의하고 있는데, 그녀는 자기와는 관계없다는 듯이 무시해 버렸다.

▶ '말로 하는 것이 아니라 정말 그럴 듯한 태도나 상태의 동작을 한다'고 하는 의미를 나타냅니다. 다른 사람의 상태를 나타내는 표현이기 때문에, 말하는 사람(話者)의 상태에는 사용하지 않으니까 주의하세요.
▶ 뒤에는 주로 강력한 위세나 격렬한 동작을 나타내는 문장이 옵니다.

1회 2회 3회

쏙쏙 어휘   放り出す 밖으로 내던지다   横を向く 고개를 옆으로 돌리다, 무시하다

340 とみえて ★3

~처럼, ~같이

접속 방법 「보통형」+ とみえて

① 夜遅く雨が降ったとみえて、庭がぬれている。
밤늦게 비가 내린 것처럼 정원이 젖어 있다.

② 母はまだ病気からすっかり回復していないとみえて、何をしても疲れると言う。
엄마는 아직 병이 완전히 회복되지 않은 것처럼, 뭘 해도 피곤하다고 한다.

③ この子は絵が好きだとみえて、暇さえあれば絵を描いている。
이 아이는 그림을 좋아하는 것 같다. 틈만 나면 그림을 그린다.

④ 彼の話を聞いたところでは、彼はこの計画にそうとう自信を持っているとみえる。
그 사람의 이야기를 들은 바로는 그는 이 계획에 상당한 자신감을 가지고 있는 것 같다.

▶ 「~とみえて」의 「~」에서 추측한 것을 말하고, 뒤에 그 근거를 진술하는 표현입니다.
▶ 예문 ④는 처음에 근거를 말하고, 뒤에는 그것으로부터 추측한 것을 진술하는 형태입니다.

1회 2회 3회

とみえる ➡ とみえて 363

쏙쏙 어휘 そうとう 상당함   自信を持つ 자신감을 갖다

341 ともあろう

~처럼 훌륭한, 명색이 ~라고 하는

접속 방법　「명사」＋ ともあろう

① 大会社の社長ともあろう人が、軽々しい発言をしてはいけない。
　명색이 큰 회사에 사장이라는 사람이 경솔한 발언을 해서는 안 된다.

② あなたともあろう人がどうしてあんな簡単なうそにだまされたのですか。
　당신같이 훌륭한 사람이 왜 그런 단순한 거짓말에 속은 겁니까?

③ 国会ともあろう機関であのような強行な採決をするとは許せない。
　국회와 같은 중요 기관이 그런 식의 강행 채결을 하는 것은 용납할 수 없다.

「~ともあろう ＋ 명사」의 형태로, 말하는 사람이 '높이 평가 받고 있는 사람이나 사물임에도 불구하고 실제로는 그에 걸맞지 않는 행동을 했다, 또는 높이 평가하고 있기 때문에 그에 걸맞은 행동을 해 주기 바란다' 등의 뜻으로, 말하는 사람의 생각이나 감상을 진술하고자 할 때 사용하는 표현입니다.

1회 2회 3회

ともかく(として) ➡ はともかく(として) 650

쏙쏙 어휘　軽々しい 경솔하다, 경박하다　　だまされる 속아 넘어가다　　採決 채결

342 ともなく ★1

흘깃, 문득, 작정없이

접속 방법 「동사의 사전형」+ ともなく

① 祖父は何を見るともなく窓の外をながめている。
할아버지는 특별히 뭘 보고 계신 것 같지는 않은데, 그냥 멍하니 창 밖을 바라보고 있다.

② ラジオを聞くともなしに聞いていたら、とつぜん飛行機墜落のニュースが耳に入ってきた。
라디오를 그냥 멍하니 듣고 있었는데, 갑자기 비행기가 추락했다는 뉴스가 들려왔다.

③ 夜、考えるともなしに会社でのことを考えていたら、課長に大切な伝言があったことを思い出した。
밤에 그냥 별 생각없이 회사에서 있었던 일을 생각하고 있었는데, 문득 과장님께 전할 중요한 메시지가 있다는 것이 생각났다.

④ 彼はいつからともなく、みんなに帝王と呼ばれるようになった。
그는 딱히 언제부터라고 꼬집어 말할 수는 없지만, 모두에게 제왕이라고 불리게 되었다.

⑤ 彼は置き手紙をすると、どこへともなく去っていった。
그 사람은 편지를 남겨 놓더니, 어디론가로 훌쩍 떠나 버렸다.

> 특별한 목적이나 의도 없이 어떤 행위를 한다고 말하고자 할 때 사용하는 표현으로,「ともなく」의 전후에는 같은 의미의 동작성 동사(見る・言う・聴く・考える 등)가 옵니다. '문득 ~하니까(그냥 생각 없이 ~하고 있었더니), 이런 의외의 일이 일어났다'라고 말하고자 할 때에 자주 사용하며, 예문 ④, ⑤처럼 관용적인 사용법도 있으니까 잘 알아 두세요.

ともなしに ➡ ともなく 365
ともなって ➡ にともなって 464

쏙쏙 어휘　耳に入る 들리다　伝言 전언, 전할 말　置き手紙 용건을 써서 그곳에 놓아둠, 또는 그 편지

343 ともなると

~이 되면, ~정도가 되면

접속 방법: 「명사」 + ともなると

① 普通の社員は決まった時間に出勤しなければならないが、社長ともなるといつ出勤しても退社してもかまわないのだろう。
일반 사원은 정해진 시간에 출근하지 않으면 안되지만 사장 정도 되면 아무때나 출근하고 퇴근해도 상관 없을 것이다.

② 1国の首相ともなると、忙しくて家族旅行などゆっくりしてはいられないだろう。
한 나라의 수상 정도 되면 바빠서 가족 여행 같은 것을 하며 느긋하게 지낼 수는 없을 것이다.

③ 1、2歳の幼児はおとなしく家の中で遊ぶが、4、5歳の子どもともなると外で遊びたがる。
한 두 살짜리 어린 아기는 얌전하게 집 안에서 놀지만, 네 다섯 살 정도의 아이쯤 되면 밖에서 놀고 싶어한다.

④ 3人の子の親ともなれば、自由時間はかなり制限される。
세 아이의 부모쯤 되면 자유시간은 상당히 제한된다.

⑤ 大学の教授ともなれば自分の研究だけでなく、学生や後輩の指導もしなければならない。
대학 교수정도 되면 자신의 연구 뿐만 아니라 학생과 후배도 지도하지 않으면 안 된다.

▶ 「～ともなると」의 「も」는 어떤 일정한 범위에서 정도가 거기까지 진행했다는 것을 나타내기 때문에, 예문 ③, ④처럼 구체적인 범위를 가리키는 명사에 붙습니다.
◆ (×) 子どもともなると、外で遊びたがる。
▶ 예문 ④, ⑤의 「ともなれば」도 같은 의미와 용법을 갖습니다.

ともなれば ➡ ともなると 366
とわず ➡ をとわず 650

체크 문제　た행

◆ 다음 문장의 괄호 안에 들어갈 알맞은 표현을 써 넣으세요.

① わたしが作れる料理ですか。そうですねえ。卵焼き、みそ汁（　　　　　　　）。
　제가 할 줄 아는 요리요? 글쎄요. 계란후라이나 된장국 정도예요.

② ああ、暑い。冷たいビールが飲み（　　　　　　　）なあ。
　아아. 덥다. 차가운 맥주를 마시고 싶어.

③ 去年日本に来（　　　　　　　）なので、まだ敬語がじょうずに使えません。
　작년에 일본에 왔기 때문에 아직 경어를 제대로 사용하지 못합니다.

④ 買い物の（　　　　　　　）図書館に寄って本を借りてきた。
　쇼핑하는 김에 도서관에 들러서 책을 빌려 왔다

⑤ きみ子はもう20歳なのに話すことが子ども（　　　　　　　）。
　기미코는 스무 살인데 이야기하는 내용이 유치하다.

⑥ 1国の首相（　　　　　　　）、忙しくて家族旅行などゆっくりしてはいられないだろう。
　한 나라의 수상 정도 되면 바빠서 가족 여행 같은 것을 하며 느긋하게 지낼 수는 없을 것이다.

⑦ 切符売り場に来るのがもう少し遅かったら、映画の予約券が買えない（　　　　　　　）。
　매표소에 오는 것이 조금만 늦었더라면, 영화 예매권을 못 살 뻔했다.

⑧ この自動販売機（　　　　　　　）よく故障する。取り替えた方がいいと思う。
　이 자동판매기는 자주 고장이 난다. 교체하는 편이 나을 것 같다.

⑨ この仕事は毎日毎日同じことの繰り返しだ。つまらない（　　　　　　　）。
　이 일은 매일매일 똑같은 일을 반복해야 한다. 그 지겨움이란 말로 다 표현할 수가 없다.

⑩ こんな難しい本を買ってやったって、小学校1年生の太郎にはわかり（　　　　　　　）。
　이렇게 어려운 책 사 줘 봤자, 초등학교 1학년인 타로가 이해할 리가 없지.

⑪ 病院の中で携帯電話を使っ(　　　　　　)。
병원 안에서 휴대폰을 사용해서는 안 됩니다.

⑫ 国の代表(　　　　　　)機関で働くのだから誇りと覚悟を持ってください。
나라의 대표라고 하는 기관에서 일하는 것이므로, 긍지와 각오를 가지세요.

⑬ 田中さんはサッカーの試合に勝つ(　　　　　　)、毎日10キロ走っています。
다나카 씨는 축구 시합에 이기기 위해 매일 10킬로미터씩 뛰고 있습니다.

⑭ ずっと本を読んでいて急に立ち上がっ(　　　　　　)、めまいがしました。
계속해서 책을 읽다가 갑자기 일어서자, 바로 현기증이 났습니다.

⑮ わたしは子どものとき、北海道に住んでい(　　　　　　)。
나는 어렸을 때 홋카이도에 산 적이 있다.

⑯ 風邪薬を飲んだから、眠く(　　　　　　)。
감기약을 먹었더니 졸려서 죽겠다.

⑰ 買ったばかりの時計が壊れ(　　　　　　)。
산 지 얼마 안 된 시계가 고장나 버렸다.

⑱ 彼女はさすがオリンピック・チャンピオン(　　　　　　)、期待どおりの見事な演技を見せてくれた。
그녀는 역시 올림픽 챔피언인 만큼 기대했던 대로 멋진 연기를 보여 주었다.

⑲ わたしの言った(　　　　　　)やってみてください。
제가 말한 대로 해 보세요.

⑳ 試合に勝つ(　　　　　　)、プロのスポーツ選手と言える。
시합에 이겨야만 비로소 프로 스포츠 선수라고 말할 수 있다.

㉑ タクシーで行ったら道が込んでいて、早く着く(　　　　　　)かえって30分も遅刻してしまった。
택시 타고 갔더니 길이 막혀서 일찍 도착하기는커녕, 오히려 30분씩이나 지각하고 말았다.

㉒ この仕事は立ち(　　　　　　)のことが多いので、疲れる。
이 일은 계속 서 있어야 하는 경우가 많아서 피곤하다.

㉓ あの子はお母さんなんかきらい(　　　　　　　)、家を出ていってしまいました。
　　그 아이는 마치 엄마가 밉다는 양 집을 나가버렸습니다.

㉔ 久しぶりの晴天の休日(　　　　　　　)、山は紅葉を楽しむ人でいっぱいだ。
　　오랜만에 화창한 휴일이라서, 산은 단풍을 즐기려는 사람들로 꽉 찼다.

㉕ 急にお金が必要になったので、友だちにお金を貸し(　　　　　　　)。
　　갑자기 돈이 필요해져서 친구에게 돈을 빌렸다.

㉖ 狭く(　　　　　　　)んですが安いアパートはありませんか。
　　좁아도 상관없습니다만, 싼 아파트는 없습니까?

㉗ 今度の研修旅行には、工場見学も日程に入っていました(　　　　　　　)。
　　이번 연수여행에는 공장 견학도 일정에 포함됐나요?

㉘ デザイン(　　　)色(　　　　　　　)、彼の作品が最優秀だと思う。
　　디자인도 그렇고 색깔도 그렇고, 그 사람의 작품이 제일 우수하다고 생각한다.

㉙ 去年は大雨が降っ(　　　　　　　)、地震が起き(　　　　　　　)、大変でした。
　　작년에는 폭우가 내리기도 하고 지진도 일어나고 해서 힘들었습니다.

㉚ たばこを止め(　　　　　　　)、食欲が出て体の調子がとてもいい。
　　담배를 끊고나서 부터는 식욕이 왕성해져서 몸 상태가 매우 좋다.

㉛ 今のアパートは会社から遠いので、7月中に引っ越す(　　　　　　　)。
　　지금 사는 아파트는 회사에서 멀어서 7월 중에 이사할 생각입니다.

㉜ あの人は会う(　　　　　　　)おもしろい話を聞かせてくれる。
　　그 사람은 만날 때마다 재미있는 이야기를 들려 준다.

㉝ 今から走っていっ(　　　　　　　)、開始時間に間に合うはずがない。
　　지금 뛰어가 봤자, 시작 시간 전에 도착할 리가 없다.

㉞ 地球温暖化の問題を考えると、子どもたちの将来のことが気になっ(　　　　　　　)。
　　지구 온난화 문제를 생각하면, 아이들의 장래가 걱정되어 견딜 수가 없다.

㉟ 入院し(　　　　　　　)健康のありがたさがわかりました。
　　입원하고 나서야 비로소 건강의 고마움을 알게 되었습니다.

369

㊱ このことはほかの人には言わない (　　　　　) のです。
이 일은 다른 사람한테는 말하지 말았으면 좋겠는데요.

㊲ 日本は物価が高いから、1円 (　　　　　) 無駄に使うことはでき (　　　　　)。
일본은 물가가 비싸기 때문에, 단 일 엔이라도 낭비할 수는 없다.

㊳ 朝寝坊をしたために入学試験に間に合わなかった。残念 (　　　　　)。
늦잠을 자는 바람에 입학시험에 지각했다. 너무 안타깝다.

㊴ 道で急に走り (　　　　　) と、危ないですよ。
길에서 갑자기 뛰기 시작하면 위험해요.

㊵ 子どもたちは泥 (　　　　　) になって遊んでいる。
아이들은 진흙 투성이가 되서 놀고 있다.

さ행 체크 문제 정답　　　　　　　　　　　　　▶た행 정답 ☞ 501p

① ざるをえない　② 最中です　③ 次第では　④ せます
⑤ すぎて　⑥ さえ　⑦ 次第　⑧ ずくめ
⑨ させられる　⑩ そうだ　⑪ そばから　⑫ せいで
⑬ しかない　⑭ し　⑮ 末　⑯ ずにはいられなかった
⑰ せてくださいませんか　⑱ ずにはすまない

344 な ★4

~하지 마라, ~금지 〈금지〉

접속 방법 「동사의 사전형」+ な

① (立て札) 危険。入るな!
(팻말) 위험. 들어가지 마시오!

② (子ども同士で) ぼくのボールペンを使うな。
(아이들끼리) 내 볼펜을 쓰지 마.

③ あきらめるな。最後までがんばれよ。
포기하지 마. 끝까지 힘내.

④ このことはぜったいに人に言うなよ。
이것은 절대로 남에게 말하지 마라.

⑤ この入り口から入るなと書いてあるから、裏から入ろう。
이 입구로 들어가지 말라고 쓰여 있으니까, 뒷문으로 들어가자.

▶ 「~な」로 끝나는 문장은 주로 남성이 다른 사람에게 무언가를 금지시킬 때 사용하는 명령 표현입니다.
▶ 예문 ⑤처럼 간접화법으로 문장 가운데에 사용될 때는 남녀에 관계없이 사용되니까, 꼭 기억해 두세요.

참고 しろ〈명령〉と(言う)・な〈금지〉と(言う)

1회 2회 3회

쏙쏙 어휘 危険 위험   裏 뒤, 뒤쪽

345 なと

~하지 말라고(하다) 〈금지〉

접속 방법 「동사의 사전형」 + な + と

① 父はわたしにたばこを吸うなと言います。
아버지는 나에게 담배를 피우지 말라고 합니다.

② レストランで携帯電話を使ったら、兄に食事中に携帯を使うなとしかられた。
레스토랑에서 휴대전화를 썼더니, 형에게 식사 중에 휴대전화를 쓰지 말라고 야단 맞았다.

③ 試合の前に監督はわたしたちにいつもの注意を忘れるなと言った。
시합 전에 감독님은 우리들에게 항상 주의했던 것을 잊지 말라고 하셨다.

▶ 충고나 금지 등의 표현을 간접화법으로 간결하게 나타내는 문형입니다.
▶ 금지나 충고를 나타내는 말로써, 예문 ①父(아버지)「たばこを吸ってはいけない(담배를 피우면 안 된다)」, 예문 ②兄(형)「携帯を使わないほうがいいよ(휴대전화는 사용하지 않는 편이 좋다)」, 예문 ③監督(감독)「いつもの注意を忘れないで(항상 얘기하는 주의를 잊지 말아라)」등의 표현으로 바꿀 수 있습니다.

1회 2회 3회

ないうちに ➡ うちに 31-32
ないか ➡ ませんか 549-551

쏙쏙 어휘 しかられる 야단 맞다 監督 감독

346 ないかぎり ★2

~가 없는 한, ~가 없으면

접속 방법 「동사의 ない형」 + かぎり

① この建物は許可がないかぎり、見学できません。
이 건물은 허가가 없는 한, 견학할 수 없습니다.

② 責任者の田中さんが賛成しないかぎり、この企画書を通すわけにはいかない。
책임자인 다나카 씨가 찬성하지 않는 한, 이 기획서를 통과시킬 수는 없습니다.

③ 参加各国の協力が得られないかぎり、この大会を今年中に開くことは不可能だ。
참가한 각국의 협력을 얻을 수 없는 한, 이 대회를 올해 안에 개최하는 것은 불가능하다.

④ 化学の実験で水といえば、特に断らないかぎり、普通の水ではなく蒸留水のことを指す。
화학 실험에서 물이라고 하면 특별히 사전에 양해를 구하지 않는 한, 보통 물이 아니라 증류수를 가리킨다.

▶ '앞의 조건이 충족되지 않는 동안은, 뒤의 모든 사항이 실현되지 않는다'라는 의미를 나타내며, 또한 '그 조건이 충족되면, 뒤의 상황도 변한다'라는 의미도 내포하고 있습니다.
▶ 뒤에는 부정이나 곤란함의 의미를 나타내는 문장이 오니까, 잘 기억해 두세요.

1회 2회 3회

ないかのうちに ➡ か〜ないかのうちに 63
ないことがある ➡ ことがある 103
ないことにする ➡ ことにする 116
ないことになる ➡ ことになる 118-119

쏙쏙 어휘 通す 통과시키다, 받아들이다   蒸留水 증류수   指す 가리키다, 지적하다

347 ないことには

~하기 전에는, ~하지 않고서는

접속 방법 「동사의 ない형 / い형용사의 어간 + くない / な형용사의 어간 + でない / 명사 + でない」+ ことには

① ある商品が売れるかどうかは、市場調査をしてみないことには、わからない。
어느 상품이 팔릴지 안 팔릴지는 시장조사를 해 보지 않고서는 모른다.

② 山田さんが資料を持っているんだから、彼が来ないことには会議が始まりません。
야마다 씨가 자료를 갖고 있으니까, 그가 오기 전에는 회의가 시작되지 않습니다.

③ 体が健康でないことには、いい仕事はできないだろう。
몸이 건강하지 않고서는 일을 제대로 할 수 없을 것이다.

④ 田中さんがどうして会社をやめたのか、いろいろ言われているけれど、本当の理由は本人に聞いてみないことにはわからない。
다나카 씨가 왜 회사를 그만두었는지, 이런저런 말이 많지만, 진짜 이유는 본인에게 물어 보지 않고서는 모른다.

⑤ ダンス教室を開きたいんですが、部屋がある程度広くないことにはダンスの練習はできませんね。
댄스교실을 열고 싶지만, 방이 어느 정도 넓지 않고서는 댄스 연습을 할 수 없겠지요.

▶ '어떤 일을 하지 않으면, 또는 어떤 일이 일어나지 않으면, 뒤의 사항은 실현되지 못한다'라고 나타낼 때 사용하는 표현으로, 뒤에는 부정의 의미를 갖는 문장이 옵니다.
▶ 말하는 사람의 소극적인 기분을 나타내는 경우가 많습니다.

1회 2회 3회

쏙쏙 어휘 本人 본인   実際 실제   程度 정도

348 ないことはない ★2

충분히 ~하지 않을까?, ~하기는 하다, ~이 아닌 것은 아니다

접속 방법 「동사의 ない형 / い형용사의 어간 + くない / な형용사의 어간 + でない / 명사 + でない」+ ことはない

① A : 司会は、林さんに頼めばやってくれるかな。
　　사회는 하야시 씨에게 부탁하면 해 줄까?
　B : うん、林さんなら頼まれれば引き受けないことはないんじゃない。
　　응, 하야시 씨라면 부탁받으면 거절하는 일은 없지 않을까?

② 東京駅まで快速で20分だから、今すぐ出れば間に合わないことはない。
　도쿄역까지 쾌속으로 20분이니까, 지금 바로 나가면 늦지는 않는다.

③ A : 先輩、今、お忙しいですか。 선배, 지금 바쁘세요?
　B : 忙しくないこともないけど、どんな用事ですか。
　　바쁘지 않은 건 아니지만, 무슨 일인데요?

④ 祖父は、前は携帯電話が大嫌いだったんですが、最近は「便利でないこともない」と言うようになった。
　할아버지는 전에는 핸드폰을 아주 싫어했습니다만, 최근에는 '편리하기는 하다'고 말하게 되었다.

▶ 「~ないことはない」의 형태로, '~라고 하는 가능성이 있을지도 모른다' 또는 '~처럼 말할 수도 있다'라는 의미를 나타냅니다. 이중부정을 사용하는 소극적인 긍정표현이며, 단정을 피하는 표현입니다.

▶ 예문 ①은 '맡아줄지도 모른다', ②는 '시간 안에 도착할 수 있을지도 모른다', ③은 '바쁘지만 잠시라면 시간을 낼 수 있다'는 의미를 나타냅니다.

▶ 「なくもない」와 거의 동일한 표현입니다.

ないこともない ➡ ないことはない　375
ないつもりだ ➡ つもりだ　222-224

349 ないで
~하지 않고, ~하지 않은 채로

접속 방법 「동사의 ない형」+ で

① 昨夜は顔も洗わないで寝てしまいました。
어젯밤은 세수도 하지 않고 자 버렸습니다.

② 兄は上着を着ないで出かけました。
형은 겉옷을 입지 않고 나갔습니다.

③ 指定席を取らないで新幹線に乗ったら、すわれなかった。
지정석을 잡지 않고 신칸센을 탔더니 앉을 수 없었다.

④ はさみを使わないで、この紙を2枚にしてください。
가위를 쓰지 않고 이 종이를 2장으로 나눠 주세요.

⑤ サンドイッチを買わないで、おにぎりを買いました。
샌드위치를 사지 않고 주먹밥을 샀습니다.

▶ 동사의 부정형에는 「なくて」와 「ないで」가 있는데, 어떤 상황에서 동작을 했는지를 나타내는 경우에는 「ないで」를 사용합니다.
▶ 「ないで」는 예문 ① ~ ③에서는 '어떤 상황에서 동작을 했는지', ④에서는 '수단·방법', ⑤에서는 '대비·대신에' 등의 의미로 쓰였습니다.
▶ 「なくて」를 사용하는 것은 이유를 나타내는 경우에 한해서만이니까, 아래의 잘못된 예문을 통해 꼭 기억해 두세요.
 ◆ (×) 兄は上着を着なくて出かけました。

쏙쏙 어휘   指定席 지정석   サンドイッチ 샌드위치   おにぎり 주먹밥

350 ないでおく ★4

~하지 않은 채로

접속 방법 「동사의 ない형」+ で + おく

① 健康診断の日は、朝食を食べないでおいてください。
건강진단을 받는 날은 아침을 먹지 말고 오세요.

② A：卵を冷蔵庫に入れましょうか。
계란을 냉장고에 넣을까요?

B：いえ、ケーキを作るにはあまり冷たくない方がいいので、入れないでおいてください。
아니요, 케이크를 만들려면 그다지 차게 하지 않는 편이 좋으니까, 넣어 두지 마세요.

③ 午後から会議の続きをするので、資料はかたづけないでおきました。
오후부터 회의가 계속되니까, 자료는 치우지 않은 채로 놔 두었습니다.

④ この書類はわからないところがあるので、今は書かないでおきます。
이 서류는 잘 모르는 부분이 있으니까, 지금은 쓰지 않고 놔 두겠습니다.

⑤ 心配するから、母には言わないどこう。
걱정하시니까, 어머니에게는 말하지 말자.

▶ '어떤 목적을 위해서 의도적으로 어떤 행위를 하지 않은 채로 내버려 둔다'라는 의미를 나타내며, 의지 동사에 붙습니다. 또한, 예문 ③ ~ ⑤처럼 일시적인 조치를 나타내는 용법도 있습니다.
▶ 예문 ⑤처럼 회화체의 표현에서는 「ないでおく → ないどく」가 됩니다.

참고 ておく

ないでください ➡ てください 249

쏙쏙 어휘 健康診断 건강검진 冷蔵庫 냉장고

351 ないではいられない ★2

~하지 않을 수 없다

접속 방법　「동사의 ない형」+ では + いられない

① 動物園のサルを見ると、いつもわたしは笑わないではいられない。
동물원의 원숭이를 보면 나는 항상 웃지 않을 수 없다.

② 店の仕事と、子どもの世話と、お父さんの看病という花子の忙しさを見たら、何か手伝わないではいられない。
가게 일과 아이를 보살피는 일과 아버지의 간병을 하는 하나코의 바쁜 모습을 보면, 뭔가 도와주지 않을 수가 없다.

③ 会議中だったが、気分が悪くて体を横にしないではいられなかった。
회의 중이었지만, 몸 상태가 안 좋아서 눕지 않을 수 없었다.

▶ 신체적으로 참을 수 없는 상황을 나타내며, 사건의 상황이나 사정을 보고 말하는 사람이「~したい(~하고 싶다)」라는 기분이 들어서 의지력만으로는 '억제할 수 없다'고 할 때에도 사용합니다.

▶ 말하는 사람의 기분이나 체감 등을 나타낼 때 사용하는 말이며, 3인칭에 사용할 때는 문말에「ようだ・らしい・のだ」를 붙여야 합니다.

▶「ずにはいられない」와 의미·용법이 같으니까, 함께 알아 두세요.

참고　ずにはいられない

1회 2회 3회

ないではおかない ➡ ずにはおかない　153 - 154
ないではすまない ➡ ずにはすまない　155

쏙쏙 어휘　サル 원숭이　看病 간병

352 ないでもない ★2

~하지 않는 것은 아니다, ~할 수도 있다

접속 방법 「동사의 ない형」+ でもない

① A：日本酒は全然飲まないんですか。
청주는 전혀 안 마십니까?

B：いえ、飲まないでもないんですが、ビールやワインの方が好きです。
아니요, 못 마시는 것은 아닙니다만, 맥주나 포도주 쪽이 좋습니다.

② 明日は時間が取れないでもないです。1時間くらいならお話しできますよ。
내일은 시간이 없는 건 아닙니다. 1시간 정도라면 이야기할 수 있어요.

③ 今度の試合に勝てそうな気がしないでもない。
이번 시합에 이길 수 있을 것 같은 느낌이 들기도 한다.

동사의 ない형을 받아서 '때로는 그렇게 할 때도 있다', '조건이 맞으면 그렇게 할지도 모른다'는 의미를 나타내며, 소극적인 긍정표현입니다. 개인적인 판단, 추측에 의해 말할 때가 많습니다. 예문 ①의 '마시지 않는 것도 아니다'는 '조금 마신다', ③의 '마음이 없지도 않다'는 '그런 마음이 조금 있다'라는 의미를 나타냅니다.

□ □ □
1회 2회 3회

ないと ➡ と〈条件〉 293
ないどく ➡ ないでおく 377
ないほうがいい ➡ たほうがいい 206-207

쏙쏙 어휘 日本酒 청주, 일본술 ワイン 포도주, 와인

353 ないまでも

~하지는 못하지만, ~하지는 못해도

접속 방법 「동사의 ない형」 + までも

① 休みごとには帰らないまでも、1週間に1回位は電話をしたらどうですか。
휴일 때마다 가지는 못해도 일주일에 한 번 정도는 전화를 하는 게 어떻습니까?

② 大会に出られないまでも、趣味としてスポーツを楽しみたい。
대회에 나갈 수 없더라도 취미로서 스포츠를 즐기고 싶다.

③ 給料は十分とは言えないまでも、これで親子4人がなんとか暮らしていけます。
월급은 충분하다고 말 못해도 이것으로 가족 4명이 어떻게든 살아갈 수 있습니다.

④ 営業目標は100パーセント達成したとは言えないまでも、一応満足すべき結果だと言える。
영업 목표를 100퍼센트 달성했다고 말하지는 못해도, 일단 만족할 만한 결과라고 말할 수 있겠다.

'~의 정도까지는 이르지 않지만, 그보다 아래 정도에는 이른다'는 의미를 나타내는 표현으로, '적으나마, 그런대로'라는 기분을 넣어 사용합니다.

1회 2회 3회

쏙쏙 어휘 給料 월급   達成する 달성하다   一応 일단

354 ないものか ★2

~하지 못하는 것일까?, ~할 수 없는 것일까?

접속 방법 「동사의 ない형」+ ものか

① 人々は昔からなんとかして年を取らずに長生きできないものかと願ってきた。
사람들은 옛날부터 어떻게든 해서 나이를 먹지 않고 장수할 순 없는가 하고 소망해 왔다.

② なんとかして世界を平和にできないものか。
어떻게 해서든지 세계를 평화롭게 만들 수는 없는 것일까?

③ なんとか母の病気が治らないものかと、家族はみんな願っている。
어떻게든 어머니의 병이 나을 수는 없을까 하고 가족들 모두 바라고 있다.

▶ 실현이 어려운 상황에서, 어떤 방법을 사용해서라도 실현하고 싶은 마음을 나타내는 표현으로, 가능동사와 함께 사용할 때가 많습니다.
▶ 예문 ②, ③처럼 「なんとかして・なんとか」와 함께 쓰이는 경우가 많습니다.

쏙쏙 어휘   長生き 장수   平和 평화

355 ないものでもない ★1

전혀 ~못할 것도 없다, ~할 수도 있다

접속 방법 「동사의 ない형」+ ものでもない

① 3人でこれだけ集中してやれば、4月までに完成しないものでもない。
셋이서 이것만 집중해서 하면, 4월까지 완성 못할 것도 없다.

② 東さんは中国語ができないものでもありませんよ。3か月北京に住んでいたんだから。
히가시 씨는 중국어를 전혀 못하는 것도 아니에요. 북경에 3개월 살았었으니까요.

③ わたしだってロックを聞かないもんでもないよ。今度いいコンサートがあったら教えてくださいよ。
저도 록음악을 전혀 안 듣는 것도 아니에요. 다음에 좋은 콘서트가 있으면 알려 주세요.

▶ '전혀 ~아닌 것은 아니다, 가능성이 있다, 어떤 경우에는 ~할 수도 있다' 등의 의미를 나타내며, 소극적인 긍정 표현입니다. 개인적인 판단, 추측, 좋고 싫음에 대하여 말하는 경우가 많습니다.

▶ 친한 사이의 대화에서는 예문 ③처럼 「ないもんでもない」의 형태가 됩니다.

1회 2회 3회

ないもんでもない ➡ ないものでもない 382

ないように ➡ ように 605-607

ないようにする ➡ ようにする 609

쏙쏙 어휘 完成する 완성하다   中国語 중국어

356 ないわけにはいかない ★3

~하지 않을 수 없다, ~해야만 한다

접속 방법　「동사의 ない형」+ わけにはいかない

① 今日は37度の熱があるけれど、会議でわたしが発表することになっているので、出席しないわけにはいかない。
오늘은 열이 37도나 되지만, 회의에서 내가 발표하기로 되어 있기 때문에 출석하지 않을 수는 없다.

② 25日には本社の社長が初めて日本に来るので空港まで迎えに行かないわけにはいかない。
25일에는 본사 사장님이 처음으로 일본에 오기 때문에 공항까지 마중 나가야 한다.

③ 今度の試験に失敗したら、卒業できない。今週は勉強しないわけにはいかない。
이번 시험에 실패하면 졸업을 못한다. 이번 주는 공부하지 않을 수 없다.

▶ 심리적, 사회적, 인간관계 등의 사정으로 '그것은 피할 수 없는 일이다' 또는 '하지 않으면 안 된다'라고 나타낼 때 사용하는 표현입니다.
▶ '~할 의무가 있다, ~할 필요가 있다'라는 사정을 설명할 경우에 주로 쓰입니다.

참고 わけにはいかない

쏙쏙 어휘　本社 본사　空港 공항

357 ながら ★5
~하면서, ~함과 동시에 〈동시진행〉

접속 방법 「동사의 ます형」 + ながら

① わたしはいつも料理の本を見ながら料理を作ります。
저는 언제나 요리 책을 보면서 요리를 만듭니다.

② 毎晩父はビールを飲みながらテレビを見ます。
매일 밤 아버지는 맥주를 마시면서 텔레비전을 봅니다.

③ わたしはこれからも医者の仕事をしながら、この子を育てます。
저는 앞으로도 의사 일을 하면서 이 아이를 키우겠습니다.

④ 学生時代、わたしはアルバイトをしながら、日本語学校に通っていた。
학창시절, 나는 아르바이트를 하면서 일본어학교에 다녔었다.

⑤ 発音のテープを聞きながら、日本語の勉強をした。
발음 테이프를 들으면서 일본어 공부를 했다.

▶ 한 사람이 두 개의 동작을 동시에 행할 때 사용하는 표현으로, 예문 ③, ④처럼 오랜 시간동안 하는 일에도 사용할 수 있습니다.
▶ 「ながら」의 뒤에 오는 말이 주요 동작입니다.
▶ 보통 「ながら」의 전후에는 계속적인 동작을 나타내는 동사가 옵니다.

1회 2회 3회

쏙쏙 어휘   学生時代 학창시절   通う 다니다, 왕래하다

358 ながら ★2

〜이면서, 〜이지만 〈역접〉

접속 방법 「동사의 ます형 / い형용사의 사전형 / な형용사의 어간 · な형용사의 어간 + であり / 명사 · 명사 + であり」+ ながら

① 松下さんは本当のことを知りながら、知らないふりをしている。
마쓰시타 씨는 진실을 알면서도 모르는 체하고 있다.

② お手紙をいただいていながら、お返事も差し上げずに失礼いたしました。
편지를 받았으면서도 답장도 보내드리지 못하여 죄송했습니다.

③ 残念ながらわたしたちのチームは負けてしまった。
유감스럽지만 우리들 팀은 지고 말았다.

④ 一郎という子は、子どもながら将棋では大人も勝てないほど強い。
이치로라는 아이는 어린 아이지만, 장기에서는 어른들도 이길 수 없을 정도로 강하다.

⑤ わたしたちは貧しいながら幸せに暮らしています。
우리들은 가난하지만 행복하게 살고 있습니다.

⑥ 兄はこのごろゆっくりながら歩けるようになった。
형은 요즘 천천히이기는 하지만 걸을 수 있게 되었다.

▶ 「〜ながら」의 형태로, '〜로부터 예상되는 것과는 달리, 실제는 …다'라고 나타낼 때 사용합니다. 「〜」에는 상태성 동사, 「〜ている」, 형용사나 명사 등이 오며, 드물지만 예문 ⑥처럼 부사에 연결되는 경우도 있으니까 잘 알아 두세요.

▶ 「〜」에 동작성 동사가 있는 경우에는 '동시진행'의 의미가 됩니다.

・勝手ながら(실례를 무릅쓰고) ・ いやいやながら(싫어하면서) ・ 陰ながら(마음으로나마)
・及ばずながら(미흡하나마) 등의 관용 표현으로도 자주 사용되니까, 꼭 기억해 두세요.

참고 ながらも

쏙쏙 어휘 差し上げる 드리다, 바치다   将棋 장기   貧しい 가난하다

359 ながら

~하면서, ~서부터〈그대로〉

접속 방법 「명사」+ ながら

① 戦火を逃れてきた人々は涙ながらにそれぞれの恐ろしい体験を語った。
전쟁의 위험에서 겨우 벗어난 사람들은 눈물을 흘리면서 제각각 무서웠던 체험을 이야기했다.

② 彼には生まれながらに備わっている品格があった。
그에게는 태어나면서부터 갖추어져 있는 품격이 있다.

③ 10年ぶりに昔ながらの校舎や校庭を見て懐かしかった。
십 년 만에 옛날 학교 건물과 교정을 보니, 그 시절이 그리워졌다.

④ モーツァルトは生まれながらにして音楽の天才であった。
모차르트는 선천적으로 음악의 천재였다.

▶ 「~ながら」의 형태로, '~의 상태인 채'라는 의미를 나타냅니다. 관용적인 표현이 많고, 각각 예문의 의미는 다음과 같습니다. 예문 ①「涙ながらに」는 '눈물을 흘리며', ②「生まれながらに」는 '천성적으로', ③「昔ながらの」는 '옛날 그대로의'라는 뜻을 나타냅니다.

▶ 예문 ④의「生まれながらにして」는 '선천적으로'와 같은 쓰임으로 쓰입니다.

1회 2회 3회

ながらに	➡	ながら〈そのまま〉	386
ながらにして	➡	ながら〈そのまま〉	386
ながらの	➡	ながら〈そのまま〉	386

쏙쏙 어휘 戦火 전쟁 ・ 恐ろしい 무섭다, 두렵다 ・ 備わる 갖추어지다 ・ 品格 품격 ・ 校舎 학교 건물

360 ながらも

~임에도 불구하고, ~이면서도

접속 방법 「동사의 ます형 / い형용사의 사전형 / な형용사의 어간 · な형용사의 어간 + であり / 명사 · 명사 + であり」+ ながらも

① 彼は金持ちでありながらも、とても地味な生活をしている。
  그 사람은 부자이지만, 매우 검소한 생활을 하고 있다.

② 移転したばかりの新しい事務所は、狭いながらも駅に近いので満足している。
  이전한지 얼마 안 된 새로운 사무소는 좁지만 역에서 가깝기 때문에 만족하고 있다.

③ 彼は豊かな才能に恵まれながらも、その才能を生かせないうちに病に倒れ、若くして亡くなってしまった。
  그 사람은 풍부한 재능이 있으면서도, 그 재능을 살리기 전에 병으로 쓰러져 젊은 나이에 죽고 말았다.

▶ 「~ながらも」의 형태로, '~로부터 예상되는 것과는 달리, 실제는 …다'라고 나타낼 때 사용합니다. 「~」에는 상태성 동사, 「~ている」, 형용사나 명사 등이 옵니다.
▶ 「ながら(역접)」와 의미 · 사용법은 같지만, 「ながら」보다 딱딱한 표현입니다.

참고 ながら〈역접〉

1회	2회	3회

なきゃ	➡	なければいけない・なければならない	396
なきゃいけない	➡	なければいけない	395
なきゃならない	➡	なければならない	396

쏙쏙 어휘 地味 수수함, 검소함 恵まれる 좋은 환경 · 재능 등이 주어지다 病 병

361 なくして(は)
~없이(는), ~없고(는)

접속 방법 「명사」 + なくして(は)

① 努力なくしては成功などあり得ない。
노력 없이는 성공 따위가 있을 수 없다.

② 事実の究明なくしては、有罪か無罪かの正しい判断などできるはずがない。
사실의 규명 없이는 유죄인지 무죄인지 올바른 판단을 내릴 수 있을 리가 없다.

③ 愛なくして何の人生だろうか。
사랑 없이 무슨 인생이 있겠는가?

▶ '~이 없으면, 뒷일은 실현하기 어려울 것이다'라고 나타낼 때 사용하는 표현입니다.
▶ 「~」에는 바람직한 의미의 명사가 오며, 그 뒤에 부정적인 의미의 문장이 옵니다.
▶ 예문 ③은 '사랑이 없으면 살아갈 의미가 없다'라는 의미의 관용적 표현입니다.

1회 2회 3회

なくたっていい	➡	なくてもいい	392-393
なくたってかまわない	➡	なくてもいい	392-393
なくちゃならない	➡	なくてはならない	391
なくっていい	➡	なくてもいい	392-393

쏙쏙 어휘 あり得ない 있을 수 없다　究明 규명　有罪 유죄　無罪 무죄

362 なくて ★4

~하지 않아서 〈병렬·이유〉

접속 방법 「い형용사의 어간 + くて / な형용사의 어간 + では / 명사 + では」 + なくて

① この部屋は家賃が高くなくて、駅からも近くて便利です。
이 방은 집세가 비싸지 않고 역에서도 가까워서 편리합니다.

② 寮の管理人が親切じゃなくて、みんな困っている。
기숙사의 관리인이 친절하지 않아서, 모두가 곤란해하고 있다.

③ 小林さんと竹内さんは友だちではなくて、お姉さんと妹さんなんですよ。
고바야시 씨와 다케우치 씨는 친구가 아니라, 언니와 동생 사이에요.

▶ 형용사나 명사의 부정의 て형은 여러 가지의 의미에 사용됩니다.
▶ 예문 ①, ③은 병렬의 의미, ②는 가벼운 이유를 각각 나타냅니다.

□ □ □
1회 2회 3회

쏙쏙 어휘 管理人 관리인 困る 어려움을 겪다, 괴로워하다

363 なくて

~하지 않아서, ~하지 못해서 〈이유〉

접속 방법 「동사의 ない형의 어간」 + くて

① きのうは夜遅くまで仕事が終わらなくて、大変でした。
어제는 밤늦게까지 일이 끝나지 않아서 몹시 힘들었습니다.

② 誕生日のパーティーに行けなくてごめんなさい。
생일 파티에 갈 수 없어서 미안합니다.

③ 今度は直美さんといっしょに仕事ができなくて、とても残念です。
이번에는 나오미 씨와 함께 일을 할 수 없어서 너무 안타깝습니다.

동사의 부정형에는 「〜なくて」와 「〜ないで」의 두 가지가 있는데, 이유를 나타내는 부정에는 예문처럼 「なくて」를 사용합니다.

□ □ □
1회 2회 3회

なくてはいけない ➡ なくてはならない 391

쏙쏙 어휘　誕生日 생일　残念 유감스러움, 안타까움

364 なくてはならない ★4

~하지 않으면 안된다, ~해야 한다

접속 방법 「동사의 ない형의 어간 + くては / い형용사의 어간 + くなくては / な형용사의 어간 + でなくては / 명사 + でなくては」+ ならない

① (市役所で) A：来月、また来なくてはなりませんか。
다음 달에 다시 와야 합니까?
B：ええ、すみませんが、来月もう1回来てください。
네. 죄송하지만 다음 달에 다시 한 번 와 주세요.

② プロのスポーツ選手は自分の体の調子を自分でコントロールしなくてはいけない。 프로 스포츠 선수는 자신의 몸 상태를 스스로 다스리지 않으면 안 된다.

③ 保証人になる人は社会人でなくてはなりません。
보증인이 되는 사람은 사회인이 아니면 안 됩니다.

④ あしたは8時の新幹線で大阪に行かなくちゃならないんだ。
내일은 8시에 신칸센으로 오사카에 가야 돼.

⑤ あしたマリアさんが遊びに来る。部屋をかたづけなくては。
내일 마리아 씨가 놀러 온다. 방을 치워야겠어.

⑥ (親が子に) もっと早く帰ってこなくちゃ。夜の道は危ないんだから。
(부모가 아이에게) 더 일찍 귀가하지 않으면 안 돼. 밤길은 위험하잖니.

▶ 필요한 일이나 의무를 나타내는 표현입니다. 개인적인 일을 말하는 경우가 많으며, 주어는 생략되는 경우가 많습니다.
▶ 「なくてはならない」와「なくてはいけない」는 함께 사용합니다.「なければいけない・なければならない」도 함께 사용하지만, 이 두 가지는 일반적인 상식에 대해 말하는 경우가 많습니다.
▶ 회화체에서는 예문 ④처럼「なくちゃならない・なくちゃいけない」등으로 사용되며, 예문 ⑤, ⑥처럼「なくては」나「なくちゃ」와 같이 뒤를 생략한 표현도 있습니다.

참고 なければいけない・なければならない

365 なくてもいい ★4

~하지 않아도 된다 (괜찮다) 〈불필요〉

접속 방법 「동사의 ない형의 어간」+ くてもいい

① A：あしたも来なければなりませんか。 내일도 와야 합니까?
   B：いいえ、今日は仕事が全部できたから、あしたは来なくてもいいですよ。 아니요, 오늘은 일이 전부 끝났으니까 내일은 오지 않아도 괜찮아요.

② 医者：熱が下がったから、もう薬を飲まなくてもいいです。
   열이 내렸으니까, 이제 약을 먹지 않아도 괜찮습니다.

③ 森さんにファクスを送りましたが、電話はかけなくてもいいでしょうか。 모리 씨에게 팩스를 보냈습니다만, 전화는 걸지 않아도 괜찮을까요?

④ A：このことは今日決めなくてもかまいませんか。
   이 일은 오늘 결정하지 않아도 상관없습니까?
   B：ええ、かまいませんよ。ゆっくり考えてください。
   네, 상관없어요. 천천히 생각하세요.

⑤ メールで返事をくれれば、電話をくれなくたっていいよ。
   메일로 답장을 보내 주면, 전화를 걸지 않아도 돼.

⑥ A：パソコンを持っていかなきゃいけない？ 컴퓨터를 꼭 갖고 가야 돼?
   B：あ、ここにあるから持ってこなくたってかまわないよ。
   아, 여기 있으니까 가지고 오지 않아도 상관없어.

▶ '~할 필요는 없다'라는 의미를 나타내며, 「なくてもかまわない」는 「なくてもいい」와 거의 동일하게 사용합니다.
▶ 예문 ④의 「なくてもかまいませんか」는 지장의 유무를 묻는 표현입니다.
▶ 회화체 표현으로는 예문 ⑤의 「なくたっていい」와 예문 ⑥의 「なくたってかまわない」등이 있습니다.

366 なくてもいい ★4

~하지 않아도 좋다 (괜찮다) 〈양보〉

접속 방법 「동사의 ない형의 어간 + くても / い형용사의 어간 + くなくても / な형용사의 어간 + でなくても / 명사 + でなくても」 + いい

① 1日だけですからホテルの部屋は広くなくても、きれいでなくてもいいです。
하루뿐이니까 호텔 방은 넓지 않아도, 깨끗하지 않아도 괜찮습니다.

② 医者：毎日でなくてもいいから、もっと運動をしてください。
매일 하지 않아도 좋으니까, 좀 더 운동을 하세요.

③ 使わないものがあったらバザーに出してください。新しくなくてもかまいません。
사용하지 않는 물건이 있다면 바자회에 보내 주세요. 새것이 아니어도 상관없습니다.

④ 絵を描いて説明してください。絵は上手でなくてもかまいませんから。
그림을 그려서 설명해 주세요. 그림은 능숙하지 않아도 상관없으니까요.

⑤ ぼくの部屋は静かじゃなくたっていいよ。
내 방은 조용하지 않아도 괜찮아.

▶ 양보를 나타내는 표현으로, '최상은 아니지만 이 정도면 좋다'라는 의미를 나타냅니다. 「なくてもかまわない」는 「なくてもいい」와 함께 사용합니다.
▶ 예문 ⑤ 「なくたっていい」는 회화체 표현입니다.

1회 2회 3회

なくてもかまわない ➡ なくてもいい 392-393
なくなる ➡ ようになる 610

쏙쏙 어휘   バザー 바자(회)   静かだ 조용하다

367 なくもない
~하기도 한다, ~하지 않는 것은 아니다

접속 방법　「동사의 ない형의 어간 + く / い형용사의 어간 + くなく /
な형용사의 어간 + でなく / 명사 + でなく」+ もない

① A : ジャズ好きですか。
　　　재즈 좋아합니까?
　 B : ええ。聞かなくもないですよ。
　　　네. 안 듣는 것은 아닙니다.

② A : 部長、お話があるんですが。午後、お時間ありますか。
　　　부장님 말씀드릴 게 있는데요. 오후에 시간 있으세요?
　 B : そう、なくもないですよ。3時ごろから、30分ならいいですよ。
　　　아, 그래요? 시간있어요. 3시경부터 30분 정도라면 괜찮아요.

③ A : この小説家、いいよね。君はどう思う。
　　　이 소설가 좋지? 너는 어떻게 생각해?
　 B : この人の作品、ぼくも好きでなくもないよ。
　　　이 사람 작품 나도 좋아하기는 해.

▶ '전혀 없는 것은 아니다, 어느 경우에는 ~할 수도 있다'는 의미로, 소극적인 긍정을 나타낼 때 사용하며 개인적인 판단, 추측, 좋고 싫음에 대하여 말하는 경우가 많습니다.
▶ 「ないことはない」와 용법이 동일합니다.

참고　ないことはない

なければ　➡　なければならない　396

쏙쏙 어휘　ジャズ 재즈　午後 오후

368 なければいけない ★4

~하지 않으면 안 된다, ~해야 한다

접속 방법 「동사의 ない형의 어간 + ければ / い형용사의 어간 + くなければ / な형용사의 어간 + でなければ / 명사 + でなければ」+ いけない

① 明日の朝早く起きなければいけないので、お先に失礼します。
   내일 아침 일찍 일어나지 않으면 안 되니까, 먼저 이만 실례하겠습니다.

② 教師：作文は400字以上でなければいけません。短くてはいけません。
   작문은 400자 이상 되어야 합니다. 짧아서는 안 됩니다.

③ 旅行かばんは軽くなきゃいけないよね。
   여행 가방은 가벼워야겠지?

④ あしたの朝早く起きなきゃいけないんです。お先に。
   내일 아침 일찍 일어나지 않으면 안 됩니다. 그럼, 먼저 실례할게요.

⑤ 子どもが学校へ通う道は安全でなければ。
   아이가 학교에 다니는 길은 안전해야 돼.

⑥ もう9時だ。早く帰らなきゃ。 벌써 9시야. 어서 집에 가야겠어.

▶ 사회적 상식 등을 바탕으로 한 일이나 의무를 나타내는 표현이며, 주어는 생략되는 경우가 많습니다.
▶ 「なければならない・なくてはならない・なくてはいけない」도 함께 사용하지만, 「なければならない」는 사회의 상식적인 일에 사용하는 경우가 많습니다.
▶ 회화체에서는 「なきゃいけない」 등으로 사용되며, 「なければ」나 「なきゃ」와 같이 「いけない」를 생략한 표현도 있습니다.

참고 なくてはならない・なければならない

1회 2회 3회

쏙쏙 어휘 お先に 먼저 安全 안전

369 なければならない ★4

~하지 않으면 안된다, ~해야 한다

접속 방법 「동사의 ない형의 어간 + ければ / い형용사의 어간 + くなければ / な형용사의 어간 + でなければ / 명사 + でなければ」 + ならない

① あした、部屋代を払わなければなりません。
　내일 방세를 내지 않으면 안 됩니다.

② いつも持っているかばんは軽くなければならない。
　항상 가지고 다니는 가방은 가벼워야 한다.

③ 子どもたちが学校に通う道、通学路は安全でなければならない。
　아이들이 학교에 다니는 길, (즉) 통학로는 안전하지 않으면 안 된다.

④ あした、加藤先生のレポートを出さなきゃならない。
　내일 가토 선생님의 리포트를 제출하지 않으면 안 된다.

⑤ (父が高校生の息子に) 学生は勉強が第一だ。勉強しなければ。
　(아버지가 고등학생인 아들에게) 학생은 공부가 우선이다. 공부해야 돼.

▶ 사회적 상식 등을 바탕으로 한 일이나 의무를 나타내는 표현으로, 일반적인 판단을 말하는 경우가 대부분이며, 주어는 생략되는 경우가 많습니다.
▶ 「なければいけない・なくてはならない・なくてはいけない」도 함께 사용되며, 개인적인 일에 사용하는 경우가 많습니다.
▶ 회화체에서는 예문 ④처럼 「なきゃならない」 등으로 쓰이며, 예문 ⑤처럼 「ならない」를 생략한 표현도 있습니다.

참고 なくてはならない・なければいけない

쏙쏙 어휘　~代 ~의 대금　通学路 통학로

370 なさい ★4

~하시오

| 접속 방법 | 「동사의 ます형」+ なさい |

① 父：7時だよ。早く起きなさい。
　　7시다. 빨리 일어나거라.

② 母：ご飯の前に手を洗いなさいよ。
　　밥 먹기 전에 손을 씻어라.

③ 先生：あした、かならずこのプリントを持ってきなさい。
　　내일 꼭 이 프린트를 가지고 오너라.

④ (試験の問題で) どちらが正しいですか。正しい方に○をつけなさい。
　　(시험 문제에서) 어느 쪽이 올바릅니까? 올바른 쪽에 동그라미를 치세요.

▶ 명령형을 좀더 정중하고 부드럽게 나타내는 표현입니다. 주로 부모 → 자식, 선생 → 학생 등의 관계나, 시험의 지시문 등에서 사용되기도 합니다.
▶ 남녀 구별 없이 사용합니다.

쏙쏙 어휘　手を洗う 손을 씻다　かならず 반드시, 꼭

371 なしに

~하지 않고, ~없이

접속 방법 「동사의 사전형 + こと / 명사・する동사의 명사형」+ なしに

① わたしたちは 3 時間、休息なしに歩き続けた。
우리들은 3시간동안 쉬지 않고 계속해서 걸었다.

② 断りなしに、ほかの人の部屋に入るな。
한 마디 양해 없이 다른 사람의 방에 들어가지 마라.

③ 彼女の話は涙なしには、聞けない。
그녀의 이야기는 눈물 없이는 들을 수 없다.

④ 兄の病気のことが気になって朝まで一睡もすることなしに、起きていた。
아픈 형이 걱정되어 아침까지 한 숨도 못 자고 깨어 있었다.

⑤ なんとか父に気づかれることなしに、家を出ることができた。
겨우 아버지에게 들키지 않고 집을 나갈 수 있었다.

동작을 나타내는 말에 붙어서 '보통은 ~하지만, 이 경우는 ~하지 않고, … 한다', 또는 '보통은 ~하지만, 이 경우는 ~하지 않고, 그대로 있다'라는 의미를 나타내는 표현입니다.

1회 2회 3회

쏙쏙 어휘 休息 휴식   断り 미리 양해를 구함, 또는 그 말   一睡 한잠, 한잠 잠

372 など

~따위

접속 방법 「명사(+ 조사)」+ など

① 部屋のそうじなどめんどうだなあ。
　방 청소 따위 귀찮아.

② 人の悪口など言うものではない。
　남의 욕 같은 거 해서는 안 된다.

③ 税金を無駄使いするような大臣など、辞職して当然です。
　세금을 낭비하는 장관 따위는 사직하는 게 당연합니다.

④ わたしなどはみなさんのように立派な話はできません。
　저 같은 건 여러분처럼 훌륭한 이야기는 못 합니다.

▶ 「~など」의 형태로, 「~」를 싫어하는 기분, 경시하는 듯한 기분을 나타내며 문말에는 부정적인 표현이 옵니다.
▶ 예문 ④처럼 자신의 일에 사용하면 겸손의 의미가 됩니다.
▶ 「なんか」와 「なんて」는 가벼운 회화적 표현입니다.

참고 **なんか**

1회 2회 3회

쏙쏙 어휘　めんどう 귀찮음, 성가심　無駄使い 낭비, 허비　辞職 사직

373 なら

~한다면, ~라면

접속 방법 「보통형(な형용사의 어간・명사)」＋ なら

① A：今から図書館へ行きます。 지금 도서관에 갈 거예요.
   B：あ、図書館に行くなら、わたしも返したい本があるんですが。
   어, 도서관에 갈 거라면 나도 반납하고 싶은 책이 있는데요.

② A：あれ、林さん、もう帰るんですか。ぼくはまだ仕事があるんです。
   어? 하야시 씨 벌써 귀가하세요? 전 아직 일이 있어요.
   B：そう、まだ仕事があるなら、お弁当と熱いお茶を買ってきましょうか。 그래요? 아직 일이 있다면 도시락과 따뜻한 차를 사 올까요?

③ A：ドアが開かない。かぎがかかっています。
   문이 안 열리네. 자물쇠가 잠겨 있어요.
   B：えっ、かぎがかかっているんなら、かぎを借りてきましょう。
   앗, 자물쇠가 잠겨 있다면 열쇠를 빌려 옵시다.

④ (友だちが納豆を食べないのを見て) ジムさん、納豆がきらいなら、食べなくてもいいんですよ。
   (친구가 낫토를 먹지 않는 것을 보고) 짐 씨, 낫토가 싫으면 먹지 않아도 괜찮아요.

⑤ A：田中さん、いませんか。 다나카 씨 없습니까?
   B：田中さんなら、さっき出かけましたよ。 다나카 씨라면 아까 나갔어요.

▶ 「~なら、…」의 형태로 「~なら」에서 상대방이 말한 화제나 상황을 받아, 「…」에서 말하는 사람이 그것에 대한 조언, 의지, 의견 등을 말할 때 사용합니다.
▶ 예문 ⑤처럼 무언가를 내세워서 말하는 표현도 있습니다.
▶ 친한 사이의 대화에서는 예문 ③처럼 「なら」 앞에 「ん」을 넣어서 「んなら」로 쓰이는 경우도 많습니다.

なら（ば）	➡	ば	502
なら～ほど	➡	ば～ほど	525
ならいい	➡	ばいい〈希望〉	505
ならいざしらず	➡	はいざしらず	507

374 ならでは ★1

~밖에는 할 수 없는, ~이 아니면

접속 방법　「명사」 + ならでは

① この絵には子どもならでは表せない無邪気さがある。
　이 그림에는 아이들이 아니면 표현할 수 없는 천진난만함이 있다.

② この祭りこそは京都ならではの光景です。
　이 축제야 말로 교토가 아니면 볼 수 없는 광경입니다.

③ これは芸術的才能のある山本さんならではの作品だと思います。
　이것은 예술적 재능이 있는 야마모토 씨만의 독특한 작품이라고 생각합니다.

'~이외에는 불가능하다, 단지 ~만이 가능하다'라고 감탄할 때 사용하는 표현입니다. 「~ならではの」의 「の」는 「見られない」나 「できない」 등의 동사를 대신합니다.

1회　2회　3회

쏙쏙 어휘　表す 나타내다, 드러내다　光景 광경　芸術的 예술적

375 なり ★1

~하자마자

접속 방법 「동사의 사전형」 + なり

① 子どもは母親の顔を見るなり、ワッと泣き出しました。
아이는 어머니의 얼굴을 보자마자 으앙 하고 울기 시작했습니다.

② 彼はしばらく電話で話していたが、とつぜん受話器を置くなり部屋を出て行った。
그 사람은 잠시 전화로 이야기하더니, 갑자기 수화기를 놓자마자 뛰쳐나갔다.

③ 彼は合格者のリストに自分の名前を発見するなり、跳び上がって大声をあげた。
그 사람은 합격자 명단에 자신의 이름을 발견하자마자 펄쩍 뛰며 고함을 질렀다.

▶ 「~なり…」의 형태로, 「~」을 함과 동시에 「…」라는 일반적이지 않은 행위를 했다는 것을 나타낼 때 사용하는 표현입니다.

▶ 「なり」는 현실의 일을 표현하며, 의지적인 행위를 나타내는 문장이나 「よう・つもり」등의 의지문, 명령문, 부정문 등이 뒤에 올 수 없습니다. 또한, 자신의 일에도 사용할 수 없습니다.
◆ (×) 会社に着くなり、社長室に行ってください。

▶ 같은 의미・용법을 가진 표현에는 다음과 같은 것이 있으니까, 함께 알아 두세요.
참고 (か)とおもうと・か~ないかのうちに・たとたん(に)・がはやいか・やいなや

1회 2회 3회

쏙쏙 어휘 泣き出す 울기 시작하다 受話器 수화기 跳び上がる 펄쩍 뛰다, 뛰어오르다

376 なり～なり

~하든지 ~하든지

접속 방법 「동사의 사전형 / 명사(+ 조사)」+ なり +「동사의 사전형 / 명사(+ 조사)」+ なり

① だまっていないで、反対するなり賛成するなり意見を言ってください。
잠자코 있지 말고 반대를 하든지 찬성을 하든지 의견을 말해 주세요.

② となりの部屋の人がうるさいので、朝早く起きて勉強するなり図書館で勉強するなり、勉強の方法を考えなければならない。
옆방 사람이 시끄럽게 하니까 아침 일찍 일어나서 공부를 하든 도서관에서 공부를 하든, 공부할 방법을 생각해내지 않으면 안 된다.

③ 奨学金のことは先生になり学生課の人になり相談してみたらどうですか。
장학금에 대해서는 선생님이나 학생과의 직원과 상담해 보는 게 어떻습니까?

④ A：いつ伺いましょうか。
언제 찾아 뵐까요?
B：今週なり来週なり、時間があるときに来てください。
이번 주든 다음 주든 시간이 있을 때 오세요.

▶ '~라도 좋고 ~라도 좋다, 어느 쪽이든'이라고 생각되는 예를 들 때 사용하는 표현입니다.
▶ 과거의 일에는 사용하지 않으며, '무엇이든 좋지만'이라는 의미를 포함하고 있으므로 윗사람에게는 그다지 사용하지 않는 편이 좋습니다.

쏙쏙 어휘 奨学金 장학금 学生課 학생과

377 なりに ★1
~나름대로

접속 방법 「명사 / 보통형(な형용사의 어간)」 + なりに

① きのう彼が出した提案について、わたしなりに少し考えてみた。
어제 그 사람이 내놓은 제안에 대해 나 나름대로 조금 생각해 봤다.

② あの子も子どもなりにいろいろ心配しているのだ。
저 아이도 아이 나름대로 여러 가지 걱정이 있을 거야.

③ 収入が少なければ少ないなりに、暮らしを楽しむ方法はあるだろう。
수입이 적으면 적은대로, 생활을 즐길 방법은 있을 것이다.

▶ 그 사람에게 또는 그 조건에 어울릴 만한 무언가를 하겠다고 말하고 싶을 때 사용하는 표현입니다.

▶ 상대방에게 겸손하게 사양하듯이 말할 때는「わたしなりに(내 나름대로)」의 형태로 자주 쓰이지만, 윗사람에게는 그다지 사용하지 않는다는 것을 꼭 기억해 두세요.

1회 2회 3회

なる ➡ くなる 91
なる ➡ になる 465

쏙쏙 어휘   提案 제안   収入 수입

378 なんか

~따위

★3

| 접속 방법 | 「명사(+조사)」 + なんか | |

① 変なにおいのする納豆なんか、だれが食べるものか。
이상한 냄새가 나는 낫토 같은 거 누가 먹겠는가?

② あんな人の言うことなんて信じるものか。いつもうそばかりついているんだから。
저런 사람이 하는 말 따위, 믿을 수 있겠는가? 항상 거짓말만 하는데.

③ わたしなんか何もお手伝いできなくて。すみません。
제가 아무 것도 도와드리지 못해서 죄송합니다.

④ 学校へなんか行きたくない。
학교따위 가고싶지 않다.

▶ 「~なんか」의 형태로서, 「~」에는 싫어하거나 경시하는 기분을 나타냅니다. 「など」와 같은 의미로 사용하지만, 허물없는 회화체에서 주로 사용하는 표현입니다.
▶ 문말에는 부정적인 표현이 옵니다.
▶ 예문 ②처럼 반어를 사용하는 경우도 있으며, 예문 ③처럼 자신의 일에 사용하면 겸손의 의미를 나타냅니다. 예문 ④처럼 경우에 따라서는 감정적인 표현이 되기도 합니다.
▶ 「なんて」도 함께 사용한다.

참고 **など**

쏙쏙 어휘 納豆 낫토   うそをつく 거짓말을 하다

379 なんて

~라니, ~하다니

접속 방법 「보통형」+ なんて

① 小林さんが竹内さんのお姉さんだなんて！前から二人とは仲のいい友だちだったのに、知らなかった。
고바야시 씨가 다케우치 씨의 언니였다니! 전부터 두 사람하고는 친한 친구였는데, 몰랐어.

② 信じられないなあ！わたしがT大学に入学できたなんて。
믿을 수 없어! 내가 T대학에 입학할 수 있었다니.

③ 子どもの遊び相手もロボットがやってくれるなんて！
아이의 놀이 상대도 로봇이 해 주다니!

▶ 「~なんて、…」의 형태로, 예상하고 있지 않았던 사실을 보거나 들었을 때의 놀라움이나 감동을 말할 때 사용하는 표현입니다. 「~」에서 새롭게 알게 된 일에 대하여 말하고, 「…」에서 놀라움 등을 나타내는 회화체 표현입니다.
▶ 예문 ②는 도치의 표현이며, 예문 ③처럼 후반을 생략한 표현도 있습니다.
▶ 문어체에서는 「とは」를 사용합니다.

참고 とは〈놀람〉

なんて ➡ など 399

380 に ★5

~하러 〈목적〉

접속 방법 「동사의 ます형 / する동사의 명사」+ に

① あした、デパートへくつを買いに行きます。
   내일 백화점으로 신발을 사러 갑니다.

② 昼休みには、寮へ食事にもどります。
   점심시간에는 기숙사로 식사하러 돌아갑니다.

③ ひろし君は何をしに来たの。何もしないで帰ったけど。
   히로시 군은 뭘 하러 온 거지? 아무 것도 하지 않고 집에 갔는데.

④ 空港へ友だちを送りに行きます。
   공항으로 친구를 배웅하러 갑니다.

▶ 「~に」의 형태로, 「~」에 이동의 목적이 오고 「…」에 「行く・来る・帰る・もどる」 등의 이동 동사를 사용하여 표현합니다.
▶ 목적의 행위가 이동한 곳에서 완결된 경우에만 사용해야 합니다.
   ◆ (×) ハワイに結婚に行きます。
▶ 목적이 일상적이지 않고, 중요한 경우에는 「に」가 아닌 「ために」를 사용합니다.
   ◆ (△) 国際会議に出席しにパリへ行きます。
   　(○) 国際会議に出席するためにパリへ行きます。
      국제회의에 참석하기 위해 파리에 갑니다.

□ □ □
1회 2회 3회

に ➡ のに 494-496

쏙쏙 어휘　昼休み 점심식사 후의 휴식(시간)

381 にあたって
~을 맞이해서, ~함에 있어서

접속 방법 「동사의 사전형 / 명사」＋ にあたって

① 新学期にあたって、皆さんに言っておきたいことがあります。
　새 학기를 맞이하여 모두에게 말해 두고 싶은 것이 있습니다.

② 新居を購入するにあたって、わたしども夫婦はいろいろな調査をしました。
　새 집을 구입하는 데 있어서 우리 부부는 여러 가지 조사를 했습니다.

③ 研究発表をするにあたって、しっかり準備をすることが必要だ。
　연구 발표를 하는데 있어서 확실하게 준비해 두는 것이 필요하다.

④ この計画を実行するにあたり、ぜひ周囲の人の協力を求めなければならない。
　이 계획을 실행하는데 있어서 반드시 주위 사람들의 협력을 구하지 않으면 안 된다.

어떤 결심을 필요로 하는 특별한 때나 중요한 행동을 앞에 두고, 그것에 대한 적극적인 자세를 말하고자 할 때 사용하는 표현입니다. 격식을 차린 표현이므로, 일상적인 회화체에서는 사용하지 않는다는 것을 기억해 두세요.

1회 2회 3회

にあたらない ➡ に(は)あたらない 466

쏙쏙 어휘　新学期 신학기　新居 새집　求める 구하다, 요구하다

382 にあって

~에 있어서, ~이어서, ~에서

접속 방법 「명사」 + にあって

① 今、A国は経済成長期にあって、人々の表情も生き生きとしている。
지금 A나라는 경제 성장기라서 사람들의 표정도 생기가 넘치고 있다.

② 数学は高度情報社会にあって、必要な学問的教養となっている。
수학은 고도 정보사회에서 필요한 학문적 교양이 되고 있다.

③ この非常時にあって、あなたはどうしてそんなに平気でいられるのですか。
이런 비상시에 당신은 어째서 그렇게 태평하게 있을 수 있습니까?

▶ '~와 같은 특별한 사태나 상황에 직면해 있으므로, 또는 직면해 있음에도 불구하고'라는 뜻을 나타내고자 할 때 사용하는 표현입니다.

▶ 예문 ①, ②처럼 '이런 특별한 상황에 있으므로'라는 뜻의 뒷문장과 순접적으로 연결되는 용법도 있고, ③처럼 '이런 어려운 상황에 있음에도 불구하고'라는 뜻의 역접적으로 연결되는 용법도 있습니다.

1회 2회 3회

쏙쏙 어휘   生き生き(と) 생기가 넘치는 활기찬 모양   非常時 비상시   平気 태연함, 예사로움

383 にいたって

~을 맞이해서, ~(하는 사태)에 이르러

접속 방법 「동사의 사전형 / 명사」+ に至って

① 39度もの熱が3日も続くという事態に至って、彼はやっと医者へ行く気になった。
39도나 되는 열이 삼일이나 계속되는 상황에 이르자, 그 사람은 그제서야 병원에 갈 마음이 들었다.

② 関係者は子どもが自殺するに至って初めて事の重大さを知った。
관계자는 아이들이 자살하는 사태에 이르자, 비로소 사태의 심각성을 깨달았다.

③ 学校へほとんど行かずにアルバイトばかりしていた彼は、いよいよ留年という状況に至って、親に本当のことを言わざるを得なかった。
학교에 거의 가지 않고 아르바이트만 했던 그 사람은 결국 유급에 이르자, 부모님에게 사실을 말하지 않을 수 없었다.

「~に至って」의 형태로, '~라는 중대한 사태로 되어'라는 의미를 나타냅니다. 뒤에는 주로 「やっと(겨우)・ようやく(가까스로)・はじめて(비로소)」 등의 말이 옵니다.

1회 2회 3회

쏙쏙 어휘 事態 사태   自殺する 자살하다   重大さ 중대함

384 にいたっては ★1

~을 예로 든다면, ~만 해도

접속 방법 「명사」+ に至っては

① わたしの家族はだれもまともに家で夕食を食べない。姉に至っては仕事や友人との外食で家で食べるのは月に1回か2回だ。
   우리 가족은 아무도 제대로 집에서 저녁을 먹지 않는다. 언니만 해도 일이나 친구와의 외식 때문에 집에서 먹는 것은 한 달에 한 번이나 두 번이다.

② どこの駅でも周辺の放置自転車の数が増えているらしいが、わたしが住む町に至っては、道路が狭いため、いつ子どもを巻き込む事故が起こってもおかしくない状態だ。
   어느 역이나 주변에 방치된 자전거의 수가 늘고 있는 듯한데, 내가 사는 동네만 해도 도로가 좁기 때문에 항상 아이가 다치는 사고가 일어나도 이상하지 않을 정도이다.

「명사 + に至っては」의 형태로, 부정적 의미를 나타내는 보기 중에서 명사라는 극단적인 예를 들어 그 경우에 대해 설명할 때 사용하는 표현입니다.

쏙쏙 어휘 まともに 제대로, 착실하게   放置 방치   巻き込む 끌어들이다, 말려들다

385 にいたる
~하기에 이르렀다

접속 방법 「동사의 사전형 / 명사」 + に至る

① 被害は次第に広範囲に広がり、ついに死者30人を出すに至った。
피해는 점차 넓은 범위로 확산되어, 마침내 30명의 사망자를 내기에 이르렀다.

② 小さなバイクを造ることから始めた本田氏の事業は発展し続け、とうとう世界的な自動車メーカーにまで成長するに至った。
작은 오토바이를 만드는 일에서 시작된 혼다 씨의 사업은 발전을 계속하여 드디어 세계적인 자동차 메이커로까지 성장하기에 이르렀다.

③ 工場閉鎖に至ったその責任は、だれにあるのか。
공장을 폐쇄로까지 이르게 한 책임은 누구에게 있는 것인가?

▶ '여러 가지 일이 계속된 후에, 결국 이렇게 되었다'고 나타낼 때 사용하는 표현입니다.
▶ 뒤에 오는 문장에는 「ついに(마침내)・とうとう(드디어)」 등의 말이 자주 옵니다.

1회 2회 3회

쏙쏙 어휘 次第に 서서히, 점점   死者 죽은 사람   造る 만들다, 제작하다   閉鎖 폐쇄

386 にいたるまで

~까지도, ~에 이르기까지

접속 방법 「명사」+ に至るまで

① 警察の調べは厳しかった。現在の給料から過去の借金の額に至るまで調べられた。
경찰의 조사는 가차 없었다. 현재 월급부터 과거 빚의 액수까지 조사당했다.

② 中山氏は山田さんに関心があるのだろうか。山田さんの休日の行動に至るまで詳しく知りたがった。
나카야마 씨는 야마다 씨에게 관심이 있는 것일까? 야마다 씨의 휴일 일정까지 자세하게 알고 싶어 했다.

③ 身近なごみ問題から国際経済の問題に至るまで、面接試験の質問内容は実にいろいろだった。
우리 일상생활과 관계 깊은 쓰레기 문제에서 국제 경제의 문제에 이르기까지, 면접시험의 질문 내용은 실로 다양했다.

'일의 범위가 그런 곳에까지 도달했다'라고 나타낼 때 사용하는 표현입니다. 상한선을 강조하여 나타내는 표현이므로, 극단적인 의미를 나타내는 명사에 접속합니다.

1회 2회 3회

쏙쏙 어휘　借金 빚, 돈을 꿈　　身近 자기와 관계가 깊음, 신변　　実に 실로, 참으로

387 において

~에서, ~에 있어서

접속 방법 「명사」 + において

① 入学式はA会館において行われる予定。
입학식은 A회관에서 행해질 예정이다.

② この植物は、ある一定の環境においてしか花を咲かせない。
이 식물은 어떤 일정한 환경에서밖에 꽃을 피우지 않는다.

③ 経済界における彼の地位は高くはないが、彼の主張は注目されている。
경제계에 있어서 그 사람의 지위는 높지 않지만, 그 사람의 주장은 주목 받고 있다.

④ このレポートでは江戸時代における庶民と武士の暮らし方の比較をしてみた。
이 리포트에서는 에도시대에서의 서민과 무사의 생활 양상을 비교해 보았다.

⑤ 最近、人々の価値観においても、ある小さな変化が見られた。
최근 사람들의 가치관에서도 어떤 작은 변화가 보여졌다.

⑥ マスコミはある意味において、人を傷つける武器にもなる。
매스컴은 또 다른 측면에서는 사람을 상처 입히는 무기가 되기도 한다.

▶ 일이 행해지는 장소, 장면, 상황을 나타내며, 예문 ③, ⑤처럼 방면, 분야에 관해서도 사용됩니다.
▶ 「~で」와 거의 같은 의미를 나타내지만 「において」가 좀 더 정중한 표현이므로, 일상 회화에서는 그다지 사용하지 않는다는 것을 꼭 기억해 두세요.
▶ 뒤에 명사가 올 때는 예문 ③, ④처럼 「における + 명사」의 형태가 됩니다.

におうじた ➡ におうじて 415

쏙쏙 어휘 入学式 입학식 一定 일정 武士 무사 比較 비교 武器 무기

388 におうじて ★2

~에 따라서, ~에 상응해서, ~에 맞게

접속 방법 「명사」 + に応じて

① 人は年齢に応じて社会性を身につけていくものだ。
사람은 연령에 따라서 사회성을 갖추어야 한다.

② アルバイト料は労働時間に応じて計算される。
아르바이트 비는 노동시간에 상응해서 계산된다.

③ 当店ではお客さまのご予算に応じてお料理をご用意いたします。
저희 가게에서는 손님의 예산에 따라 요리를 준비하고 있습니다.

④ 登山をするには、当日の天候に応じた服装をしてくること。
등산을 하기 위해서는 당일 날씨에 맞는 복장을 하고 올 것.

▶ 주로 정도나 종류의 차이를 나타내는 말에 접속해서, '그것이 변하면 그에 대응하여 뒤의 내용도 변하는 것'을 나타낼 때 사용합니다.
▶ 뒤에 명사가 올 때는 예문 ④처럼 「에 応じた + 명사」의 형태가 됩니다.

1회 2회 3회

における ➡ において 414

쏙쏙 어휘 予算 예산 登山 등산

389 にかかわらず ★2
~에 관계없이

접속 방법 「명사」+ にかかわらず

① このデパートは、曜日にかかわらず、いつも込んでいる。
이 백화점은 요일에 관계없이 항상 북적댄다.

② 金額の多少にかかわらず、寄付は大歓迎です。
금액이 많고 적음에 관계없이 기부는 대환영입니다.

③ 値段の高い安いにかかわらず、いい物は売れるという傾向があります。
가격이 비싸거나 싼 것에 관계없이 좋은 물건은 팔린다는 경향이 있습니다.

▶ '앞에 오는 내용에 관계 없이 나중의 일은 성립한다'는 의미를 나타냅니다.
▶ 예문 ②, ③처럼 대립관계에 있는 말이 오는 경우가 많습니다.
▶ 「にかかわりなく・をとわず」와 의미・용법이 거의 같습니다.

참고 にかかわりなく・をとわず

1회 2회 3회

쏙쏙 어휘　金額 금액　寄付 기부　大歓迎 대환영　傾向 경향

390 にかかわりなく ★3

~에 관계없이

접속 방법 「명사」+ にかかわりなく

① 田中さんは相手の都合にかかわりなく仕事を頼んでくるので本当に困る。
다나카 씨는 상대방의 사정과 관계없이 일을 부탁해서 정말로 난처하다.

② このグループのいいところは、社会的な地位にはかかわりなく、だれでも言いたいことが言えることだ。
이 그룹의 좋은 점은 사회적인 지위와는 관계없이 누구라도 하고 싶은 말을 할 수 있다는 것이다.

③ 当社は学校の成績のいい悪いにかかわりなく、やる気のある人材を求めています。
당사는 학교 성적의 좋고 나쁨에 관계없이 의욕이 있는 인재를 원하고 있습니다.

④ 今回の研修旅行に参加するしないにかかわりなく、このアンケートに答えてください。
이번 연수 여행에 참가할지 안 할지에 상관없이 이 설문지에 답해 주세요.

- '앞에 오는 내용에 관계 없이 나중의 일은 성립한다'는 의미를 나타냅니다.
- 예문 ③, ④처럼 대립관계에 있는 말이 오는 경우가 많습니다.
- 「にかかわらず」, 「をとわず」와 의미·용법이 거의 같습니다.

참고 にかかわらず・をとわず

쏙쏙 어휘 グループ 그룹 やる気 할 마음, 의욕 アンケート 설문지, 앙케이트

391 にかかわる ★1

~에 관련된

접속 방법 「명사」 + にかかわる

① 人の名誉にかかわるようなことを言うな。
다른 사람의 명예와 관련될 만한 말을 하지 마라.

② プライバシーを守るということは人権にかかわる大切な問題です。
프라이버시를 지키는 것은 인권과 관련된 중요한 문제입니다.

③ 教育こそは国の将来にかかわる重要なことではないでしょうか。
교육이야말로 나라의 장래와 관련된 중요한 사항이 아닐까요?

「명사 + ～にかかわる」의 형태로, '단지 ～에 관계가 있는 것이 아니라, 그것에 중대한 영향도 끼친다'라고 나타낼 때 사용하는 표현입니다.

1회 2회 3회

쏙쏙 어휘 名誉 명예   プライバシー 프라이버시   人権 인권   将来 장래

392 にかぎって

~에 한해서, (꼭) ~만은, ~치고

★2

접속 방법 「명사」+ に限って

① 自信があると言う人に限って、試験はあまりよくできていないようだ。
자신이 있다는 사람치고 시험을 별로 잘 못 보는 것 같다.

② ハイキングに行こうという日に限って雨が降る。わたしはいつも運が悪いなあ。
하이킹 가려고 하는 날에 꼭 비가 내린다. 나는 항상 운이 안 따르네.

③ あの先生に限ってそんなしかり方はしないと思う。
그 선생님만은 결코 그런 식으로 야단치지는 않을 거라고 생각해.

④ S社の製品に限ってすぐに壊れるなんてことはないだろうと思っていたのに……。
S사의 제품만은 금방 망가지거나 하는 일은 없을 거라고 생각했었는데…….

'~때만, ~만은 특히'라고 나타낼 때 사용하는 표현입니다. 예문 ①, ②처럼 '특별히 그 경우만 바람직하지 않은 상황이 되어 불만이다'라고 할 때, 또는 예문 ③, ④처럼 신뢰나 특별한 기대를 가지고 화제가 되는 '~만은 바람직하지 않은 일은 없을 것이다'라는 판단을 내릴 때 사용합니다.

쏙쏙 어휘   ハイキング 하이킹   運が悪い 운이 나쁘다

393 にかぎらず ★2

~에 한정되지 않고, ~뿐만 아니라

접속 방법   「명사」 + に限らず

① 日曜日に限らず、休みの日はいつでも、家族と運動をしに出かけます。
일요일뿐만 아니라 쉬는 날은 언제라도 가족과 운동하러 갑니다.

② 男性に限らず女性も、新しい職業分野の可能性を広げようとしている。
남성뿐만 아니라 여성도 새로운 직업 분야의 가능성을 넓히려 하고 있다.

③ この家に限らず、この辺りの家はみんな庭の手入れがいい。
이 집뿐만 아니라 이 주변의 집들은 모두 정원이 잘 손질되어 있다.

'~뿐만 아니라, ~가 속하는 그룹 속의 전부에 해당한다'고 나타낼 때 사용하는 표현입니다.

1회 2회 3회

쏙쏙 어휘   広げる 넓히다, 확장하다   手入れ 손질, 손봄

394 にかぎり ★2

~에 한해서, ~만

접속 방법 「명사」+ に限り

① この券をご持参のお客さまに限り、200円割り引きいたします。
이 쿠폰을 지참하신 손님에 한하여 200엔을 할인해 드리겠습니다.

② 電話取り次ぎは8時まで。ただし、急用の場合に限り、11時まで受け付ける。
전화 연결은 8시까지. 단, 급한 용무의 경우에 한하여 11시까지 받음.

③ 朝9時までにご来店の方に限り、コーヒーのサービスがあります。
오전 9시까지 매장을 찾아주신 분에 한해 커피 서비스가 있습니다.

'~만 특별하게 …한다'고 나타낼 때 사용하는 표현입니다.

쏙쏙 어휘 持参 지참 割り引く 할인하다 取り次ぎ 주인에게 전함, 중개 受け付ける 받다

395 にかぎる ★3
~하는 것이 제일이다

접속 방법 「동사의 사전형・ない형 / 명사」＋ に限る

① 1日の仕事を終えたあとは、冷えたビールに限りますよ。
하루의 일을 끝낸 후에는 차가운 맥주가 그만입니다.

② 自分が悪いと思ったら、素直に謝ってしまうに限る。
자신이 잘못했다고 생각하면 솔직히 사과하는 게 제일이다.

③ 子どもの育て方で問題を抱えているときは、育児書に頼ったり一人で悩んだりしていないで、とにかく経験者の意見を聞いてみるに限る。
아이들을 어떻게 키울지에 대한 문제를 안고 있을 때는 육아 책에 의지하거나 혼자서 고민하거나 하지 말고, 우선은 경험자의 의견을 들어보는 게 제일이다.

④ 太りたくなければ、とにかくカロリーの高いものを食べないに限る。
살찌고 싶지 않으면 어찌됐든 칼로리가 높은 것을 먹지 않는 게 제일이다.

▶ 말하는 사람의 주관적인 생각으로 '~이 가장 좋다'라고 생각한 것을 주장할 때 사용하는 표현입니다.
▶ 객관적인 판단을 말할 때는 사용하지 않으므로, 아래의 잘못된 예문을 통해 잘 익혀 두세요.
◆ (×) 医者：この病気を治すには、手術に限りますよ。

1회 2회 3회

쏙쏙 어휘 終える 끝내다　素直 솔직함, 순수함　謝る 사과하다　カロリー 칼로리, 열량의 단위

396 にかけては

~에 있어서는, ~만큼은

접속 방법 「명사」+ にかけては

① 田中さんは事務処理にかけてはすばらしい能力を持っています。
다나카 씨는 사무를 처리하는 데에 관해서는 훌륭한 능력을 가지고 있습니다.

② 水泳部員は50人もいるけれど、飛び込みのフォームの美しさにかけては、あの選手が一番だ。
수영부원은 50명이나 있지만, 다이빙 자세의 아름다움만큼은 그 선수가 제일이다.

③ 足の速さにかけては自信があったのですが、若い人にはもう勝てません。
빨리 달리기에 있어서는 자신이 있었습니다만, 젊은 사람에게는 이제 이길 수가 없네요.

「~にかけては」의 형태로, '~의 소질이나 능력에 관해서는 자신이 있는, 그 누구보다도 뛰어나다'고 나타낼 때 사용하는 표현입니다.

1회 2회 3회

쏙쏙 어휘　飛び込み 다이빙　フォーム 자세, 폼

397 にかたくない

~하기 어렵지 않다, ~할 수 있다

접속 방법 두 번째 설명 참조

① 母親のその言葉を聞いて傷ついた子どもの心のうちは想像にかたくない。
어머니의 그런 말을 듣고 상처 받았을 아이의 속마음은 상상하기 어렵지 않다.

② 父がわたしの変わりようを見て、どんなに驚いたか想像にかたくない。
아버지가 변화한 나의 모습을 보고 얼마나 놀랐을지 상상하기 어렵지 않다.

③ 人は主任のした行為を批判するが、彼の置かれた立場を考えれば、彼がなぜそうしたか、理解にかたくない。
남들은 주임이 한 행위를 비판하지만, 그 사람에게 놓여진 입장을 생각하면 그가 왜 그랬는지 이해할 수 있다.

▶ '상황을 생각해 봤을 때 쉽게 ~할 수 있다'라는 뜻을 나타낼 때 사용합니다.
▶ 「想像にかたくない(상상하기 어렵지 않다)」, 「理解にかたくない(이해하기 어렵지 않다)」라는 형태로 관용적으로 사용하는 일이 많습니다.
▶ 예문 ①, ②는 '상상할 수 있다', ③은 '이해할 수 있다'라는 의미를 나타냅니다.

1회 2회 3회

쏙쏙 어휘 驚く 놀라다, 경악하다 主任 주임 批判する 비판하다

398 にかわって ★3

~을 대신해서

접속 방법 「명사」 + に代わって

① 木村先生は急用で学校へいらっしゃれません。それで今日は、木村先生に代わってわたしが授業をします。
기무라 선생님께서는 급한 일로 학교에 못 오십니다. 그래서 오늘은 기무라 선생님을 대신해서 제가 수업을 하겠습니다.

② 本日は社長に代わり、私、中川がごあいさつを申し上げます。
오늘은 사장님을 대신하여, 저 나카가와가 인사 말씀 드리겠습니다.

③ 普通の電話に代わって、各家庭でテレビ電話が使われるようになる日もそう遠くないだろう。
일반 전화기를 대신해서 각 가정에서 화상전화가 쓰이게 될 날도 그리 멀지 않을 것이다.

▶ '평소나 일상적인 ~가 아닌'이라는 뜻을 나타낼 때 사용하며, 조금 딱딱한 표현입니다.
▶ 「~の代わりに(~대신)」로 바꾸어 말할 수 있으니까, 함께 알아 두세요.

쏙쏙 어휘 急用 급한 용무

399 にかんして ★2

〜에 관해서, 〜에 대해서

접속 방법: 「명사」+ に関して

① この問題に関してもう少し考える必要がある。
이 문제에 관해서 조금 더 생각할 필요가 있다.

② 本件に関しては現在調査しております。結論が出るまでもうしばらくお待ちください。
이번 건에 관해서는 현재 조사하고 있습니다. 결론이 날 때까지 조금만 더 기다려 주십시오.

③ 今回の「休日の過ごし方」に関してのアンケートはとても興味深かった。
이번 '휴일을 보내는 방법'에 관한 설문조사는 매우 흥미로웠다.

④ この論文は日本の宗教史に関する部分の調べ方が少し足りない。
이번 논문은 일본의 종교사에 관한 부분의 검토가 다소 부족하다.

▶ '말하다·듣다·생각하다·쓰다·조사하다' 등의 행위에서, 그 대상에 대해 말할 때 사용합니다. 「について」와 비슷한 의미·용법을 갖지만, 「について」보다 딱딱한 표현입니다.

▶ 뒤에 명사가 올 때는 예문 ④처럼 「〜に関する + 명사」의 형태가 됩니다.

□ □ □
1회 2회 3회

にかんする ➡ にかんして 426

쏙쏙 어휘 結論が出る 결론이 나다   アンケート 설문조사, 앙케이트   論文 논문   宗教 종교

400 にきまっている ★3

반드시(당연히) ~된다, ~인 것이 당연하다

접속 방법 「보통형 (な형용사의 어간・명사 / な형용사의 어간・명사 + である)」
+ に決まっている

① そんな暗いところで本を読んだら目に悪いに決まっている。
그런 어두운 곳에서 책을 읽으면 눈에 좋지 않은 것은 당연하다.

② 今週中に30枚のレポートを書くなんて無理に決まっています。
이번 주 중에 리포트 30장을 쓴다니. 그건 당연히 무리예요.

③ デパートよりスーパーの方が品物が安いに決まっているよ。スーパーへ行こう。
백화점보다 슈퍼마켓 쪽이 물건이 싼 것은 당연해. 슈퍼마켓으로 가자.

④ 選挙では林氏が当選するに決まっている。彼はこの土地の有力者なんだから。
선거에서는 하야시 씨가 반드시 당선된다. 그는 이 지역의 유력자이니까.

말하는 사람이 단정할 만큼 확신을 가지고 있다는 것을 나타낼 때 사용하는 표현입니다.

1회 2회 3회

쏙쏙 어휘   スーパー 슈퍼마켓   当選 당선   土地 그 고장, 토지   有力者 유력자

401 にくい ★4
~하기 어렵다, ~하기 불편하다

접속 방법 「동사의 ます형」 + にくい

① このくつは重くて歩きにくいです。
이 신발은 무거워서 걷기 불편합니다.

② 近くに大きいビルがたくさん建って、住みにくくなった。
근처에 커다란 빌딩이 많이 들어서서 살기 불편해졌다.

③ このコップは丈夫で壊れにくいです。
이 컵은 튼튼해서 좀처럼 깨지지 않는다.

④ もっと破れにくい紙をください。
잘 찢어지지 않는 종이를 주세요.

'~하는 것이 어렵다, 좀처럼 ~하지 않다'라는 의미를 나타냅니다. 예문 ①, ②처럼 마이너스적인 평가와 ③, ④처럼 플러스적인 평가 모두에 사용되는 표현입니다.

참고 やすい

쏙쏙 어휘 破れる 찢어지다, 해지다, 부서지다

402 にくらべて ★3

~에 비해서

접속 방법 「명사」+ に比べて

① 本が好きでおとなしい兄に比べて、弟は活動的で、スポーツが得意だ。
책을 좋아하고 얌전한 형에 비해, 동생은 활동적이고 스포츠를 잘한다.

② 今年は昨年に比べて米の出来がいいようだ。
올해는 작년에 비해서 쌀의 질이 좋은 것 같다.

③ 女性は男性に比べ平均寿命が長い。
여성은 남성에 비해 평균 수명이 길다.

④ 梅は桜に比べると、咲いている時期も長く、香りもいい。
매화는 벚꽃에 비하면 피어 있는 시기도 길고 향기도 좋다.

▶ 다른 것과 비교하여 어떤 일을 서술할 때 사용하는 표현으로, 「~より」와 바꾸어 쓸 수 있습니다.
▶ 예문 ④처럼 「に比べると」의 형태도 있으니까, 함께 기억해 두세요.

1회 2회 3회

쏙쏙 어휘   出来 완성된 상태, 수확, 결실   平均寿命 평균 수명   香り 향기, 향

403 にくわえて

~에 더해서, ~외에, ~와 함께

접속 방법 「명사」 + に加えて

① 台風が近づくにつれ、大雨に加えて風も強くなってきた。
태풍이 가까워짐에 따라서 폭우와 함께 바람도 거세지기 시작했다.

② 今学期から日本語の授業に加えて、英語と数学の授業も始まります。
이번 학기부터 일본어 수업과 함께 영어와 수학 수업도 시작됩니다.

③ 今年から家のローンに加えて、子どもの学費を払わなければならないので、大変だ。
올해부터 집 대출금 외에 아이의 학비까지 내야 하기 때문에 큰일이다.

'지금까지 있었던 것에 비슷한 다른 것이 첨가된다'라는 뜻을 나타내며, 조금 딱딱한 표현입니다.

1회 2회 3회

쏙쏙 어휘 近づく 접근하다, 다가오다   台風 태풍   ローン 론, 대부(금), 차관

404 にこしたことはない ★2

~하는 것이 최선이다, ~하는 것이 가장 좋다

접속 방법 「보통형 (현재형만)(な형용사의 어간・명사 + である)」
+ にこしたことはない

① 決められた時間より早めに着くにこしたことはない。
정해진 시간보다 일찍 도착해서 나쁠 것이 없다.

② けんかなどはしないにこしたことはないが、がまんできない場合もあるだろう。
싸움 같은 것은 하지 않는 게 좋지만, 참을 수 없는 경우도 있을 것이다.

③ 体は健康であるにこしたことはない。
몸은 건강한 것이 최고다.

④ 収入は多いにこしたことはないが、働きすぎて体を壊したらだめだ。
수입은 많으면 많을수록 좋긴 하지만, 과로해서 몸을 망가뜨리면 안 된다.

'상식적으로 생각해서 그 편이 좋다, 그 편이 안전하다'고 나타낼 때 사용하는 표현입니다. 이것은 당연한 것이므로 반대 의견은 없을 것이라고 생각한 것을 표현할 때 사용하기도 합니다.

1회 2회 3회

쏙쏙 어휘 がまんできない 참을 수 없다　収入 수입　体を壊す 건강을 해치다, 병들다

405 にこたえて ★2
~을 받아들여서, ~을 수용해서, ~에 부응하여

접속 방법 「명사」 + に応えて

① 参加者の要望に応えて、次回の説明会には会長自身が出席することになった。
참가자의 요구에 부응하여 다음 번 설명회에는 회장 스스로가 출석하게 되었다.

② 聴衆のアンコールに応えて、指揮者は再び舞台に姿を見せた。
청중의 앙코르에 답하기 위해 지휘자는 다시 무대에 모습을 드러냈다.

③ 内閣には国民の期待に応えるような有効な解決策を出してもらいたい。
내각은 국민의 기대에 부응하는 효과적인 해결책을 내 주었으면 좋겠다.

질문, 기대, 요망 등을 나타내는 명사에 접속해서 '그것에 따르는 듯한 행위를 한다'고 나타낼 때 사용하는 표현입니다.

□ □ □
1회 2회 3회

にこたえる ➡ にこたえて 432

쏙쏙 어휘 次回 다음 번 聴衆 청중 アンコール 앙콜 有効 유효

406 にさいして ★2

~함에 있어서, ~할 때

접속 방법 「동사의 사전형 / する동사의 명사형」＋ に際して

① 来日に際していろいろな方のお世話になった。
일본에 올 때 여러 분들에게 신세를 졌다.

② お二人の人生の門出に際して、一言お祝いの言葉を申し上げます。
두 사람의 인생이 새롭게 출발 함에 있어서, 축하의 말씀을 한 마디 드리겠습니다.

③ このたびの私の転職に際しましては、大変お世話になりました。
이번에 제가 전직할 때 대단히 많은 신세를 졌습니다.

④ この調査を始めるに際しては、関係者の了解をとらなければならない。
이 조사를 시작하는데 있어서는 관계자의 양해를 얻지 않으면 안 된다.

'어떤 특별한 일을 시작할 때에' 또는 '그 일을 진행 중에'라는 의미를 나타내며, 우연히 그때 어떤 일이 일어났다고 하는 의미에서는 사용하지 않으므로, 아래의 예문을 통해 꼭 기억해 두세요.
◆ (×) 調査をするに際して、新しい事件が起こった。

1회 2회 3회

にさきだつ ➡ にさきだって 434

쏙쏙 어휘 門出 새로운 생활이나 사업을 시작함 転職 전직 了解 양해, 깨달아 알아냄

407 にさきだって

~에 앞서, ~(하)기에 앞서

접속 방법 「동사의 사전형 / する동사의 명사형」+ に先立って

① 出発に先立って、大きい荷物は全部送っておきました。
출발에 앞서, 커다란 짐은 전부 보내 두었습니다.

② 計画実行に先立って、周りの人たちの許可を求める必要がある。
계획 실행에 앞서, 주변 사람들의 허가를 구할 필요가 있다.

③ 首相がA国を訪問するに先立って両国の政府関係者が打ち合わせを行った。
수상이 A국을 방문하기에 앞서, 양국의 정부 관계자가 사전협의를 했다.

④ 留学に先立つ書類の準備に、時間もお金もかかってしまった。
유학을 가기에 앞서, 서류 준비에 시간도 돈도 들었다.

▶ 「に先立って」의 앞에는 큰 행사나 행위 등을 나타내는 말이 오며, '어떤 일이 행해지기 전에 그 준비로써 해 두어야 할 일을 한다'는 의미를 나타내는 표현입니다.
▶ 뒤에 명사가 올 때는 예문 ④처럼 「に先立つ + 명사」의 형태가 됩니다.

1회 2회 3회

쏙쏙 어휘 許可 허가   訪問する 방문하다

408 にしたがって ★3

~함에 따라 (점차)

접속 방법 「동사의 사전형 / する동사의 명사형」+ に従って

① 警察の調べが進むに従って、次々と新しい疑問点が出てきた。
경찰 조사가 진행됨에 따라서 차례차례로 새로운 의문점이 나왔다.

② 今後、通勤客が増えるに従って、バスの本数を増やしていこうと思っている。
향후 통근객이 늘어감에 따라서 버스의 운행수를 늘려가려고 생각하고 있다.

③ ごみの問題が深刻になるに従い、リサイクル運動への関心が高まってきた。
쓰레기 문제가 심각해짐에 따라서 재활용 운동에 대한 관심이 높아지기 시작했다.

▶ 「に従って、…」는 「〜」이 변화하면, 「…」의 변화도 일어난다'는 뜻을 나타내는 표현입니다.
▶ 「〜」에도 「…」에도 변화를 나타내는 말이 온다는 것, 꼭 기억해 두세요.

1회 2회 3회

にしたって ➡ にしたところで 436
にしたって ➡ にしても 440-441

쏙쏙 어휘 疑問点 의문점 通勤客 통근객

409 にしたところで

~라고 해서, ~라 한들

★2

접속 방법 「명사」+ にしたところで

① 会議で決まった方針について少々不満があります。もっともわたしにしたところでいい案があるわけではありませんが。

회의에서 결정된 방침에 대해 다소 불만이 있습니다. 그렇다고 해서 저라고 한들 좋은 안이 있는 것은 아닙니다만.

② こんなに駐車違反が多いのでは、警察にしたところで取り締まりの方法がないだろう。

이렇게 주차위반이 많아서는 경찰이라 한들 단속할 방법이 없을 것이다.

③ この問題は本人の意志に任せるしかありません。わたしとしたところでどうすることもできないのですから。

이 문제는 본인의 의지에 맡길 수 밖에 없습니다. 저라고 한들 어찌 할 수도 없으니까요.

④ 彼は結婚にあまり関心がないらしい。彼の親にしたって彼が積極的な関心を持たないのならどうしようもないのではないか。

그는 결혼에 그다지 관심이 없는 듯하다. 그의 부모라 한들 그가 적극적인 관심을 갖지 않는다면 어찌 할 도리가 없지 않겠는가?

⑤ 命令のしかたが人によって違うのでは、命令される犬としたって困ってしまうだろう。

명령을 내리는 방식이 사람에 따라서 달라진다면, 명령을 받는 개라도 곤란할 것이다.

▶ 일반적으로 사람을 나타내는 말에 붙어서 '그 사람의 입장에서 말해도 상황은 ~다'라고 말하고자 할 때 사용하는 표현으로, 뒤에 오는 문장은 '어쩔 수가 없다' 등의 부정적 의미나 평가, 변명이 많습니다.

▶ 예문 ③의「としたところで」도 의미·용법은 같으며, 친한 사이의 대화에서는 예문 ④, ⑤처럼「にしたって·としたって」의 형태가 됩니다.

410 にしたら ★2
~입장에서는

접속 방법 「명사」+ にしたら

① 住民側からは夜になっても工事の音がうるさいと文句が出たが、建築する側にしたら、少しでも早く工事を完成させたいのである。
주민 측에서는 밤이 되어도 공사하는 소리가 시끄럽다고 불만을 하지만, 건축하는 측의 입장에서는 조금이라도 빨리 공사를 완성시키고 싶은 것이다.

② わたしは今度学校の寮を出て、アパートに住むことにしました。両親にしたら心配かもしれませんが。
저는 이번에 학교 기숙사를 나와서 아파트에서 살기로 했습니다. 부모님의 입장에서는 걱정될지도 모릅니다만.

③ 姉にすればわたしにいろいろ不満があるようだけれど、わたしからも姉には言いたいことがたくさんある。
누나의 입장에서도 나에게 여러 가지로 불만이 있겠지만, 내 입장에서도 누나에게는 말하고 싶은 것이 많이 있다.

- 말하는 사람이 그 사람의 입장이 되어, 그 사람의 기분을 대변할 때 사용하는 표현으로, 말하는 사람 이외의 사람을 나타내는 명사에 붙는 일이 많습니다.
- 예문 ③의「にすれば」도 의미·용법은 같습니다.

쏙쏙 어휘 文句 불만, 불평   不満 불만

411 にして ★1

~이 되어서야, ~라도 〈정도의 강조〉

접속 방법 「명사」+ にして

① 人間80歳にしてはじめてわかることもある。
사람이 80세가 되어서야 비로소 알게 되는 것도 있다.

② こんな細かい手仕事はあの人にしてはじめてやれることだ。
이런 꼼꼼한 일은 저 사람이나 되야 비로소 할 수 있는 일이다.

③ この芝居は人間国宝の彼にして「難しい」と言わせるほど、演じにくいものである。
이 연극은 인간문화재인 그 사람도 '어렵다'고 말할 정도로 연기하기 어려운 것이다.

「~にして…」의 형태로, '~정도까지 경지가 높아져야 비로소 가능하다' 또는 '~정도까지 높은 경지의 …조차도 불가능하다'고 말하고자 할 때 사용하는 표현입니다. 「~」에서는 주로 가능과 불가능의 표현을 사용한다는 것을 꼭 기억해 두세요.

□ □ □
1회 2회 3회

쏙쏙 어휘 手仕事 손끝으로 하는 일 芝居 연극 人間国宝 인간문화재 演じる 연기를 하다

412 にしては

~치고는, ~로서는

접속 방법 「명사 / 보통형 (な형용사의 어간・명사 + である)」+ にしては

① あの人は新入社員にしては、客の応対がうまい。
저 사람은 신입사원치고는 고객에 대한 대응이 능숙하다.

② 彼は力士にしては体が小さい。
그는 씨름선수치고는 몸이 작다.

③ この作品は文学賞を取った彼が書いたにしては、おもしろくない。
이 작품은 문학상을 받은 그 사람이 쓴 것치고는 재미있지 않다.

④ このレポートは時間をかけて調査したにしては、詳しいデータが集まっていない。
이 리포트는 시간을 들여서 조사한 것치고는 데이터가 자세히 기록되어 있지 않다.

▶ '어떤 사실을 가지고 생각하면, 당연하다고는 말할 수 없는 상태이다'라고 나타낼 때 사용하는 표현입니다.

▶ 다른 사람을 비판하거나, 평가할 때의 표현법으로 자기 자신의 일에는 그다지 사용하지 않는다는 것을 꼭 기억해 두세요.

쏙쏙 어휘 応対 응대 力士 씨름꾼 文学賞 문학상 時間をかける 시간을 들이다

413 にしても
~라고 해도 〈역접가정〉

접속 방법 「명사 / 보통형 (な형용사의 어간・명사 + である)」+ にしても

① たとえ新しい仕事を探すにしても、ふるさとを離れたくない。
설령 새로운 일을 찾는다고 해도 고향을 떠나고 싶지 않다.

② たとえ誰も訪ねてこないにしても、部屋の中をかたづけておいた方がいい。
설령 아무도 찾아오지 않더라도 방 안을 치워 두는 게 좋다.

③ 仮にこの仕事をやらなければならないにしても、長く続けたくはない。
가령 이 일을 꼭 해야 한다 하더라도, 오랫동안 계속 하고 싶지는 않다.

④ いたずらにしたって、相手が眠れなくなるほど電話をかけてくるとはひどい。
장난이라고 해도 상대가 잠을 못 잘 정도로 전화를 걸어 오는 것은 너무 심하다.

▶ 「~にしても…」의 형태로, '만약 ~가 되더라도, …이더라도'라는 뜻을 나타내며, 「…」에는 말하는 사람의 주장, 판단, 평가, 납득할 수 없는 기분, 비난 등을 서술합니다.
▶ 「たとえ・仮に・의문사」등의 말과 함께 사용하는 경우가 많습니다.
▶ 회화체에서는 예문 ④처럼 「にしたって」를 사용합니다.
▶ 같은 표현으로는 「としても・にしろ・にせよ」가 있으니까, 함께 기억해 두세요.

참고 としても・にしろ・にせよ

쏙쏙 어휘 仮に 가령, 설령   いたずら 장난

414 にしても ★2

~라고 해도 〈양보〉

접속 방법 「명사 / 보통형 (な형용사의 어간・명사 + である)」 + にしても

① いくら忙しかったにしても、電話をかける時間くらいはあったと思う。
아무리 바빴다 해도 전화를 걸 정도의 시간은 있었을 거라고 생각해.

② 今度の事件とは関係なかったにしろ、あのグループの人たちが危ないことをしているのは確かだ。
이번 사건과는 관계없다 해도 저 무리의 사람들이 위험한 짓을 하고 있는 것은 확실하다.

③ 西さんほどではないにせよ、東さんだってよく遅れてくる。
니시 씨 만큼은 아니라 해도 아즈마 씨도 자주 지각한다.

④ 会議中にしたって、コーヒーぐらい飲んでもいいよね。
회의 중이라 해도 커피 정도는 마셔도 괜찮죠?

▶ 「~にしても…」형태로, '~은 알지만, 그러나 …'라고 말하고자 할 때 사용하는 표현이며, 「…」에는 말하는 사람의 의견, 의심스러운 기분, 납득할 수 없는 기분, 비난, 판단, 평가가 오는 경우가 많습니다.
▶ 예문 ①처럼 「いくら・どんなに」 등의 의문 표현과 함께 사용되는 일도 있습니다.
▶ 「にしろ・にせよ」도 같은 의미로 사용하지만, 「にしても」보다 딱딱한 표현입니다.
▶ 친한 사이의 대화에서는 예문 ④처럼 「にしたって」로 쓰입니다.

쏙쏙 어휘 いくら 아무리　危ない 위험하다

415 にしても ～にしても ★3
～든 ～든, ～도 그렇고 ～도 그렇고

접속 방법 「동사의 사전형 / 명사」 + にしても + 「동사의 사전형 / 명사」 + にしても

① リーさんにしてもカンさんにしても、このクラスの男の人はみんな背が高い。
이 씨든 강 씨든 이 반의 남자들은 모두 키가 크다.

② 東京にしても横浜にしても大阪にしても、日本の大都市には地方から出てきた若者が多い。
도쿄든 요코하마든 오사카든 일본의 대도시에는 지방에서 올라 온 젊은이가 많다.

③ 大学にしても専門学校にしても、進学するなら目的をはっきり持つことです。
대학이든 전문학교든 진학하려면 분명한 목적을 가지는 게 좋습니다.

④ 賛成するにしても反対するにしても、それなりの理由を言ってください。
찬성을 하든 반대를 하든 그 나름의 이유를 말하세요.

▶ 「～にしても ～にしても(～든 ～든)」라고 예문을 몇 개 들어 '그 전부에 해당한다'고 나타낼 때 사용하는 표현입니다.
▶ 예문 ④처럼 대립적인 것을 나열해 두고 '그 어느 경우에서든'이라는 의미로 사용하는 경우도 있습니다.
▶ 「にしろ～にしろ・にせよ～にせよ」와 용법이 같습니다.

참고 にしろ ～にしろ・にせよ ～にせよ

쏙쏙 어휘 大都市 대도시   専門学校 전문학교   それなり 그 나름, 그런대로

416 にしろ ★2

(아무리) ~라고 해도

접속 방법 「명사 / 보통형 (な형용사의 어간・명사 + である)」+ にしろ

① たとえお金がないにしろ、食事だけはきちんと取るべきだ。
비록 돈이 없다 해도 식사만은 제대로 챙겨 먹어야 한다.

② 勤め先が小さい会社であるにしろ、社員は就業規則を守らなければならない。
근무지가 작은 회사라고 해도 사원은 취업 규칙을 지키지 않으면 안 된다.

③ もし少年が家出をしたにしろ、まだそんなに遠くへは行っていないだろう。
만약 소년이 가출을 했다 해도 아직 그렇게 멀리까지는 가지 않았을 것이다.

▶ 「~にしろ…」의 형태로, '만약 ~가 되더라도, ~이더라도'라고 말하고자 할 때 사용하는 표현입니다. 「…」에는 말하는 사람의 주장, 판단, 평판, 납득할 수 없는 기분, 비난 등을 서술합니다.

▶ 「たとえ・仮に・의문사」 등의 말과 함께 사용하는 일이 많습니다.

▶ 「としても・にしても」와 의미는 같지만, 보다 딱딱한 표현입니다.

참고 としても・にしても・にせよ

にしろ ➡ にしても 440 - 441

쏙쏙 어휘 勤め先 근무처 家出 가출, 집을 나감

417 にしろ 〜にしろ ★2
~(이)든 ~(이)든

접속 방법 「동사의 사전형 / 명사」+ にしろ +「동사의 사전형 / 명사」+ にしろ

① 野球にしろサッカーにしろ、スポーツにけがはつきものです。
야구든 축구든 스포츠에서 부상은 항상 따라다닙니다.

② 私鉄にしろJRにしろ、車内の冷暖房の省エネ化がなかなか進まない。
민영 철도든 국영 철도(JR)든 차내 냉난방의 에너지 절약이 좀처럼 이루어지지 않는다.

③ 泳ぐにしろ走るにしろ、体を動かすときは準備運動が必要だ。
헤엄을 치든 달리기를 하든 몸을 움직일 때는 준비 운동이 필요하다.

④ 旅行に行くにしろ行かないにしろ、決めたらすぐ知らせてください。
여행을 가든 안 가든 결정되면 바로 알려 주세요.

▶ 「〜にしろ 〜にしろ」로 예문을 몇 개 들어 '그 전부에 해당한다'고 나타낼 때 사용합니다.
▶ 예문 ④처럼 대립적인 것을 나열해 두고 '그 어느 경우에서든'이라는 의미로 사용하는 경우도 있습니다.
▶ 「にしても〜にしても・にせよ〜にせよ」와 용법은 같습니다.

참고 にしても 〜にしても ・ にせよ 〜にせよ

1회 2회 3회

쏙쏙 어휘 つきもの 부속물, 항상 따라다니는 것 私鉄 민영 철도 冷暖房 냉난방 省エネ 에너지 절약

418 にすぎない ★2

조금 ~할 뿐이다, ~에 지나지 않는다(불과하다)

접속 방법 「명사 / 보통형 (な형용사의 어간 · 명사 + である)」+ にすぎない

① A：あなたはギリシャ語ができるそうですね。
당신은 그리스어를 할 수 있다고 하던데요.
B：いいえ、ただちょっとギリシャ文字が読めるにすぎません。
아니요, 그저 조금 그리스 문자를 읽을 수 있는 정도에 지나지 않습니다.

② この問題について正しく答えられた人は、60人中3人にすぎなかった。
이 문제에 대해 올바르게 대답할 수 있었던 사람은 60명 중에 3명에 불과했다.

③ わたしは無名の一市民にすぎませんが、この事件について政府に強く抗議します。
저는 평범한 일개의 시민에 지나지 않습니다만, 이 사건에 대해 정부에게 강하게 항의합니다.

④ 彼はただ父親が有名であるにすぎない。彼に実力があるのではない。
그는 그냥 아버지가 유명한 것뿐이다. 그 사람한테 실력이 있는 것은 아니다.

'그 이상의 것은 아니다, 단지 그 정도의 것이다'라고 말하여 정도의 낮음을 강조할 때의 표현입니다. 「ただ~にすぎない・ほんの~にすぎない」의 형태로 쓰일 때가 많습니다.

1회 2회 3회

にする ➡ くする 89

쏙쏙 어휘 無名 무명, 이름이 없음　抗議 항의

419 にする

~로 하다

접속 방법 「명사」+ にする

① A : いい喫茶店ですね。何を頼みましょうか。
　　　좋은 카페네요. 뭘 주문할까요?

　　B : のどがかわいたから、コーラにします。
　　　목이 마르니까 콜라로 하겠습니다.

② 店員 : こちらのかばんはデザインが新しいんですよ。
　　　이쪽에 있는 가방은 디자인이 참신하네요.

　　客 : きれいですね。じゃ、これにします。
　　　예쁘네요. 그럼 이걸로 할게요.

③ テニス部の部長 : 雨がやまないので、
　　　練習は午後からにします。
　　　비가 그치지 않아서, 연습은 오후부터 하기로 하겠습니다.

午後からにします
午後からになりました

몇 가지의 선택지 중에서 의식적으로 어느 한 가지를 정할 때 사용하는 표현입니다. 「になる」보다 말하는 사람의 적극적인 자세를 나타냅니다.

참고 になる

1회 2회 3회

にすれば ➡ にしたら　437

쏙쏙 어휘　喫茶店 찻집, 카페　のどがかわく 목이 마르다

420 にせよ

~라고 하더라도

접속 방법: 「명사 / 보통형 (な형용사의 어간・명사 + である)」+ にせよ

① どんなことをするにせよ、十分な計画と準備が必要だ。
어떤 일을 하더라도 충분한 계획과 준비가 필요하다.

② どんなにわずかな予算であるにせよ、委員会の承認を得なければならない。
아무리 얼마 안 되는 예산이라 하더라도 위원회의 승인을 얻지 않으면 안 된다.

③ 母の病気が重いので、どこへ行くにせよ、携帯電話をいつも持っている。
어머니 병이 위중하기 때문에 어디를 가든 휴대전화를 항상 가지고 있다.

▶ 「〜にせよ、…」의 형태로, '만약 〜가 되더라도, 〜이더라도'라는 뜻을 나타내며, 「…」에는 말하는 사람의 주장, 판단, 평판, 납득할 수 없는 기분, 비난 등을 서술합니다.
▶ 「たとえ・仮に・의문사」등의 말과 함께 사용할 때가 많습니다.
▶ 「としても・にしても・にしろ」와 의미는 같지만, 보다 딱딱한 표현입니다.

참고 にしても・にしろ

쏙쏙 어휘 わずか 근소함, 조금, 사소함 ・ 委員会 위원회 ・ 承認 승인

421 にせよ ～にせよ ★2

~(이)든 ~(이)든

접속 방법 「동사의 사전형 / 명사」 + にせよ +「동사의 사전형 / 명사」+ にせよ

① 動物にせよ植物にせよ、生物はみんな水がなければ生きられない。
동물이든 식물이든 생물은 모두 물이 없으면 살 수 없다.

② 学生にせよ教師にせよ事務職員にせよ、この学校の関係者は創立者のことぐらいは知っているべきだ。
학생이든 교사든 사무직원이든 이 학교 관계자는 창립자에 관한 것 정도는 알고 있어야 한다.

③ 夏休みに山に行くにせよ海に行くにせよ、十分な準備をして行った方がよい。
여름방학에 산에 가든 바다에 가든 충분한 준비를 하고 가는 게 좋다.

④ 男にせよ女にせよ、自己実現のチャンスは平等に与えられるべきだ。
남자든 여자든 자기 표현의 기회는 평등하게 주어져야 한다.

▶ 「～にせよ ～にせよ」로 몇 개의 예문을 들어 '그 전부에 해당한다'고 나타낼 때 사용합니다.
▶ 예문 ④처럼 대립적인 것을 나열하여 '그 어느 쪽의 경우든'이라는 의미로 사용될 때도 있습니다.
▶ 「にしても～にしても・にしろ～にしろ」보다 딱딱한 표현입니다.

참고 にしても ～にしても・にしろ ～にしろ

1회 2회 3회

にそう ➡ にそって 451

쏙쏙 어휘 創立者 창립자 平等 평등 与える 주다, 부여하다

422 にそういない

~임이 틀림없다

접속 방법 「보통형 (な형용사의 어간・명사 / な형용사의 어간・명사 + である)」
+ に相違ない

① 不合格品がそれほど出たとは、製品の検査がそうとう厳しい**に相違ない**。
불합격품이 그 정도만 나왔다니, 제품의 검사가 상당히 엄격했음에 틀림없다.

② 彼の言ったことは事実**に相違ない**だろうとは思うが、一応調べてみる必要がある。
그 사람이 말한 것은 틀림없이 사실일 거라고 생각하지만, 일단은 조사해 볼 필요가 있다.

③ 反対されてすぐ自分の意見を引っ込めたところを見ると、彼女は初めから自分の意見を信じていなかった**に相違ない**。
반대 의견을 듣고 바로 자신의 의견을 철회한 점을 보면, 그녀는 처음부터 자신의 의견을 믿고 있지 않았음에 틀림없다.

▶ '틀림없이 ~라고 생각하다'라는 말하는 사람의 확신을 서술할 때 사용하는 추측 표현입니다. '아마 ~일 것이다'보다 확신의 정도가 강합니다.
▶ 「~にちがいない」보다 더 딱딱한 문장체 표현입니다.

참고 にちがいない

にそくした ➡ にそくして 450

쏙쏙 어휘 不合格品 불합격품 引っ込める 철회하다, 취하하다, 움츠리다

423 にそくして

~에 따라(서)

접속 방법 「명사」+ に即して

① 試験中の不正行為は、校則に即して処理する。
시험 중에 하는 부정행위는 교칙에 따라 처리한다.

② 大会の開会式はスケジュール表に即して1分の狂いもなく行われた。
대회 개회식은 스케줄표에 따라서 1분의 오차도 없이 행해졌다.

③ 非常事態でも、人道に即した行動が取れるようになりたい。
비상사태라도 사람의 도리에 따른 행동을 취했으면 한다.

▶ '그 일이 기준이 된다'고 하는 의미를 나타내며, 사실, 규범을 나타내는 명사에 붙어서 사용됩니다.

▶ 뒤에 명사가 올 경우에는 예문 ③처럼 「に即した + 명사」의 형태가 됩니다.

にそった ➡ にそって 451

쏙쏙 어휘 不正行為 부정행위 校則 교칙 狂い 잘못됨, 차질, 착오

424 にそって

~에 따라, ~에 부응해서

접속 방법   「명사」 + に沿って

① 本校では創立者の教育方針に沿って年間の学習計画を立てています。
본교에서는 창립자의 교육방침에 따라 연간 학습계획을 세우고 있습니다.

② ただ今のご質問に対してお答えします。ご期待に沿う回答ができるかどうか自信がありませんが……。
지금 방금하신 질문에 대해 답변 드리겠습니다. 기대에 부응하는 대답을 할 수 있을지 어떨지 자신은 없습니다만…….

③ 安全対策の基準に沿った実施計画を立てる必要がある。
안전대책의 기준에 따른 실시 계획을 세울 필요가 있다.

▶ '~로부터 떨어지지 않고, ~로부터 벗어나지 않고'라는 의미를 나타내며, 기대, 희망, 방침, 메뉴얼 등의 말에 붙는 경우가 많습니다.

▶ 뒤에 명사가 올 경우에는 예문 ②, ③처럼 「に沿う + 명사・に沿った + 명사」의 형태가 됩니다.

쏙쏙 어휘   年間 연간, 일년간   回答 회답, 대답

425 にたいして

~에 대해서 〈대상〉

접속 방법 「명사」+ に対して

① 小林先生は勉強が嫌いな学生に対して、特に親しみをもって接していた。
고바야시 선생님은 공부를 싫어하는 학생에게 특히 친근감 있게 대했다.

② この奨学金は将来教員になりたいと思っている人に対して与えられるものです。
이 장학금은 장래 선생님이 되고 싶다고 생각하고 있는 사람에게 주어지는 것입니다.

③ 今のランさんの発言に対して、何か反対の意見がある方は手を挙げてください。
지금 란 씨의 발언에 대해 뭔가 반대 의견이 있는 분은 손을 들어 주세요.

④ 青年の親に対する反抗心は、いつごろ生まれ、いつごろ消えるのだろうか。
청년이 부모에 대해 갖는 반항심은 언제 생겨나고 언제 사라지는 것일까?

▶ 어떤 행위나 감정을 표현하는 상대나 대상을 나타내며, 상대방에게 직접적인 행위나 기분 등에 영향을 미칠 때 사용합니다. 뒤에는 상대를 향해 작용하는 행위, 태도를 나타내는 표현이 옵니다.

▶ 뒤에 명사가 올 경우에는 예문 ④처럼 「に対する + 명사」의 형태가 됩니다.

□ □ □
1회 2회 3회

쏙쏙 어휘 反論 반론 青年 청년 反抗心 반항심 消える 사라지다, 없어지다

426 にたいして ★3

~에 비해서, ~와 비교해서 〈대비〉

접속 방법 「명사 / 보통형 (な형용사의 명사수식형・な형용사의 어간 + である / 명사 + な・명사 + である)」+ の + に対して

① 活発な姉に対して、妹は静かなタイプです。
　활발한 언니에 비하여 여동생은 조용한 타입입니다.

② 日本人の平均寿命は、男性78歳であるのに対して、女性85歳です。
　일본인의 평균 수명은 남성이 78세인 점에 비하여 여성은 85세 입니다.

③ 日本海側では、冬、雪が多いのに対して、太平洋側では晴れの日が続く。
　동해 쪽에서는 겨울에 눈이 많이 내리는 것에 비해 태평양 쪽에서는 맑은 날이 계속 된다.

어떤 내용에 대해서 두 가지 상황을 비교할 때 사용하는 표현입니다.

1회 2회 3회

にたいする ➡ にたいして〈対象〉 452

쏙쏙 어휘 活発 활발함　太平洋 태평양

427 にたえない
~할 수 없는 ★1

접속 방법 「동사의 사전형 / する동사의 명사형」+ に耐えない

① 事故現場はまったく見るに耐えないありさまだった。
사고 현장은 완전히 눈뜨고 볼 수 없는 상태였다.

② あの人の話はいつも人の悪口ばかりで、聞くに耐えない。
그 사람의 이야기는 언제나 남의 욕뿐이라서 차마 듣고 있을 수 없다.

▶ '불쾌감이 있어 보거나 듣거나 하는 일에 참을 수 없다'는 의미를 나타내는 표현입니다.
▶ 「見る・聞く」등의 한정된 동사에만 붙는다는 것을 꼭 기억해 두세요.

1회 2회 3회

쏙쏙 어휘 ありさま 모양, 상태

428 にたえる ★1

~할만하다, ~할 가치가 있다

접속 방법 「동사의 사전형 / する동사의 명사형」+ に耐える

① あの映画は子ども向けですが、大人の鑑賞にも十分耐えます。
그 영화는 아이들용입니다만, 어른이 감상하기에도 충분히 가치가 있습니다.

② 早く専門家の批評に耐える小説が書けるようになりたいと思う。
빨리 전문가가 비평할 만한 가치가 있는 소설을 쓸 수 있게 되었으면 한다.

③ 彼の小説はまだ、小説好きの読者が読むに耐える本ではない。
그 사람의 소설은 아직 소설을 좋아하는 독자가 읽을 만한 책은 아니다.

▶ '그렇게 할 만큼의 가치가 있다'라는 의미를 나타냅니다.
▶ '그렇게 할 만큼의 가치가 없다'라고 부정하고 싶을 때는 예문 ③처럼「〜に耐える + 명사 + ではない」의 형태로 쓰입니다.
▶ 예문 ①의「大人の鑑賞に耐える」는 '어른이 감상할 만큼의 가치가 있다'라는 의미를 나타냅니다.

1회 2회 3회

쏙쏙 어휘 鑑賞 감상   読者 독자

429 にたる
~할만한, ~하기에 충분한

접속 방법 「동사의 사전형 / する동사의 명사형」+ に足る

① 彼は今度の数学オリンピックで十分満足に足る成績を取った。
그 사람은 이번 수학 올림피아드에서 충분히 만족할만한 성적을 거두었다.

② これはわざわざ議論するに足る問題だろうか。
이것은 특별히 논의할만한 문제일까?

③ 田中君は大学の代表として推薦するに足る有望な学生だ。
다나카 군은 대학의 대표로 추천할만한 유망한 학생이다.

▶ 「~に足る + 명사」의 형태로, '~할 수 있다, ~할 만큼의 가치가 있는 사람이나 사물'의 의미를 나타내는 표현입니다.

▶ 「~」에는 그밖에「尊敬する(존경하다)」,「信頼する(신뢰하다)」 등의 동사도 자주 옵니다.

1회 2회 3회

쏙쏙 어휘　わざわざ 일부러, 특별히　議論する 논의하다, 토론하다　推薦する 추천하다　有望 유망함

430 にちがいない

~임에 틀림없다 ★3

접속 방법 「보통형 (な형용사의 어간・명사 / な형용사의 어간・명사 + である)」
+ に違いない

① リンさんは旅行にでも行っているに違いない。何度電話しても出ない。
　임 씨는 여행이라도 가 있는 것이 틀림없다. 몇 번 전화해도 받지 않는다.

② 彼は何も言わなかったが、表情から見て、本当のことを知っていたに違いない。
　그는 아무것도 말하지 않지만, 표정을 보면 진실을 알고 있음에 틀림없다.

③ 課のみんなが知らないということは、田中さんがちゃんと報告しなかったに違いない。
　부서의 모두가 모른다고 하는 것은 다나카 씨가 제대로 보고하지 않은 것이 틀림없다.

▶ '틀림없이 ~라고 생각하다'라는 뜻으로, 말하는 사람의 확신을 서술할 때 사용하는 추측 표현입니다. 「たぶん ~たろう」보다 확신의 정도가 강합니다.
▶ 이외의 장면에서 그 확신을 특히 강조할 때 사용하면 부자연스러워지므로, 주의하세요.
▶ 「にそういない」보다 구어체적인 표현입니다.

참고 にそういない

쏙쏙 어휘　表情 표정　報告 보고

431 について
~에 대해(서)

접속 방법 「명사」+ について

① この町の歴史について調べています。
이 마을의 역사에 대해 조사하고 있습니다.

② あの人についてわたしは何も知らない。
저 사람에 대해 나는 아무것도 모른다.

③ 今日は日本文化史について話します。
오늘은 일본문화사에 대해 이야기하겠습니다.

④ (テレビの討論会番組で)今夜は国の教育制度について考えてみましょう。
(텔레비전 토론회 프로그램에서) 오늘 밤은 나라의 교육제도에 대해 생각해 봅시다.

말하다·듣다·생각하다·쓰다·조사하다 등의 행위에서 취급하는 대상을 말할 때 사용하는 표현입니다.

□ □ □
1회 2회 3회

쏙쏙 어휘 討論会 토론회 番組 방송 프로그램

432 にsom つき

~로 인해, ~때문에

접속 방법　「명사」+ につき

① (店の張り紙) 店内改装中につき、しばらく休業いたします。
(가게의 벽보) 가게 안의 개장 공사로 인해 잠시 휴업하겠습니다.

② (事務所の張り紙) 本日は祭日につき、休業。
(사무소 벽보) 오늘은 경축일이어서 휴업함.

③ (郵便局からの通知) この手紙は料金不足につき、返送されました。
(우체국으로부터 온 통지) 이 편지는 요금 부족으로 인해 반송되었습니다.

이유를 말할 때 사용하며, 알림, 게시, 종이 벽보 등의 통지나 격식을 차린 편지문(서간문)의 정해진 표현입니다.

1회　2회　3회

쏙쏙 어휘　張り紙 벽보, 종이를 바름　休業 휴업　返送 반송

433 につけて ★2

~할 때마다, ~할 때나 ~할 때나

접속 방법　「동사의 사전형」+ につけて

① あの人の心配そうな顔を見るにつけ、わたしは子どものころの自分を思い出す。
그 사람이 걱정스러워하는 얼굴을 볼 때마다 나는 어린 시절의 내 모습이 생각난다.

② 彼の生活ぶりを聞くにつけて、家庭教育の大切さを感じる。
그 사람이 생활하는 모습에 대해 들을 때마다 가정교육의 중요함을 느낀다.

③ 彼女は何事につけても、他人を非難する人です。
그녀는 사사건건 타인을 비난하는 사람입니다.

④ 母は体の調子がいいにつけ悪いにつけ、神社に行って手を合わせている。
어머니는 몸 상태가 좋을 때나 나쁠 때나 신사에 가서 합장한다.

▶ '때마침 같은 상황에 처해 있을 때, 언제나 어떤 기분이 되어 그렇게 한다'는 의미를 나타낼 때 사용합니다. 뒤에는 말하는 사람의 심정을 나타내는 문장이 오는 경우가 많습니다.

▶ 「見る・聞く・考える」등의 동사나 「何か・何事」등의 말과 결합하여 관용적으로 사용합니다. 또한, 예문 ④처럼 「につけ」의 앞에 대립하는 의미의 말을 붙여 '어떤 경우든'이라는 의미를 나타내는 관용 표현도 있습니다.

쏙쏙 어휘　何事 무슨 일, 모든 일　他人 타인, 다른 사람　非難する 비난하다

434 につれて ★3

~함에 따라서

접속 방법 「동사의 사전형 / する동사의 명사형」 + につれて

① 時間がたつにつれてあのときのことを忘れてしまうから、今のうちに書いておこう。
시간이 지남에 따라 그때 일을 잊고 마니까, 지금 바로 써 놓자.

② 日本語が上手になるにつれて、友達が増え、日本での生活が楽しくなってきた。
일본어가 능숙해짐에 따라서 친구가 늘어 일본에서의 생활이 즐거워졌다.

③ 温度が上がるにつれて、水の分子の動きが活発になってくる。
온도가 올라감에 따라, 물 분자의 움직임이 활발해진다.

④ 調査が進むにつれ、地震の被害のひどさが明らかになってきた。
조사가 진행됨에 따라서 지진의 피해가 얼마나 심했는지 분명해졌다.

▶ 「~につれて、…」의 형태로, '~의 정도가 변화하면, 그 일이 이유가 되어 …의 정도도 변화한다'라는 뜻을 나타내는 표현입니다.

▶ 「~」에도 「…」에도 변화를 나타내는 말이 오니까, 예문을 통해 잘 알아 두세요.
  ◆ (○) 20歳に近づくにつれて、将来の志望がはっきりしてきた。
  스무 살이 가까워짐에 따라 장래 희망이 확실해졌다.

▶ 「…」에는 말하는 사람의 의향을 나타내는 문장(예 : 「つもり」)이나 작용이 있는 문장(예 : 「동사 + ましょう」)은 사용하지 않는다는 것을 기억하세요.

쏙쏙 어휘 分子 분자 被害 피해 明らか 분명함, 명백함

435 にとって
~에게 있어(서)

접속 방법 「명사」 + にとって

① 現代人にとって、ごみをどう処理するかは大きな問題です。
현대인에게 있어 쓰레기를 어떻게 처리할지가 커다란 문제입니다.

② これは普通の絵かもしれないが、わたしにとっては大切な思い出のものだ。
이것은 평범한 종이일지도 모르지만, 나에게 있어서는 소중한 추억이 있는 물건이다.

③ 石油は現代の工業にとってなくてはならない原料である。
석유는 현대 공업에 있어 없어서는 안 될 원료이다.

④ うちの家族にとって、この犬はもうペット以上の存在なのです。
우리 가족에게 있어서 이 개는 이미 애완동물 이상의 존재인 것입니다.

▶ 주로 인물을 나타내는 명사에 연결되어, '여러 가지 생각이나 느낌 속에서 그 사람의 입장에서 생각하면 어떨까, 그 사람에게는 어떻게 느껴질까'를 나타낼 때 사용하는 표현입니다.
▶ 뒤에는 평가, 가치판단을 나타내는 문장(주로 형용사문)이 이어지는 경우가 많습니다.

쏙쏙 어휘 石油 석유 原料 원료 ペット 애완동물

436 にとどまらず ★1

~로 끝나지 않고, ~뿐만 아니라

접속 방법 「명사 / 보통형 (な형용사의 어간・명사 + である)」+ にとどまらず

① 彼のテニスは単なる趣味にとどまらず、今やプロ級の腕前です。
그 사람의 테니스 실력은 단순한 취미로 그치지 않고, 지금에서는 프로급의 솜씨입니다.

② 田中教授の話は専門の話題だけにとどまらず、いろいろな分野にわたるので、いつもとても刺激的だ。
다나카 교수님의 이야기는 전문분야에 관한 화제로 그치지 않고, 여러 분야에 걸쳐서 다루기 때문에 언제나 매우 자극적이다.

③ 学歴重視は子どもの生活から子どもらしさを奪うにとどまらず、社会全体を歪めてしまう。
학력 중시는 아이들의 생활로부터 아이답지 못하게 만드는 것에 그치지 않고, 사회 전체를 왜곡시키게 된다.

「~とどまらず…」의 형태로, 어떤 내용이 '~라는 좁은 범위를 넘어, …라는 보다 넓은 범위까지 미친다'는 의미를 나타내는 표현입니다.

쏙쏙 어휘 単なる 단순한　腕前 솜씨, 재주　刺激的 자극적　奪う 빼앗다　歪める 왜곡시키다, 휘다

437 にともなって ★2

~함에 따라서, ~하면서

접속 방법 「동사의 사전형 / する동사의 명사형」+ に伴って

① 彼は成長するに伴って、だんだん無口になってきた。
그 사람은 성장하면서 점점 과묵해졌다.

② 病気の回復に伴って、働く時間を少しずつ延ばしていくつもりだ。
병이 회복됨에 따라서 일할 시간을 조금씩 늘려갈 작정이다.

③ 社会の情報化に伴い、数学的な考え方が重要性を増してきた。
사회의 정보화에 따라, 수학적인 사고방식이 점점 더 중요성을 더해 왔다.

▶ 「〜に伴って…」의 형태로 '〜가 변화하면, 그것에 따라 …도 변화한다'라는 뜻을 나타내는 표현입니다..
▶ 「〜」에도 「…」에도 변화를 나타내는 말이 와야 한다는 것을 잘 기억해 두세요.

1회 2회 3회

になる ➡ くなる 91

쏙쏙 어휘 無口 말수가 적음, 또는 그런 사람, 과묵   延ばす 연장하다, 늘이다   増す 많아지다, 늘다

438 になる ★4

~이 되다

접속 방법 「명사」 + になる

① A : パーティーの司会は、だれになったんですか。
파티의 사회는 누가 되었습니까?
B : 前回は山田さんでしたから、今回は石田さんになりました。
지난번은 야마다 씨였으니까, 이번은 이시다 씨가 되었습니다.

② 19日のワイン工場の見学は中止になりました。
19일의 와인 공장 견학은 중지되었습니다.

③ シンポジウムの日程は9月3日から5日までになりました。
심포지엄 일정은 9월 3일부터 5일까지로 정해졌습니다.

다른 사람의 의지나 조건에 의해 어떤 일이 결정되었다고 말할 때 사용하며, 보다 적극적인 자세를 나타내는「にする」보다 결정의 결과에 초점을 두는 표현입니다.

참고 にする

1회 2회 3회

쏙쏙 어휘   司会 사회   シンポジウム 심포지엄

439 に(は)あたらない
~할 정도는 아니다

접속 방법 「동사의 사전형 / する동사의 명사형」+ に(は)当たらない

① 彼はいい結果を出せなかったが、一生懸命やったのだから非難するには当たらない。
그 사람은 좋은 결과를 내지는 못했지만, 열심히 했으니까 비난할 정도는 아니다.

② この絵は上手だけれど有名な画家のまねのようだ。感心するには当たらない。
이 그림은 훌륭하지만, 유명한 화가를 흉내낸 것 같다. 감탄할 만한 정도는 아니다.

③ 山田さんの成功の裏には親の援助があるのです。称賛には当たりません。
야마다 씨의 성공 뒤에는 부모님의 도움이 있었던 것입니다. 칭찬할 만한 정도는 아닙니다.

'그렇게 하는 것은 적당하지 않다·그렇게 할 정도는 아니다'라는 의미로 말하는 사람의 평가나 판단을 나타내는 표현입니다.

にはかかわりなく ➡ にかかわりなく 417

쏙쏙 어휘　感心 감탄　援助 원조, 도움

440 にはんして ★3

~와는 반대로, ~에 반해서

접속 방법 「명사」＋ に反して

① 予想に反して試験はとても易しかったです。
예상과는 달리 시험은 매우 쉬웠습니다.

② 親の期待に反し、結局、彼は高校さえ卒業しなかった。
부모의 예상과는 반대로 결국 그 사람은 고등학교조차 졸업하지 않았다.

③ 今回の選挙は、多くの人の予想に反する結果に終わった。
이번 선거는 많은 사람들의 예상에 어긋나는 결과로 끝났다.

▶ 「명사 + に反して」의 형태로, 명사에는 예상, 기대, 의도 등의 말이 오는 경우가 많습니다. 예상했던 결과와 다른 상태가 되었을 때 사용하는 표현입니다.
▶ 보다 구어적인 표현법으로, 「とは違って・とは反対に」 등으로 바꾸어 말할 수 있습니다.
▶ 뒤에 명사가 올 때는 예문 ③처럼 「に反する + 명사」의 형태가 됩니다.

にはんする ➡ にはんして 467

쏙쏙 어휘 易しい 쉽다 予想 예상

441 にひきかえ ★1
~와는 달리, ~와는 반대로

접속 방법 「명사 / 보통형 (な형용사의 어간 · 명사 / な형용사의 어간 · 명사 + である)」
+ の + にひきかえ

① ひどい米不足だった去年にひきかえ、今年は豊作のようです。
지독한 쌀 부족 현상이 있었던 작년에 비해 올해는 풍작인 것 같습니다.

② 兄は節約家なのにひきかえ、弟は本当に浪費家だ。
형은 검소한 사람인데 비해, 남동생은 정말로 낭비가 심하다.

③ 昔の若者がよく本を読んだのにひきかえ、今の若者は活字はどうも苦手のようだ。
옛날 젊은이들이 자주 책을 읽었던 것에 비해, 요즘 젊은이들은 아무래도 활자에 약한 것 같다.

④ うちでは、父ががんこなのにひきかえ、母はとても考え方がやわらかい。
우리 집에서는 아버지가 완고한 것에 비해, 어머니는 사고방식이 매우 유연하다.

'앞의 내용과는 정반대로'라든가 '크게 바뀌어서'처럼 주관적인 기분을 담아 표현할 때 사용합니다. 참고로, 「にたいして(에 대해서)」는 앞의 내용과 뒤의 내용을 중간적인 입장에서 냉정하게 대비시킬 때 사용하는 표현입니다.

참고 にたいして 〈대비〉

1회 2회 3회

쏙쏙 어휘 豊作 풍작   活字 활자   やわらかい 유연하다, 온화하다

442 にほかならない ★2

~이다, ~인 것이다, ~인 때문이다

접속 방법 「명사」+ にほかならない

① 文化とは国民の日々の暮らし方にほかならない。
문화란 국민이 매일매일 살아가는 모습 그 자체인 것이다.

② 山川さんが東京で暮らすようになってもふるさとの方言を話し続けたのは、ふるさとへの深い愛着の表れにほかならない。
야마카와 씨가 도쿄에서 살게 되어서도 고향 사투리를 계속 쓴 것은 고향에 대한 깊은 애정의 표현인 것이다.

③ 彼が厳しい態度を示すのは、子どもの将来のことを心配するからにほかならない。
그 사람이 엄격한 태도를 보이는 것은 아이들의 장래를 걱정하기 때문이다.

'절대로 ~다, ~이외의 것이 아니다'라고 단정할 때 사용하는 표현으로, 평론문 등에 사용되는 문장체입니다.

1회 2회 3회

쏙쏙 어휘 方言 방언   愛着 애착   示す 보이다, 가리키다

443 にもかかわらず ★2
～임에도 불구하고

접속 방법　「명사 / 보통형 (な형용사의 어간 · 명사 + である)」+ にもかかわらず

① 耳が不自由というハンディキャップがあるにもかかわらず、彼は優秀な成績で大学を卒業した。
   귀가 잘 안 들리는 핸디캡이 있음에도 불구하고, 그 사람은 우수한 성적으로 대학을 졸업했다.

② 本日は雨にもかかわらず大勢の方々がお集まりくださって、本当にありがとうございました。
   오늘은 비가 내리는 데도 불구하고 많은 분들이 모여 주셔서 진심으로 감사 드립니다.

③ あれだけ多くの人がいたにもかかわらず、犯人の顔を見た人は一人もいなかった。
   그만큼 많은 사람이 있었음에도 불구하고 범인의 얼굴을 본 사람은 한 명도 없었다.

▶ 「～にもかかわらず、…」의 형태로, '～의 사태로부터 예상되는 일과는 다른 결과가 된다'라고 말하고자 할 때 사용하는 표현입니다. 「…」에는 말하는 사람의 놀라움, 의외, 불만, 비난 등의 기분을 나타내는 문장이 많이 옵니다.
▶ 예문 ②는 모임 등에서 사용하는 인사 표현입니다.

1회 2회 3회

にもとづいた　➡　にもとづいて　471

쏙쏙 어휘　不自由 부자유　ハンディキャップ 핸디캡

444 にもとづいて ★2

~을 기본으로, ~에 준해서, ~을 기준으로

접속 방법 「명사」+ に基づいて

① この学校ではキリスト教精神に基づいて教育が行われています。
이 학교에서는 기독교 정신에 기초하여 교육이 행해지고 있습니다.

② この小説は歴史的事実に基づいて書かれたものです。
이 소설은 역사적 사실에 근거하여 쓰여진 것입니다.

③ 公職選挙法に基づく公正な選挙が行われるべきだ。
공직선거법에 근거한 공정한 선거가 이루어져야만 한다.

④ これは単なる推測ではなく、たくさんの実験データに基づいた事実である。
이것은 단순한 추측이 아니라 많은 실험 데이터에 근거한 사실이다.

▶ '~을 생각의 기본으로 하여 어떤 일을 한다'고 말하고자 할 때 사용하는 표현입니다. 정신적으로 멀어지지 않고 (예문 ①) 또는 근거로써 (예문 ②, ③)라는 뉘앙스로 사용되기도 합니다.
▶ 뒤에 명사가 올 때는 예문 ③, ④처럼 「に基づく + 명사 · に基づいた + 명사」의 형태가 됩니다.

□ □ □
1회 2회 3회

にもとづく ➡ にもとづいて 471

쏙쏙 어휘 キリスト教 기독교 公職選挙法 공직선거법 推測 추측하다

445 にもまして

~이상으로, ~보다 우선해서

접속 방법 「명사」+ にもまして

① わたし自身の結婚問題にもまして気がかりなのは姉の離婚問題です。
제 자신의 결혼 문제 이상으로 걱정스러운 것은 언니(누나)의 이혼 문제입니다.

② ゴミ問題は何にもまして急を要する問題だ。
쓰레기 문제는 무엇보다 우선해서 서둘러야 할 문제이다.

③ きのう友だちが結婚するという手紙が来たが、それにもましてうれしかったのは友だちの病気がすっかり治ったということだった。
어제 친구가 결혼한다는 편지가 왔는데, 그것보다 더 기뻤던 것은 친구의 병이 완전히 나았다고 하는 것이었다.

▶ '~도 그렇지만, 그 이상으로'라고 말하고자 할 때 사용하는 표현입니다.
▶ 예문 ②처럼 「의문사 + にもまして」의 형태는 '무엇보다도·누구보다도·어느 때보다도' 등의 의미로 쓰입니다.

쏙쏙 어휘 気がかり 걱정, 마음에 걸림   すっかり 완전히, 매우, 남김없이

446 によって

~때문에, ~에 의해 〈원인·이유〉

★3

접속 방법　「명사」+ によって

① ABC店は一昨年からの不景気によって、ついに店を閉めることとなった。
ABC상점은 1년 전부터 계속된 불경기 때문에 결국 가게를 닫게 되었다.

② 女性の社会進出が進んだことにより、女性の社会的地位もだんだん向上してきた。
여성의 사회 진출이 진행됨에 따라, 여성의 사회적 위치도 점점 향상되어 왔다.

③ 今回の地震による死者は100人以上になるようだ。
이번 지진에 의한 사망자는 백 명 이상 되는 것 같다.

▶ 「~によって、…」의 형태로, '~가 원인으로, …의 결과가 되었다'라고 말하고자 할 때 사용하는 표현입니다.
▶ 뒤에 명사가 올 때는 예문 ③처럼 「による + 명사」의 형태가 됩니다.

1회 2회 3회

쏙쏙 어휘　不景気 불경기　閉める 닫다　死者 사망자

447 によって

~로, ~로서 〈수단·방법〉

접속 방법 「명사」+ によって

① その問題は話し合いによって解決できると思います。
그 문제는 대화로 해결할 수 있다고 생각합니다.

② アンケート調査によって学生たちの希望や不満を知る。
앙케이트 조사로 학생들의 희망이나 불만을 파악한다.

③ ボランティア活動に参加することによって自分自身も多くのことを学んだ。
자원봉사 활동에 참가함으로써 나 자신도 많은 것을 배웠다.

④ 彼は両親の死後、叔父の援助と励ましにより、自分の目指す道に進むことができた。
그 사람은 부모가 죽은 후 삼촌의 원조와 격려로, 자신이 목표로 하는 길로 나아갈 수 있었다.

⑤ 山田さんの仲介による商談は結局、うまくいかなかった。
야마다 씨가 중개한 비즈니스상의 거래는 결국 성사되지 못했다.

- ▶ 어떤 일을 하는 수단이나 방법을 말하고자 할 때 사용합니다.
- ▶ 신변의 도구나 수단에는 사용되지 않습니다.
  - ◆ (×) じゃ、この書類をファクスによって送ってください。
  - (○) じゃ、この書類をファクスで送ってください。
    그럼, 이 서류를 팩스로 보내 주세요.
- ▶ 뒤에 명사가 올 때는 예문 ⑤처럼 「による + 명사」의 형태가 됩니다.

1회 2회 3회

쏙쏙 어휘 話し合い 서로 이야기함, 교섭　励まし 격려　目指す 목표로 하다　仲介 중개

448 によって ★3

~에 의해(서) 〈수동의 동작주〉

접속 방법 「명사」 + によって

① 「リア王」はシェークスピアによって書かれた三大悲劇の一つです。
  '리어왕'은 셰익스피어에 의해 쓰여진 3대 비극의 하나입니다.

② このボランティア活動はある宗教団体によって運営されている。
  이 자원봉사 활동은 어느 종교 단체에 의해 운영되고 있다.

③ 地震予知の研究はアメリカ、中国、日本などの専門家によって進められてきた。
  지진 예고에 관한 연구는 미국, 중국, 일본 등의 전문가에 의해서 추진되어 왔다.

④ この伝統文化は、この地方の人々によって受け継がれてきた。
  이 전통문화는 이 지방의 사람들에 의해 전해져 내려왔다.

▶ 수동문에서 수동 동사의 동작의 주체를 나타냅니다.
▶ 수동문의 동작 주체는 보통 「に」로 나타내지만, 생물 이외의 것이 주어가 되는 수동문에서 그 동작 주체에 초점을 맞추고 싶은 경우에는 「によって」가 사용되는 경우가 많습니다.

쏙쏙 어휘   シェークスピア 셰익스피어   受け継ぐ 계승하다, 이어받다

449 によって
~에 따라서 〈대응〉

접속 방법 「명사」 + によって

① とれたみかんを大きさによって三つに分け、それぞれの箱に入れてください。
수확된 귤을 크기에 따라 세 가지로 나누어 각각의 상자에 넣어주세요.

② ホテルの窓からは、その日の天候によって富士山が見えたり見えなかったりします。
호텔 창문으로는 그 날의 날씨에 따라서 후지산이 보이기도 하고 보이지 않기도 합니다.

③ 人により考え方はいろいろだ。
사람에 따라서 사고 방식은 가지 각색이다.

④ 季節による風景の変化は、人の感性を豊かにする。
계절에 따른 풍경의 변화는 사람의 감성을 풍요롭게 한다.

▶ 여러 가지 종류나 가능성을 나타내는 명사에 연결되어, 각각에 대응하는 뒤의 내용도 다르다는 것을 나타냅니다. 뒤에는 '여러 가지 있다, 틀리다' 등 일정하지 않다는 의미를 나타내는 문장이 옵니다.

▶ 뒤에 명사가 올 때는 예문 ④처럼 「による + 명사」의 형태가 됩니다.

1회 2회 3회

쏙쏙 어휘 考え方 사고 방식, 생각   感性 감성

450 によっては ★3

~에 따라서는

접속 방법: 「명사」+ によっては

① この地方ではよくお茶を飲む。人によっては1日20杯も飲むそうだ。
이 지방에서는 차를 자주 마신다. 사람에 따라서는 하루 20잔이나 마신다고 한다.

② 母が病気なので、場合によっては研修旅行には参加できないかもしれません。
어머니가 아프셔서 경우에 따라서는 연수여행에 참가할 수 없을지도 모릅니다.

③ この辺りの店はどこも早く閉店する。店によっては7時に閉まってしまう。
이 주변의 가게는 어디나 문을 빨리 닫는다. 가게에 따라서는 7시에 닫기도 한다.

여러 가지 종류나 가능성을 나타내는 명사에 연결되어, '그 중 어떤 경우는 ~인 것도 있다'라고 말하고자 할 때 사용합니다. 「によって」의 용법의 일부로, 여러 가지 종류 중에서 한 개만을 골라 서술하는 표현입니다.

참고 によって〈대응〉

1회 2회 3회

により ➡ によって 473-476
による ➡ によって 473-476

쏙쏙 어휘 地方 지방   閉店 폐점

451 によると
~에 의하면, ~에 따르면

접속 방법 「명사」 + によると

① テレビの長期予報によると、今年の夏は特に東北地方において冷夏が予想されるそうです。
　텔레비전의 장기적인 일기예보에 따르면, 올 여름은 특히 도호쿠 지방에서 평년보다 기온이 낮은 여름이 예상된다고 합니다.

② 経済専門家の予想によると、円高は今後も続くということだ。
　경제 전문가의 예상에 따르면, 엔화 강세는 앞으로도 지속될 것이라고 한다.

③ 妹からの手紙によれば、弟は今年、オーストラリアの自転車旅行を計画しているそうだ。
　여동생에게서 온 편지에 따르면, 남동생은 올해 호주로 자전거 여행을 떠날 계획을 하고 있다고 한다.

▶ 전문(伝聞)의 문장에서 그 내용을 초래한 정보의 근원을 나타낼 때 사용합니다.
▶ 「によると」는 「によれば」라고 말하기도 합니다.

によれば ➡ によると 478
にわたった ➡ にわたって 479

쏙쏙 어휘　長期 장기　冷夏 냉하　オーストラリア 호주

452 にわたって

~에 걸쳐서

접속 방법 「명사」+ にわたって

① 今度の台風は日本全域にわたって被害を及ぼした。
이번 태풍은 일본 전역에 걸쳐서 피해를 끼쳤다.

② 全課目にわたり優秀な成績をとった者には奨学金を与える。
전 과목에 걸쳐서 우수한 성적을 받은 사람에게는 장학금을 준다.

③ 1年間にわたる橋の工事がようやく終わった。
1년간에 걸친 다리 공사가 드디어 끝났다.

④ 7日間にわたった競技大会も今日で幕を閉じます。
7일간에 걸친 경기대회도 오늘로 막을 내립니다.

▶ '그 범위 전체로 그 상태가 확대되고 있다, 계속되고 있다'라고 말하고자 할 때 사용합니다.
▶ 뒤에 명사가 올 때는 예문 ③, ④처럼 「にわたる + 명사・にわたった + 명사」의 형태가 됩니다.

にわたり ➡ にわたって 479
にわたる ➡ にわたって 479

쏙쏙 어휘 及ぼす 미치게 하다, 끼치다   ようやく 겨우, 가까스로   幕を閉じる 막을 내리다, 끝나다

453 ぬきで
~없이, ~을 빼고

접속 방법 「명사」+ ぬきで

① あいさつぬきでいきなり食事となった。
   인사도 없이 갑작스럽게 식사를 하게 되었다.

② 食事ぬきで1時間も会議をしている。
   식사도 거르고 한 시간이나 회의를 하고 있다.

③ あのレストランの昼食は税金・サービス料ぬきで、2,000円です。
   저 레스토랑의 점심식사는 세금과 봉사료를 빼고 2,000엔입니다.

④ A: 今晩の会はアルコールぬきのパーティーですよ。
   오늘 밤 모임은 알코올이 없는 파티입니다.
   B: えっ、お酒なし？アルコールぬきじゃつまらないね。
   어? 술이 없다고? 알코올이 없으면 시시하잖아.

⑤ 田中君の就職について本人ぬきにいくら話し合っても意味がない。
   다나카 군의 취직에 대해 당사자 없이 아무리 논의해도 의미가 없다.

'보통은 포함될 수 있는 것, 본래 당연히 있어야 할 것을 첨가하지 않고'라고 말하고자 할 때 사용합니다. 「명사 + ぬき」의 형태로, 명사처럼 사용합니다.

□ □ □
1회 2회 3회

ぬきに ➡ ぬきで 480
ぬきにしては ➡ をぬきにしては 652
ぬきの ➡ ぬきで 480

쏙쏙 어휘 いきなり 갑자기   アルコール 알코올

454 ぬく ★2

끝까지 ~하는

접속 방법 「동사의 ます형」 + ぬく

① マラソンの精神というのは、試合に負けても最後まで走りぬくことだ。
마라톤 정신이라고 하는 것은 시합에 지더라도 끝까지 완주하는 것이다.

② 彼は10年間も続いた内戦の時代をなんとか生きぬいて、今この国で幸せに暮らしている。
그 사람은 10년간이나 계속된 내전의 시기를 어떻게든 끝까지 살아와서 지금은 이 나라에서 행복하게 지내고 있다.

③ わたしは親としてあの子の長所も欠点も知りぬいているつもりです。
저는 부모로서 저 아이의 장점과 결점 모두 철저히 파악하고 있다고 생각합니다.

④ いなかでの一人暮らしを望む祖母を残して東京に来たのは、家族で考えぬいて出した結論です。
시골에서 혼자 살기를 원하는 할머니를 남겨두고 도쿄에 온 것은 가족과 끝까지 생각해서 내린 결론입니다.

「동사의 ます형 + ぬく」의 형태로 사용되는 표현입니다. 각 예문의 뜻을 살펴 보면 예문 ①, ②는 동사에 '곤란한 일을 극복하고 최후까지 완전히 ~하여 끝낸다'라는 뜻을 나타내며, 예문 ③은 '완전히 ~하다', 예문 ④는 '철저하게 ~하다' 등의 의미를 갖습니다.

1회 2회 3회

쏙쏙 어휘 内戦 내전   欠点 결점   望む 바라다, 원하다

455 のいたり ★1

무한한 ~이다, 한없는 ~이다

접속 방법 「명사 + の」+ 至り

① 私のような者が、このように立派な賞をいただくとは光栄の至りでございます。
저 같은 사람이 이처럼 훌륭한 상을 받는다니 무한한 영광입니다.

② わたしの書いたものを認めていただけるとは、感激の至りだ。
내가 쓴 것을 인정해 주다니 감격하기 이를 데 없다.

③ こんな失敗をするとは、全く赤面の至りだ。
이런 실패를 하다니 정말로 부끄럽기 짝이 없다.

말하는 사람이 감격하거나 강렬하게 느낀 것을 나타낼 때 사용하며, 관용적으로 쓰이는 예스러운 표현입니다.

1회 2회 3회

쏙쏙 어휘 光栄 영광   認める 인정하다, 승인하다   感激 감격   赤面 부끄러워 얼굴을 붉힘

456 のうえで

~만으로는

접속 방법　「명사 + の」+ 上で / 「명사」+ 上

① この機械は見かけの上では使い方が難しそうですが、実際はとても簡単なのです。
이 기계는 외관상으로는 사용법이 어려워 보이지만, 실제로는 매우 간단한 것입니다.

② この会に参加するには、形式上面倒な手続きを取らなければならない。
이 모임에 참가하려면 형식상 번거로운 절차를 밟지 않으면 안 된다.

③ お手元の決算報告書をごらんください。計算上のミスはないつもりですが。
앞에 놓여있는 결산 보고서를 봐 주십시오. 계산 상의 실수는 없을 것 같습니다만.

▶ 「〜の上で・〜上」의 형태로, '〜을 보고, 또는 〜을 생각하고 판단하면 어떨지'라고 말하고자 할 때 사용하는 표현입니다.

▶ 그 외에 '법률상・습관상・형편상・생활상・경제상・건강상・〜의 관계상' 등의 예로 사용됩니다.

1회　2회　3회

쏙쏙 어휘　手続き 절차, 수속　　手元 주변, 곁　　ミス 실수

457 のきわみ

최고의 ~은, 가장 ~한

접속 방법 「명사 + の」+ 極み

① この世の幸せの極みは子や孫に囲まれて暮らすことだという。
이 세상 최고의 행복은 자식, 손자와 더불어 살아가는 것이라고 한다.

② 現在の祭りの極みはオリンピックだろう。
현재 최고의 축제는 올림픽일 것이다.

③ 能・狂言は日本文化のおもしろさ、深さの極みだ。
노・교겐은 일본 문화의 재미와 깊이가 담겨있는 일본 문화의 정수다.

④ こんなに細かく美しい竹細工がある！これぞ手仕事の極み！
이렇게 섬세하고 아름다운 죽세공이 있다니! 이것이야 말로 손기술의 극치다!

'최고의 ~다'라는 뜻을 나타내며, 말하는 사람이 감격하여 그 기분을 나타낼 때 사용하는 예스러운 표현입니다. 「感激の極み・痛恨の極み」등의 관용적으로 사용되는 표현이 있으므로, 함께 기억해 두세요.

1회 2회 3회

のことだ ➡ のことだから 485

쏙쏙 어휘 孫 손자　囲まれる 둘러싸이다　能 노　狂言 교겐　細工 세공

458 のことだから ★2

~이기 때문에

접속 방법   「명사 + の」+ ことだから

① 買い物が好きなよし子のことだから、今日もきっとたくさん買い物をして帰ってくるよ。
요시코는 쇼핑을 좋아하니까, 오늘도 분명히 쇼핑을 많이 하고 돌아올 거야.

② A : 林さん、遅いですね。来ないんでしょうか。
하야시 씨 늦네요. 안 오는 게 아닐까요?
B : いや、いつも遅く来る彼のことだ。きっと30分ぐらいしたら来るよ。
아냐, 그 사람은 항상 늦게 오니까, 틀림없이 30분 정도 있으면 올 거야.

③ 健のことだ。怒ってカッとなったら、何をするかわからない。
(불 같은 성격의) 켄이야. 화나서 발끈하면 무슨 짓을 할지 몰라.

▶ 「~のことだから」의 형태로, 서로 알고 있는 것으로 판단하여 추측한 것을 말할 때 사용하는 표현입니다. 「~」에서 말하는 사람의 판단의 근거를 말하고, 「…」에서 추측한 것을 나타냅니다.
▶ 예문 ③처럼 서로 알고 있는 사항(이 경우는 「健」의 성격)은 생략되는 경우가 많습니다.
▶ 문말에서는 예문 ②, ③처럼 「のことだ」의 형태가 됩니다.

1회 2회 3회

쏙쏙 어휘   怒る 화내다, 나무라다

459 のだ

~이다 〈설명〉

접속 방법 「보통형 (な형용사의 어간・명사 + な)」+ のだ

① 来月スイスに行きます。絵本の展覧会に出席するのです。
다음 달 스위스에 갑니다. 그림책 전람회에 참석할 것입니다.

② お先に失礼します。今日は子どもの誕生日なんです。
먼저 실례하겠습니다. 오늘은 아이 생일이어서요.

③ 田中さんはいつも花子さんといっしょにいるね。花子さんが好きなんだね。
다나카 씨는 항상 하나코 씨와 함께 있네. 하나코 씨를 좋아하는구나.

④ 日本ではクリスマスは年末の風物詩の一つなのである。
일본에서는 크리스마스는 연말 풍물시의 하나이다.

⑤ この話はタイで聞いたのではありません。インドで聞いたのです。
이 이야기는 태국에서 들은 것은 아닙니다. 인도에서 들은 거예요.

⑥ A: いいセーターね。あなたが編んだの。
좋은 스웨터네. 네가 짠 거야?
B: いいえ、わたしが編んだんじゃないの。母が編んでくれたんです。
아니요, 제가 짠 게 아니에요. 어머니가 짜 준 거예요.

▶ 「のだ」의 기본적인 사용법으로, 어떤 사정을 설명한다든지 이유를 설명하는 경우에 사용하는 표현입니다.

▶ 일부분만(예문 ⑤ - 태국에서 들었다, ⑥ - 내가 짰다)을 부정할 때에는 「のではありません・んじゃない」를 사용합니다.

▶ 회화체에서는 「んです・んだ」의 형태가 됩니다.

▶ 「である체」의 문장에서는 예문 ④처럼 「のである」가 됩니다.

460 のだ ★2

~이다, ~인 것이다 〈환언〉

접속 방법 「보통형 (な형용사의 어간・명사 + な)」+ のだ

① 20歳なのに、気に入らないことがあるとすぐに泣く。彼女はまだ子どもなんだ。
스무 살이나 먹었는데 마음에 안 드는 것이 있으면 금방 운다. 그녀는 아직 어린 아이다.

② 今年は30度以上の日が8日しかなかった。冷夏だったのだ。
올해는 30도 이상 되는 날이 8일밖에 없었다. 평년보다 기온이 낮은 여름이었다.

③ 本屋の店頭には中高年の男性のための料理雑誌が目立つ。暮らしを楽しもうという人が増えてきたのだ。
책방 앞에는 중장년층 남성을 위한 요리 잡지가 눈에 띈다. 삶을 즐기고자 하는 사람이 늘어난 것이다.

▶ 앞의 문장에서 말한 것을 다른 말로 바꿀 때나 정리할 때 사용하는 표현입니다.
▶ 「つまり・要するに」 등의 말에 이어지는 경우가 많습니다.
▶ 주로 회화체에서는 「んだ」를 사용한다는 것, 기억하세요.

1회 2회 3회

쏙쏙 어휘 店頭 가게 앞   中高年 중장년층   目立つ 눈에 띄다, 두드러지다

461 のだ ★2

~한다, ~이다 〈주장〉

접속 방법 「보통형 (な형용사의 어간・명사 + な)」+ のだ

① 親がいくら反対しても、わたしは彼女と結婚したいんだ。
부모님이 아무리 반대해도 나는 그녀와 결혼하고 싶어.

② 誰がなんと言っても、今年はわれわれのチームが優勝するんだ。
누가 뭐라 해도 올해는 우리 팀이 우승할 것이다.

③ 何度でもやり直す人が成功するのです。
몇 번이라도 다시 시작하는 사람이 성공하는 것입니다.

▶ 말하는 사람이 자신의 주장을 강하게 말할 때나 자신의 결의를 서술할 때 사용하는 표현입니다.
▶ 회화체에서는 주로「んだ」를 사용합니다.

1회 2회 3회

쏙쏙 어휘　われわれ 우리들　　やり直す 다시 하다, 고쳐 하다

462 のだ ★2

~이다 〈이해〉

접속 방법 「보통형 (な형용사의 어간・명사 + な)」+ のだ

① A : 今朝は3年ぶりにマイナス1度の冷え込みだったそうですよ。
　　　오늘 아침은 3년 만에 영하 1도의 쌀쌀한 날씨였대요.
　B : だから寒かったんだ。
　　　그래서 추웠던 거였구나.

② レントゲン写真をとったら足の骨が折れていた。だから痛かったんだ。
　　엑스레이 사진을 찍었더니, 다리가 골절되어 있었어. 그래서 아팠던 거였구나.

③ A : さっき、駅前で事件があったらしいね。
　　　아까 역 앞에서 사건이 있었던 모양이야.
　B : ああ、それで、おまわりさんが出ていたんだ。
　　　아, 그래서 순경이 나와 있었던 거였구나.

▶ 앞의 문장에서 사실이나 사태를 말할 때 사용합니다. 뒷문장에서는 「だから, それで」등의 이유를 나타내는 말에 이어지며, 문말이「…のだ」의 형태가 되어 말하는 사람이 이해한 것을 나타낼 때 사용합니다.
▶ 회화체에서는 주로「んだ」를 사용합니다.

□ □ □
1회 2회 3회

쏙쏙 어휘　冷え込み 쌀쌀함　レントゲン写真 엑스레이 사진　折れる 부러지다　おまわりさん 순경

463 のだから ★2

~이므로, ~이기 때문에

접속 방법 「보통형 (な형용사의 어간 · 명사 + な)」 + のだから

① 試合をしに行くのだから、観光などは後にして、健康に気をつけてください。
시합을 하러 가는 거니까 관광 같은 것은 나중에 하기로 하고 건강에 유의하세요.

② この本は難しいのだから、何回も読まないとわからないだろう。
이건 어려운 책이니까. 몇 번이나 읽지 않으면 잘 이해가 되지 않을 거야.

③ 8月20日過ぎの海は危険なのだから、泳ぐのはやめた方がいい。
8일 20일이 지난 바다는 위험하니까 헤엄치는 것은 그만두는 게 좋다.

▶ 「~のだから…」의 형태로, 「~」에서는 이유에 대하여 공통의 인식을 확인한 뒤에 「…」에서 말하는 사람의 판단이나 의향, 상대방에게 일정한 역할 등을 말하고자 할 때 사용하는 표현입니다.

▶ 말하는 사람과 상대방과의 사이에서, 어떤 화제에 대하여 공통의 인식을 갖기 전에 사용하는 것은 부자연스러우므로 아래 예문을 통해 잘 알아 두세요.

◆ (×) あした父が来るんですから、空港に迎えに行きます。
　 (○) あした父が来ますから、空港に迎えに行きます。
　　　　내일 아버지가 오기 때문에, 공항에 마중 나갑니다.

▶ 회화체에서는 주로 예문 ②, ③처럼 「んだから」의 형태로 사용됩니다.

□ □ □
1회 2회 3회

쏙쏙 어휘　観光 관광　危険 위험

464 のだった ~인 것이었다 〈감탄〉

접속 방법 「보통형 (な형용사의 어간・명사 + な)」+ のだった

① 彼は優勝カップを手に、改めて深い喜びに包まれるのだった。
그 사람은 우승컵을 손에 들고 새삼스레 한없는 기쁨에 싸여 있는 것이었다.

② 一郎は1年の外国暮らしを終え、自立した大人に成長したのであった。
이치로는 1년간 외국에서의 생활을 끝마치고 자립한 성인으로 성장했던 것이었다.

▶ 과거에 있었던 일 등에 대하여 감정을 실어 서술할 때 사용하며, 주로 수필이나 소설 등에서 쓰이는 표현입니다.
▶ 예문 ②처럼 「である체」에서는 「のであった」를 사용합니다.

1회 2회 3회

のだった〈後悔〉 ➡ んだった〈後悔〉   667
のだろう   ➡ だろう〈気持ちの強調〉 207

쏙쏙 어휘　改めて 새삼스럽게, 다시　　自立 자립

465 ので

~이므로, ~이기 때문에, ~라서

접속 방법 「보통형 (な형용사의 어간・명사 + な)」 + ので

① きのうは 2 時まで眠れなかったので、けさは早く起きられませんでした。
어제는 2시까지 잠을 이룰 수 없었기 때문에 오늘 아침은 일찍 일어날 수 없었습니다.

② わたしはコーヒーが好きなのでよく飲みます。
저는 커피를 좋아해서 자주 마십니다.

③ 冬休みに故郷に帰って家族に会いました。みんな元気だったので、安心しました。
겨울 방학에 고향에 가서 가족을 만났습니다. 모두 건강했기 때문에 안심했습니다.

④ あしたは休みなので、友だちと映画を見に行きます。
내일은 쉬는 날이라서 친구랑 영화를 보러 갑니다.

⑤ すみません。ちょっと寒いので、窓を閉めてくださいませんか。
죄송합니다. 좀 추우니까 창문을 닫아 주시지 않겠습니까?

⑥ 今、調べておりますので、少しお待ちください。
지금 조사하고 있으니까, 잠시만 기다려 주세요.

▶ 「~ので…」의 형태로 「~」에 원인・이유를 나타내는 말을 사용하고, 「…」의 문장에서는 결과나 과정을 말하는 경우가 많습니다. 문말에는 명령이나 금지의 문장은 잘 오지 않으므로 주의하세요.
 ◆ (×) うるさいので、やめろ。 → (○) うるさいから、やめろ。 시끄러우니까, 그만 둬.

▶ 개인적인 이유를 말할 경우에는 「ので」를 사용하지만, 「から」보다 격식을 차린 부드러운 표현입니다.

▶ 「のでです・のでだ」의 형태로는 사용하지 않으므로, 주의하세요.

▶ 예문 ⑥처럼 정중하게 말할 때는 정중형에 이어지는 경우도 있으니 잘 기억해 두세요.

466 のですか

~입니까?

접속 방법 「보통형 (な형용사의 어간 · 명사 + な)」 + のですか

① A : 何かいいことがあったんですか。うれしそうな顔をして……。
   뭔가 좋은 일이 있었어요? 기분 좋은 얼굴을 하고…….

   B : ええ、あした、マリアさんとドライブに行くんです。
   네, 내일 마리아 씨와 드라이브를 하러 가거든요.

② 年末なので、新幹線の切符を取るのが大変でした。日本ではお正月にみんながふるさとへ帰るのですか。
   연말이라서 신칸센 표를 끊는 게 힘들었습니다. 일본에서는 설날에 모두 고향으로 갑니까?

③ (田中さんが帰る準備をしているのを見て) 田中さん、もう帰るんですか。
   (다나카 씨가 집에 갈 준비를 하고 있는 것을 보며) 다나카 씨, 벌써 가는 거예요?

④ 病気なのに、たばこを吸うんですか。
   병에 걸렸는데 담배를 피우세요?

⑤ こんな夜中に何をしているんだ。
   이런 밤중에 뭘 하고 있는 거야.

▶ 보거나 듣거나 해서 말하는 사람의 판단한 것이 옳은지 그른지를 확인하거나 설명을 요구할 때 사용하는 표현입니다.
▶ 예문 ④, ⑤는 힐문조(詰問調)로써 비난을 하고 있는 느낌이 강합니다.
▶ 회화체에서는 주로 「んですか・んだ」를 사용합니다.

のですが ➡ んですが 669
のではありません ➡ んじゃない 665

467 のに ★4

~인데, ~임에도 불구하고 〈역접 / 불만・예상외〉

접속 방법　「보통형 (な형용사의 어간・명사 + な)」 + のに

① わたしが3時間もかけてケーキを焼いたのに、だれも食べません。
제가 3시간이나 걸쳐서 케이크를 구웠는데 아무도 먹지 않습니다.

② ひろしは暑いのに、窓を開けないで勉強しています。
히로시는 더울 텐데 창문을 열지 않고 공부하고 있습니다.

③ 冬の山は危険なのに、どうして登るんですか。
겨울 산은 위험한데 어째서 올라가는 겁니까?

④ 夜の12時なのに、電車にはおおぜいの人が乗っていました。
밤 12시인데 전철에는 많은 사람들이 타고 있었습니다.

⑤ (パーティーに遅く来て) マリさんはもう帰ったんですか。会いたかったのに……。
(파티에 늦게 와서) 마리 씨는 벌써 집에 갔습니까? 만나고 싶었는데…….

▶ 「~のに、…」의 형태로 「~」에서는 사실을 말하고, 「…」에서 그것으로부터 예상되는 것과 다른 결과가 나타날 때 사용하는 표현입니다. 말하는 사람의 의외적인 기분, 의문, 불안, 비난, 유감스런 기분을 나타내는 경우가 많습니다.

▶ 문말에는 말하는 사람의 의지나 희망을 나타내는 문장, 역할에 대한 작용을 나타내는 의뢰, 명령 등의 문장은 오지 않으니까 주의하세요.

　◆ (×) 忙しいのに、手紙を書きなさい。
　　　(○) 忙しくても、手紙を書きなさい。
　　　　　바쁘더라도 편지를 쓰세요.

1회　2회　3회

쏙쏙 어휘　焼く 굽다

468 のに ★3

~였는데, ~인데 〈대비〉

접속 방법 「보통형 (な형용사의 어간・명사 + な)」+ のに

① 去年の冬は暖かかったのに、今年の冬はとても寒い。
작년 겨울은 따뜻했는데, 올해 겨울은 매우 춥다.

② 田中さんは日本人だが、日本語は下手なのに、英語はうまい。
다나카 씨는 일본인인데, 일본어는 서툴고 영어는 잘한다.

▶ 「のに」의 전후에 대비하고 있는 내용을 이어줍니다.
▶ 「が」, 「けれども」와 사용법은 같지만, 「のに」의 경우는 말하는 사람의 의외의 기분, 의문 등의 기분이 포함되어 있습니다.

1회 2회 3회

쏙쏙 어휘 暖かい 따뜻하다

469 のに ★4
～하는데 〈용도〉

접속 방법 「동사의 사전형 + の / する동사의 명사형」+ に

① このナイフはチーズを切るのに便利です。
이 칼은 치즈를 써는 데 편리합니다.

② 電子辞書は言葉の意味を急いで調べるのに役に立ちます。
전자사전은 단어의 의미를 급히 찾는데 도움이 됩니다.

③ 外国旅行をするのにはパスポートが必要だ。
외국여행을 하려면 여권이 필요하다.

④ ここから空港に行くのには 1 時間かかる。
여기서 공항에 가려면 한 시간 걸린다.

⑤ わたしは買い物に、いつもバイクを使っています。
저는 물건을 사러 갈 때에 항상 오토바이를 사용하고 있습니다.

⑥ 東京駅へ行くにはこのバスが便利です。
도쿄역에 가려면 이 버스가 편리합니다.

▶ 사물의 용도나 목적, 유용성 등을 말할 때 사용하는 표현입니다. 「～のに…」의 형태로, 「～」에서 용도나 목적을 말하고, 「…」에서 '편리하다, 필요하다, 도움이 되다, 사용하다, 걸리다' 등의 의미를 나타냅니다.

▶ 예문 ⑤처럼 する동사의 경우 「する동사의 명사형 + に」의 형태로서도 사용합니다.

▶ 예문 ⑥처럼 「のに + は」의 형태로 사용하는 경우에는 동사 뒤에 「の」가 없는 사용법도 있으니 주의하세요.

1회 2회 3회

のに ➡ と～（のに）〈反実仮想〉 297
のに ➡ ば～（のに）〈反実仮想〉 337

470 のは〜だ ★4

~한 것은 ~이다

접속 방법 「보통형 (な형용사의 어간・명사 + な)」 + のは〜だ

① 田中さんのうちに行ったのは、先週の水曜日です。
다나카 씨 집에 간 것은 지난주 수요일입니다.

② わたしが信じているのは山田さんだけです。
내가 믿고 있는 것은 야마다 씨뿐입니다.

③ アルバイトをしているのは、旅行をするためだ。
아르바이트를 하고 있는 것은 여행을 가기 위해서이다.

④ 命が助かったのは手術をしてくださった先生のおかげです。
목숨이 살아난 것은 수술을 해 주신 선생님 덕분입니다.

⑤ 電話をもらったのはチンさんの奥さんからです。チンさんからではありません。
전화를 받은 것은 친 씨의 부인에게서입니다. 친 씨에게서가 아닙니다.

⑥ 春子さんはいい人でしょう。あんないい人と別れるのはどうしてですか。
하루코 씨는 좋은 사람이잖아요. 그렇게 좋은 사람과 왜 헤어지는 거예요?

▶ 말하고 싶은 것을 강조할 때 사용하는 표현입니다. 「〜のは…だ」의 형태로, 「〜」에서는 화제가 되는 것을, 「…」에서는 설명하고 싶은 것・이유・강조하고 싶은 것을 나타냅니다.
▶ 「…」에서는 문말에 「ためだ・おかげだ」 등의 이유를 나타내는 말이나 목적을 나타내는 말 등이 자주 옵니다.

のほう ➡ より〜のほう 614
のみ ➡ ただ〜のみ 177

471 のみならず ★2
~뿐만 아니라

접속 방법 「보통형 (な형용사의 어간・명사 + である)」+ のみならず

① 山田さんは出張先でトラブルを起こしたのみならず、部長への報告も怠った。
야마다 씨는 출장지에서 문제를 일으켰을 뿐만 아니라, 부장님에게 보고하는 것도 게을리 했다.

② 会社の業務改善は、ただ営業部門のみならず、社員全体の努力にかかっている。
회사의 업무 개선은. 단지 영업부문뿐만 아니라 사원 전체의 노력에 달렸다.

③ この不景気では、中小企業のみならず大企業でも経費を削る必要がある。
이런 불경기에서는 중소기업뿐만 아니라 대기업에서도 경비를 삭감할 필요가 있다.

▶ 「のみならず」의 형태로, '~뿐만 아니라, 범위는 훨씬 크게 다른 곳에도 파급된다'라고 말하고자 할 때 사용하며, 딱딱한 표현입니다.
▶ 뒤에 오는 문장에는「も・まで・さえ」등이 자주 사용됩니다.

□ □ □
1회 2회 3회

のみならず ➡ ただ~だけでなく 176

쏙쏙 어휘 怠る 게을리하다, 태만히 하다   改善 개선   削る 삭감하다, 깎다

472 のもとで

~아래서, ~밑에서, ~하에서

접속 방법 「명사」 + のもとで

① わたしはいい環境、いい理解者のもとで、恵まれた生活を送ることができた。
나는 좋은 환경과 나를 이해해주는 좋은 사람 밑에서 풍족한 생활을 보낼 수 있었다.

② ぼくは今、小林という人のもとで陶芸を習っています。
저는 지금 고바야시 씨라고 하는 사람 밑에서 도예를 배우고 있습니다.

③ この鳥は国の保護政策のもとに守られてきた。
이 새는 나라의 보호 정책 하에서 관리되어 왔다.

④ 新しいリーダーのもとに、人々は協力を約束し合った。
새로운 리더 아래에서 사람들은 서로간의 협력을 약속했다.

'~의 영향력 아래에서, ~의 영향을 받으면서'라는 의미를 나타내는 표현입니다. 예문 ③, ④의 「のもとに」또한 그 의미, 용법은 같습니다.

1회 2회 3회

のもとに ➡ のもとで 499

쏙쏙 어휘   恵まれる 좋은 환경이 주어지다, 모자람이 없다   陶芸 도예   リーダー 지도자, 리더

체크 문제 な행

◆ 다음 문장의 괄호 안에 들어갈 알맞은 표현을 써 보세요.

① 責任者の田中さんが賛成し(　　　　　)、この企画書を通すわけにはいかない。
책임자인 다나카 씨가 찬성하지 않는 한, 이 기획서를 통과시킬 수는 없다.

② そんな暗いところで本を読んだら目に悪い(　　　　　)。
그런 어두운 곳에서 책을 읽으면 눈에 좋지 않은 것은 당연하다

③ 今回の地震(　　　　　)死者は100人以上になるようだ。
이번 지진에 의한 사망자는 백 명 이상 된다고 한다.

④ あきらめる(　　　　　)。最後までがんばれよ。
포기하지 마. 끝까지 힘내.

⑤ 昨夜は顔も洗わ(　　　　　)寝てしまいました。
어젯밤은 세수도 하지 않고 자 버렸습니다.

⑥ 学生時代、わたしはアルバイトをし(　　　　　)、日本語学校に通っていた。
학창시절, 나는 아르바이트를 하면서 일본어학교에 다녔다.

⑦ この絵は上手だけれど有名な画家のまねのようだ。感心する(　　　　　)。
이 그림은 훌륭하지만, 유명한 화가를 흉내낸 것 같다. 감탄할 만한 정도는 아니다.

⑧ 外国旅行をする(　　　　　)はパスポートが必要だ。
외국여행을 하려면 여권이 필요하다.

⑨ 現在の祭り(　　　　　)はオリンピックだろう。
현재 최고의 축제는 올림픽일 것이다.

⑩ 食事(　　　　　)1時間も会議をしている。
식사도 거르고 한 시간이나 회의를 하고 있다.

⑪ 1年間(　　　　　)橋の工事がようやく終わった。
1년간에 걸친 다리 공사가 드디어 끝났다.

⑫ この地方ではよくお茶を飲む。人（　　　　　　）1日20杯も飲むそうだ。
이 지방에서는 차를 자주 마신다. 사람에 따라서는 하루 스무 잔이나 마신다고 한다.

⑬ マラソンの精神というのは、試合に負けても最後まで走り（　　　　　　）ことだ。
마라톤 정신이라고 하는 것은 시합에 지더라도 끝까지 완주하는 것이다.

⑭ わたしの書いたものを認めていただけるとは、感激（　　　　　　）だ。
내가 쓴 것을 인정해 주다니, 감격하기 이를 데 없다.

⑮ 戦争中（　　　　　　）、何が起こるかわからない。
전쟁 중이기 때문에 무슨 일이 일어날지 모른다.

⑯ すみません。ちょっと寒い（　　　　　　）、窓を閉めてくださいませんか。
죄송합니다. 좀 추우니까 창문을 닫아 주시지 않겠습니까?

⑰ 動物園のサルを見ると、いつもわたしは笑わ（　　　　　　）。
동물원의 원숭이를 보면 나는 항상 웃지 않을 수 없다.

た행 체크 문제 정답

① といったところです　② たい　③ たばかり
④ ついでに　⑤ っぽい　⑥ ともなると　⑦ ところだった
⑧ ときたら　⑨ といったらない　⑩ っこない　⑪ てはいけません
⑫ たる　⑬ ために　⑭ たとたん　⑮ たことがある
⑯ てたまらない　⑰ てしまった　⑱ だけあって　⑲ とおりに
⑳ てこそ　㉑ どころか　㉒ っぱなし　㉓ とばかりに
㉔ とあって　㉕ てもらった　㉖ てもかまわない　㉗ っけ
㉘ といい、といい　㉙ たり、たりして　㉚ てからというもの
㉛ つもりです　㉜ たびに　㉝ たところで　㉞ てならない
㉟ てはじめて　㊱ でほしい　㊲ といえども、ない　㊳ でしょうがない
㊴ 出す　㊵ だらけ

473 ば ★4

~하면 〈조건〉

접속 방법 「동사의 가정형 / い형용사의 어간 + ければ / な형용사의 어간 + なら(ば) / 명사 + なら(ば)」

① よく読めば、わかります。 잘 읽어 보면 이해됩니다.

② この本はむずかしいことが書いてあるから、よく読まなければ、わからないよ。 이 책은 어려운 내용이 쓰여 있어서, 잘 읽지 않으면 이해가 안 돼.

③ 明日、天気がよければテニスをしますが、よくなければうちで映画でも見ます。 내일 날씨가 좋으면 테니스를 칩니다만, 좋지 않으면 집에서 영화라도 보겠습니다.

④ この映画、とてもよかったよ。もし見たければ、貸してあげるよ。 이 영화 정말 재밌었어. 만약에 보고 싶다면 빌려 줄게.

⑤ あさって、休みでしょう。もしひまなら、映画を見に行きませんか。 모레 쉬는 날이죠? 만약 한가하다면 영화 보러 가지 않을래요?

⑥ 部屋が静かでなければ、わたしは勉強できません。 방이 조용하지 않으면, 저는 공부가 안 됩니다.

⑦ もしその人がいい人ならば、いっしょに仕事をしたい。 만약 그 사람이 괜찮은 사람이라면, 같이 일을 하고 싶다.

▶ 「ば・なら(ば)」는 가정 표현을 나타내며, 동사와 い형용사에는 「ば」가, な형용사와 명사의 긍정형에는 「なら」가 접속됩니다. 「なら」는 예문 ⑦처럼 「ならば」의 형태가 됩니다.

▶ 「ば」의 동사가 상태성 동사(ある・いる・できる) 이외의 경우, 뒤에는 말하는 사람(話者)의 의지, 의뢰 등을 나타내는 문장은 오지 않으므로 잘 기억해 두세요.

◆ (×) もし熱が出れば、この薬を飲んでください。
　(○) もし熱が出たら、この薬を飲んでください。 만약 열이 나면, 이 약을 드세요.

▶ 그러나 「~」가 상태성의 말(동사의 「あれば・いれば」, 동사의 부정형 「食べなければ」, 형용사 「安ければ」 등)인 경우, 이 제한은 없어지니 주의하세요.

1회 2회 3회

474 ば～（のに） ★3

～하면 ～(좋았을 텐데) 〈사실과 반대되는 가정〉

접속 방법 「동사의 가정형 / い형용사의 어간 + **ければ** / な형용사의 어간 + **なら(ば)** / 명사 + **なら(ば)**」 + ～ **(のに)**

① A：ごめんなさい。きのうは、会議の場所を間違えて、遅くなったんです。
　　죄송합니다. 어제는 회의 장소를 착각해서 지각했습니다.
　　B：それで遅れたんですか。山崎さんといっしょに来れ**ば**よかった**のに**。
　　그래서 늦었군요? 야마자키 씨와 같이 왔으면 좋았을 텐데.

② 試合のとき、山田君がもっと元気**なら**勝てた**のに**。
　시합 때 야마다 군이 좀 더 활발히 움직였더라면 이길 수 있었을 텐데.

③ 店できれいなセーターを見た。もっと安けれ**ば**買ったんだ**けれど**……。
　가게에서 예쁜 스웨터를 보았다. 좀 더 싸면 샀을 텐데…….

▶ 「～ば、…のに / けれど」의 형태로, 「～ば」에서 사실과는 다른 일을 가정하여 「…」에서 실현하지 않았던 일 등에 대해 유감스러운 기분이나 잘 되었다는 기분 등을 서술할 때 사용합니다.
▶ な형용사와 명사에서는 「なら(ば)」의 형태가 됩니다.
▶ 문말에는 「よかった・のに・けれど」등의 표현이 많이 옵니다.

참고 たら～（のに）・と～（のに）〈사실과 반대되는 가정〉

1회 2회 3회

쏙쏙 어휘 会議 회의　場所 장소

475 ばいい
~하면 된다 〈권유〉

| 접속 방법 | 「동사의 가정형」 + いい |

① そんなに欲しいのなら、自分で買えばいいじゃないか。
그렇게 갖고 싶다면 자기가 사면 되잖아.

② おまけにもらったものなど取っておく必要はない。どんどん捨てればいい。
덤으로 받은 것 따위 소중히 보관할 필요는 없다. 미련 없이 버리면 된다.

③ 若いときは何でも自分のやりたいことをやってみればいい。
젊었을 때는 뭐든지 자기가 하고 싶은 것을 해 보는 게 좋다.

▶ 다른 사람에게 권유하거나 제안, 조언할 경우에 사용하는 표현입니다.
▶ 같은 의미의 표현으로는「たらいい・といい」가 있습니다.「ばいい」에는 약간 객관적인 느낌이 있으며,「たらいい・といい」의 쪽이 부드러운 느낌이 더 강합니다.

참고 たらいい 〈권유〉・といい 〈권유〉

쏙쏙 어휘　おまけ 덤, 값을 깎음　どんどん 순조롭게 나아가는 모양, 척척, 술술

476 ばいい ★4

~하면 좋겠다 〈희망〉

접속 방법 「동사의 가정형 / い형용사의 어간 + ければ / な형용사의 어간 + なら / 명사 + なら」+ いい

① A：あしたはスポーツ大会ですね。雨が降らなければいいですね。
　　내일은 스포츠 대회네요. 비가 내리지 않으면 좋겠어요.

　 B：ええ、晴れればいいですね。 네, 맑으면 좋겠네요.

② 今年の夏は論文を書かなければならないから、暑くなければいいと願っています。 올해 여름은 논문을 써야 하니까, 덥지 않았으면 좋겠어요.

③ 世界中の子どもたちが体も心も健康ならいいと思うのです。
　 온 세상의 아이들이 몸도 마음도 건강했으면 좋겠다고 생각합니다.

④ わたし、S会社に就職できればいいなあ。
　 나 S사에 합격할 수 있으면 좋겠어.

▶ 그렇게 되었으면 하는 희망이나 바램을 나타내는 표현입니다.
▶ 동사·い형용사의 경우는「ばいい」를 사용하지만, な형용사·명사의 경우에는「ならいい」를 사용합니다.
▶ 문말에 감탄의 기분을 나타내는「~なあ」를 붙이는 경우가 많습니다.
▶ 실현되기 어렵다고 느끼는 경우, 문말에「けど・のに・が」등을 붙이는 경우가 많습니다.
▶「~ばいい」의「~」에는 말하는 사람(話者)의 의지를 나타내는 말은 오지 않습니다.
　 ◆ (×) わたし、S会社に就職すればいいなあ。
▶「たらいい・といい」와 서로 바꾸어 말할 수 있으니까, 함께 기억해 두세요.

참고 たらいい〈희망〉・といい〈희망〉

1회 2회 3회

쏙쏙 어휘　世界中 온 세상

477 ばいいですか ★4
~하면 좋겠습니까?

접속 방법 「의문사」+「동사의 가정형」+ いいですか

① A : この本はいつまでに返せばいいですか。
   이 책은 언제까지 반납하면 됩니까?
   B : 来週の水曜日までに返してください。
   다음 주 수요일까지 반납해 주세요.

② A : 東京タワーへ行きたいんですが、どこで降りればいいですか。
   도쿄타워에 가고 싶은데요. 어디서 내리면 되나요?
   B : K駅で降りたらいいですよ。
   K역에서 내리면 됩니다.

③ A : この会に登録したいんですが、どうすればいいですか。
   이 모임에 등록하고 싶습니다만. 어떻게 하면 됩니까?
   B : ここに必要なことを書いてください。
   여기에 필요한 것을 써 주세요.

④ A : 弁当を予約したいんだけど、だれに言えばいい?
   도시락을 예약하고 싶은데, 누구에게 말하면 돼?
   B : 山田さんに聞けば? 彼が係だよ。
   야마다 씨에게 물어보는 게 어때? 그 사람이 담당이야.

▶ 상대방에게 지시를 요구하는 표현입니다.
▶ 「의문사 + 동사의 た형 + ら + いいですか」와 의미, 용법이 비슷하니까 함께 알아 두세요.

참고 たらいいですか

1회 2회 3회

쏙쏙 어휘 東京タワー 도쿄 타워 登録 등록 係 담당, 담당 직원

478 はいざしらず ★1

~라면 모르겠는데, ~라면 모르지만

접속 방법 「명사 + は・なら / 보통형(+ の) + なら」+ **いざしらず**

① 妻：美術館は込んでいるんじゃないかしら。
　　미술관은 사람들로 북적거리지 않을까?

　夫：土日**はいざしらず**、ウイークデーだから大丈夫だよ。
　　토요일, 일요일이라면 모르지만 주중이니까 괜찮을 거야.

② 規則を知らなかったの**ならいざしらず**、知っていてこんなことをするなんて許せない。
　규칙을 몰랐다라고 하면 모르지만 알면서 이런 일을 하다니 용서할 수 없다.

③ 神様**ならいざしらず**、普通の人間には明日何が起こるかさえわからない。まして1年先のことなんて……。
　신이라면 모르지만 보통의 인간에게는 내일 무슨 일이 일어날지조차 모른다. 하물며 1년 후의 일은 뭐…….

「〜はいざしらず・〜ならいざしらず」의 형태로 사용합니다. 「〜」에는 극단적인 예나 특별한 경우가 오며, 주로 「その場合は別だが(그 경우에는 다르지만)」라고 제외할 때 사용하는 표현입니다.

1회 2회 3회

쏙쏙 어휘　ウイークデー 평일, 워크데이　神様 신, 하느님, 도사　まして 하물며, 더구나

479 はおろか
~은커녕

접속 방법 「명사(+조사)」+ はおろか

① わたしのうちにはビデオはおろかテレビもない。
우리 집에는 비디오는커녕 텔레비전도 없다.

② 今度の天災のために、家の中の物はおろか家まで失ってしまった。
이번 천재지변 때문에 집 안의 물건은 물론이고, 집까지 잃고 말았다.

③ この地球上には、電気、ガスはおろか、水道さえない生活をしている人々がまだまだたくさんいる。
이 지구상에는 전기, 가스는커녕 수도조차 없이 생활하고 있는 사람들이 아직 많다.

④ 木村さんは会計の仕事をしているが、会計学についてはおろか、法律一般の知識もないらしい。
기무라 씨는 회계 일을 하고 있지만, 회계학에 대해서는커녕 법률 일반의 지식도 없는 듯하다.

▶ '~은 당연하며, 정도가 훨씬 위의 내용도'라는 의미를 나타내는 표현입니다.
▶ 「も・さえ・まで」등의 강조하는 말과 함께 사용되며, 말하는 사람(話者)의 놀라움이나 불만의 기분을 나타냅니다.
▶ 상대방을 향한 역할(명령・금지・의뢰・권유 등)을 나타내는 문장에는 사용하지 않으니까, 주의하세요.

1회 2회 3회

쏙쏙 어휘 失う 잃다   会計 회계   法律 법률

480 は〜が〜
〜은 〜이

접속 방법　「명사」＋ は ＋「명사」＋ が

① あの人は目がとてもきれいです。
저 사람은 눈이 매우 예쁩니다.

② この料理は味がちょっと薄いです。
이 요리는 맛이 조금 싱겁습니다.

③ リンさんの家は庭が広くて、いいなあ。
린 씨 집은 정원이 넓어서 좋네.

④ メキさんは足が速いです。彼はサッカーの選手です。
메키 씨는 발이 빠릅니다. 그 사람은 축구 선수입니다.

'명사1은 명사2가 …'의 형태로, 어떤 것(명사1)을 화제로 하여 그 부분이나 그것에 속하는 것(명사2)의 상태, 성질 등을 나타내는 표현입니다.

1회 2회 3회

| N1 (ぞう) | は | N2 (鼻) | が | 長いです |

쏙쏙 어휘　薄い 연하다, 싱겁다　速い 빠르다

481 は〜が、〜は

~은 ~지만, ~은

★5

접속 방법 「명사 (+ 조사)」 + は + 「정중형・보통형」 + が、「명사 (+ 조사)」 + は〜

① この本はもう読みましたが、あの本はまだです。
이 책은 벌써 읽었습니다만, 저 책은 아직 안 읽었습니다.

② わたしたちの学校では、春は遠足に行きますが、秋は行きません。
우리 학교에서는 봄에는 소풍을 가지만, 가을은 가지 않습니다.

③ 机の上には本がたくさんありますが、本だなにはあまりありません。
책상 위에는 책이 많이 있습니다만, 책장에는 별로 없습니다.

④ わたしは図書館へは自転車で行きますが、学校へは歩いて行きます。
저는 도서관에는 자전거로 갑니다만, 학교에는 걸어서 갑니다.

⑤ タンさんにはプレゼントをあげたけど、カンさんにはあげなかった。
탄 씨에게는 선물을 줬지만, 칸 씨에게는 주지 않았다.

▶ 두 가지 사항을 대비해서 말할 때 사용하는 표현입니다. 예문 ①처럼 「本を」에 「は」가 붙는 경우에는 「を」를 없애야 합니다 (「本をは読みました」). 그 외의 동사는 예문 ③〜⑤처럼 그대로 남습니다.

▶ 허물없는 사이의 회화체에서는 「が」가 「けど」로 바뀝니다.

1회 2회 3회

쏙쏙 어휘 遠足 소풍   本だな 책장

482 ばかりか

~뿐만 아니라

접속 방법 「명사 / 보통형 (な형용사의 어간 + な・である / 명사 + である)」+ ばかりか

① いくら薬を飲んでも、風邪が治らないばかりか、もっと悪くなってきました。
아무리 약을 먹어도 감기가 낫지 않을 뿐만 아니라 더 나빠졌습니다.

② このごろ彼は遅刻が多いばかりか、授業中にいねむりすることさえあります。
요즘 그는 지각이 많을 뿐만 아니라, 수업 중에 졸기까지 합니다.

③ 彼は仕事や財産ばかりか、家族まで捨てて家を出てしまった。
그는 일이나 재산뿐만 아니라, 가족까지 버리고 집을 나가버렸다.

④ あの人は仕事に熱心であるばかりか、地域活動も積極的にしている。
저 사람은 일을 열심히 할 뿐만 아니라, 지역활동도 적극적으로 하고 있다.

- '~뿐만 아니라, 그 위에 정도가 훨씬 무거운 내용도 첨가된다'는 의미를 나타내는 표현입니다.
- 뒤에 오는 문장에는 「も・まで・さえ」 등이 자주 사용됩니다.
- 「ばかりか」에서는 「ばかりでなく」와 달리, 뒤에 의지나 희망, 또는 명령이나 권유 등 역할 작용의 문장이 오는 경우는 거의 없다는 것에 주의하세요.

◆ (×) 自分のことばかりか、他人のことも考えなさい。
　(○) 自分のことばかりでなく、他人のことも考えなさい。
　　자신 뿐만 아니라, 다른 사람의 일도 생각해 주세요.

참고 ばかりでなく

쏙쏙 어휘　財産 재산　熱心 열심히 함　積極的 적극적

483 ばかりだ ★2

점점 ~할 뿐이다, 더욱 ~하게 된다

접속 방법 「동사의 사전형」+ ばかりだ

① このままではジムの日本語の成績は下がるばかりだ。なんとかしなくてはならない。
이대로는 짐의 일본어 성적은 내려가기만 할 뿐이다. 어떻게든 하지 않으면 안 된다.

② 最近の田中委員長の行動はよいとは言えない。彼への不信感は増すばかりだ。
최근 다나카 위원장의 행동은 좋다고 말할 수는 없다. 그 사람을 향한 불신감은 늘어가기만 할 뿐이다.

③ 選挙のときの対立が原因で、党内の二つのグループの関係は悪くなるばかりだ。
선거 때의 대립을 원인으로 당내 두 그룹의 관계는 나빠져 가기만 할 뿐이다.

▶ 사물의 변화가 나쁜 방향으로만 진행되고 있는 것을 나타낼 때 사용하는 표현입니다.
▶ 변화를 나타내는 동사와 접속합니다.

ばかりだ ➡ たばかりだ 184

쏙쏙 어휘   不信感 불신감   対立 대립   党内 당내

484 ばかりでなく ★3

~뿐만 아니라

접속 방법 「명사 / 보통형 (な형용사의 어간 + な・である / 명사 + である)」+ ばかりでなく

① わたしたちは日本語ばかりでなく、英語や数学の授業も受けています。
우리들은 일본어뿐만 아니라 영어나 수학 수업도 듣고 있습니다.

② 今日は頭が痛いばかりでなく、吐き気もするし、少々熱もあるんです。
오늘은 머리가 아플 뿐만 아니라 구토도 나며 열도 조금 있습니다.

③ テレビの見過ぎは子どもの目を痛めるばかりでなく、自分で考える力を失わせると言われている。
텔레비전을 지나치게 보는 것은 아이의 눈을 아프게 할 뿐만 아니라 스스로 생각하는 힘을 잃게 만든다고 한다.

④ あの人は有名な学者であるばかりでなく、環境問題の活動家でもある。
저 사람은 유명한 학자일 뿐만 아니라 환경문제의 활동가이기도 하다.

⑤ 人の仕事上のミスばかりでなく、私生活についてまで非難するのはやめなさい。
남의 업무상의 실수뿐만 아니라, 사생활에 대해서까지 비난하는 것은 그만 두세요.

▶ '~뿐만 아니라, 범위는 훨씬 크게 다른 곳에도 파급된다'라고 말하고자 할 때 사용하는 표현입니다.
▶ 뒤에 오는 문장에는 「も・まで・さえ」등이 자주 사용됩니다.

참고 ばかりか

쏙쏙 어휘 吐き気 구역질   痛める 아프게 하다, 상하다

485 ばかりに

~한 탓에, ~때문에

접속 방법 「보통형 (な형용사의 어간 + な・である / 명사 + である)」+ ばかりに

① うっかり生水を飲んだばかりに、おなかを悪くしてしまった。
깜빡하고 끓이지 않은 물을 마신 탓에 배탈이 나고 말았다.

② パスポートを取りに行ったが、はんこを忘れたばかりに、今日はもらえなかった。
여권을 찾으러 갔는데 도장을 안 가지고 온 탓에 오늘은 받을 수 없었다.

③ 彼は子どもの命を助けたいばかりに、薬を買うお金を盗んだのだそうだ。
그 사람은 아이의 목숨을 구하고 싶어서 약을 살 돈을 훔쳤다고 한다.

④ パソコンのソフトがうまく使えないばかりに、やりたい仕事ができなかった。
컴퓨터 소프트웨어를 제대로 쓰지 못해서, 하고 싶은 일을 할 수 없었다.

▶ 「~ばかりに、…」의 형태로, '~만이 원인으로, …라는 예상외의 나쁜 결과가 되었다'고 말하고자 할 때 사용하는 표현입니다. 「…」에는 나쁜 결과의 문장이 옵니다.
▶ 말하는 사람(話者)이 느끼는 후회되는 기분, 아쉬운 기분을 나타내는 경우가 많습니다.
▶ 예문 ③처럼 「たいばかりに」를 사용하는 경우, 하고 싶지 않은 일을 억지로 했다는 의미의 문장이 옵니다.

1회 2회 3회

쏙쏙 어휘   うっかり 깜빡, 무심코   生水 생수, 끓이지 않은 물   はんこ 도장

486 ばこそ ★1

~이기 때문에

접속 방법 「동사의 가정형 / い형용사의 어간 + ければ / な형용사의 어간 + であれば / 명사 + であれば」 + こそ

① 君の将来を考えればこそ、忠告するのだ。
너의 장래를 걱정하기 때문에 충고하는 것이다.

② 音楽があればこそ、こうして生きていく希望もわいてくる。
음악이 있기 때문에 이렇게 살아가는 희망도 샘솟는다.

③ わたしが勤めを続けられるのも、近所に子どもの世話をしてくれる人がいればこそだ。
내가 일을 계속할 수 있었던 것도 이웃에 아이를 돌봐주는 사람이 있기 때문이다.

④ 練習が楽しければこそ、もっとがんばろうという気持ちにもなれるのだ。
연습이 즐겁기 때문에 더욱 힘을 내고자 하는 마음이 드는 것이다.

⑤ 子どもがかわいければこそ、昔の人は子どもを旅に出したのだ。
아이가 귀엽기 때문에 오히려 옛날 사람들은 아이를 여행 떠나 보냈던 것이다.

⑥ 親がいればこそ正月に故郷へ帰りますが、親が亡くなればもう帰ることもないでしょう。
부모님이 있기 때문에 설날에 고향에 갑니다만, 부모님이 돌아가시면 이제 갈 일도 없을 것입니다.

▶ 「~ばこそ、…」 형태의 '~이니까 …, 다른 이유는 아니다'라고 강조하는 것으로, 말하는 사람(話者)의 적극적인 자세의 이유를 강하게 말하는 표현입니다.

▶ 마이너스적인 평가에는 거의 사용하지 않으며, 「~」에는 상태를 나타내는 표현이 많이 옵니다. 또한, 조금 예스러운 표현입니다.

□ □ □
1회 2회 3회

쏙쏙 어휘 忠告 충고   わく 솟아나다, 생겨나다   近所 근처, 이웃   亡くなる 돌아가시다, 죽다

487 はさておき
~은 잠시 접어두고, ~은 잠시 덮어두고

접속 방법 「명사 + は」+ さておき

① 就職の問題はさておき、今の彼には健康を取り戻すことが第一だ。
   취직 문제는 잠시 제쳐두고, 지금 그 사람에게는 건강을 되찾는 것이 우선이다.

② 責任がだれにあるのかはさておき、今は今後の対策を考えるべきだ。
   책임이 누구에게 있는 것인가는 잠시 제쳐두고, 지금은 앞으로의 대책을 생각해야만 한다.

③ (二人の男の人が仕事の話をした後) 두 명의 남자가 일 이야기를 하고 난 후
   A : それはさておき、社員旅行のことはどうなっているんだろう。
   그건 그렇고 사원여행은 어떻게 되고 있는 걸까.
   B : ああ、それは木村さんが中心になって進めているという話ですよ。
   아, 그건 기무라 씨가 중심이 되어 추진하고 있다는 이야기가 있어요.

「~はさておき…」의 형태로, '지금은 ~을 생각 밖으로 접어두고, …을 가장 먼저 생각한다'라는 의미를 나타내는 표현입니다.

1회 2회 3회

はじめ ➡ をはじめ 653
はじめとして ➡ をはじめとして 654
はじめとする ➡ をはじめとして 654

쏙쏙 어휘 取り戻す 되찾다, 회복하다   進める 진행시키다, 진척시키다

488 はじめる ★4

~하다 / ~하기 시작하다

접속 방법 「동사의 ます형」+ 始める

① もう7時だから、そろそろ食べ始めましょう。
벌써 7시니까 슬슬 식사를 시작합시다.

② なべに牛肉を入れて色が変わり始めたら、さとうとしょうゆを入れてください。
냄비에 쇠고기를 넣고 색이 변하기 시작하면 설탕과 간장을 넣어 주세요.

③ この地方で桜が咲き始めるのは、3月の終わりごろです。
이 지방에서 벚꽃이 피기 시작하는 것은 3월 말 무렵입니다.

④ 子どもは最近、町の図書館を利用し始めました。
아이는 최근 마을 도서관을 이용하기 시작했습니다.

▶ 시작과 끝이 있는 계속되는 동작이나 작용, 자연현상, 습관 등이 시작된다는 의미를 나타내는 표현입니다.
▶ 보통 순간 동사에는 붙지 않지만, 예문 ③처럼 많은 사물의 작용이나 사람의 동작인 경우는 순간 동사에도 붙을 수 있습니다.

참고 おわる・つづける

쏙쏙 어휘 牛肉 소고기   咲く 꽃이 피다   利用 이용

489 はずがない

~일리가 없다

접속 방법 「보통형 (な형용사의 어간 + な・である / 명사 + の・である)」+ はずがない

① 何かの間違いでしょう。彼が独身のはずがありません。ときどき奥さんの話をしますよ。
　　뭔가 착각이겠죠. 그 사람이 독신일 리가 없어요. 때때로 부인 이야기를 하는 걸요.

② A：田中さん、遅いね。どうしたんだろう。
　　다나카 씨가 늦네. 무슨 일이 있는 건가?
　　B：田中さんは今日は来られるはずがないよ。神戸に出張しているんだから。 다나카 씨는 오늘 올 수 있을리가 없어. 고베로 출장 갔거든.

③ A：林さん暇かな。テニスに誘ってみようか。
　　하야시 씨 한가할까? 테니스 치자고 말해 볼까?
　　B：あの人は今就職活動中だから、暇なはずはないよ。
　　그 사람은 지금 취직 활동 중이니까 한가할 리 없어.

④ A：え、かぎがない？そんなはずないよ。ぼくたしかに机の上に置いたよ。 어? 열쇠가 없어? 그럴 리가 없어. 내가 확실히 책상 위에 두었는데.
　　B：あ、あった、あった、ごめんなさい。 어? 있다. 있어. 미안.

▶ 어떤 사실을 근거로 '그 가능성이 없다'고 말할 때 사용하며, 말하는 사람의 주관적인 판단을 나타냅니다.
▶ 회화체에서는 예문 ④처럼「はずない」의 형태로 말합니다.
▶「わけがない」로 바꾸어 말할 수도 있습니다.

참고 わけがない

1회 2회 3회

쏙쏙 어휘　間違い 틀림, 잘못됨　暇 한가함

490 はずだ ★4

~일 것이다 〈필연적 귀결〉

접속 방법 「보통형 (な형용사의 어간 + な・である / 명사 + の・である)」 + はずだ

① 田中さんはもう会社を出たはずですよ。5時の新幹線に乗ると言っていたから。
다나카 씨는 벌써 회사를 나왔을 거예요. 5시에 신칸센을 탈 거라고 말했거든요.

② スポーツ大会の写真は山中君に頼みましょう。写真学校の学生だから上手なはずですよ。
스포츠 대회 사진은 야마나카 군에게 찍어달라고 부탁하죠. 사진학교 학생이니까 잘 찍을 거예요.

③ あのうちのおじょうさんも、10年前に7歳だったのだから、もう高校生のはずだ。
저 집 딸도 10년 전에 7살이었으니까, 이제 고등학생일 것이다.

④ リーさんは3時に家を出たそうですから、ここには4時前に着くはずです。
이 씨는 3시에 집을 나왔다고 하니까, 여기에는 4시 전에 도착할 거예요.

▶ 객관적인 이유가 있어 (예를 들면 계산 등을 하고), 상당한 확신을 가지고 추측할 때 쓰는 표현으로, 그 이유를 가지고 생각해 볼 때 당연한 것이라고 추측할 때 사용합니다. 예문 ④처럼 예정을 나타낼 때에도 사용할 수 있습니다.
▶ 말하는 사람의 의지적인 행위의 예측에는 사용하지 않으니 주의하세요.

쏙쏙 어휘 おじょうさん 아가씨, 따님 (다른 사람의 딸을 높여 부르는 말)

491 はずだ ★3

당연히 ~할 것이다 〈당연〉

접속 방법 「보통형 (な형용사의 어간 + な・である / 명사 + の・である)」+ はずだ

① A: わあ、おいしいワインね。
　　와, 맛있는 와인이네.

　B: おいしいはずですよ。高いワインなんですから。
　　맛있을 거예요. 비싼 와인이거든요.

② 寒いはずです。雪が降ってきました。
　추운 것은 당연해요. 눈이 내렸거든요.

③ A: タンさんは日本語が上手だね。
　　탄 씨는 일본어를 잘하네.

　B: 日本に10年も住んでいるんだから、上手なはずだよ。
　　일본에 10년이나 살고 있으니까 당연히 잘 할 거야.

사실이나 상황을 통해 '그것은 당연하다'라고 말하고자 할 때 사용하는 표현입니다.

1회 2회 3회

はずはない ➡ はずがない 518

쏙쏙 어휘　寒い 춥다　住む 살다, 거주하다

492 ばそれまでだ ★1

~면 끝장이다, ~면 모든 일이 수포로 돌아간다

접속 방법 「동사의 가정형」 + それまでだ

① 一生懸命働いても病気になればそれまでだ。
열심히 일해도 병에 걸리면 그것으로 끝장이다.

② 高い車を買っても、事故を起こせばそれまでだ。
비싼 차를 사도 사고를 일으키면 그것으로 끝장이다.

③ いくらお金をためても、死んでしまえばそれまでだ。
아무리 돈을 모아도 죽게 된다면 아무런 의미가 없다.

▶ '그렇게 되면, 모든 것이 끝나 버린다'라고 말하고자 할 때 사용하는 표현입니다.
▶ 「~ても、동사 + ばそれまでだ」처럼 앞 문장은 「~ても」의 형태로 나타내는 경우가 많습니다.

1회 2회 3회

ば~だろうに ➡ たら~だろう(に) 199

쏙쏙 어휘   ためる 돈을 모으다

493 はというと
~로 말하자면, ~은

접속 방법 「명사 (+조사)」 + はというと

① 父も母ものんびり過ごしています。わたしはというと、毎日ただ忙しく働いています。
아버지도 어머니도 느긋하게 지내고 있습니다. 저로 말하자면 매일 그저 바쁘게 일하고 있습니다.

② ここ10年間で保育所の数は大幅に増えたようだ。しかし、わたしの地域はというと、まったく増えていない。
최근 10년 사이에 보육원의 숫자는 대폭으로 증가한 것 같다. 그러나 우리 지역은 전혀 늘지 않았다.

③ 現在、人々の生き方は非常に自由になった。しかし、夫婦の役割についての考え方はというと、どうだろうか。
현재 사람들의 삶의 양상은 상당히 자유로워졌다. 그러나 부부의 역할에 관한 사고 방식은 과연 어떨까?

어떤 일을 대비적인 화제로서 다룰 때 사용하는 표현으로, 「はというと」의 전후에는 대립적인 문장이 옵니다.

1회 2회 3회

쏙쏙 어휘 のんびり 한가롭고 평온한 모양, 한가로이 保育所 보육원 非常 대단함, 심함

494 はともかく(として) ★2

~은 우선 제쳐두고

접속 방법　「명사 + は」+ ともかく(として)

① 費用の問題はともかく、旅行の目的地を決める方が先です。
　비용 문제는 그렇다 치고 여행 목적지를 결정하는 쪽이 먼저입니다.

② コストの問題はともかくとして、重要なのはこの商品が売れるか売れないかだ。
　비용 문제는 어쨌든 간에 중요한 것은 이 상품이 팔릴지 팔리지 않을지다.

③ この計画は実行できるかどうかはともかくとして、まず実行する価値があるかどうかをもう一度よく考えてみよう。
　이 계획은 실행할 수 있을지 어떨지는 제쳐두고 우선 실행할 가치가 있는가 어떤가를 다시 한 번 곰곰이 생각해 보자.

「~はともかく…」의 형태로, 두 가지의 내용을 비교하여 '~의 문제도 생각하지 않으면 안 되지만, 지금은 그것보다도 …을 우선시한다'는 의미를 나타낼 때 사용하는 표현입니다.

1회 2회 3회

はとわず ➡ をとわず 650

쏙쏙 어휘　コスト 비용　価値 가치

495 はべつとして

~은 다른 문제이고, ~은 나중에 생각하고

접속 방법   「명사」+ は別として

① 大都市は別として、各地の市や町では町おこし計画を進めている。
대도시는 그렇다 치고 각 지역의 시나 읍에서는 마을 부흥 계획을 추진하고 있다.

② 必要に迫られてする読書は別として、40代、50代になってからの読書は本当に心にしみとおるものがある。
필요성을 느껴서 하는 독서는 다른 문제고, 40, 50대가 되고 나서 하는 독서는 정말로 마음 속에 깊이 스며드는 그 무언가가 있다.

③ 具体的にどんな項目について聞くかは別にして、まずアンケートの全体的な枠を決めることが必要だ。
구체적으로 어떤 항목에 대해 묻는지는 나중에 생각하고, 우선 앙케이트의 전체적인 틀을 정하는 것이 필요하다.

④ 協力するかしないかは別として、とにかく話だけは聞きましょう。
협력할지 하지 않을지는 나중에 생각하고, 어쨌든 이야기만은 들어 봅시다.

▶ 「~は別として…」의 형태로, '~에 대해서는 나중에 생각하는 것으로 하고, 지금은 …의 일만 우선적으로 한다'라는 사용법과 '~라는 특별한 상황을 제외하고 생각하면, …라고 말할 수 있다'라는 의미의 사용법이 있습니다. 「は別にして」의 형태도 있습니다.
▶ 예문 ④처럼 대립 관계의 말을 받는 경우도 있습니다.

쏙쏙 어휘 推進 추진   迫る 다가오다   しみとおる 스며들다, 사무치다   枠 테, 테두리

496 ば〜ほど ★3

〜하면 〜할수록

접속 방법 「동사의 가정형 + 동사의 사전형 / い형용사의 어간 + **ければ** + い형용사의 사전형 / な형용사의 어간 + **なら** + な형용사의 어간 + **な**」+ ほど

① 山は登れば登るほど、気温が低くなる。
산은 오르면 오를수록 기온이 낮아진다.

② お礼の手紙を出すのは早ければ早いほどいい。
감사 편지를 부치는 것은 빠르면 빠를수록 좋다.

③ 毎日使う道具の使い方は簡単なら簡単なほどいい。
매일 쓰는 도구의 사용법은 간단하면 간단할수록 좋다.

④ このABC社で仕事をするには、外国語が上手なら上手なほどいい。
이 ABC사에서 일을 하려면 외국어가 능통하면 능통할수록 좋다.

⑤ あの人の話は聞けば聞くほどわからなくなる。
저 사람의 이야기는 들으면 들을수록 이해가 안 된다.

▶ '한쪽의 정도가 변하면, 그것과 함께 다른 쪽도 변한다'라고 말하고자 할 때 사용하는 표현입니다. な형용사의 경우는 「〜なら〜なほど」의 형태가 됩니다.
▶ 예문 ⑤처럼 보통 예상하는 것과 반대의 결과가 되는 경우에도 사용합니다.

쏙쏙 어휘 気温 기온 簡単 간단함

497 はもちろん

~은 물론

접속 방법 「명사 (+ 조사) + は」 + もちろん

① 復習はもちろん予習もしなければなりません。
복습은 물론이고 예습도 하지 않으면 안 됩니다.

② 浅草という街は日曜、祭日はもちろん、ウイークデーもにぎやかだ。
아사쿠사라고 하는 거리는 일요일이나 경축일은 물론이고 평일도 혼잡하다.

③ 大都市ではもちろん、地方の小さな農村でも情報がすばやくキャッチできるようになってきた。
대도시에서는 물론이고 지방의 작은 농촌에서도 정보를 재빠르게 캐치할 수 있게 되었다.

④ 田中さんは勉強についてはもちろんのこと、私生活の問題まで何でも相談できる先輩だ。
다나카 씨는 공부에 대해서는 물론이고, 사생활의 문제까지 뭐든지 상담할 수 있는 선배다.

▶ '~은 당연한 것으로 정도가 높은 뒤의 사안도 더해진다'라는 의미를 나타냅니다.
▶ 이보다 훨씬 딱딱한 표현으로는 「はもとより」가 있습니다.

참고 はもとより

1회 2회 3회

쏙쏙 어휘　祭日 경축일　農村 농촌　すばやい 재빠르다, 민첩하다

498 はもとより ★2

~은 물론이고

접속 방법 「명사 (+ 조사) + は + もとより」

① 日本はもとより、多くの国がこの大会の成果に期待している。
일본은 물론이고, 많은 나라가 이 대회의 성과에 기대하고 있다.

② 数学は、自然科学や社会科学はもとよりどんな方面に進む者にとっても重要だ。
수학은 자연과학이나 사회과학은 물론이고, 어느 방면으로 진출하려는 사람에게 있어서도 중요하다.

③ 体の弱いぼくが無事に学校を卒業できたのも両親はもとより、いろいろな方々の援助があったからです。
몸이 허약한 제가 무사히 학교를 졸업할 수 있었던 것도 부모님은 물론이고, 여러 분들의 도움이 있었기 때문입니다.

④ うちの父はパソコンはもとより、携帯電話さえ持とうとしない。
우리 아버지는 컴퓨터는 물론이고, 휴대전화조차 가지려고 하지 않는다.

▶ '~은 당연한 것으로, 정도가 무거운(가벼운) 사안도 더해진다'라는 의미를 나타냅니다.
▶ 「はもとより」는 「はもちろん」보다 문어체적인 표현입니다.

참고 はもちろん

はやいか ➡ がはやいか 67

쏙쏙 어휘 方面 방면 無事 무사함

499 は〜より

~은 ~보다

접속 방법 「명사」＋は＋「명사」＋より

① 今日はきのうより暖かいです。 오늘은 어제보다 따뜻합니다.

② このアパートは前のアパートより便利です。
이 아파트는 전의 아파트보다 편리합니다.

③ 水は空気より重い。 물은 공기보다 무겁다.

④ 先生：かたかなの言葉は、漢字の言葉より易しいですか。
가타카나로 이루어진 말은 한자어보다 쉽나요?

　学生1：そうですねえ。かたかなの言葉は漢字の言葉より難しいです。
글쎄요. 가타카나로 이루어진 말은 한자어보다 어렵습니다.

　学生2：わたしは、かたかなの言葉も漢字の言葉も同じぐらい難しいと思います。
저는 가타카나로 이루어진 말도 한자어도 똑같은 정도로 어렵다고 생각합니다.

⑤ 父は家族の中でだれよりも早く起きます。
아버지는 가족 중에서 누구보다도 일찍 일어납니다.

⑥ 人間の命は何よりたいせつです。 인간의 목숨은 무엇보다 소중합니다.

▶ 「명사1 + は 명사2 + より」의 형태로, 말하는 사람(話者)이 어떤 것을 화제로 채택하여(「명사1 + は」) 그 상태를 다른 것을 기준으로 하여 (「명사2 + より」) 비교해서 말할 때 사용하는 표현입니다.

▶ 비교를 나타내는 이 표현은 부정 형태에서는 말하지 않는 것이 일반적입니다.
　　◆ (×) バスは電車より速くないです。
　　　(×) わたしは兄より早く起きません。

▶ 예문 ⑤, ⑥처럼 「의문사 + より」의 형태가 되어 최상급을 나타내기도 합니다.

はんした	➡	にはんして	467
はんして	➡	にはんして	467
はんする	➡	にはんして	467

500 はんめん ★3

~(한) 반면

접속 방법 「보통형 (な형용사의 어간 + な・である / 명사 + である)」 + 反面・半面

① 彼女はいつもは明るい反面、寂しがりやでもあります。
그녀는 보통 때는 밝은 반면, 외로움을 많이 타기도 합니다.

② 郊外に住むのは、通勤には不便な半面、自然に近く生活するというよさもある。
교외에 사는 것은 통근에는 불편한 반면, 자연에 가까이 생활한다고 하는 장점도 있다.

③ 科学の発達は人間の生活を便利で豊かにする反面、環境を汚し、素朴な人間らしさを失わせることになるのではないか。
과학의 발달은 인간의 생활을 편리하고 풍요롭게 하는 반면, 환경을 더럽히고 소박한 인간다움을 잃게 하는 면도 있는 것은 아닐까?

▶ 어떤 내용에 대하여 두 가지의 반대 경향이나 성질을 말할 때 사용하는 표현입니다.
▶ 보다 대립적인 것을 말할 경우의 한자는 「反面」쪽을 사용하는 경우가 많습니다.

1회 2회 3회

ひきかえ	➡	にひきかえ	468
ひとり~のみならず	➡	のみならず	498
ふまえて	➡	をふまえて	655

쏙쏙 어휘 寂しがりや 유난히 쓸쓸해하거나 외로워하는 사람 郊外 교외 素朴 소박함

501 べからざる ★1
~할 수 없는, ~하면 안 되는

접속 방법 「동사의 사전형」+ べからざる

① 山崎氏は会員のレベル向上のためには欠くべからざる人物である。
야마자키 씨는 회원의 수준 향상을 위해서 없어서는 안 될 인물이다.

② 彼は母親に対して言うべからざることを言ってしまったと後悔している。
그 사람은 어머니에게 해서는 안 될 말을 하고 말았다며 후회하고 있다.

▶ 「べからざる」는 '해서는 안 된다, 할 수가 없다'는 의미를 나타내는 표현으로, 명사에 이어집니다.

▶ 「〜べからざる + 명사」의 형태로, 예문 ①은 '빼놓을 수 없는 인물 = 소중한 인물'이라는 의미를 나타냅니다. 또한 예문 ②는 '할 필요가 없는 말 = 해서는 안 되는 말'의 의미입니다.

참고 **べからず**

1회 2회 3회

쏙쏙 어휘 欠く 빠지다, 결여하다 人物 인물 後悔 후회

502 べからず

~말 것(금지)

접속 방법 「동사의 사전형」+ **べからず** (「する」는 「すべからず」라고 하기도 함)

① 録音中。ノックするべからず。
녹음 중. 노크 금지.

② 昔はよく立て札に「ここにごみを捨てるべからず」などと書いてあった。
옛날은 자주 팻말에 '여기에 쓰레기를 버리지 말 것'이라는 식으로 쓰여 있었다.

③ (公園で)「芝生に入るべからず」
(공원에서) '잔디에 들어가지 말 것'

▶ 금지의 표현으로, 예스러운 문장체입니다. 현재는 그다지 볼 수 없지만, 가끔 게시판, 팻말 등에 쓰여있는 경우가 있습니다.
▶ 예문 ③의 경우 현재는 보통 「入ってはいけません」또는 「入らないでください」등으로 쓰여져 있습니다.

1회 2회 3회

쏙쏙 어휘 録音 녹음 ノックする 노크하다 芝生 잔디(밭)

503 べきだ ★3
반드시 ~해야 한다, ~하는 편이 좋다

접속 방법「동사의 사전형」+ **べきだ**（「する」는「すべきだ」라고 하기도 함）

① 1万円拾ったんだって？ そりゃあ、すぐに警察に届けるべきだよ。
만 엔 주웠다며? 그런 건 바로 경찰서에 신고해야 돼.

② 親が生きているうちにもっと親孝行するべきだった、と後悔している。
부모님이 살아 있는 동안에 더욱 효도를 해야만 했다고 후회하고 있다.

③ 現代はなにごとも地球規模で考えるべきだ。
현대는 어떤 일에도 지구 규모를 고려해야 한다.

④ レストランやロビーでは、携帯電話で大声で話をするべきではない。
레스토랑이나 로비에서는 휴대전화로 큰소리로 이야기를 해서는 안 된다.

▶ '하는 것이, 또는 하지 않는 것이 인간으로서의 의무다'라고 말하고자 할 때의 표현입니다.
▶ 예문 ①처럼 상대의 행위에 대하여 충고하는 경우, ②~④처럼 말하는 사람(話者)이 의무라고 주장하거나 권유하지 않는 편이 좋다고 말하는 경우에 사용합니다.
▶ 규칙이나 법률로 정해져 있는 경우는「なければならない」를 사용해야 합니다.
◆ (×) 海外旅行に行くときはパスポートを持って行くべきだ。

1회 2회 3회

べきではない ➡ べきだ 532

쏙쏙 어휘 拾う 줍다 届ける 신고하다 親孝行 효도, 효행 なにごとも 모든 일, 아무 일

504 べく ★1

~하려고, ~하고자

접속 방법 「동사의 사전형」 + **べく** (**する**는 「**すべく**」라고 하기도 함)

① ひとこと鈴木さんに別れの言葉を言うべく彼のマンションを訪れたのですが、彼はすでに出発した後でした。
스즈키 씨에게 이별의 한 마디 말을 하고자 그의 맨션을 방문했습니다만, 그는 이미 출발한 후였습니다.

② 彼女は新しい気持ちで再出発するべく、長野県の山村に引っ越して行った。
그녀는 새로운 기분으로 재출발하고자 나가노현의 산촌으로 이사갔다.

③ 田中氏は記者会見場に向かうべく、上着を着て部屋を出た。
다나카 씨는 기자회견장에 가려고 겉옷을 입고 방을 나왔다.

④ ラムさんを迎えるべく空港まで行ったが、会えなかった。
람 씨를 마중하고자 공항까지 갔지만, 만날 수 없었다.

▶ '어떤 목적을 가지고 그렇게 한다'고 말하고자 할 때 사용하는 표현으로, 딱딱한 표현이지만 현대어에서도 사용되고 있습니다.
▶ 뒤에 오는 문장에는 의뢰나 명령, 작용을 나타내는 문장은 오지 않으니, 주의하세요.
　◆ (×) ラムさんを迎えるべく空港まで行ってください。

べつとして	➡	はべつとして 524
ほう	➡	より～のほう 614
ほうがいい	➡	たほうがいい 186-187
ほかしかたがない	➡	ほかない 534

쏙쏙 어휘　訪れる 방문하다　山村 산촌　記者会見場 기자회견장

505 ほかない
～할 수밖에 없다

접속 방법 「동사의 사전형」+ (より) ほか (しかたが) ない

① 当時わたしは生活に困っていたので、学校をやめて働くほかなかった。
당시 나는 생활이 궁핍했기 때문에 학교를 그만두고 일할 수밖에 없었다.

② 最終のバスが行ってしまったので歩いて帰るほかなかった。
마지막 버스가 가버렸기 때문에 걸어서 집에 갈 수밖에 없었다.

③ この病気を治す方法は手術しかないそうです。すぐに入院するよりほかはありません。
이 병을 고칠 방법은 수술밖에 없다고 합니다. 바로 입원할 수밖에 없습니다.

④ これ以上赤字が続いたら営業停止にするよりほかしかたがないでしょう。
이 이상 적자가 계속되면 영업 정지 처분을 내릴 수밖에 없겠죠.

'따로 방법이 없다, 방법이 없기 때문에 그렇게 한다'는 뜻의 체념의 기분으로 말할 때 사용하는 표현입니다.

참고 しかない

1회 2회 3회

ほかならない ➡ にほかならない 469

쏙쏙 어휘   赤字 적자   営業停止 영업 정지

506 ほど ★3

~정도(로) 〈정도〉

접속 방법　「보통형 (주로 い형용사의 어간과 동사의 현재형에 붙음)」＋ ほど

① きのうは山登りに行って、もう1歩も歩けないほど疲れました。
어제는 등산을 했기 때문에 더는 한 발자국도 걸을 수 없을 정도로 지쳤습니다.

② A：足、けがしたんですか。 다리 다쳤어요?
B：うん、きのうまでは泣きたいほど痛かったけど、今日は大分よくなったよ。
응, 어제까지는 울고 싶을 정도로 아팠는데, 오늘은 상당히 좋아졌어.

③ 悩んでいたとき、友人が話を聞いてくれて、うれしくて涙が出るほどだった。
고민하고 있었을 때 친구가 내 이야기를 들어줘서 기뻐서 눈물이 날 정도였다.

④ いじめは子どもにとっては死にたいほどのつらい経験なのかもしれない。
이지메(집단 따돌림)는 아이에게 있어서는 죽고 싶을 정도로 괴로운 경험일지도 모른다.

▶ 어떤 상태의 정도를 강조해서 말할 때 사용하는 표현입니다.
▶ 말하는 사람(話者)의 의지를 나타내지 않는 동사나, 동사의 たい형에 붙는 경우가 많습니다.
▶ 의미, 용법은「くらい」와 대부분 같지만,「ほど」는 정도가 높은 경우에 사용되는 경우가 많으니 예문을 통해 잘 익혀 두세요.

　◆ (×) 痛いけれど、がまんできるほどの痛さだ。
　　　(○) 痛いけれど、がまんできるくらいの痛さだ。 아프지만, 참을 수 있을 정도의 아픔이다.

참고 くらい 〈정도〉

쏙쏙 어휘　山登り 등산　悩む 고민하다, 괴로워하다　友人 친구, 벗

507 ほど
～할수록 〈상관관계〉

접속 방법　「동사의 사전형 / い형용사의 사전형 / な형용사의 어간 + な / 명사」+ ほど

① 外国語は勉強するほど難しくなる。
외국어는 공부할수록 어려워진다.

② アパートを探しています。駅に近いほどいいんですが、どこかありませんか。
아파트를 구하고 있습니다. 역에서 가까울수록 좋습니다만, 어딘가 없을까요?

③ わたしは何もしないでいるのが好きだから、休みの日は暇なほどいい。
나는 아무것도 하지 않고 있는 것을 좋아해서, 쉬는 날은 한가할수록 좋다.

④ 優れた営業マンほど客の声に耳を傾ける。
뛰어난 영업사원일수록 손님의 목소리에 귀를 기울인다.

▶ 「ば～ほど・なら～ほど」에서 「ば・なら」를 생략한 문장입니다.
▶ 이 사용법에서는 「명사 + ほど」도 있으니, 함께 알아 두세요.

참고 ば～ほど

ほどだ ➡ ほど〈程度〉 535

쏙쏙 어휘　優れる 뛰어나다, 우수하다　耳を傾ける 귀를 귀울이다, 경청하다

508 ほど〜ない ★4

~만큼 ~하지 않다

접속 방법　「명사」＋ ほど〜ない

① 今日も風が強いです。でも、今日はきのうほど寒くないです。
오늘도 바람이 강합니다. 하지만 오늘은 어제만큼 춥지 않습니다.

② わたしはテイさんほど速く走れません。
저는 테이 씨만큼 빨리 달릴 수 없습니다.

③ この町は今も人が多いですが、むかしほどにぎやかではありません。
이 마을은 지금도 사람이 많습니다만, 옛날만큼 번화하지는 않습니다.

④ A：今度の社長はきびしいですか。 이번 사장님은 엄격합니까?
　 B：ええ、でも、前の社長ほどではありません。
　　 네. 하지만 전의 사장님만큼은 아닙니다.

⑤ この番組は思っていたほどおもしろくなかったです。
이 프로그램은 생각했던 것만큼 재미있지 않았습니다.

⑥ このテスト問題はあなたが考えているほど易しくないです。
이 테스트 문제는 당신이 생각하고 있는 것만큼 쉽지 않습니다.

▶ 두 가지 사안(명사1과 명사2)의 정도는 크게 다르지 않지만, 화제로 삼은 사안(명사1)은 명사2에 미치지 못한다고 말하고자 할 때 사용하는 표현입니다. 정도가 전혀 다른 것에 대한 비교에는 사용하지 않는다는 점에 주의하세요.

　◆ (×) かめはうさぎほど速く走れません。

▶ 예문 ⑤, ⑥처럼 「ほど」가 명사 이외의 품사에 붙는 형태도 있으니까 잘 알아 두세요.

　　　　　　　　　　　　　　　　　　　1회 2회 3회

쏙쏙 어휘　きびしい 엄격하다, 엄하다　番組 방송 프로그램

509 ほど~はない ★3

~만큼 ~은 없다

접속 방법 「동사의 사전형 / 명사」 + ほど~はない

① 妻：暑いわねえ。
    덥네요.
　 夫：まったく今年の夏ほど暑い夏はないね。
    정말 올해 여름만큼 더운 여름은 없었어.

② 困っているとき、思いやりのある友人の言葉ほどうれしいものはない。
   괴로울 때 배려가 있는 친구의 말만큼 기쁜 것은 없다.

③ 旅行前に、あれこれ旅行案内の本を見るほど楽しいことはない。
   여행 전에 이것저것 여행안내 책을 보는 것만큼 즐거운 일은 없다.

④ 志望の会社に就職できなかったときほど悔しかったことはない。
   지망하는 회사에 취직할 수 없었을 때만큼 분했던 적은 없다.

- 「명사 + ほど~はない」의 형태로, 말하는 사람(話者)이 주관적으로 '명사는 최고로 ~다'라는 느낌을 강조해서 말할 때 사용하는 표현입니다.
- 「ほど」 대신에 「くらい~はない」의 표현을 사용할 수도 있습니다.
- 객관적인 사실에 대해서는 사용하지 않으므로, 예문을 통해 잘 익혀 두세요.
  - (×) 富士山ほど高い山はない。
  - (○) 富士山は日本で一番高い山だ。 후지산은 일본에서 가장 높은 산이다.

참고 くらい~はない

1회 2회 3회

쏙쏙 어휘　思いやり 동정, 배려　志望 지망

체크 문제 は행

◆ 다음 문장의 괄호 안에 들어갈 알맞은 표현을 써 보세요.

① あの人は仕事に熱心である（　　　　　　　）、地域活動も積極的にしている。
저 사람은 일을 열심히 할 뿐만 아니라, 지역활동도 적극적으로 하고 있다.

② 志望の会社に就職できなかったとき（　　　　　　　）悔しかったこと（　　　　　　　）。
지망하는 회사에 취직할 수 없을 때만큼 분했던 적은 없다.

③ 音楽があれ（　　　　　　　）、こうして生きていく希望もわいてくる。
음악이 있기 때문에 이렇게 살아가는 희망도 샘솟는다.

④ わたしのうちにはビデオ（　　　　　　　）テレビもない。
우리 집에는 비디오는커녕 텔레비전도 없다.

⑤ このDVD、とてもよかったよ。もし見たけれ（　　　　　　　）、貸してあげるよ。
이 DVD 정말 재밌었어. 만약에 보고 싶다면 빌려 줄게.

⑥ 現代はなにごとも地球規模で考える（　　　　　　　）。
현대는 어떤 일에도 지구 규모를 고려해야 한다.

⑦ 責任がだれにあるのか（　　　　　　　）、今は今後の対策を考えるべきだ。
책임이 누구에게 있는 것인가는 잠시 제쳐두고, 지금은 앞으로의 대책을 생각해야만 한다.

⑧ 昔はよく立て札に「ここにごみを捨てる（　　　　　　　）」などと書いてあった。
옛날에는 자주 팻말에 '여기에 쓰레기를 버리지 말 것'이라는 식으로 쓰여 있었다.

⑨ 最終のバスが行ってしまったので歩いて帰る（　　　　　　　）。
마지막 버스가 가버렸기 때문에 걸어서 집에 갈 수밖에 없었다.

⑩ きのうは山登りに行って、もう1歩も歩けない（　　　　　　　）疲れました。
어제는 등산을 했기 때문에 더는 한 발자국도 걸을 수 없을 정도로 지쳤습니다.

⑪ 田中氏は記者会見場に向かう (　　　　　)、上着を着て部屋を出た。
다나카 씨는 기자회견장에 가려고 겉옷을 입고 방을 나왔다.

⑫ 彼女はいつもは明るい (　　　　　)、寂しがりやでもあります。
그녀는 보통 때는 밝은 반면, 외로움을 많이 타기도 합니다.

⑬ 父も母ものんびり過ごしています。わたし (　　　　　)、毎日ただ忙しく働いています。
아버지도 어머니도 느긋하게 지내고 있습니다. 저로 말하자면 매일 그저 바쁘게 일하고 있습니다.

⑭ 一生懸命働いても病気になれ (　　　　　)。
열심히 일해도 병에 걸리면 그것으로 끝장이다.

⑮ 何かの間違いでしょう。彼が独身の (　　　　　)。ときどき奥さんの話をしますよ。
뭔가 착각이겠죠. 그 사람이 독신일 리가 없어요. 때때로 부인 이야기를 하는 걸요.

⑯ 今日は頭が痛い (　　　　　)、吐き気もするし、少々熱もあるんです。
오늘은 머리가 아플 뿐만 아니라 구토도 나며 열도 조금 있습니다.

⑰ そんなに欲しいのなら、自分で買え (　　　　　) じゃないか。
그렇게 갖고 싶다면 자기가 사면 되잖아.

な행 체크 문제 정답　　　　　　　　　　▶は행 정답 ☞ 583 P

① ないかぎり　② に決まっている　③ による　④ な
⑤ ないで　⑥ ながら　⑦ には当たらない　⑧ のに
⑨ の極み　⑩ ぬきで　⑪ にわたる　⑫ によっては
⑬ ぬく　⑭ の至り　⑮ のことだから　⑯ ので
⑰ ないではいられない

510 まい ★2

~하지 않겠다, ~하지 말자 〈부정의 의지〉

접속 방법 「동사의 사전형」 + まい
(2, 3그룹 동사는 「동사의 ない형 + まい」, 「する」는 「すまい」라고 하기도 함)

① 鈴木さんは無責任な人だ。もう2度とあんな人に仕事を頼むまい。
스즈키 씨는 무책임한 사람이다. 이제 두 번 다시 그런 사람에게 일을 부탁하지 않겠다.

② もう決して戦争を起こすまいと、わが国は固く決心したはずです。
이제 다시는 전쟁을 일으키지 않겠다고 우리나라는 굳게 결심했을 것이다.

③ 考えまい、考えまいとするけれど、やっぱりあしたのことが気になって眠れない。
생각하지 말자, 생각하지 말자 하면서도 역시 내일 일이 신경 쓰여서 잠을 이룰 수가 없다.

 강한 부정의 의지를 나타내는 표현입니다. 의지를 나타내기 때문에 주어는 1인칭이며, 주어가 3인칭인 경우에는 문장의 끝이 「~まい」의 형태로는 끝나지 않는다는 점을 알아 두세요. 또한, 예스러운 딱딱한 표현입니다.

1회 2회 3회

쏙쏙 어휘 無責任 무책임   わが国 우리나라

511 まい

~하지 않을 것이다 〈부정의 추측〉

접속 방법 「동사의 사전형」 + まい (2, 3그룹 동사는 「동사의 ない형 + まい」, 「する」는 「すまい」라고 하기도 함)
「い형용사의 어간 + く / な형용사의 어간 + では / 명사 + では」 + あるまい

① この事件は複雑だから、そう簡単には解決するまい。
이 사건은 복잡하기 때문에 그렇게 간단하게는 해결할 수 없을 것이다.

② 彼は人をだまして町を出て行ったのだから、2度とここへ戻ることはあるまい。
그는 사람을 속이고 마을을 나갔기 때문에 두 번 다시 이곳에 돌아오는 일은 없을 것이다.

③ この不況は深刻だから、安易な対策では景気の早期回復は望めまい。
이번 불황은 심각하기 때문에 안이한 대책으로는 경기의 조기 회복은 바랄 수 없을 것이다.

④ これが唯一の解決策ではあるまい。もっと別の観点から見たらどうか。
이것이 유일한 해결책은 아닐 것이다. 좀 더 다른 관점에서 보면 어떨까?

⑤ 父はこの様子では今日は雨は降るまいと言っているけれど、一応雨天の場合の準備もしておこう。
아버지는 지금의 상황으로는 오늘 비는 내리지 않을 것이라고 말씀하시지만, 일단 비가 내릴 경우의 준비도 해 두자.

▶ 말하는 사람이 '어떤 사안이 그렇게 되지는 않을 것이다'라고 추측하는 표현으로, 현대어에서도 사용되고 있는 예스러운 표현입니다.
▶ 딱딱한 문장체적인 표현이므로 회화체에서 문말에 사용되는 경우는 거의 없으며, 예문 ⑤처럼 회화체에서도 문장 속 인용문 등으로만 쓰이는 경우가 대부분입니다.

쏙쏙 어휘   だます 속이다   安易 안이함   早期 조기   雨天 우천

512 まいか ★2

~하지 않겠는가, ~지 않을까

접속 방법 「동사의 사전형」+ まいか (2, 3그룹 동사는 「동사의 ない형 + まい」, 「する」는 「すまい」라고 하기도 함)
「い형용사의 어간 + く / な형용사의 어간 + では / 명사 + では」+ あるまいか

① 田中さんはそう言うけれども、必ずしもそうとは言い切れないのではあるまいか。
다나카 씨는 그렇게 말하고 있지만, 반드시 그렇다고는 단언할 수 없지 않을까.

② 水不足が続くと、今年も米の生産に影響が出るのではあるまいかと心配だ。
물 부족이 계속되면 올해 쌀 생산에 영향이 미치는 것은 아닐까 걱정이다.

③ 不況、不況というが、これが普通の状態なのではあるまいか。
불황, 불황하는데 이것이 보통 상황인 것은 아닐까.

④ 一部の若者をフリーターという言葉でくくるのは不適切なのではあるまいか。 일부 젊은이를 프리터라는 말로 한데 묶는 것은 부적절한 것이 아닐런지.

▶ 현대어에서도 사용되는 예스러운 표현으로, 주로 「~のではあるまいか」의 형태로 문말에 사용됩니다. 말하는 사람이 「~だろう」라는 추측을 완곡하게 나타낼 때 사용합니다.
▶ 예문 ③, ④처럼 듣는 사람이나 읽는 사람에게 질문을 던지는 형태로 말하는 사람의 주장을 나타내는 형태로 사용됩니다.

まいか ➡ ようか~まいか 592
まいが ➡ ようが~まいが 593
まいと ➡ ようと~まいと 603

쏙쏙 어휘 言い切れる 잘라 말하다   フリーター 프리터   くくる 한데 묶다

513 まえに
~하기 전에

접속 방법 「동사의 사전형 / 명사 + の」+ 前に

① 食事の前に手を洗いましょう。
식사하기 전에 손을 씻읍시다.

② 寝る前に歯をみがきなさい。
자기 전에 이를 닦으세요.

③ わたしは日本へ来る前に、少し日本語を勉強しました。
저는 일본에 오기 전에 일본어를 조금 공부했습니다.

④ きのう会社に行く前に、歯医者に行った。
어제 회사에 가기 전에 치과에 갔다.

「~前に…」의 형태로 두 가지의 행위(「~」와 「…」) 중 어느 쪽을 먼저 할 것인가를 말할 때 사용하는 표현입니다. 여기서는 「…」의 행위가 우선이 됩니다.

□ □ □
1회 2회 3회

まし ➡ だけまし 172

쏙쏙 어휘 歯をみがく 이를 닦다   歯医者 치과 의사

514 まじき ★1

~해서는 안 되는, ~답지 못한

접속 방법 「동사의 사전형」 + まじき (「する」는 「すまじき」라고 하기도 함)

① 学生にあるまじき行為をした者は退学処分にする。
학생으로서 해서는 안 되는 행위를 한 사람은 퇴학 처분을 한다.

② ほかの人の案を盗むなんて許すまじきことだ。
다른 사람의 생각을 훔치다니 용서해서는 안 되는 일이다.

「~まじき + 명사」의 형태로, 어떤 입장이나 직장인이 해서는 안 되는 행위를 비난의 감정을 넣어 말할 때 사용하는 표현입니다. 「あるまじき・許すまじき」등 지금은 제한된 예문밖에 사용하지 않는 문어체적인 딱딱한 표현입니다.

1회 2회 3회

まし まして ➡ にもまして 472

쏙쏙 어휘 退学 퇴학 処分 처분 盗む 훔치다 許す 용서하다

515 ましょう
~합시다, ~하시죠

접속 방법 「동사의 ます형」+ ましょう

① A: じゃ、今晩、7時にホテルのロビーで会いましょう。
그럼, 오늘 밤 7시에 호텔 로비에서 만납시다.

B: ええ、じゃ、7時に。네. 그럼, 7시에 만나요.

② (立て札) 駅前に自転車を置くのはやめましょう。
(팻말) 역 앞에 자전거를 세워두지 맙시다.

③ A: 新しくできたスーパーへ行ってみましょうか。
새로 생긴 슈퍼마켓에 가 볼까요?

B: ええ、行きましょう。네. 갑시다.

④ A: 仕事の後でビールでも飲みませんか。일 끝나고 맥주라도 한잔 할까요?

B: いいですね。飲みましょう。좋죠. 한잔 합시다.

⑤ 父　　：食事ができたよ。さあ、食べよう。식사 준비 다 됐다. 자, 먹자.

子ども：はあい。네~.

⑥ 部長：そろそろ出発しよう。슬슬 출발합시다.

部下：ええ、行きましよう。네. 가시죠.

▶ 상대의 의향을 묻기보다 적극적으로 상대를 유도하여 행동하도록 호소할 때 사용하는 표현입니다. 예문 ③처럼「동사의 ます형 + ましょうか・동사의 ます형 + ませんか」로 제안받았을 때의 응답으로도 쓰입니다. 「ましょうか(권유)・ませんか(권유)」와 동일하게 씁니다.

▶ 「동사의 ます형 + ましょう・동사의 의지형 + よう」의 정중한 표현으로, 예문 ⑤, ⑥처럼 새로운 관계나 상하 관계에서는「동사의 의지형 + よう」를 그대로 사용합니다. 말하는 사람의 의지를 나타내는「동사의 의지형 + よう」와 구별해서 사용해야 한다는 것에 주의하세요.

참고 よう〈의지〉

516 ましょうか ★4

~할까요?, ~하겠습니까? 〈제안〉

접속 방법 「동사의 ます형」+ ましょうか

① A : 暗いですね。電気をつけましょうか。
　　어둡네요. 전기 켤까요?
　B : ええ、つけてください。 네, 켜 주세요.

② (せきが止まらない人に) A : せき、大丈夫ですか。水をあげましょうか。
　(기침이 멎지 않는 사람에게)　　기침은 괜찮으세요? 물 드릴까요?
　　　　　　　　　　　　B : すみません。1杯ください。
　　　　　　　　　　　　　미안합니다. 한 잔 주세요.

③ A : これ、コピーしましょうか。 이거, 복사할까요?
　B : いえ、いいです。後で、わたしがしますから。
　　아니요, 괜찮아요. 나중에 제가 할게요.

④ A : 忙しそうだね。手伝おうか。 바쁜 것 같네. 도와줄까?
　B : すみません、手伝ってください。 죄송해요, 도와 주세요.

⑤ A : パソコンの故障、直してあげようか。 고장난 컴퓨터 고쳐줄까?
　B : うん、お願い。 응, 부탁해.

▶ 상대를 유도하는 것이 아니라, 「わたし(나)」가 상대방을 위하여 무언가를 하겠다고 자청하는 표현입니다. 따라서 행위를 하는 사람은 말하는 사람이며, 그 대답은 의뢰의 표현이 됩니다.
▶ 친밀한 관계나 상하의 관계에서는 예문 ④, ⑤처럼 「동사의 의지형 + ようか」의 형태가 됩니다.

쏙쏙 어휘　せき 기침　直す 고치다, 바로잡다

517 ましょうか ★4

~할까요?, ~하시지요 〈권유〉

접속 방법 「동사의 ます형」+ ましょうか

① A：もう4時ですね。お茶にしましょうか。 벌써 4시네요. 차 드실래요?
　 B：ええ、いいですね。 네, 좋죠.

② ちょっと風が強くなってきましたね。そろそろ帰りましょうか。
　 바람이 좀 강해졌네요. 슬슬 돌아갈까요?

③ A：桜が咲きましたね。みんなで見に行きませんか。
　 　 벚꽃이 피었네요. 다 같이 보러 가지 않을래요?
　 B：いいですね。どこへ行きましょうか。 좋아요. 어디로 갈까요?
　 A：上野公園がきれいですよ。 우에노 공원이 아름다워요.
　 B：じゃ、そこへ行きましょう。リンさんも誘いましょうか。
　 　 그럼, 그곳으로 갑시다. 린 씨에게도 권해 볼까요?

④ 夫：子どもたちにおみやげを買って帰ろうか。 아이들에게 줄 선물 사서 갈까?
　 妻：そうね。何がいいかしら。 그래. 뭐가 좋을까?

⑤ 先輩：今晩、1杯飲もうか。 오늘 밤, 한잔 할까?
　 後輩：いいですね。 좋죠.

▶ 함께 할 것을 권유하는 표현입니다. 「ましょう」와 동일하게 사용하지만, 상대의 기분을 생각하는 정도가 더 강합니다.
▶ 자신이 하고 있는 일이나 예정인 것에 대해 상대를 유도하는 경우에는 사용하지 않습니다.
　◆ (×) このチーズおいしいですよ。田中さんも食べましょうか。
　　 (○) このチーズおいしいですよ。田中さんも食べませんか。
　　　이 치즈 맛있어요. 다나카 씨도 드시지 않겠어요?
▶ 친한 관계나 상하 관계에서는 예문 ④, ⑤처럼 「동사의 의지형 + ようか」의 형태가 됩니다.

참고 ませんか〈권유〉

518 ませんか

~하지 않을래요?, ~하시지요 〈권유〉

접속 방법 「동사의 ます형」+ ませんか

① A: このボランティアの仕事、あなたもやってみませんか。
　　이번 자원봉사 활동, 당신도 해 보지 않을래요?

　B: そうですね。 글쎄요.

② A: 土曜日にうちでバーベキューをするんだけど、来ませんか。
　　토요일에 우리 집에서 바비큐 파티를 하는데, 오지 않을래요?

　B: いいですね。ぜひ行きます。 좋아요. 꼭 갈게요.

③ A: 上田さん、茶道に興味があるんですか。うちのクラブに入りませんか。 우에다 씨, 다도에 흥미 있으세요? 우리 동아리에 들어오지 않을래요?

　B: そうですね。1週間に1回ですか。
　　글쎄요. 1주일에 한 번인가요?

④ A: この本、読んでみないか。おもしろいよ。
　　이 책, 읽어보지 않을래? 재미있어.

　B: じゃあ、貸して。 그럼, 빌려줘.

⑤ A: 予定がないなら、今晩、うちで食事しないか。
　　예정이 없다면, 오늘 밤, 우리 집에서 식사 안 할래?

　B: いいですか。 괜찮나요?

▶ 상대방에게 행위를 권유하는 표현으로, 행위를 하는 사람은 상대방이 됩니다. 이 표현은 「ましょうか(권유)」로 바꾸어 말할 수 없다는 것을 꼭 기억해 두세요.
▶ 친한 관계나 상하 관계에서는 예문 ④, ⑤처럼 「동사의 ない형 + か」의 형태를 사용하며, 여성은 「読んでみない？・しない？」의 형태를 사용하는 경우가 많습니다.

519 ませんか ★5

~하시지요, ~하지 않을래요? 〈권유〉

접속 방법 「동사의 ます형」 + ませんか

① A: あした、花見に行きませんか。 내일, 꽃구경하러 가지 않을래요?
   B: そうですね。行きましょう。 그러죠. 갑시다.

② A: いっしょにパソコン教室に行きませんか。
   함께 컴퓨터 강습실에 가지 않을래요?
   B: そうねえ。わたしはちょっと……。 글쎄요. 저는 좀…….

③ A: 今晩、うちでいっしょにすきやきを食べませんか。
   오늘 밤, 우리 집에서 함께 스키야키 먹지 않을래요?
   B: ええ、いいですね。 네, 좋아요.

④ A: いっしょに花火を見に行かないか。 함께 불꽃놀이 보러 가지 않을래?
   B: いいね。行こう。 좋아. 가자.

⑤ (パンフレットを見て) 팸플릿을 보고
   A: 「マラソンクラブ」か。いいね。入ってみないか。
   '마라톤 동아리'구나. 괜찮네. 가입할까?
   B: おもしろそうですね。 재밌을 것 같네요.

▶ 함께 할 것을 제안하는 표현으로, 「ましょうか(권유)」와 동일하게 사용하지만 상대방의 기분을 생각하는 정도가 더 강한 것을 나타냅니다.

▶ 상대방이 그 행위를 할 것인지 말 것인지를 물어봄으로써 제안하는 표현이기 때문에 의문사와는 함께 사용하지 않는다는 점에 주의하세요.
   ◆ (×) だれと行きませんか。 / (×) 何時に出発しませんか。

▶ 친한 관계나 상하 관계에서는 예문 ④, ⑤처럼 「동사의 ない형 + か」의 형태가 되며, 여성은 「行かない?・入ってみない?」의 형태로 사용되는 경우가 많습니다.

쏙쏙 어휘　すきやき 스키야키　花火 불꽃놀이

520 まで ★3
~까지도, ~조차

| 접속 방법 | 「명사(+조사)」 + まで |

① 一番の親友のあなたまで、わたしを疑うの。
가장 친한 친구인 너까지 나를 의심하는 거니?

② 日本の生活にすっかり慣れて、納豆まで食べられるようになった。
일본 생활에 완전히 적응되어 낫토까지 먹을 수 있게 되었다.

③ 家族との生活まで犠牲にして、会社のために仕事をするつもりはない。
가족과의 생활까지 희생하면서 회사를 위해서 일할 생각은 없다.

④ 今度の事件では、妻の両親にまで迷惑をかけてしまった。
이번 사건에서는 장인 장모님께까지 폐를 끼쳐버렸다.

▶ 「~まで」의 형태로, 극단적인 사안을 들어 '이런 정도의 ~도'이기 때문에 다른 것은 물어볼 것도 없다는 경우에 사용하는 표현입니다. 극단적인 범위로까지 확대되어 있다는 말하는 사람의 기분이 담겨져 있습니다.
▶ 말하는 사람의 주장, 판단, 평가 등을 나타내는 문장이 많습니다.

1회 2회 3회

쏙쏙 어휘　親友 친한 친구　疑う 의심하다　慣れる 길들다, 습관이 되다　犠牲 희생

521 までして

~해서까지

접속 방법　「명사 / する동사의 명사형」+ までして

① 彼は家出までして、バンドを結成して音楽をやりたかったのだ。
그 사람은 가출까지 하면서 밴드를 결성해 음악을 하고 싶었던 것이다.

② いつの世にもお年寄りをだますようなことまでして、お金をもうける人がいる。
어느 세상이나 노인을 속이는 짓까지 하면서 돈을 버는 사람이 있다.

③ 車がほしいが、借金までして買いたいとは思わない。
차를 갖고 싶지만, 빚까지 지면서 사고 싶지는 않다.

▶ 극단적인 사항을 예로 들어서 '이런 정도의 일까지도 해서'라고 강조하는 말투의 표현입니다. '극단적인 정도로까지'라는 말하는 사람의 기분이 담겨 있습니다.
▶ 말하는 사람의 주장, 판단, 평가 등을 나타내는 문장이 많습니다.

1회　2회　3회

쏙쏙 어휘　バンド 밴드　お金をもうける 돈을 벌다

522 までだ ★1
~뿐이다 〈가벼운 기분〉

접속 방법　「동사의 た형」+ までだ

① 娘：もしもし、あら、お母さん、どうしたの。こんなに遅く電話なんかして。
여보세요. 어, 엄마. 무슨 일이야? 이렇게 늦게 전화하고.

母：何度電話しても、あなたがいないから、ちょっと気になったまでよ。
몇 번 전화해도 네가 없어서 좀 걱정이 되었을 뿐이야.

② A：まあ、たくさんのお買い物ですね。何か特別なことでもあるんですか。
와~, 물건 많이 사셨네요. 무슨 특별한 일이라도 있으세요?

B：いいえ、故郷のものなので懐かしくてつい買い込んだまでのことなんです。
아니요, 고향에서 나는 물건이라 그리워져서 나도 모르게 많이 사들였을 뿐이에요.

③ わたしの言葉に特別な意味はない。ただ、彼を慰めようと思って言ったまでだ。
내 말에 특별한 의미는 없다. 단지 그를 위로하려고 말한 것뿐이다.

'단지 그만큼의 사정이나 이유로서 특별한 의도는 없다'라고 변명을 할 때 사용하는 표현입니다.

□ □ □
1회 2회 3회

쏙쏙 어휘　特別 특별함　買い込む 물건을 많이 사들이다　慰める 위로하다, 달래다

523 までだ ★1

~하는 수밖에 없다 〈각오〉

접속 방법　「동사의 사전형」+ までだ

① この台風で家までの交通機関がストップしてしまったら、歩いて帰るまでだ。
이번 태풍으로 집까지 가는 교통기관이 멈춰버린다면 걸어서 돌아갈 수밖에 없다.

② これだけがんばってもどうしてもうまくいかなかったときは、あきらめるまでだ。
이만큼 열심히 해도 잘 되지 않을 때는 포기하는 수밖에 없다.

③ 彼女がどうしてもお金を返さないと言うのなら、しかたがない。強行手段を取るまでのことだ。
그녀가 절대로 돈을 돌려주지 않는다면 어쩔 수 없다. 강행수단을 취할 수밖에 없다.

'별도의 적당한 방법이 없으므로 최후의 수단으로서 ~하다'라는 뜻의 말하는 사람의 각오, 결의를 나타내는 표현입니다. 예문 ③처럼 「までのことだ」라는 형태도 있으니 함께 알아 두세요.

□ □ □
1회 2회 3회

までのことだ ➡ までだ 554
までのこともない ➡ までもない 556
までも ➡ ないまでも 380

쏙쏙 어휘　台風 태풍　あきらめる 포기하다, 단념하다　強行 강행

524 までもない
~할 필요도 없다

접속 방법 「동사의 사전형」+ までもない

① あの映画はいいけど、映画館に見に行くまでもないと思う。テレビで見れば十分だよ。
그 영화는 좋지만, 영화관에 보러 갈 필요는 없다고 생각해. TV로 보면 충분해.

② 王さんはけさ退院したそうだ。林さんが家族から直接聞いたのだから、確かめるまでもないだろう。
왕 씨는 오늘 아침 퇴원했다고 한다. 하야시 씨가 가족에게 직접 들은 거니까 확인할 필요도 없을 것이다.

③ 詳しい使い方のビデオがあるんだから、わざわざ説明を聞くまでもないと思う。
상세한 사용법이 나온 비디오가 있으니까, 일부러 설명을 들을 필요도 없다고 생각한다.

④ このくらいの小さい切り傷なら、わざわざ病院に行くまでのこともない。消毒して薬を塗っておけば治るだろう。
이 정도로 작게 베인 상처라면 일부러 병원에 갈 필요도 없다. 소독하고 약을 발라 두면 나을 것이다.

'그 정도까지 할 필요는 없다'고 말하고자 할 때 사용하는 표현입니다. 예문 ④처럼 「までのこともない」의 형태도 있습니다.

쏙쏙 어휘　確かめる 확인하다, 분명히 하다　切り傷 베인 상처　消毒 소독

525 まま

★4

~인 채(로)

접속 방법 「동사의 た형 / 보통형의 현재형 (な형용사의 어간 + な / 명사 + の)」 + まま
(「동사의 사전형 + まま」의 형태로는 사용할 수 없음)

① うちの子は遊びに行ったまま、まだ帰りません。
　우리 아이는 놀러 나간 채, 아직 돌아오지 않습니다.

② 山口さんから連絡がないまま、1か月たちました。
　야마구치 씨로부터 연락이 없는 상태로 한 달이 지났습니다.

③ 久しぶりにふるさとに帰った。ふるさとは昔のままだった。
　오랜만에 고향에 돌아왔다. 고향은 옛날 그대로였다.

④ この観光地は長い年月、きれいなままに保たれています。
　이 관광지는 오랜 세월동안 아름다운 상태 그대로 유지되어 있습니다.

⑤ きのう、窓を開けたまま寝てしまいました。
　어제 창문을 열어 놓은 채 자 버렸습니다.

⑥ コンタクトレンズをつけたまま、プールに入ってしまいました。
　콘택트렌즈를 낀 채 수영장에 들어가고 말았습니다.

⑦ パジャマのまま外に出てはいけません。服に着がえなさい。
　파자마를 입은 채 밖에 나가서는 안 됩니다. 일반 옷으로 갈아 입으세요.

⑧ この野菜は生のままで食べられます。
　이 채소는 날 것 그대로 먹을 수 있습니다.

어떤 상태가 변하지 않고 계속되고 있음을 나타내는 표현입니다. 예문 ⑤~⑧의 「~たまま」, 「~のまま」는 「~」의 행위 후의 상태나 「~」의 상태를 원래의 상태로 되돌리고 나서, 또는 무언가 손을 써서 다음 동작으로 옮기는 것이 보통이지만 그 상태 속에서 다른 동작을 한다는 것을 나타냅니다.

526 まみれ ★1
~투성이, ~범벅

| 접속 방법 | 「명사」+ まみれ |

① 二人とも、血まみれになるまで戦った。
둘 다 피투성이가 될 때까지 싸웠다.

② 吉田さんは工事現場で毎日ほこりまみれになって働いている。
요시다 씨는 공사현장에서 매일 먼지투성이가 되어 일하고 있다.

③ 足跡から、犯人は泥まみれの靴をはいていたと思われる。
발자국으로 보아, 범인은 진흙투성이의 신발을 신고 있었다고 여겨진다.

④ 汗まみれになって農作業をするのは楽しいことだ。
땀투성이가 되어 농사일을 하는 것은 즐거운 일이다.

불쾌한 액체나 작은 것이 몸 전체에 붙어 더러워져 있는 모습을 나타내는 표현입니다. 몸 그 자체의 변화나 어떤 장소에 많이 있는 것, 어질러져 있는 것 등에는 사용하지 않으니 예문을 통해 잘 알아 두세요.
◆ (×) 傷まみれ / (×) しわまみれ / (×) 間違いまみれ

1회 2회 3회

みえて ➡ とみえて 363

쏙쏙 어휘　戦う 싸우다　ほこり 먼지　足跡 발자국　汗 땀

527 みたいだ ★4

~인 것 같다, ~인 듯하다 〈추측〉

접속 방법 「보통형 (な형용사의 어간 / 명사)」+ みたいだ

① わたし、なんだか風邪をひいたみたい。のどが痛いの。
나, 어쩐지 감기 걸린 것 같아. 목이 아프네.

② あら、またバス代が値上がりするみたいよ。
어머나, 또 버스 요금이 인상되는 것 같아.

③ うちの犬はボールがいちばん好きみたいだね。
우리 개는 공을 제일 좋아하는 것 같네.

▶ 자신의 느낌이나 관찰로 그렇게 추측했을 때, 또는 단정을 피해서 말하고자 할 때 사용하며, 「ようだ」의 구어체적인 표현입니다.
▶ 말하는 사람의 의지적인 행위의 예측에는 사용하지 않으므로 주의하세요.

참고 ようだ 〈추측〉

쏙쏙 어휘　バス代 버스 요금　　値上がり 값이 오름, 가격 상승

528 みたいだ ★4

~같다, ~처럼, ~와 비슷하다 〈비유〉

접속 방법 「명사」＋ みたいだ

① 彼女の話し方は子どもみたいね。
그녀의 말투는 어린애 같아.

② あそこに見えるお城みたいな家にはどんな人が住んでいるの。
저기에 보이는 성 같은 집에는 어떤 사람이 살고 있어?

③ びわ湖は海みたいに大きい湖なんだよ。
비와코는 바다처럼 큰 호수야.

④ 今日は春が来たみたいな暖かさですね。
오늘은 봄이 온 것처럼 따뜻하네요.

상태나 상황을 묘사하는데 있어, 그것과 아주 비슷한 것에 비유해서 말할 때 사용하는 표현입니다. 예문 ④처럼 명사 이외의 품사에 붙는 경우도 있으니까, 주의해서 알아 두세요.

1회 2회 3회

むきだ ➡ むきに 561

쏙쏙 어휘 話し方 말투   湖 호수

529 むきに

~용으로, ~대상으로

접속 방법 「명사」+ 向きに

① これはお年寄り向きにやわらかく煮た料理です。
이것은 노인에게 적합하도록 부드럽게 삶은 요리입니다.

② この店には子ども向きのかわいいデザインのものが多い。
이 가게에는 어린이에게 적합한 귀여운 디자인의 물건이 많다.

③ この作家のエッセーを1度読んでごらんなさい。あなた向きだとわたしは思いますよ。
이 작가의 에세이를 한번 읽어 보세요. 당신에게 적합할 것 같아요.

사람을 나타내는 명사에 연결되어 '그 사람에게 적합하도록, 그 사람의 마음에 들도록'이라는 뜻을 나타내는 표현입니다.

1회 2회 3회

むけだ ➡ むけに 562

쏙쏙 어휘 やわらかい 부드럽다   煮る 삶다

530 むけに

~용으로, ~대상으로

접속 방법 「명사」+ 向けに

① これは幼児向けに書かれた本です。
이것은 유아용으로 쓰여진 책입니다.

② この文には専門家向けの用語が多いので、一般の人にはわかりにくい。
이 문장에는 전문가용의 용어가 많기 때문에, 일반 사람은 이해하기 어렵다.

③ この説明書は外国人向けだが、日本人が読んでもとてもおもしろく、ためになる。
이 설명서는 외국인용이지만, 일본인이 읽어도 매우 재미있어서 도움이 된다.

「~向けに」의 형태로, '~을 대상으로 하여, ~에 적합하도록'이라는 뜻을 나타내는 표현입니다.

□ □ □
1회 2회 3회

めいた ➡ めく 563

쏙쏙 어휘   幼児 유아   用語 용어

531 めく

~답다, ~같다 ★1

접속 방법 「명사」 + めく

① (手紙文) 日ごとに春めいてまいりました。その後、お元気でいらっしゃいますか。
(편지문) 날이 갈수록 봄기운이 완연합니다. 그간 별고 없으셨는지요?

② 冗談めいた言い方だったが、中村君は離婚したことをわたしに話した。
농담 같은 말투였지만, 나카무라 군은 나에게 이혼한 것을 말했다.

③ まゆみはいつも謎めいたことを言って周りの人を困らせる。
마유미는 항상 수수께끼 같은 소리를 해서 주변 사람을 곤란하게 한다.

▶ '충분히 ~는 아니지만, ~의 느낌이 든다'라고 말하고자 할 때 사용하는 표현입니다. 명사에 접속하여 동사처럼 사용하며, 활용은 1그룹 동사와 같습니다.
▶ 그 외의 예로「言い訳めく(변명 같은)・儀式めいたこと(의식 같이 보이는 행위)・非難めいた言い方(비난성의 표현)」등의 표현이 있으니, 함께 알아 두세요.

めぐって ➡ をめぐって 656
めぐる ➡ をめぐって 656

쏙쏙 어휘 日ごと 매일, 날마다 謎 수수께끼

532 もかまわず ★2

~도 상관없이, ~도 의식하지 않고 (아랑곳하지 않고)

접속 방법 「명사 / 보통형 (な형용사의 어간 · 명사 + な / な형용사의 어간 · 명사 + である) + の」+ もかまわず

① 最近は電車の中で人目もかまわず化粧している女の人をよく見かけます。
최근에는 전철 안에서 남의 눈도 신경 쓰지 않고 화장하고 있는 여성을 자주 보게 됩니다.

② 父は身なりもかまわず出かけるので、いっしょに歩くのが恥ずかしい。
아버지는 옷차림도 신경 쓰지 않고 외출하기 때문에 함께 걷는 것이 창피하다.

③ 彼女は雨の中を、服が濡れるのもかまわず歩き去って行った。
그녀는 비에 옷이 젖는 것도 아랑곳하지 않고 걸어서 떠나갔다.

④ アパートのとなりの人はいつも夜遅いのもかまわず、大きな音で音楽を聞いている。
아파트의 옆집 사람은 항상 늦은 저녁에도 신경 쓰지 않고 큰 소리로 음악을 듣고 있다.

'보통은 주의를 기울이는 사항이지만, 그것을 신경 쓰지 않고'라는 의미를 나타내는 표현입니다. 관용적으로 예문 ①의「人目もかまわず」의 형태로 자주 사용됩니다.

1회 2회 3회

쏙쏙 어휘   人目 남의 눈   身なり 옷을 입은 모습, 몸매   濡れる 젖다

533 もさることながら

~도 있지만

접속 방법 「명사」 + もさることながら

① 子どもの心を傷つける要因として、「いじめ」の問題もさることながら、不安定な社会そのものの影響も無視できない。

어린이의 마음에 상처 주는 요인으로서 이지메 문제도 물론이지만, 불안정한 사회 그 자체의 영향도 무시할 수 없다.

② あの作家の作品は、若いころの作品もさることながら、老年期に入ってからのものも実にすばらしい。

그 작가의 작품은 젊었을 때의 작품도 물론이지만, 노년기에 접어든 후의 작품도 정말 훌륭하다.

③ 最近は、世界の政治や宗教の問題もさることながら、人権問題も多くの人の注目を集めている。

최근에는 세계의 정치와 종교 문제도 물론이지만, 인권문제도 많은 사람의 주목을 끌고 있다.

'~도 무시할 수 없지만, 뒤의 사안도'라고 말하고자 할 때 사용하는 표현입니다.

쏙쏙 어휘 老年期 노년기 人権 인권 注目 주목

534 もしない
~도 하지 않다

접속 방법 「동사의 ます형」+ もしない

① わたしが「さよなら」と言ったのに、あの人は振り向きもしないで行ってしまった。
　내가 '잘가'라고 말했는데, 그 사람은 뒤돌아보지도 않고 가 버렸다.

② 調べもしないで結論を出さないでください。
　조사도 하지 않고 결론 내리지 마세요.

③ わたしがせっかく作った料理なのに、彼は食べもしない。
　내가 모처럼 만든 요리인데, 그 사람은 먹지도 않는다.

④ 困っているときにずいぶん助けてやったのに、彼は自分がよくなったらあいさつに来もしない。
　곤란할 때에 많이 도와주었는데, 그 사람은 형편이 좋아지더니 인사하러 오지도 않는다.

'전혀 ~하지 않는다'라고 불만의 기분을 나타낼 때 사용하는 표현입니다.

1회 2회 3회

쏙쏙 어휘 振り向く 뒤돌아보다   せっかく 모처럼

535 も～し、～も ★4

~도 하고 ~도

접속 방법 「명사」＋も＋「보통형」＋し、「명사」＋も

① この服はデザインもいいし、色もいいです。　이 옷은 디자인도 좋고, 색도 좋습니다.

② あしたは遠足です。お弁当も作ったし、飲み物ももう買いました。
내일은 소풍입니다. 도시락도 만들었고, 음료수도 벌써 샀습니다.

③ わたしのアパートは狭いし、駅から遠いし、日当たりもよくないです。けれども、家賃は安いです。
나의 아파트는 좁고, 역에서 멀고 볕도 잘 들지 않습니다. 하지만 집세는 쌉니다.

④ きのうは市役所へも行ったし、図書館へも行って、忙しい1日でした。
어제는 시청에도 갔고 도서관에도 갔고, 바쁜 하루였습니다.

▶ 같은 성질의 것을 거듭하여 서술하여 나타내는 표현으로, 「명사1도 ～し、명사2 도…(今週もひまだし、来週もひまです。(이번 주도 한가하고, 다음 주도 한가합니다.))라는 표현이 「명사1도 명사2도…(今週も来週もひまです。(이번 주도 다음 주도 한가합니다.))」라는 표현보다 기분을 더욱 끌어올리는 느낌이 강합니다.

▶ 예문 ③처럼 「명사＋も」가 없는 형태도 있으니까 함께 기억해 두세요.

▶ 예문 ②처럼 조사 「は・が・を」 뒤에 「も」가 붙으면, 「は・が・を」는 없어지며, 그 외의 조사는 예문 ④처럼 그대로 남습니다.

▶ 「も～ば、～も・も～なら、～も」보다 회화체적인 표현입니다.

참고 も～ば、～も

1회 2회 3회

もちろん ➡	はもちろん 351 / もって ➡	をもって 657-658
もとづいた ➡	にもとづいて 318 / もとづいて ➡	にもとづいて 471
もとづく ➡	にもとづいて 318 / もとで ➡	のもとで 499
もとに ➡	のもとで 335 / もとに ➡	をもとに（して） 659
もとにした ➡	をもとに(して) 434 / もとにして ➡	をもとに(して) 659
もとより ➡	はもとより 352 / も～なら、～も ➡	も～ば、～も 579

536 もの
~는데 뭐, ~는데 어떡해

접속 방법 「보통형」 + もの

① A：新しい仕事の話は断ったんですか。
　　새로운 일에 대한 이야기는 거절했나요?

　B：ええ、今、忙しくて、9月末までにはできないもの。
　　네, 요즘 바빠서 9월말까지는 할 수 없거든요.

② 学生A：今日の授業に出席してなかったね。
　　　　오늘 수업 출석하지 않았더라.

　学生B：うん、あの先生の講義つまらないもの。
　　　　응. 그 선생님 강의 재미없으니까.

③ 姉：あっ、わたしのベストまた着てる。どうして、黙って着るの。
　　어, 내 조끼 또 입고 있네. 왜 말도 안 하고 입는 거야?

　妹：だって、これ、好きなんだもん。
　　하지만, 이 옷이 좋단 말이야.

④ (弟の食べ物を見て) 姉：え、そんなにたくさん食べるの？
　(남동생의 음식을 보고)　　뭐야, 그렇게 많이 먹어?

　弟：うん、おなかがすいてるんだもん。
　　응. 배고픈데 어떡해.

- 허물없는 사이에서 사용하는 회화체로, 문장의 끝에 붙어서 개인적인 이유를 말하거나 변명할 때 사용합니다.
- 친한 사이의 회화에서는 예문 ③, ④처럼 「もん」의 형태가 됩니다.
- 「んだもん・だって~んだもん」의 형태가 자주 사용되지만, 응석부리는 느낌이 강한 표현입니다.

537 ものか

~은 무슨, 절대로 ~하지 않는다

접속 방법 「보통형(な형용사의 어간 + な / 명사 + な)」+ ものか

① A：一人暮らしは寂しいでしょう？
혼자 사는 거 쓸쓸하죠?

B：寂しいものか。気楽でいいよ。
쓸쓸하지 않아. 마음 편하고 좋아.

② あんな失礼な人と2度と話をするものですか。
그런 예의 없는 사람과 두 번 다시 말하지 않겠습니다.

③ 連休の遊園地なんか人が多くて疲れるばかりだ。もう、2度と行くもんか。
연휴 때 유원지 같은 곳은 사람이 많아서 피곤할 뿐이야. 이제 두 번 다시 가지 않을 거야.

④ A：デジカメって、使い方が複雑でしょう？
디지털 카메라는 사용법이 복잡하죠?

B：複雑だって？複雑なもんか。ちょっと慣れれば、簡単だよ。
복잡하다고? 복잡하지 않아. 좀 적응되면 간단해.

▶ 말하는 사람의 강한 부정의 기분을 나타낼 때 사용하며, 반대말을 이용한 약간 감정적인 표현입니다. 허물없는 사이의 대화에서 주로 사용됩니다.

▶ 「絶対に・決して」등과 함께 자주 사용되며, 예문 ③, ④의 「もんか」는 「ものか」보다 상투적인 표현입니다.

ものか ➡ ないものか 381

쏙쏙 어휘 気楽 속 편함, 홀가분함　デジカメ 디지털 카메라

538 ものがある ★2

~인 부분이 있다, ~이기도 하다

접속 방법 「보통형 (な형용사의 어간 + な)」+ ものがある
(현재형만 있으며, 명사에는 붙지 않음)

① 中学校の古い校舎が取り壊されるそうだ。思い出の校舎なので、わたしにとって残念なものがある。
중학교의 오래된 건물을 헐어버린다고 한다. 나에게 있어 추억의 학교 건물이기에 섭섭하기도 하다.

② 10年前に友人と共同で書いた本が今でも使われていることには感慨深いものがある。
10년 전에 친구와 공동으로 쓴 책이 지금도 사용되고 있는 것에는 감개무량하다.

③ あの若さであのテクニック! 彼の演奏にはすごいものがある。
저렇게 젊은데 대단한 기교다! 그 사람의 연주는 훌륭하다.

▶ 「〜ものがある」의 형태로, 말하는 사람이 어떤 사실에서 느낀 점이나 사물의 특징을 표현할 때에 감정을 넣어 말하는 표현입니다.

▶ 「〜」에는 말하는 사람의 감정을 나타내는 말이 오는 경우가 많습니다.

쏙쏙 어휘 取り壊す 헐다, 파괴하다   感慨深い 감개무량하다   演奏 연주

539 ものだ ★2

~했었다 〈회상〉

접속 방법 「동사의 た형」+ ものだ

① 子どものころ、寝る前に父がよく昔話をしてくれたものだ。
어렸을 때, 자기 전에 아버지가 자주 옛날 이야기를 해주곤 했다.

② 小学校時代、兄弟げんかをしてよく祖父にしかられたものだ。
초등학교 시절에 형제끼리 싸움을 해서 할아버지에게 자주 혼나곤 했다.

③ 学生のころは、この部屋で夜遅くまで酒を飲み、歌を歌い、語り合ったものだ。
학생 때는 이 방에서 밤 늦게까지 술을 마시고 노래를 부르고 이야기를 나누곤 했다.

▶ 옛날에 자주 했었던 일을 회상해서 그리워하는 감정을 실어 말할 때 사용하는 표현입니다.
▶ 「よく〜ものだ」의 형태로 자주 사용됩니다.

1회 2회 3회

쏙쏙 어휘 昔話 옛날 이야기   語り合う 서로 이야기를 주고 받다

540 ものだ ★2

~하다니 〈감회〉

접속 방법 「보통형 (な형용사의 어간 + な)」+ ものだ (명사에는 붙지 않음)

① 知らない国を旅して、知らない人々に会うのは楽しいものだ。
낯선 나라를 여행하고 낯선 사람들을 만나는 것은 참 즐거운 일이다.

② タンさんは家族を亡くし、苦労をしながら、今日まで一人でよく生きてきたものだ。
탄 씨는 가족을 잃고 고생하면서도, 혼자서 오늘까지 이렇게 잘 살아왔다니.

③ 月日のたつのは早いもので、この町に引っ越して来たのはもう20年も前のことだ。
세월은 참 빠르게 흘러서, 이 마을로 이사온 것도 벌써 20년이나 전의 일이다.

④ 小さな子どもがよくこんな難しいバイオリンの曲を弾くものだ。大したもんだ。
어린 아이가 이런 어려운 바이올린 곡을 참 잘 치다니. 대단하네.

▶ 마음으로 강하게 느꼈던 일이나 놀랐거나 감탄했었던 일에 대해 감정을 실어 말하는 감회의 표현입니다.
▶ 예문 ④의 「もんだ」는 허물없는 사이의 대화에서 사용하는 표현입니다.

☐ ☐ ☐
1회 2회 3회

쏙쏙 어휘 亡くす 여의다, 사별하다   大した 대단한, 굉장한

541 ものだ ★2

~해야 한다, ~하는 것이 좋다 〈충고〉

접속 방법　「동사의 사전형・동사의 ない형)」+ ものだ

① 元気な若い人は乗り物の中でお年寄りに席を譲るものだ。
건강한 젊은이는 버스나 지하철 안에서 노인에게 자리를 양보해야 한다.

② 病院のお見舞いに、鉢植えの花は持っていかないものですよ。
병문안 갈 때 화분은 가지고 가지 않는 게 좋아요.

③ 祖父: もう10時だよ。早く寝なさい。子どもは10時前に寝るもんだ。
벌써 10시야. 빨리 자렴. 어린이는 10시 전에 자야 한다.

▶ 개인의 의견이 아니라 도덕적, 사회적인 상식에 대하여 '그렇게 하는 것이 상식이다, 그렇게 하지 않는 것이 상식이다'라고 훈계하거나, 설교하거나 할 때 사용하는 표현입니다.
▶ 회화체에서는 예문 ③처럼 「もんだ」의 형태로 주로 사용됩니다.

참고 ものではない

쏙쏙 어휘　譲る 양보하다　鉢植え 화분

542 ものだから
~해서, ~때문에, ~인 까닭에

접속 방법 「보통형 (な형용사의 어간 + な / 명사 + な)」 + ものだから

① 教師：どうして遅刻したんですか。 왜 지각했나요?
　学生：目覚まし時計が壊れていたものですから。
　　　　자명종이 고장 나서요.

② いつもは敬語なんか使わないものだから、偉い人の前に出ると緊張します。 평소는 경어 같은 거 사용하지 않기 때문에 높은 사람 앞에 서면 긴장합니다.

③ 今週は忙しかったもので、お返事するのがつい遅くなってしまいました。 이번 주는 바빴기 때문에 답변하는 것이 그만 늦어지고 말았습니다.

④ わたしは新人なもんで、ここでは知らないことが多いんです。
　저는 신인이기 때문에 여기에서는 모르는 것이 많습니다.

⑤ (同僚と) 東：西さん、先週、あんまり会わなかったね。
　　　　　니시 씨, 지난주에는 별로 만나지 못했네.
　西：ええ、妹が結婚したもんで、いなかに帰ってたんです。
　　　네, 여동생이 결혼해서 시골에 가 있었어요.

▶ 이유를 말하는 표현이지만, 개인적인 변명을 하고 싶을 때 자주 사용하는 표현입니다.
▶ 뒤에는 명령이나 의지가 있는 문장은 거의 오지 않으니까, 주의하세요.
▶ 예문 ③ ~ ⑤처럼「もので」라는 형태도 있으며,「もんで」는 허물없는 사이의 대화에서 주로 쓰입니다.

もので ➡ ものだから 574

543 ものではない

~해서는 안 된다

접속 방법 「동사의 사전형」+ ものではない

① 無駄づかいをするものではない。お金は大切にしなさい。
낭비를 해서는 안 된다. 돈은 소중히 여겨라.

② 電車の中では、ものを食べたり飲んだりするものではありません。
전철 안에서는 음식을 먹거나 마시거나 해서는 안 됩니다.

③ 弱いものいじめをするもんじゃないよ。
약한 사람을 괴롭혀서는 안 돼.

▶ 개인의 의견이 아니라 도덕적, 사회적인 상식에 따라 '그렇게 하는 것은 사회적 상식이나 도덕에 위반된다'라고 훈계하거나 설교할 때 사용하는 표현입니다.
▶ 회화체에서는 예문 ③처럼 「もんじゃない」의 형태가 됩니다.

참고 ものだ〈충고〉

1회 2회 3회

ものでもない ➡ ないものでもない 382
ものともせず(に) ➡ をものともせず(に) 660

쏙쏙 어휘 無駄づかい 낭비

544 ものなら

만약에 ~라면

접속 방법　「동사의 사전형」＋ ものなら

① できるものなら鳥になって国へ帰りたい。
할 수 있다면 새가 되어 고향에 돌아가고 싶다.

② A：ねえ、いっしょに旅行に行きましょうよ。
있잖아, 같이 여행 가자.

B：ぼくも行けるものなら行きたいんだけど、ちょっと無理そうだなあ。 나도 갈 수 있다면 가고 싶은데, 좀 무리일 것 같아.

③ スケジュールが自由になるものなら、広島に1泊したいのだが、そうもいかない。
스케줄이 여유 있다면 히로시마에서 1박하고 싶지만, 그렇게도 안 될 것 같다.

④ 男1：殴るぞ！ 때린다!
男2：殴れるものならやってみろ！ 때릴 수 있으면 어디 때려 봐!

⑤ 治るものなら、どんな手術でも受けます。
나을 수 있다면 어떤 수술이라도 받겠습니다.

「~ものなら」의 형태로, 「~」의 앞에는 가능의 의미를 포함하는 동사가 옵니다. 그리고 실현이 어려울 듯한 일을 '만약 가능하다면'이라고 가정하고, 뒤에 오는 문장에서 희망이나 명령 등 말하는 사람의 의지를 나타냅니다.

1회 2회 3회

ものなら ➡ ようものなら 612

쏙쏙 어휘　殴る 때리다　治る (병 등이) 낫다

545 ものの

~이기는 하지만, ~하기는 했지만

★2

접속 방법 「보통형(な형용사의 어간 + な・である / 명사 + である)」 + ものの

① 頭ではわかっているものの、実際に使い方を言葉で説明するのは難しい。
머릿속에서는 알고 있지만, 실제로 사용법을 말로 설명하는 것은 어렵다.

② 新しい服を買ったものの、なかなか着ていく機会がない。
새로운 옷을 샀지만, 좀처럼 입고 갈 기회가 없다.

③ 祖父は体は丈夫なものの、最近耳が聞こえにくくなってきた。
할아버지는 몸은 건강하지만, 최근에 귀가 어두워졌다.

「~ものの、…」의 형태로, '~의 내용은 일단 사실이지만, 그러나 실제로는 그 일에서 예상되는 대로는 되지 않는다'라는 의미를 나타내는 표현입니다.

1회 2회 3회

쏙쏙 어휘 機会 기회   ~にくい ~하기 어렵다, 좀처럼 ~할 수 없다

546 ものを

~했는데, ~했을 텐데

접속 방법 「보통형 (な형용사의 어간 + な)」+ ものを (명사에는 붙지 않음)

① 先輩があんなに親切に言ってくれるものを、彼はどうして断るのだろう。
   선배가 그렇게 친절하게 말해 주는데, 그는 어째서 거절하는 걸까.

② 知っていれば教えてあげたものを。わたしも知らなかったんです。
   알고 있으면 가르쳐 주었을 텐데, 나도 몰랐어요.

③ 夏の間にもう少し作業を進めていればよかったものを。怠けていたものだから、今になって、締め切りに追われて苦しんでいる。
   여름에 좀 더 작업을 진행했더라면 좋았을 텐데. 게으름을 피웠기 때문에 지금 마감에 쫓겨 괴로워하고 있다.

④ あのとき、薬さえあれば彼の命は助かったものを。
   그때 약만 있었다면, 그 사람의 목숨은 구할 수 있었을 텐데.

▶ 기대와는 다르게 끝난 현실을 후회하거나, 불만을 나타낼 때 사용하는 표현입니다.
▶ 의심, 불만, 원망, 비난, 후회 등의 기분을 담아서 말하는 경우가 많습니다.
▶ 예문 ④처럼 뒤에 오는 문장이 생략되는 경우도 많습니다.

□ □ □
1회 2회 3회

쏙쏙 어휘 締め切り 마감   追われる 쫓기다   助かる 살아나다, 목숨을 건지다

547 も〜ば、〜も

〜도 〜하고 〜도 ★3

접속 방법 「명사 + も + 동사의 가정형 / い형용사의 어간 + ければ / な형용사의 어간 + なら / 명사 + なら」+ 명사 + も

① あしたは数学の試験もあればレポートも提出しなければならないので、今晩は寝られそうもない。
내일 수학 시험도 있고 리포트도 제출하지 않으면 안 되기 때문에, 오늘 밤은 잠을 잘 수 없을 것 같다.

② あの人は性格もよければ頭もよさそうです。
그 사람은 성격도 좋고 머리도 좋은 것 같습니다.

③ きのうの試験は問題も難しければ量も多かったので、苦労しました。
어제 시험은 문제도 어렵고 양도 많았기 때문에 고생했습니다.

④ あのメーカーの製品は値段も手ごろなら、アフターケアもきちんとしていますね。 그 제조업체의 제품은 값도 적당하고 사후 관리도 확실히 하고 있네요.

⑤ 今度の仕事は予算も不足なら、スタッフも足りない。成功は望めそうもない。 이번 일은 예산도 부족하고 스탭도 부족하다. 성공은 바랄 수도 없다.

⑥ りんごにはいろいろな種類があります。赤いのもあれば、黄色いのもあります。 사과에는 여러 종류가 있습니다. 빨간 것도 있고 노란 것도 있습니다.

⑦ 楽もあれば苦もあるのが人生というものだ。
즐거움도 있고 고난도 있는 것이 인생이라는 것이다.

- 앞의 사항과 같은 방향의 사항을 첨가할 때(플러스와 플러스, 마이너스와 마이너스) 사용하는 표현입니다.
- 예문 ⑥, ⑦처럼 같은 종류의 것이나 대립하는 것을 동일하게 나열하여 양쪽 모두에 있다고 하는 표현도 있으니, 함께 알아 두세요.

548 もらう ★5

받다

접속 방법 「명사 + を」 + もらう

① わたしは子どものころ、よくおじに本をもらいました。
나는 어렸을 때, 삼촌에게 자주 책을 받았습니다.

② A：いいネクタイですね。自分で買ったんですか、だれかにもらったんですか。
좋은 넥타이네요. 본인이 산 것인가요, 누군가에게 받은 것인가요?

B：兄にもらったんです。
형에게 받은 것입니다.

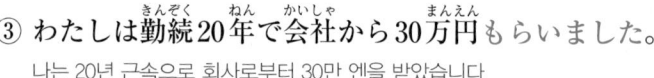

③ わたしは勤続20年で会社から30万円もらいました。
나는 20년 근속으로 회사로부터 30만 엔을 받았습니다.

④ わたしは先生にいい本をいただいた。
나는 선생님에게 좋은 책을 받았다.

⑤ 母は田中先生からお手紙をいただいてうれしそうだ。
어머니는 다나카 선생님으로부터 편지를 받고 기쁜 것 같다.

받는 사람 は / が 주는 사람 から / に プレゼントを もらいます / いただきます

▶ 물건을 받는 사람을 주어로 한 수수 표현으로, 물건을 받는 사람은 「わたし(나)」, 또는 주는 사람보다 심리적으로 「わたし」에 가까운 사람을 가리킵니다.
　◆ (×) リカさんはわたしからプレゼントをもらいました。
　　(×) あなたはわたしの妹にプレゼントをもらいましたか。

▶ 주는 사람을 나타내는 조사는 「に」와 「から」 모두 쓸 수 있으나, 단지 주는 측의 사람이 아닌 경우(회사・학교・단체 등)에는 예문 ③처럼 「から」를 사용합니다.

▶ 「いただく」는 예문 ④, ⑤처럼 주는 사람이 손윗사람일 경우에 사용해야 합니다.

もん ➡ もの 568 / もんか ➡ ものか 569
もんじゃない ➡ ものではない 575 / もんだ ➡ ものだ 571-573
もんだから ➡ ものだから 574 / もんで ➡ ものだから 574
もんでもない ➡ ないものでもない 382 / や ➡ やいなや 584

쏙쏙 어휘　ネクタイ 넥타이　勤続(きんぞく) 근속

체크 문제 ま행

◈ 다음 문장의 괄호 안에 들어갈 알맞은 표현을 써 넣으세요.

① 最近は電車の中で人目 (　　　　　　　　) 化粧している女の人をよく見かけます。
　최근에는 전철 안에서 남의 눈도 신경 쓰지 않고 화장하고 있는 여성을 자주 보게 됩니다.

② 連休の遊園地なんか人が多くて疲れるばかりだ。もう、二度と行く (　　　　　　　　)
　연휴 때 유원지 같은 곳은 사람이 많아서 피곤할 뿐이야. 이제 두 번 다시 가지 않을 거야.

③ 鈴木さんは無責任な人だ。もう2度とあんな人に仕事を頼む (　　　　　　　　)。
　스즈키 씨는 무책임한 사람이다. 이제 두 번 다시 그런 사람에게 일을 부탁하지 않겠다.

④ 学生にある (　　　　　　　　) 行為をした者は退学処分にする。
　학생으로서 있어서는 안 되는 행위를 한 사람은 퇴학 처분을 한다.

⑤ 彼女の話し方は子ども (　　　　　　　　) ね。
　그녀의 말투는 어린애 같아.

⑥ 中学校の古い校舎が取り壊されるそうだ。思い出の校舎なので、わたしにとって残念な (　　　　　　　　)。
　중학교의 오래된 건물을 헐어버린다고 한다. 나에게 있어 추억의 학교 건물이기에 섭섭하기도 하다.

⑦ 元気な若い人は乗り物の中でお年寄りに席を譲る (　　　　　　　　)。
　건강한 젊은이는 버스, 지하철 안에서 노인에게 자리를 양보해야한다.

⑧ わたしは日本へ来る (　　　　　　　　)、少し日本語を勉強しました。
　저는 일본에 오기 전에 일본어를 조금 공부했습니다.

⑨ 駅前に自転車を置くのはやめ (　　　　　　　　)。
　역 앞에 자전거를 세워두지 맙시다.

⑩ わたしの言葉に特別な意味はない。ただ、彼を慰めようと思って言った
　(　　　　　　　　) だ。
　내 말에 특별한 의미는 없다. 단지 그를 위로하려고 말한 것뿐이다.

⑪ 詳しい使い方のビデオがあるんだから、わざわざ説明を聞く(　　　　　)と思う。
상세한 사용법이 나온 비디오가 있으니까, 일부러 설명을 들을 필요도 없다고 생각한다.

⑫ 無駄づかいをする(　　　　　)。お金は大切にしなさい。
낭비를 해서는 안 된다. 돈은 소중히 여겨라.

⑬ できる(　　　　　)鳥になって国へ帰りたい。
할 수 있다면 새가 되어 고향에 돌아가고 싶다.

⑭ わたしは子どものころ、よくおじに本を(　　　　　)。
나는 어렸을 때, 삼촌에게 자주 책을 받았습니다.

⑮ あのとき、薬さえあれば彼の命は助かった(　　　　　)。
그때 약만 있었다면, 그 사람의 목숨은 구할 수 있었을 텐데.

⑯ 最近は、世界の政治や宗教の問題(　　　　　)、人権問題も多くの人の注目を集めている。
최근에는 세계의 정치와 종교 문제도 물론이지만, 인권문제도 많은 사람의 주목을 끌고 있다.

⑰ これはお年寄り(　　　　　)やわらかく煮た料理です。
이것은 노인에게 적합하도록 부드럽게 삶은 요리입니다.

⑱ きのう、窓を開けた(　　　　　)寝てしまいました。
어제 창문을 열어 놓은 채 자 버렸습니다.

は행 체크 문제 정답

① ばかりか　② ほど, はない　③ ばこそ　④ はおろか
⑤ ば　⑥ べきだ　⑦ はさておき　⑧ べからず
⑨ ほかなかった　⑩ ほど　⑪ べく　⑫ 反面
⑬ はというと　⑭ ばそれまでだ　⑮ はずがありません
⑯ ばかりでなく　⑰ ばいい

▶ ま행 정답 ☞ 616p

549 やいなや ★1
~하자마자

접속 방법 「동사의 사전형」 + や否や

① よし子は部屋に入ってくるや否や、「変なにおいがする」と言って窓を開けた。
요시코는 방에 들어오자마자 '이상한 냄새가 나'라고 말하며 창문을 열었다.

② そのニュースが伝わるや否や、たちまちテレビ局に抗議の電話かかってきた。
그 뉴스가 전해지자마자 금세 방송국에 항의 전화가 걸려왔다.

③ 社長の決断がなされるや、担当のスタッフはいっせいに仕事に取りかかった。
사장님의 결단이 내려지자마자 담당 스탭은 일제히 일을 시작했다.

▶ 「~や否や…」의 형태로, 「~」가 일어난 직후에 「…」가 일어난다고 말하고자 할 때 사용합니다. 주로 앞 사건에 반응하여 일어나는 예상외의 사건이 많습니다.
▶ 「や否や」는 현실의 사건을 묘사하는 것이므로 의지적인 행위를 나타내는 문장이나 「よう・つもり」등의 의지문, 명령문, 부정문 등이 뒤에 오는 일은 없습니다. 또한 자신의 일에는 사용하지 않는다는 것도 함께 기억해 두세요.
  ◆ (×) わたしはお金をもらうや否や貯金します。
▶ 예문 ③처럼 「や否や」의 「否や」를 생략하고 「や」만 써도 의미와 용법은 같습니다.
▶ 같은 의미·용법을 가진 표현으로는 다음과 같은 것이 있으니, 함께 알아 두세요.
  참고 (か)とおもうと・か~ないかのうちに・がはやいか・たとたん(に)・なり

쏙쏙 어휘 伝わる 전해지다   たちまち 금세, 순식간에   取りかかる 시작하다, 착수하다

550 やすい ★4

~하기 쉽다

| 접속 방법 | 「동사의 ます형」＋やすい |

① この本は字が大きくて読みやすいです。
　이 책은 글씨가 커서 읽기 쉽습니다.

② あの病院のお医者さんは、病気のことをわかりやすく説明してくれます。
　그 병원의 의사는 병에 대한 것을 알기 쉽게 설명해줍니다.

③ (手紙)風邪をひきやすい季節です。どうぞお大事に。
　(편지) 감기 걸리기 쉬운 계절입니다. 부디 건강 관리 잘하세요.

④ この花びんは壊れやすいから気をつけてください。
　이 꽃병은 깨지기 쉬우니까 조심하세요.

'~하는 것이 간단하다, 쉽게 ~하다'라는 의미를 나타내는 표현입니다. 예문 ①, ②처럼 플러스적인 평가에도, ③, ④처럼 마이너스적인 평가에도 모두 쓸 수 있습니다.

참고 **にくい**

쏙쏙 어휘　花びん 꽃병

551 やら ★1

~는지, ~인지

접속 방법 「보통형 (な형용사의 어간 + なの / 명사 + なの)」+ やら

① 何を考えているやら、息子の心の中はさっぱりわからない。
무엇을 생각하고 있는지, 아들의 마음속은 전혀 모르겠다.

② 名前が書いてないノートがこんなにたくさんある。これではどれがだれのやらわからない。
이름이 쓰여 있지 않은 노트가 이렇게 많이 있다. 이래서는 어느 것이 누구의 것인지 모르겠다.

③ バイクで出かけた太郎がまだ帰ってこない、いったいどこへ行ったやら……。
오토바이를 타고 나간 다로가 아직 돌아오지 않는다. 도대체 어디에 간 건지…….

④ 願書の書き方はこれでいいやら悪いやらわからないが、とにかく出してみよう。
원서 쓰는 법은 이것으로 좋은지 나쁜지 모르겠지만, 하여간 내 보자.

▶ '~인지 전혀 모르겠다'라는 의문의 뜻을 나타내며, 조금 예스러운 표현입니다. 예문 ① ~ ③처럼 의문사와 함께 사용하거나, 한 쌍으로 이루어진 말의 양쪽에 붙어서 사용되기도 합니다. 예문 ③처럼「やら」의 뒤에「わからない」라는 말을 생략한 표현도 있으니까, 함께 기억해 두세요.

▶ 뒤에는 주로「さっぱりわからない・見当もつかない」등의 표현이 옵니다.

1회 2회 3회

쏙쏙 어휘   さっぱり 도무지, 전혀   見当 예상, 짐작

552 やら〜やら ★2

~하기도 하고 ~하기도 하고, ~와 ~등

접속 방법 「동사의 사전형 / い형용사의 사전형 / 명사」+ やら

① 色紙は赤いのやら青いのやらいろいろあります。
색종이는 빨간 것과 파란 것 등 여러 가지 있습니다.

② 机の上には紙くずやらノートやらのりやらがごちゃごちゃ置いてある。
책상 위에는 종이 부스러기와 노트와 풀 등이 너저분하게 놓여 있다.

③ びっくりするやら悲しむやら、ニュースを聞いた人たちの反応はさまざまだった。
놀랍기도 하고 슬프기도 하고, 뉴스를 들은 사람들의 반응은 여러 가지였다.

④ マラソンで3位に入賞したとき、わたしはうれしいやら悔しいやら複雑な気持ちだった。
마라톤에서 3위에 입상했을 때, 나는 기쁘기도 하고 분하기도 하고 복잡한 기분이었다.

▶ 아직 그 외에도 여러 가지가 있지만, 우선 1, 2의 예를 들어 말하고자 할 때 사용하는 표현입니다.

▶ 여러 가지 사건이나 마음 때문에 정리할 수 없다는 기분으로 사용하는 경우가 많습니다.

1회 2회 3회

やる ➡ あげる 15

쏙쏙 어휘 紙くず 종이 부스러기, 휴지   ごちゃごちゃ 어지러이 뒤섞인 모양

553 ゆえ(に)

～때문에, ～까닭에

접속 방법 「명사 / 보통형 (な형용사의 어간 + な・である / 명사 + の・である)」
+ ゆえに

① 円高ゆえ、今年の夏休みには海外に出かけた人々が例年より多かった。
  엔고로 인해 금년 여름휴가에는 해외로 나간 사람들이 예년보다 많았다.

② 新しい仕事は慣れぬことゆえ、失敗ばかりしています。
  새로운 일은 적응되지 않아서 실패만 하고 있습니다.

③ 貧しさのゆえに、子どもが働かなければならない社会もある。
  가난 때문에 어린이가 일하지 않으면 안 되는 사회도 있다.

「～ゆえに」의 형태로, 「～が理由で(～가 이유로)・～のわけで(～의 이유로)」라는 의미를 나타냅니다. 예스러운 문어체적인 딱딱한 표현입니다.

1회 2회 3회

よう ➡ ましょう 546

쏙쏙 어휘 例年 예년   貧しい 가난하다

554 よう ★4

~해야지 〈의지〉

접속 방법 활용표 참조

① 熱_{ねつ}があるから、今日_{きょう}は早_{はや}く帰_{かえ}ろう。
  열이 있기 때문에 오늘은 빨리 돌아가야겠다.

② (1月_{がつ}1日_{ついたち}に) 今年_{ことし}からは、日記_{にっき}を書_かこう。
  (1월 1일에) 올해부터는 일기를 써야겠다.

③ 田中君_{たなかくん}のうちへ行_いく前_{まえ}に、ちょっと電話_{でんわ}をしよう。
  다나카 군의 집에 가기 전에 잠깐 전화를 해야겠다.

④ もう12時_じか。そろそろ寝_ねよう。
  벌써 12시구나. 슬슬 자야겠다.

동사의 의지형 그대로 일기나 마음속의 생각 등, 말하는 사람이 혼잣말인 것처럼 사용하여 자신의 의지를 나타내는 표현입니다. 상대방을 권유하는 표현인 「いっしょに帰_{かえ}ろう・帰_{かえ}りましょう」와 구별해서 사용해야 하니까, 주의하세요.

참고 **ましょう・ませんか** 〈권유〉

1회 2회 3회

ようか ➡ ましょうか 547-548

쏙쏙 어휘 日記_{にっき} 일기   そろそろ 슬슬

555 ようが

~든지, ~든지 말든지

접속 방법 「동사의 의지형 / い형용사의 어간 + かろう / な형용사의 어간 · 명사 + だろう」
+ が

① あの人がどこへ行こうが、わたしには関係ないことです。
그 사람이 어디에 가든 나와는 상관없는 일입니다.

② 彼女はまわりがどんなにうるさかろうが、気にしない人です。
그녀는 주변이 아무리 시끄러워도 신경 안 쓰는 사람입니다.

③ たとえ、だれが何と言おうが、彼は決心を曲げないだろう。
설령 누가 뭐라고 하든 그 사람은 결심을 굽히지 않을 것이다.

④ 雨が降ろうが槍が降ろうが、わたしは行きます。
무슨 일이 있어도 나는 가겠습니다.

⑤ たとえ相手が世界チャンピオンだろうが、ぼくは闘うぞ。
설령 상대방이 세계 챔피언이라고 해도 나는 싸울 거야.

▶ 「~ようが」의 형태로 '만약 ~하더라도 그것과 관계없이'라는 의미를 나타내며, 뒤에는 「影響されない(영향받지 않다)・自由だ(자유다)・平気だ(아무렇지도 않다)」라는 의미의 문장이 이어집니다.

▶ 「たとえ~ようが・의문사 ~ようが」의 형태로 자주 사용됩니다.

▶ 예문 ④는 관용적인 표현입니다.

참고 ようと(も)

쏙쏙 어휘 曲げる 굽히다, 구부리다 雨が降ろうが槍が降ろうが 무슨 일이 있어도 闘う 싸우다

556 ようがない

~하려고 해도 할 수가 없다

접속 방법 「동사의 ます형」+ ようがない

① 推薦状を書いてくれと言われても、あの人のことをよく知らないのだから、書きようがない。
추천장을 써달라고 해도 그 사람을 잘 모르기 때문에 쓸 수가 없다.

② この時計はもう部品がないから、直しようがない。
이 시계는 이제 부품이 없기 때문에 고칠 수가 없다.

③ あの人の住所も電話番号もわからないのですから、連絡のしようがありません。
그 사람의 주소도 전화번호도 모르기 때문에 연락할 수가 없습니다.

④ 社員はやる気があるのだが、会社の方針が変わらないのだからどうしようもない。
사원은 의욕이 있지만, 회사의 방침이 바뀌지 않기 때문에 어떻게 할 수가 없다.

- '그렇게 하고 싶지만, 그 수단·방법이 없어 할 수 없다'고 말하고자 할 때 사용하는 표현입니다. 「よう」는 「様」라고 쓰며, '방법'이라는 의미를 나타냅니다.
- 예문 ④처럼 「ようもない」의 형태도 있으니까, 함께 알아 두세요.

쏙쏙 어휘 推薦状 추천장   やる気 의욕   方針 방침

557 ようか〜まいか ★2

~할까 말까, ~할지 말지

접속 방법 「동사의 의지형」+ か +「동사의 사전형」+ まいか
(2, 3그룹 동사는 「동사의 ない형 + まいか」,「する」는 「すまいか」라고 하기도 함)

① この季節には、かさを持っていこうかいくまいかと毎朝迷ってしまう。
이런 계절에는 우산을 갖고 갈까 말까 매일 아침 망설이게 된다.

② 9月に大切な試験があるので、夏休みに国へ帰ろうか帰るまいか、考えています。
9월에 중요한 시험이 있어서, 여름방학에 고향에 갈까 말까 생각 중입니다.

③ 今晩11時からのテレビの特別番組を見ようか見まいか、迷っています。
매일 밤 11시부터 하는 텔레비전 특별 프로그램을 볼까 말까 고민하고 있습니다.

④ 彼は展示会の開催を延期しようかするまいかと迷っているようだ。
그는 전시회의 개최를 연기할까 말까 고민하고 있는 것 같다.

▶ 말하는 사람이 어느 쪽이 좋을지 망설이거나 생각할 때에 사용하는 표현입니다. 제 3자가 주어인 경우는 「迷っている」등의 표현 뒤에 「ようだ・らしい・のだ」등을 접속하면 됩니다.

▶ 「동사 + まい」는 「동사 + よう」의 부정형입니다. 「まい」는 예스러운 말이지만, 정형화된 표현으로서 현재에도 사용되고 있습니다.

1회 2회 3회

쏙쏙 어휘   展示会 전시회   開催 개최   延期 연기

558 ようが～まいが ★1

~든지 말든지

접속 방법 「동사의 의지형」+ が +「동사의 사전형」+ まいが
(2, 3그룹 동사는 「동사의 ない형 + まいが」, 「する」는 「すまいが」라고 하기도 함)

① 雨が降ろうが降るまいが、この行事は毎年必ず同じ日に行われます。
비가 내리든 말든 이 행사는 매년 반드시 같은 날에 열립니다.

② 参加しようがするまいが、会費だけは払わなければなりません。
참가하든 말든 회비만큼은 지불하지 않으면 안 됩니다.

③ あの人が来ようが来るまいが、予定は変更しません。
그 사람이 오든 말든 예정은 변경하지 않습니다.

▶ 「동사 + まい」는 「동사 + よう」의 예스러운 부정 표현입니다.
▶ 「もし～しても、～しなくても」로 가정하여, 어느 쪽의 경우에도 뒤의 문장이 성립한다고 말할 때 사용하는 표현으로, 「ようと～まいと」와 거의 동일하게 사용합니다.

참고 ようと～まいと

쏙쏙 어휘　会費 회비　変更 변경

559 ようだ ★4

~같다, ~와 비슷하다 〈비유〉

접속 방법 「명사 + の」+ ようだ

① ビルの屋上から見ると、人がまるで虫のようです。車はミニカーのようです。
빌딩 옥상에서 보면 사람들이 마치 벌레 같습니다. 차는 미니카 같습니다.

② 花見の後、ごみを集めたら山のようになってしまいました。
꽃구경 후, 쓰레기를 모으자 산처럼 되어 버렸습니다.

③ ぼくの心は火のように熱いのに、君の心は氷のように冷たい。
나의 마음은 불처럼 뜨거운데, 너의 마음은 얼음처럼 차갑다.

④ あのころはよく働いた。まるでロボットのようだった。
그때는 열심히 일했다. 마치 로봇 같았다.

⑤ 何におどろいたのか、赤ちゃんが急に火がついたように泣き出した。
무엇에 놀랐는지 아기가 갑자기 불이 붙은 듯이 울기 시작했다.

▶ 모양이나 상황을 묘사하는데 있어, 아주 비슷한 것에 비유하여 말하는 표현입니다. 예로 드는 것은 말하는 사람이 자유롭게 생각할 수 있으며, 「雪のように白い(눈처럼 하얗다), りんごのような(赤い)ほお(사과처럼 (빨간) 뺨), 割れるような拍手(우뢰와 같은 박수)」 등과 같이 관용적으로 사용되는 것이 많습니다.

▶ 활용은 な형용사와 동일합니다. (「ような + 명사・ように + 동사」 등)

▶ 예문 ⑤처럼 명사 이외의 품사에 붙는 예도 있으니까, 함께 알아 두세요.

1회 2회 3회

쏙쏙 어휘   屋上 옥상   氷 얼음   おどろく 놀라다   泣き出す 울기 시작하다

560 ようだ ★4

~인 것 같다, ~인 듯하다 〈추측〉

접속 방법 「보통형 (な형용사의 어간 + な / 명사 + の)」+ ようだ

① あれ、この牛乳、ちょっと悪くなっているようです。変なにおいがします。 어, 이 우유 좀 상한 것 같아요. 이상한 냄새가 나요.

② この風邪薬を飲むとどうも眠くなるようだ。きのうも今日も、飲んだ後とても眠かった。
이 감기약을 먹었더니 어쩐지 졸린 것 같아. 어제도 오늘도 먹은 다음에 너무 졸렸어.

③ A : わたしの背中に何かついているようなんですけど、ちょっと見てください。 제 등에 뭔가 붙어 있는 것 같은데, 좀 봐 주세요.

B : あ、木の葉がついていましたよ。 아, 나뭇잎이 붙어 있었어요.

A : ああ、やっぱりね。変な感じがしたんですよ。
아, 역시 그랬군요. 이상한 느낌이 들었어요.

④ 玄関のベルが鳴ったようだよ。だれか来たのかな。
현관 벨이 울린 것 같아. 누군가 왔나.

⑤ 森さんは今日元気がないようでした。何か心配なことがあるのでしょうか。 모리 씨는 오늘 기운이 없는 것 같았어요. 뭔가 걱정거리가 있는 걸까요.

▶ 자신의 느낌이나 관찰을 통해 추측했거나 또는 단정을 피해서 말하고자 할 때 사용하는 표현입니다. 「らしい」와 동일한 용법이지만, 자신의 감각이나 주관으로 추측한 경우에도 사용할 수 있다는 차이점이 있습니다.

▶ 말을 하는 사람의 의지적인 행위의 예측에는 사용하지 않으므로 주의하세요.

▶ 「みたい」와 의미, 용법은 같지만, 「みたい」쪽이 회화체적인 표현입니다.

참고 みたいだ 〈추측〉・らしい 〈추측〉

561 ようだ ★3
~인 것 같다 〈완곡〉

접속 방법   「보통형 (な형용사의 어간 + な / 명사 + の)」+ ようだ

① 皆さん、もう時間のようですので、今日の会はこれで終わりにしたい と思います。
   여러분, 벌써 시간이 다 된 것 같으니까, 오늘 회의는 이것으로 마치고자 합니다.

② 中山君、君はちょっと遅刻が多いようですね。気をつけてください。
   나카야마 군, 당신은 지각이 좀 많은 것 같네요. 주의해 주세요.

③ A : 今日のパーティーは赤字だったね。
   오늘 파티는 적자였군.

   B : どうやらそのようですね。
   아무래도 그런 것 같네요.

확실하게 단정하는 것을 피해 겸손하게 말할 때 사용하는 표현입니다. 상대방의 기분을 배려할 때나 말하기 어려운 것을 말해야 하는 경우 등에 자주 쓰이며, 「どうやら・どうも」 등과 함께 오는 경우가 많습니다.

1회 2회 3회

쏙쏙 어휘   赤字 적자   どうやら 아무래도

562 ようではないか ★2

~하자, ~해야 되지 않겠는가

접속 방법 「동사의 의지형」+ ではないか

① これからは少しでも人の役に立つことを考えようではないか。
이제부터는 조금이라도 남의 도움이 되는 일을 생각하자.

② 環境を守るために、具体的に自分はどんなことができるのか、一つ一つリストに書いてみようではないか。
환경을 지키기 위해서 구체적으로 자신은 어떤 일을 할 수 있는 지, 하나하나 리스트에 적어 보자.

③ 旅行の費用を積み立てるというのはいい考えですね。早速、わたしたちも来月から始めようじゃありませんか。
여행 비용을 적립한다는 것은 좋은 생각이네요. 바로 우리들도 다음 달부터 시작하지 않을래요?

④ ごみ問題はまず、身の回りの問題から話し合おうではないか。
쓰레기 문제는 우선 주변의 문제부터 이야기해 보자.

▶ '함께 그렇게 하자'고 강하게 권유하거나 제안하는 표현입니다. 자신의 의지를 표명할 때 사용하며,「ましょう」의 문어체적인 표현입니다.
▶ 회화체에서 사용하는 경우, 주로 남성이 사용하는 조금 딱딱한 말투가 됩니다.
▶ 예문 ③은 여성도 사용하는 회화체이므로, 잘 기억해 두세요.

1회 2회 3회

쏙쏙 어휘 守る 지키다 積み立てる 적립하다 早速 곧, 즉시 身の回り 자신의 주위, 신변

563 ようと(も)

~하더라도 ★1

접속 방법 「동사의 의지형 / い형용사의 어간 + かろう / な형용사의 어간・명사 + だろう」 + と(も)

① ほかの人からどんなに悪く言われようと、あの人は平気らしい。
다른 사람들로부터 아무리 나쁜 말을 듣더라도 그 사람은 아무렇지 않은 것 같다.

② あの人は他人がどんなに困っていようとも、心を動かさない人だ。
그 사람은 남들이 아무리 곤란해 해도, 마음을 움직이지 않는 사람이다.

③ シベリアがどんなに寒かろうと、このコートと帽子があれば大丈夫だ。
시베리아가 아무리 춥더라도, 이 코트와 모자가 있으면 괜찮다.

④ 高かろうと安かろうと、この色が好きだから買います。
비싸든 싸든 이 색을 좋아하니까 사겠습니다.

⑤ 嵐だろうと地震だろうと、この家にいれば安全です。
폭풍이든 지진이든 이 집에 있으면 안전합니다.

▶ 「~ようと(も)」의 형태로, '~하더라도 그것에 관계없이'라는 의미를 나타냅니다. 뒤에 「影響されない(영향받지 않다)・自由だ(자유다)・平気だ(아무렇지도 않다)」라는 의미의 문장이 이어집니다.

▶ 「たとえ、~ようと(も)・의문사、~ようと(も)」의 형태로 자주 쓰인다는 것도 함께 기억해 두세요.

참고 ようが

1회 2회 3회

쏙쏙 어휘 シベリア 시베리아 安全 안전

564 ようとおもう ★4

~하려고 생각하다, ~이 되려고 생각하다

접속 방법: 「동사의 의지형」 + と思う

① 会社をやめて、1年ぐらい留学しようと思っています。
회사를 그만두고 1년 정도 유학가려고 생각하고 있습니다.

② わたしは子どものころからずっと医者になろうと思っていました。でも、今は考えが変わりました。
저는 어렸을 때부터 계속 의사가 되려고 생각하고 있었습니다. 하지만, 지금은 생각이 변했습니다.

③ A：ちょっとあの本屋に寄ろうと思いますが、あなたは？
잠깐 저 서점에 들르려고 하는데요, 당신은요?

B：そうですね、今日はまっすぐ帰ろうと思います。
글쎄요, 오늘은 곧장 돌아가려고 합니다.

④ A：山田君、結婚しようと思っているそうだよ。
야마다 군, 결혼하려고 생각하고 있다네.

B：ほんとうですか。ぜんぜん知りませんでした。정말이에요? 전혀 몰랐어요.

⑤ この仕事はたいせつだから、アルバイトの人に頼もうとは思いません。
이 일은 중요하니까 아르바이트 하는 사람에게 부탁할 생각은 없습니다.

▶ 지금부터 또는 장래에 무언가를 하겠다는 말하는 사람의 의지를 나타내는 표현입니다.
▶ 「동사의 의지형 + と思っています」는 결심하고 나서부터 계속 그렇게 생각하고 있을 때에 사용하며, 「동사의 의지형 + と思います」는 말하는 시점에서의 판단이나 결심을 나타냅니다.
  ◆ (×) あ、おいしそうなケーキ。ちょっと買っていこうと思っています。
    (○) あ、おいしそうなケーキ。ちょっと買っていこうと思います。
    어, 케이크 맛있어 보인다. 잠깐 사 갖고 오겠습니다.
▶ 부정 표현인 「동사의 의지형 + とは思いません」은 강한 부정의 의지를 나타냅니다.
▶ 3인칭의 의지를 나타낼 때는 「と思っているそうだ・ようだ・らしい」 등의 형태가 됩니다.

참고 つもりだ〈의지〉

565 ようとしている ★2

막 ~하려고 하고 있다, 막 ~하려는 참이다

접속 방법 「동사의 의지형」 + としている

① 大きな夕日が海に沈もうとしていた。人々は船の甲板から眺めていた。
큰 석양이 바다에 잠기려 하고 있었다. 사람들은 배 갑판에서 바라보고 있었다.

② (閉会式で) 15日の間、各国の選手たちが熱戦を繰り広げたオリンピック大会も今終わろうとしています。
(폐회식에서) 15일 동안 각국의 선수들이 열전을 펼친 올림픽 대회도 지금 끝나가려 하고 있습니다.

③ 授業が始まろうとしているとき、わたしの携帯に母から「父が倒れた」という電話がかかってきた。
수업이 시작되려고 할 때, 내 휴대전화에 어머니에게 '아버지가 쓰러졌다'는 전화가 걸려왔다.

④ 編さんに3年間かかった辞書がまもなく完成しようとしている。
편찬에 3년 걸린 사전이 곧 완성되려 하고 있다.

사물이 변화를 향해 진행 중인 상태, 또는 변화의 시작이나 종말 직전의 상태임을 나타내는 표현입니다.

1회 2회 3회

쏙쏙 어휘　沈む 가라앉다　甲板 갑판　繰り広げる 펼치다, 전개하다

566 ようとしない ★3

~하려고 하지 않다

접속 방법 「동사의 의지형」 + としない

① リーさんは病気のときでも、医者に行こうとしません。
이 씨는 아플 때에도 병원에 가려고 하지 않습니다.

② あの子はしかられても、決してあやまろうとしない。
그 아이는 혼나도 결코 사과하려 하지 않는다.

③ シンさんはいつもたばこを吸っている。「たばこは体に悪いから、やめた方がいいよ」と言っても、シンさんはやめようとしない。
신 씨는 항상 담배를 피우고 있다. '담배는 몸에 나쁘니까 끊는 편이 좋아'라고 말해도 신 씨는 끊으려고 하지 않는다.

1인칭인 「わたし(나)」 이외의 사람이 '기대되고 있는 일을 하지 않는다'라는 강한 부정의 의지를 가지고 있는 것을 나타낼 때 사용하는 표현입니다. 1인칭에는 사용할 수 없다는 것을 예문을 통해 잘 기억해 두세요.

◆ (×) わたしはきらいなにんじんは食べようとしません。

1회 2회 3회

쏙쏙 어휘 決して 결코 吸う 들이마시다, 빨다, (담배를) 피우다

567 ようとする

막 ~하려고 하다

★4

접속 방법 「동사의 의지형」+ とする

① どうも遅くなりました。会社を出ようとしたとき、社長に呼ばれたんです。
늦어서 죄송합니다. 회사를 나오려고 할 때, 사장님이 부르셨거든요.

② おふろに入ろうとしたとき、電話のベルが鳴った。
목욕하려고 할 때, 전화벨이 울렸다.

③ おばあさんが道を渡ろうとしていますが、車が多くて渡れません。
할머니가 길을 건너려고 하고 있는데, 차가 많아서 건널 수 없습니다.

④ あの子はきらいな野菜をいっしょうけんめい食べようとしています。
그 아이는 싫어하는 채소를 열심히 먹으려 하고 있습니다.

⑤ けさ、6時に起きようとしましたが、起きられませんでした。
오늘 아침 6시에 일어나려고 했습니다만, 일어날 수가 없었습니다.

의지 동사에 이어지는 표현입니다. 예문 ①, ②는 그렇게 하려고 생각해서 그 일을 시작하기 직전의 상태에 있는 것을 나타내고, ③ ~ ⑤는 그렇게 하려고 생각해서 노력하고 있는 중인 것을 나타냅니다.

쏙쏙 어휘 鳴る 소리가 나다, 울리다   渡る 건너다

568 ようと～まいと ★1

~하든지 말든지

접속 방법 「동사의 의지형」+ と +「동사의 사전형」+ まいと
(2, 3그룹 동사는「동사의 ない형 + まいと」, 「する」는「すまいと」라고 하기도 함)

① 夏休みに国へ帰ろうと帰るまいと、論文は8月末までに完成しなければならない。
여름방학 때 고향에 가든 안 가든 논문은 8월말까지 완성하지 않으면 안 된다.

② 会に出席しようと出席するまいと、年会費は払わなければならない。
회에 출석하든 안 하든 연회비는 지불하지 않으면 안 된다.

③ あの人が会議に来ようと来るまいと、わたしに関係ない。
그 사람이 회의에 오든 말든 나와 관계없다.

「まい」는「よう」의 예스러운 부정 표현입니다. 「してもしなくても」라고 가정하여, 어느 쪽의 경우에도 뒤의 문장이 성립한다고 말하고자 할 때 사용합니다. 「ようが～まいが」와 대부분 동일하게 사용합니다.

참고 ようが～まいが

1회 2회 3회

쏙쏙 어휘　論文 논문　年会費 연회비　関係 관계

569 ような ★4

~같은

접속 방법 「명사 + の」+ ような

① 弟はケーキやチョコレートのような甘いものばかりよく食べます。
남동생은 케이크와 초콜릿 같은 단 것만 주로 먹습니다.

② わたしはサッカーや野球のような、みんなでするスポーツが好きです。
나는 축구와 야구 같은 모두 함께 하는 스포츠를 좋아합니다.

③ 駅や空港のように人が多いところでは、自分の荷物に気をつけましょう。
역이나 공항처럼 사람이 많은 곳에서는 자기의 짐을 주의합시다.

④ 病院や図書館、電車の中のようなところでは、携帯電話の使用は困ります。
병원과 도서관, 전철 안과 같은 곳에서는 휴대전화의 사용은 곤란합니다.

어떤 성질의 물건이나 어떤 형상의 물건을 화제로 했을 때, 그 전형적인 예를 들 때 사용하는 표현입니다. 예문 ④처럼 그 성질이나 형상을 말로 표현하지 않아도 알 수 있는 경우는 성질이나 형상을 나타내는 말을 생략하는 경우도 있으니, 주의해서 기억해 두세요.

□ □ □
1회 2회 3회

ような ➡ ように 〈同様〉 606

쏙쏙 어휘　野球 야구　使用 사용

570 ように

~하도록 〈기대〉

접속 방법 「동사의 사전형 / 동사의 ない형」 + ように

① 風邪が早く治るように注射を打ってもらいました。
감기가 빨리 낫도록 주사를 맞았습니다.

② 黒板の字がよく見えるように前の席に座りましょう。
칠판의 글자가 잘 보이도록 앞자리에 앉읍시다.

③ だれにもわからないようにそっと家を出たのだが、母に見つかってしまった。
아무도 모르게 살짝 집을 나왔는데, 어머니에게 들키고 말았다.

④ たくさんの人がバザーに参加するように、広い会場を用意した。
많은 사람이 바자회에 참가할 수 있도록 넓은 회장을 준비했다.

▶ 「~ように」의 형태로 '~라는 목표가 실현될 것을 기대하고'라는 의미를 나타냅니다.
▶ 「~」에는 말하는 사람의 의지를 나타내지 않는 동사 (의지를 내포하지 않는 동사나 가능의 의미를 나타내는 동사 등)가 오며, 뒤에는 말하는 사람의 의지를 나타내는 문장이 옵니다.
▶ 예문 ④처럼 「ように」 앞에 오는 주어가 3인칭인 경우는 의지의 뜻을 나타내는 동사도 올 수 있습니다.

쏙쏙 어휘 注射を打つ 주사를 맞다   黒板 칠판

571 ように

~와 같이 〈동일〉

접속 방법 「보통형 (な형용사의 어간 + な・である / 명사 + の・である)」+ ように

① 旅行の日程は次のように決まりました。
여행 일정은 다음과 같이 결정되었습니다.

② 世の中が何でもあなたの思うように動くなどとは考えないでください。
세상사 모든 일이 당신 생각대로 움직일 거라고는 생각하지 마세요.

③ この実験では、わたしが期待していたようなデータは得られなかった。
이 실험에서는 내가 기대하고 있었던 것 같은 데이터는 얻을 수 없었다.

④ 人間に感情があるように、人間以外の動物にも感情があるはずだ。
인간에게 감정이 있듯이 인간 이외의 동물에게도 감정이 있을 것이다.

⑤ 作家には想像力が必要なように、営業マンには交渉力が必要だ。
작가에게는 상상력이 필요한 것처럼 영업사원에게는 교섭력이 필요하다.

⑥ わたしもヤンさんのように早く日本語が上手になりたい。
나도 양 씨처럼 빨리 일본어가 능숙해지고 싶다.

일치하는 내용임을 나타낼 때 사용하는 표현입니다. 문서 등에서 「次のように(다음과 같이)・左記のように(다음과 같이)」 등처럼 처음에 써 놓고 그 뒤에서 상세하게 내용을 설명하는 형식으로 자주 쓰입니다. 「とおり(に)」와 의미, 내용이 대체적으로 동일합니다.

참고 とおり(に)

1회 2회 3회

쏙쏙 어휘   想像力 상상력   交渉力 교섭력

572 ように (と言う)

~하도록 (말하다) 〈간접화법〉

★4

접속 방법　「동사의 사전형 / 동사의 ない형」＋ ように(と)

① 先生はタンさんに字をもっときれいに書く**ように**言いました。
　선생님은 탄 씨에게 글씨를 좀 더 예쁘게 쓰라고 말했습니다.

② 父の手紙にはいつも早く国へ帰る**ように**と書いてあります。
　아버지의 편지에는 항상 빨리 고향에 돌아오라고 쓰여 있습니다.

③ 母は姉に会社の帰りに本を買ってくる**ように**頼みました。
　어머니는 언니에게 회사에서 돌아오는 길에 책을 사오라고 부탁했습니다.

④ お医者さんはタンさんに酒を飲まない**ように**と注意しました。
　의사 선생님은 탄 씨에게 술을 마시지 말라고 주의를 주었습니다.

⑤ お母さんの病気が早く治ります**ように**、と祈りました。
　어머니의 병이 빨리 낫도록 기도했습니다.

⑥ (年賀状) 新しい年が平和でありますよう。
　(연하장) 새해에는 평화가 충만하기를 기원합니다.

▶ 간접화법에서 의뢰, 지시, 충고 등의 내용을 나타내는 표현입니다. 뒤에는 「言う・書く・頼む・お願いする・注意する・命令する」 등의 동사가 옵니다.

▶ 본래 명령 등의 내용을 전달하는 표현이므로, 지금 형태 그대로는 윗사람에게 사용하지 않는 편이 좋으니 주의하세요.
　◆ (△) わたしは先生にゆっくり話すようにお願いしました。
　　(○) わたしは先生にゆっくり話してくださるようにお願いしました。
　　저는 선생님께 천천히 이야기해 달라고 부탁했습니다.

▶ 예문 ⑤, ⑥처럼 '기원하는' 내용을 말하는 경우에도 사용하며, 기도의 내용을 말할 경우에는 정중형으로도 자주 쓰입니다. 예문 ⑥처럼 뒤의 문장이 생략되는 경우도 있습니다.

ように ➡ ような 604

573 ようにして ★3
~하는 것처럼

접속 방법 「동사의 사전형」+ ようにして

① この汚れはたたくようにして洗うとよく落ちます。
이 얼룩은 두드리듯이 빨면 잘 지워집니다.

② このかぎはちょっと曲がっているので、いくらか押すようにして回してください。
이 열쇠는 좀 구부러져 있으므로, 약간 누르듯이 돌려 주세요.

③ あの子は足が痛いのか、引きずるようにして歩いています。
저 아이는 다리가 아픈지 끌듯이 걷고 있습니다.

실제로 그렇게 하는 것은 아니지만, '그런 기분으로 또는 약간 그런 동작을 하면서 본래의 동작을 한다'고 말하고자 할 때 사용하는 표현입니다.

1회 2회 3회

쏙쏙 어휘 汚れ 더러워짐, 더러워진 곳   いくらか 약간, 조금   引きずる 질질 끌다

574 ようにする ★4

~하도록 하다, 꼭 ~하다

접속 방법 「동사의 사전형 / 동사의 ない형」+ ようにする

① 人に会うときは、約束の時間を守るようにしましょう。
사람을 만날 때는 약속시간을 지키도록 합시다.

② アルバイトを休むときは、できるだけ早めに言うようにしてください。
아르바이트를 쉴 때는 되도록 빨리 말해 주세요.

③ わたしは健康のために、毎晩、1時間ぐらい歩くようにしている。
나는 건강을 위해 매일 밤 1시간정도 걷고 있다.

④ 夜、ごみを外に出さないようにしましょう。
저녁에 쓰레기를 바깥에 내놓지 않도록 합시다.

⑤ できるだけ遅刻しないようにしているけど、ときどき遅れてしまう。
되도록이면 지각하지 않으려고 하지만, 때때로 늦고 만다.

⑥ パソコンは長い時間、続けてしないようにしています。
컴퓨터는 오랜시간 계속해서 하지 않으려고 하고 있습니다.

습관적으로 지켜야 할 것을 나타낼 때 사용하는 표현입니다.

1회 2회 3회

쏙쏙 어휘 できるだけ 가능한한, 되도록이면   遅刻 지각

575 ようになる

~하게 되다

접속 방법 「동사의 사전형」+ ようになる / 「동사의 ない형」+ くなる

① 最近、日本の食事に慣れて、さしみが食べられるようになりました。
최근 일본 음식에 익숙해져서 회를 먹을 수 있게 되었습니다.

② 来月からこの駅にも急行が止まるようになります。
다음 달부터 이 역에도 급행열차가 정차하게 됩니다.

③ 妹はよくマンガを読んでいましたが、このごろ小説を読むようになりました。 여동생은 만화를 자주 읽고 있었지만, 요즘은 소설을 읽게 되었습니다.

④ 母もやっとパソコンが使えるようになって、よろこんでいる。
어머니도 간신히 컴퓨터를 사용할 수 있게 되어서 기뻐하고 있다.

⑤ 工事が始まって、あの道は通れなくなりました。
공사가 시작되어 저 길은 지나갈 수 없게 되었습니다.

⑥ 最近、あまり勉強しないから、授業がわからなくなりました。
최근에는 그다지 공부하지 않기 때문에 수업을 이해할 수 없게 되었습니다.

⑦ いつも庭に遊びに来ていたねこが、このごろ来なくなりました。
항상 정원에 놀러 왔던 고양이가 요즘 잘 오지 않습니다.

▶ 능력이나 상황, 습관 등의 변화를 말할 때에 사용합니다.
▶ 예문 ⑤~⑦처럼 이전의 상황이 그렇지 않게 되었다는 사실을 말할 때에는 「동사의 ない형 + ようになる」보다 「동사의 ない형 + くなる」쪽을 더 많이 사용합니다.
▶ 변화를 나타내는 동사에는 붙지 않으니까, 주의하세요.
　◆ (×) このごろ運動しないので、太るようになりました。
　　(○) このごろ運動しないので、太りました。 요즘 운동을 안 해서, 살이 쪘습니다.
　◆ (×) 最近、車の事故が増えるようになりました。
　　(○) 最近、車の事故が増えました。 요즘 자동차 사고가 증가했습니다.

576 ようにも～ない ★1

~하고 싶어도 ~못한다

접속 방법 「동사의 의지형」 + にも + 동사의 ない형

① 大切な電話が来ることになっているので、出かけようにも出かけられません。
중요한 전화가 걸려올 게 있어서, 외출하고 싶어도 할 수가 없습니다.

② なにしろ言葉が通じないのだから、道を聞こうにも聞けなくて困った。
하여간 말이 통하지 않기 때문에 길을 물어보고 싶어도 물어볼 수가 없어서 곤란했다.

③ お金に困っている後輩から借金を頼まれて、断ろうにも断れなかった。
돈에 어려움을 겪는 후배에게 돈 부탁을 받아서, 거절하고 싶어도 거절할 수가 없었다.

④ 早く電話をかけようにも、近くに電話がなくてかけられなかったのです。
빨리 전화를 걸고 싶어도 근처에 전화가 없어서 걸 수가 없었습니다.

▶ '어떤 일을 하려고 생각해도, 그것을 방해하는 사정이 생겨 불가능하다'라는 의미를 나타내는 표현입니다.
▶ 「にも」의 전후에는 같은 동사가 오는데, 앞에는 의지 동사의 의지형, 뒤에는 그 동사의 가능 동사가 옵니다.
▶ 약간은 변명인 듯한 소극적인 기분을 나타내는 경우가 많습니다.

ようもない ➡ ようがない 591

쏙쏙 어휘 なにしろ 어쨌든, 아무튼　通じる 통하다, 연결되다

577 ようものなら ★2

만약에 ~하면(되면)

접속 방법 「동사의 의지형」+ ものなら

① この学校は規則が厳しいから、断らずに欠席しようものなら、大変だ。
이 학교는 규칙이 엄하기 때문에 사전양해 없이 결석하면 큰일난다.

② 彼のような責任感のない人が委員長になろうものなら、この委員会の活動はめちゃくちゃになる。わたしは反対だ。
그 사람 같은 책임감 없는 사람이 위원장이 된다면 이 위원회의 활동은 엉망이 된다. 나는 반대다.

③ 彼はこの仕事に人生をかけている。もし失敗しようものなら、彼は2度と立ち直れないだろう。
그 사람은 이 일에 인생을 걸고 있다. 만일 실패한다면, 그 사람은 두 번 다시 회복될 수 없을 것이다.

'만일 그렇게 된다면 큰 사태가 된다'라는 의미를 조금 과장하여 나타내는 표현입니다.

1회 2회 3회

よぎなくさせる ➡ をよぎなくさせる 661
よぎなくされる ➡ をよぎなくされる 662

쏙쏙 어휘 責任感 책임감 めちゃくちゃ 엉망진창 立ち直る 회복되다, 바로 서다

578 よし ★1

~라고 하다

접속 방법 「보통형 (な형용사의 어간 + な・である / 명사 + の・である)」+ よし

① (手紙) そちらでは紅葉が今が盛りの由ですが、伺えなくて残念です。
(편지) 그쪽은 요즘 단풍이 한창이라고 하는데, 찾아뵙지 못해서 유감입니다.

② (手紙) 来月は久しぶりにご上京の由、そのときはぜひご一報ください。
(편지) 다음 달은 오랜만에 상경하신다고 하는데, 그때는 꼭 알려 주세요.

③ (手紙) 別便で新米をお送りくださる由、家族一同楽しみに待っております。
(편지) 다른 편으로 햅쌀을 보내주신다고 하기에, 가족 모두 기대하고 있습니다.

▶ 편지 등에서 사용하는 말로, 「とのこと」보다 예스러운 딱딱한 표현입니다.
▶ 예문 ②처럼 する동사의 명사형에 붙는 경우도 있으니, 함께 기억해 두세요.

참고 ということだ〈전문〉・とか

□ □ □
1회 2회 3회

よそに ➡ をよそに 663
よって ➡ によって 473-476
より ➡ によって 473-476
より ➡ は~より 528

쏙쏙 어휘 紅葉 단풍 盛り 한창 때 一報 한 번 알림, 간단히 알림 新米 햅쌀

579　より～のほう

～보다 ～쪽이

접속 방법　「명사」 + より + 「명사」 + の方

① デパートの品物よりスーパーの品物の方が安い。
백화점의 물품보다 슈퍼마켓의 물품 쪽이 싸다.

② わたしは海より山の方が好きです。
나는 바다보다 산 쪽을 좋아합니다.

③ わたしは日本酒よりビールの方をよく飲みます。
나는 청주보다 맥주 쪽을 자주 마십니다.

④ この店は、日曜日より月曜日や火曜日の方がお客さんが多いです。
이 가게는 일요일보다 월요일과 화요일 쪽이 손님이 많습니다.

⑤ 一人で食べるより、みんなといっしょに食べる方が楽しいです。
혼자서 먹는 것보다 모두 함께 먹는 쪽이 즐겁습니다.

⑥ 東京駅に行くときは、バスで行くより電車で行く方が早いです。
도쿄역에 갈 때는 버스로 가는 것보다 전철로 가는 편이 빠릅니다.

▶ 「명사1より명사2のほう」의 형태로, 두 가지 사항(명사1과 명사2)을 예를 들어 비교해서 한 쪽(명사2 쪽)이 정도가 높다(낮다)고 말하고자 할 때 사용하는 표현입니다. 부정의 형태로는 사용하지 않는 것이 보통이니까, 잘 기억해 두세요.

◆ (×) りんごよりみかんの方が大きくない。

▶ 예문 ⑤, ⑥처럼 명사 이외의 품사에 붙는 형태도 있으니, 함께 기억해 두세요.

よりほかしかたがない　➡　ほかない　534
よりほかない　➡　ほかない　534
よる　➡　によって　473-476
よると　➡　によると　478
よれば　➡　によると　478

체크 문제 や행

◆ 다음 문장의 괄호 안에 들어갈 알맞은 표현을 써 넣으세요.

① 何を考えている (　　　　　　　　)、息子の心の中はさっぱりわからない。
　무엇을 생각하고 있는지, 아들의 마음속은 전혀 모르겠다.

② 田中君のうちへ行く前に、ちょっと電話をし (　　　　　　　　)。
　다나카 군의 집에 가기 전에 잠깐 전화를 해야겠다.

③ あの病院のお医者さんは、病気のことをわかり (　　　　　　　　) 説明してくれます。
　그 병원의 의사는 병에 대한 것을 알기 쉽게 설명해줍니다.

④ あの子はしかられても、決してあやまろ (　　　　　　　　)。
　그 아이는 혼나도 결코 사과하려고 하지 않는다.

⑤ この店は、日曜日 (　　　　　　) 月曜日や火曜日 (　　　　　　) がお客さんが多いです。
　이 가게는 일요일보다 월요일과 화요일 쪽이 손님이 많습니다.

⑥ 来月からこの駅にも急行が止まる (　　　　　　　　)。
　다음 달부터 이 역에도 급행열차가 정차하게 됩니다.

⑦ この季節には、かさを持っていこ (　　　　　　) いく (　　　　　　) と毎朝迷ってしまう。
　이런 계절에는 우산을 갖고 갈까 말까 매일 아침 망설이게 된다.

⑧ 新しい仕事は慣れぬこと (　　　　　　　　)、失敗ばかりしています。
　새로운 일은 적응되지 않아서 실패만 하고 있습니다

⑨ そのニュースが伝わる (　　　　　　　　)、たちまちテレビ局に抗議の電話かかってきた。
　그 뉴스가 전해지자마자 금세 방송국에 항의 전화가 걸려왔다.

⑩ この時計はもう部品がないから、直し (　　　　　　)。
이 시계는 이제 부품이 없기 때문에 고칠 수가 없다.

⑪ これからは少しでも人の役に立つことを考え (　　　　　　)。
이제부터는 조금이라도 남의 도움이 되는 일을 생각하자.

⑫ 黒板の字がよく見える (　　　　　　) 前の席に座りましょう。
칠판의 글자가 잘 보이도록 앞자리에 앉읍시다.

⑬ お金に困っている後輩から借金を頼まれて、断ろ (　　　　　　) 断れ (　　　　　　)。
돈에 어려움을 겪는 후배에게 돈 부탁을 받아서, 거절하고 싶어도 거절할 수가 없었다.

⑭ (手紙) そちらでは紅葉が今が盛りの (　　　　　　) ですが、伺えなくて残念です。
(편지) 그쪽은 요즘 단풍이 한창이라고 하는데, 찾아뵙지 못해서 유감입니다.

⑮ この汚れはたたく (　　　　　　) 洗うとよく落ちます。
이 얼룩은 두드리듯이 빨면 잘 지워집니다.

⑯ この学校は規則が厳しいから、断らずに欠席し (　　　　　　)、大変だ。
이 학교는 규칙이 엄하기 때문에 사전양해 없이 결석한다면 큰일난다.

ま행 체크 문제 정답　　　　　　　　　▶ や행 정답 ☞ 633 p

① もかまわず　② もんか　③ まい　④ まじき
⑤ みたい　⑥ ものがある　⑦ ものだ　⑧ 前に
⑨ ましょう　⑩ まで　⑪ までもない　⑫ ものではない
⑬ ものなら　⑭ もらいました　⑮ ものを
⑯ もさることながら　⑰ 向きに　⑱ まま

580 らしい ★4

~인 것 같다, ~인 듯하다 〈추측〉

접속 방법 「보통형 (な형용사의 어간 / 명사)」+ らしい

① みんながホールのテレビの前に集まっていますよ。何か事故があったらしいですよ。
모두가 홀에 있는 텔레비전 앞에 모여 있어요. 뭔가 사고가 난 것 같아요.

② あの子はにんじんがきらいらしいね。いつもにんじんだけ残すよ。
저 아이는 당근을 싫어하는 것 같네. 항상 당근만 남겨.

③ ヤンさんは今日本にはいないらしいです。メールを送ったけど返事が来ません。
양 씨는 지금 일본에 없는 것 같습니다. 메일을 보냈는데, 답장이 오지 않네요.

④ 天気予報では、今日は雨が降るらしいですよ。台風が近づいているらしいです。
일기예보에 의하면 오늘은 비가 온다고 합니다. 태풍이 다가오는 것 같아요.

⑤ 野球の試合が終わったらしく、おおぜいの人が野球場から出てきました。
야구 시합이 끝난 듯, 많은 사람이 야구장에서 나왔습니다.

▶ 말하는 사람(話者)이 보거나 듣거나 한 것을 통해, 현시점에서 판단한 것을 나타내는 표현입니다. 직감적인 생각이 아니라, 그렇게 추측한 객관적인 근거가 있는 경우에 사용하는 경우가 많습니다. 자신의 주관만으로 말할 때에 사용하면 부자연스러우므로, 주의하세요.

◆ (×) (わたしの) 目の中にごみが入ったらしいです。

▶ 예문 ④처럼 타인에게서 들은 것을 전달하는 경우에도 사용합니다.
▶ 말하는 사람(話者)의 의지적인 행위의 예측에는 사용하지 않으니 주의하세요.
▶ い형용사처럼 활용하지만 현재의 추측을 나타내는 표현이므로, 일반적으로 과거형이나 부정형에서는 사용하지 않는다는 것도 함께 기억해 두세요.

1회 2회 3회

쏙쏙 어휘 残す 남기다 野球場 야구장

581 らしい
~답다, ~다운 〈전형〉

접속 방법 「명사」＋ らしい

① ケンはいつも元気で、本当に若者らしいです。
켄은 항상 힘차서, 정말 젊은이답습니다.

② ことしの夏は涼しくて、あまり夏らしくないですね。
올해 여름은 서늘해서 그다지 여름답지 않네요.

③ 久しぶりに会った明子さんは、ほんとうに母親らしくなって、やさしい声で子どもに話していました。
오랜만에 만난 아키코 씨는 정말로 엄마가 다 되어서 상냥한 목소리로 아이에게 말하고 있었습니다.

④ このごろ雨らしい雨が降っていません。
요즘 비다운 비가 내리지 않습니다.

⑤ 子どものときから、わたしは病気らしい病気をしたことがない。
어렸을 때부터 나는 병다운 병에 걸려본 적이 없다.

▶ '그것이 전형적인 성질을 가지고 있다'라고 말하고자 할 때 사용하는 표현입니다.
   ◆ 今日は夏らしい日でしたね。오늘은 전형적인 여름 날씨였네요. 〈오늘은 여름의 어느 날〉
     今日は夏のような日でしたね。오늘은 여름 같은 날이었네요. 〈현재는 여름이 아님〉
▶ 예문 ④, ⑤는「らしい」의 전후에 같은 명사를 두고 그 전형적인 성질을 가진 것을 나타내는 표현입니다.
▶ い형용사와 활용이 동일합니다.

1회 2회 3회

쏙쏙 어휘　若者 젊은이　母親 어머니, 모친

582 られる ★4
~할 수 있다 〈가능〉

접속 방법 활용표 참조

① A: 日本語の新聞が読めますか。
   일본어 신문을 읽을 수 있습니까?

   B: いいえ、漢字が多いので読めません。
   아니요, 한자가 많아서 읽을 수 없습니다.

② A: この荷物を全部一人で持てますか。
   이 짐을 전부 혼자서 들 수 있습니까?

   B: むりですね。一人では持てません。
   무리예요. 혼자서는 들 수 없습니다.

③ A: あなたは辛い料理が食べられますか。
   당신은 매운 요리를 먹을 수 있습니까?

   B: ええ、何でも好きです。
   네, 뭐든지 좋아합니다.

④ この入り口からは入れません。あちらの入り口からお入りください。
   이 입구로는 들어갈 수 없습니다. 저쪽 입구로 들어가 주세요.

⑤ A: あした朝7時にここに来られますか。
   내일 아침 7시 이곳에 올 수 있습니까?

   B: ええ、だいじょうぶです。
   네, 괜찮습니다.

⑥ A: あら、どうしてビールを飲まないんですか。
   어, 왜 맥주 안 드세요?

   B: 車で来たので、飲めないんですよ。
   차로 왔기 때문에 마실 수가 없습니다.

⑦ そのレポート、全部書けたらわたしにも見せてください。
   그 리포트, 전부 쓰면 저한테도 보여 주세요.

▶ 가능의 의미를 나타내는 표현입니다. 예문 ①~③은 기술적, 신체적인 능력을 나타내며, ④~⑥은 결정이나 상황 등으로 행위의 실현이 가능한 것을 나타냅니다.

▶ 타동사의 경우는 「パソコンを使う」→「パソコンが使える」와 같이 「を」를 「が」로 바꾸어 쓰는 경우가 많습니다.

▶ 가능 동사가 되는 동사는 사람이 의지를 가지고 하는 동작의 동사만이 가능하며, 사람의 의지와 관계없는 동사(病気になる・困る・悩む・疲れる 등)는 가능 동사가 될 수 없습니다. 또한, 주어가 무생물일 경우나 능력을 나타내는 경우에는 가능 동사를 사용하지 않습니다.

◆ (×) 電池が切れたから、このおもちゃはもう動けません。

▶ 예문 ⑦처럼 전부 완료했다는 의미에도 사용하는 경우가 있습니다.
▶ 「ことができる」와 거의 똑같이 사용할 수 있지만, 「られる」쪽이 회화체 표현입니다.

참고 **ことができる**

1회 2회 3회

가능의 의미를 가진 자동사

본래부터 가능의 의미를 내포하고 있는 자동사를 사용한 가능 표현. 이런 종류의 자동사에는 대응하는 가능 동사가 없다.

- めがねをかければ、小さい字もよく見えます。
  안경을 쓰면, 작은 글자도 잘 보입니다.
- (電話で) もしもし、もしもし、周りがうるさくて、声がよく聞こえません。
  (전화로) 여보세요, 여보세요, 주위가 시끄러워서 목소리가 잘 안 들려요.
- このかばんは大きいから、本がたくさん入ります。
  이 가방은 크기 때문에 책이 많이 들어갑니다.
- 故障したんでしょうか。電話がかかりません。
  고장 났나요? 전화가 안 걸리네요.

쏙쏙 어휘 辛い 맵다, 짜다   入り口 입구

583 られる ★3
~할 수 있다 〈성능 평가〉

접속 방법 활용표 참조

① このパンは安くておいしいから、よく売れます。
이 빵은 싸고 맛있어서 잘 팔립니다.

② このペンは字がきれいに書けません。
이 펜은 글씨가 깨끗하게 써지지 않습니다.

③ この川は魚がたくさん釣れます。となりの村の川はあまり釣れません。
이 강은 물고기가 많이 잡힙니다. 옆 마을의 강은 그다지 잡히지 않습니다.

④ もっと切れるはさみはありませんか。
좀 더 잘 잘리는 가위는 없습니까?

어떤 물건의 성질이나 품질을 평가하여 나타낼 때 사용합니다. 「ことができる」에는 이 사용법은 존재하지 않는다는 것, 기억하세요.

1회 2회 3회

쏙쏙 어휘   釣る 낚다, 잡다   はさみ 가위

584 られる

~되다, ~하여지다 〈수동〉

접속 방법 활용표 참조

① 子どものとき母が忙しかったので、わたしは祖母に育てられました。
어렸을 때 엄마가 바빴기 때문에 나는 할머니에게 길러졌습니다.

② けさ、電車の中で後ろの人に押されて、とてもいやだった。
오늘 아침, 전철 안에서 뒷사람에게 밀려서 매우 기분 나빴다.

③ 友だちにパーティーに招待されました。楽しみです。
친구에게 파티에 초대 받았습니다. 기대됩니다.

④ うちを出るとき、母に呼びとめられて、用事を頼まれた。
집을 나설 때, 어머니가 불러 세워 용건을 부탁했다.

⑤ 兄は山でけがをして、病院へ連れていかれたらしい。
오빠는 산에서 부상을 당해, 병원으로 실려 간 것 같다.

⑥ わたしは借りた本を早く返すようにと図書館から注意されました。
나는 도서관으로부터 빌린 책을 빨리 돌려달라는 주의를 받았습니다.

- 사람이 다른 것으로부터 어떤 행위를 받는다는 의미를 나타냅니다. 일본어에서는 '행위를 하는 사람'이 아니라, '그 행위를 받는 사람(나, 또는 심리적으로 나에게 가까운 사람이 많음)'을 주어로 하여 나타내는 경우가 많습니다.
- 행위를 하는 것이 사람이 아닌 경우(회사, 학교, 단체 등)는 예문 ⑥처럼 조사는 「に」가 아니라 보통 「から」가 옵니다.
- 행위를 하는 사람이 1인칭(나)인 경우, 일반적으로 수동문으로는 쓰지 않는다는 것도 기억해 두세요.

1회 2회 3회

쏙쏙 어휘 呼びとめる 불러 세우다   用事 용건, 볼일

585 られる

~해지다, ~되다 〈비정 수동〉

접속 방법 활용표 참조

① 試験は3月15日に行われます。
시험은 3월 15일에 시행됩니다.

② この寺の門は朝6時に開けられます。そして夕方6時に閉められます。
이 절의 문은 아침 6시에 열립니다. 그리고 저녁 6시에 닫힙니다.

③ この雑誌は若い人たちによく読まれています。
이 잡지는 젊은 사람들이 많이 읽습니다.

④ 東京のアパート代は高いと言われています。
도쿄의 아파트 값은 비싸다고 합니다.

⑤ 新しい治療法が東西大学の小林教授のグループによって開発された。
새로운 치료법이 도자이 대학의 고바야시 교수팀에 의해 개발되었다.

▶ 어떤 행위의 대상(물건)을 주어로 하여, 사회적인 사실이나 공개적으로 알리는 사항을 말할 경우에 사용하는 수동문입니다. '소유자의 수동, 피해의 수동'처럼 사람을 주어로 한 수동문과는 달리, '곤란하다, 싫다'와 같은 감정이 아닌 사실을 객관적으로 서술할 때 사용합니다.
▶ 그 행위를 하는 사람이 특정인이 아닌 경우는 보통 이 수동문 중에는 나타나지 않으며, 특정인의 경우는 예문 ⑤처럼「~によって」로 나타냅니다.

쏙쏙 어휘 治療法 치료법   開発 개발

586 られる ★4
~을 당하다, ~을 받다 〈소유자 수동〉
접속 방법　활용표 참조

① わたしは子どもにめがねを壊されて困っています。
　나는 아이가 안경을 부셔서 난처해하고 있습니다.

② 暗い道を歩いていたとき、だれかに肩をたたかれてびっくりしました。
　어두운 길을 걷고 있었을 때, 누군가가 어깨를 두드려서 깜짝 놀랐습니다.

③ わたしは先生に作文をほめられてうれしかったです。
　나는 선생님에게 작문을 칭찬 받아서 기뻤습니다.

④ たいせつな洋服を弟に汚されてしまいました。
　중요한 양복을 남동생이 더럽혀 버렸습니다.

⑤ 小さい声で話したのに、ヤンさんに話を聞かれてしまいました。
　작은 소리로 말했는데, 양 씨가 들어 버렸습니다.

▶ 자신의 몸의 일부, 소유물, 관계가 있는 물건이 어떤 사람의 행위를 받을 때 사용하는 표현입니다. 피해를 받거나 귀찮다고 느끼는 경우가 대부분으로, 그 부분이 아니라 그 행위 자체를 귀찮다고 느낀 사람(나 또는 심리적으로 나에게 가까운 사람이 많음)을 주어로 하여 나타냅니다.
　◆ (×) わたしの背中は後ろの人に押されました。
▶ 행위를 하는 사람이 1인칭(나)인 경우, 일반적으로 수동문으로는 쓰지 않습니다.

쏙쏙 어휘　洋服 양복　汚す 더럽히다, 손상하다

587 られる ★4

~당하다 〈피해 수동〉

접속 방법 활용표 참조

① きのう、となりの人に夜遅くまでさわがれて、うるさくて眠れませんでした。
어제 이웃이 밤늦게까지 소란을 피워, 시끄러워서 잠을 잘 수가 없었습니다.

② A: どうしたんですか。何かあったんですか。
왜 그래요? 무슨 일 있었나요?
B: 旅行の間にどろぼうに入られて、お金を盗まれたんです。
여행 간 사이에 도둑이 들어와서 돈을 훔쳐갔습니다.

③ かわいがっていたねこに死なれて、とてもさびしかった。
귀여워하던 고양이가 죽어서 매우 쓸쓸했다.

④ すぐとなりに10階のマンションを建てられて、わたしの部屋から富士山が見えなくなりました。
바로 옆에 10층 맨션을 세워, 내 방에서 후지산이 보이지 않게 되었습니다.

⑤ 会議の間、となりの人にたばこを吸われて、気分が悪くなりました。
회의 시간에 옆사람이 담배를 피워서 기분이 나빠졌습니다.

⑥ 病院では夜遅くまで起きていることはできません。9時に電気を消されてしまいます。
병원에서는 밤늦게까지 깨어있을 수 없습니다. 9시에 전기를 꺼버립니다.

자신이 직접 행위를 받는 것이 아니라 어떤 일이나 타인이 한 일에 의해 피해를 받거나 그 일을 귀찮다고 느꼈을 때, 또는 피해나 성가심을 받은 사람(나, 또는 심리적으로 나에게 가까운 사람이 많음)을 주어로 하여 나타낼 때 사용합니다. 예문 ① ~ ③처럼 자동사에서도, ④ ~ ⑥처럼 타동사에서도 모두 사용할 수 있습니다.

588 られる
~하시다 〈존경〉

접속 방법 　활용표 참조

① 先生、どこで電車を降りられますか。
선생님, 전철은 어디에서 내리십니까?

② 部長、今日はミーティングでおもしろいことを話されましたね。
부장님, 오늘은 회의 때 재미있는 말씀을 하셨더군요.

③ 田中さんのお父さんは毎朝、散歩されるそうです。
다나카 씨의 아버지는 매일 아침, 산책하신다고 합니다.

- ▶ 상대나 제3자에게 존경의 기분을 나타낼 때 사용합니다.
- ▶ 형태는 수동의 형태와 같습니다.
- ▶ 「られる」보다 「お~になる」쪽이 존경의 정도가 더 높다는 것을 기억해 두세요.

1회 2회 3회

쏙쏙 어휘　毎朝 매일 아침　散歩 산책

589 られる

~되다, ~나다 〈자발〉

접속 방법 활용표 참조

① 今年の夏は野菜が高くなると思われます。
올해 여름은 채소가 비싸질 거라고 생각됩니다.

② この町に来ると、子どものころのことがよく思い出されます。
이 마을에 오면 어렸을 때의 일이 자주 떠오릅니다.

③ 彼女の手紙を読むと、彼女のやさしい気持ちが感じられる。
그녀의 편지를 읽으면 그녀의 상냥한 마음이 느껴진다.

자연스럽게 마음이 그렇게 움직인다는 자발의 의미를 나타내는 표현입니다. 마음의 움직임을 나타내는 동사(思う・感じる・考える 등)를 수동형과 같은 형태로 하여 사용하면 됩니다.

1회 2회 3회

쏙쏙 어휘 気持ち 기분, 마음 感じる 느끼다, 감동하다

590 わけがない ★3

~할 리가 없다, ~될 수가 없다, ~할 까닭이 없다

접속 방법　「보통형 (な형용사의 어간 + な・である / 명사 + の・である)」+ わけがない

① まだ習っていない問題を試験に出されても、できるわけがない。
아직 배우지 않은 문제를 시험에 내면 풀 수 있을 리가 없다.

② こんな漢字の多い本をあの子が読むわけがない。彼はまんがしか読まないんだから。
이런 한자가 많은 책을 그 아이가 읽을 리가 없다. 그는 만화밖에 읽지 않으니까.

③ こんなに低温の夏なんだから、秋にとれる米がおいしいわけがない。
이렇게 여름이 서늘하니까 가을에 수확할 쌀이 맛있을 리가 없다.

④ A : 後藤さんは暇かな。明日の会に誘ってみようか。
고토 씨는 시간 있을까. 내일 모임에 같이 가자고 해 볼까?

　B : 後藤さん？ 彼女は今結婚式の準備で忙しいよ。暇なわけないよ。
고토 씨? 그녀는 요즘 결혼식 준비로 바빠. 한가할 리가 없어.

⑤ けさ、電車の中で前田さんによく似た人を見かけたんです。でも、あの方は今上海にいるんだから、前田さんのわけがありませんよね。
오늘 아침, 전철 안에서 마에다 씨와 아주 닮은 사람을 봤어요. 하지만 그 분은 지금 상하이에 있으니까 마에다 씨일 리가 없을 거예요.

▶ 어떤 사실을 근거로 그 일이 성립하는 이유나 가능성이 없다고 강하게 말할 때 사용하는 표현으로, 말하는 사람(話者)의 주장이나 주관적인 판단을 나타냅니다.

▶ 예문 ④처럼 회화체에서는「わけない」의 형태로도 사용됩니다.

▶ 예문 ⑤의「명사 + のわけがない」는 회화체에서「명사 + なわけがない」의 형태가 되는 경우도 있습니다.

▶「はずがない」와 바꿔쓸 수 있습니다.

참고 はずがない

591 わけだ ★3

~하게 된다, ~한 것이다, ~뿐이다

접속 방법 「보통형 (な형용사의 어간 + な・である / 명사 + の・である)」 + わけだ

① 30ページの宿題だから、1日に3ページずつやれば10日で終わるわけです。
30페이지 분량의 숙제니까 하루에 3페이지씩 하면 열흘 만에 끝날 겁니다.

② 夜型の人間が増えてきたために、コンビニエンス・ストアがこれほど広がったわけです。
야간형 인간이 늘었기 때문에, 편의점이 이 정도로 확대된 것입니다.

③ このスケジュール表を見ると、東京に帰ってくるのは水曜日の午前中のわけだ。
이 스케줄 표를 보면 도쿄에 돌아오는 것은 수요일 오전 중일 것이다.

④ 彼に頼まれなかったから、わたしはその仕事をやらなかったわけで、頼んでくればいつでもやってあげるつもりだ。
그 사람에게 부탁 받지 않기 때문에 나는 그 일을 하지 않을 뿐이며, 부탁하면 언제라도 해 줄 생각이다.

▶ 어떤 사실이나 상황으로부터 '당연히 ~의 결론이 되다'라고 말하고자 할 때 사용하는 표현입니다. '이런 사실이 있으므로'라든가 '이런 상황이기 때문에'라고 앞에 이유 표현이 오는 경우가 많습니다.

▶ 예문 ③의 「명사 + のわけだ」는 회화체에서는 「명사 + なわけだ」의 형태로 쓰이는 경우도 있습니다.

쏙쏙 어휘 コンビニエンス・ストア 편의점　広がる 넓어지다, 펴지다

592 わけではない ★3

~했던 것은 아니다, 꼭 ~인 것만은 아니다

접속 방법 「보통형 (な형용사의 어간 + な・である / 명사 + の・である)」+ わけではない

① わたしは学生時代に勉強ばかりしていたわけではない。よく旅行もした。
나는 학창시절에 공부만 한 것은 아니다. 여행도 자주 했다.

② 自動車立国だからといって、日本人がみんな車を持っているわけではない。
자동차 산업이 발달했다고 해서 일본인 모두가 차를 갖고 있는 것은 아니다.

③ 会社をやめたいという、あなたの今の気持ちもわからないわけではありません。しかし、将来のことをよく考えて……。
회사를 그만두고 싶다는 당신의 지금 기분도 모르는 것은 아닙니다. 그러나 장래의 일을 잘 생각해서 …….

④ 熱があるわけではないが、なんとなく体が疲れた感じがする。
열이 있는 것은 아니지만, 왠지 몸이 피곤한 느낌이 든다.

⑤ 今日の会には特に行きたいわけではないんだけど、頼まれたから出席するんです。
오늘 모임에 특별히 가고 싶은 것은 아니지만, 부탁을 받았기 때문에 출석하는 것입니다.

▶ 「~わけではない」의 형태로, 「~」의 내용을 부분적으로 부정할 때 사용하는 표현입니다. 예문 ②처럼 「からといって」와 함께 사용하는 경우가 많습니다. 예문 ③의 「~ないわけではない」는 부분적으로 긍정하는 표현이며, 예문 ④, ⑤처럼 「特に~ではないが」라고 설명할 때에도 사용할 수 있습니다.

▶ 「명사 + のわけではない」는 회화체에서는 「명사 + なわけではない」로 쓰이는 경우도 있습니다.

쏙쏙 어휘 将来 장래   感じがする 느낌이 들다

593 わけにはいかない

~할 수 없다

접속 방법 「동사의 사전형」+ わけにはいかない

① あしたは試験があるから、今日は遊んでいるわけにはいかない。
내일은 시험이 있어서, 오늘은 놀고 있을 수만은 없다.

② これは亡くなった友人がくれた大切なもので、あげるわけにはいかないんです。
이것은 죽은 친구가 준 소중한 것이기에, 줄 수 없습니다.

③ 資源問題が深刻になってきて、企業もこれを無視するわけにはいかなくなった。
자원문제가 심각해져서 기업도 이것을 무시할 수는 없게 되었다.

'그렇게 하고 싶은 기분은 있지만, 사회적인 통념이나 상식으로 생각할 때 또는 심리적인 이유 때문에 그렇게 할 수 없다'고 말하고자 할 때 사용하는 표현입니다.

1회 2회 3회

わけはない	➡	わけがない 628
わたった	➡	にわたって 479
わたって	➡	にわたって 479
わたり	➡	にわたって 479
わたる	➡	にわたって 479

쏙쏙 어휘 亡くなる 죽다, 작고하다　深刻 심각　無視 무시

594 わりに(は)

~에 비해서(는), ~보다(는)

접속 방법 「명사＋の/동사・형용사의 보통형(な형용사의 어간＋な・である)」＋ わりに(は)

① わたしの母は、年を取っているわりには新しいことに意欲的です。
우리 어머니는 나이를 먹은 것에 비해서는 새로운 일에 의욕적입니다.

② きのうの講演会は、思ったわりには人が集まらなかった。
어제 강연회는 생각했던 것에 비해서는 사람이 모이지 않았다.

③ このくつは値段が高いわりによく売れる。
이 신발은 값이 비싼 것에 비해서 잘 팔린다.

④ 彼女は年齢のわりには若く見えます。
그녀는 연령에 비해서는 젊어 보입니다.

▶ 「~わりに(は)」의 형태로, '~한 것으로부터 생각해 볼 때 당연하다고 생각되는 정도에 맞지 않는'이라는 뜻을 나타낼 때 사용하는 표현입니다.

▶ 「にして(は)」와 의미, 용법은 비슷하지만, 「わりには」는 어울리지 않는 일을 문제로 하고 있는 것이 특징입니다. 「わりに(は)」의 전후에는 정도를 나타내는 표현이 오는 경우가 많습니다.

1회 2회 3회

쏙쏙 어휘 意欲的 의욕적 講演会 강연회 売れる 팔리다, 인기가 있다

체크 문제   ら・わ행

◆ 다음 문장의 괄호 안에 들어갈 알맞은 표현을 써 넣으세요.

① 新しい治療法が東西大学の小林教授のグループによって開発さ(　　　　　)。
새로운 치료법이 도자이 대학의 고바야시 교수팀에 의해서 개발되었다.

② こんなに低温の夏なんだから、秋にとれる米がおいしい(　　　　　)。
이렇게 여름이 서늘하니까 가을에 수확할 쌀이 맛있을 리가 없다.

③ あの子はにんじんがきらい(　　　　　)ね。いつもにんじんだけ残すよ。
저 아이는 당근을 싫어하는 것 같네. 항상 당근만 남겨.

④ きのうの講演会は、思った(　　　　　)人が集まらなかった。
어제 강연회는 생각했던 것에 비해서는 사람이 모이지 않았다.

⑤ あしたは試験があるから、今日は遊んでいる(　　　　　)。
내일은 시험이 있어서. 오늘은 놀고 있을 수 만은 없다.

⑥ このごろ雨(　　　　　)雨が降っていません。
요즘 비다운 비가 내리지 않습니다.

⑦ 部長、今日はミーティングでおもしろいことを話さ(　　　　　)ね。
부장님, 오늘은 회의 때 재미있는 말씀을 하셨더군요.

⑧ このスケジュール表を見ると、東京に帰ってくるのは水曜日の午前中の(　　　　　)。
이 스케줄 표를 보면 도쿄에 돌아오는 것은 수요일 오전 중일 것이다.

⑨ 自動車立国だからといって、日本人がみんな車を持っている(　　　　　)。
자동차 산업이 발달했다고 해서 일본인 모두가 차를 갖고 있는 것은 아니다.

⑩ この入り口からは入(　　　　　)。あちらの入り口からお入りください。
이 입구로는 들어갈 수 없습니다. 저쪽 입구로 들어가 주세요.

▶ら・わ행 정답 ☞ 672 p

や행 체크 문제 정답			
① やら	② よう	③ やすく	④ うとしない
⑤ より, の方	⑥ ようになります	⑦ うか, まいか	⑧ ゆえ
⑨ や否や	⑩ ようがない	⑪ ようではないか	⑫ ように
⑬ うにも, なかった	⑭ 由	⑮ ようにして	⑯ ようものなら

595 をおいて ★1
~을 제외하고, ~가 아니면

접속 방법 「명사」 + をおいて

① この仕事をやれる人はあなたをおいてほかにいないと思います。
이 일을 할 수 있는 사람은 당신이 아니면 달리 없다고 생각합니다.

② こんないやなことを引き受ける人は彼をおいてだれもいない。
이런 안 좋은 일을 떠맡을 사람은 그 사람 말고 아무도 없다.

③ 海洋学を勉強するなら、入るべき大学はあの大学をおいてほかにない。
해양학을 공부한다면 들어가야 할 대학은 그 대학 말고는 달리 없다.

「~をおいて~ない(いない)」의 형태로, '~이외에 따로 없다'라고 말하고자 할 때 사용하는 표현입니다. 주로 '그것과 비교할 수 있는 것은 따로 없다'라고 높이 평가할 때에 사용하는 경우가 많습니다.

1회 2회 3회

쏙쏙 어휘 海洋学 해양학   入る 들어가다

596 をかぎりに

~을 끝으로, ~부터

★1

접속 방법 「명사」+ を限りに

① 今日を限りに禁煙することにしました。
오늘을 끝으로 금연하기로 했습니다.

② 今回の取引を限りに、今後A社とはいっさい取引しない。
이번 거래를 끝으로 앞으로 A사와는 일체 거래하지 않는다.

③ 今年度を限りに土曜日の業務は行わないことになりました。
금년도를 끝으로 토요일 업무는 하지 않게 되었습니다.

지금까지 계속되고 있던 것이 앞으로는 더는 계속되지 않게 되어 그 최종기한을 나타낼 때 사용하는 표현입니다.

쏙쏙 어휘 禁煙 금연 取引 거래 業務 업무

597 をかわきりに(して) ★1

~을 시작으로 (해서), ~을 기점으로 (해서)

접속 방법 「명사」+ を皮切りに(して)

① わたしたちは大阪の出演を皮切りに、各地で公演をすることになっている。
우리들은 오사카 출연을 시작으로 각지에서 공연하게 되어 있다.

② 彼の発言を皮切りにして、大勢の人が次々に意見を言った。
그 사람의 발언을 시작으로 많은 사람이 연이어 의견을 말했다.

③ この作品を皮切りとして、彼女はその後、多くの小説を発表した。
이 작품을 시작으로 그녀는 그 후 많은 소설을 발표했다.

'~에서 시작하여, 그 후 차례차례로'라고 말하고자 할 때 사용하는 표현으로, 그 후에 계속되는 행위의 계기가 되는 가장 최초의 행위를 나타냅니다.

1회 2회 3회

쏙쏙 어휘 各地 각지   発言 발언

598 をきっかけに(して) ★3
~을 계기로 (해서)

접속 방법   「명사」+ をきっかけに(して)

① 春のハイキングをきっかけに、わたしは山登りに興味を持つようになった。
봄 하이킹을 계기로, 나는 등산에 흥미를 갖게 되었다.

② 今日の料理番組をきっかけにして、母が昔よく作った料理を思い出した。
오늘 요리 프로그램을 계기로, 엄마가 옛날에 자주 만들던 요리를 생각해냈다.

③ ある日本人と友達になったことがきっかけで、日本留学を考えるようになった。
어느 일본인과 친구가 된 것이 계기로, 일본 유학을 생각하게 되었다.

▶ 어떤 새로운 행위를 일으킨 발단이나 동기를 말할 때 사용하는 표현입니다. 예문 ③처럼 「がきっかけで」의 형태도 있습니다.
▶ 「をけいきに(して)」와 의미, 용법이 매우 비슷하지만, 「をきっかけに(して)」 뒤에 오는 문장은 특별히 플러스적인 행동이 아니더라도 상관없다는 것을 기억해 두세요.

참고 をけいきに(して)

1회 2회 3회

쏙쏙 어휘   山登り 등산   作る 만들다   留学 유학

599 をきんじえない ★1
~을 참을 수 없다

접속 방법 「명사」+ を禁じ得ない

① 兄の建てたばかりの家が地震で壊れてしまった。同情を禁じ得ない。
세운지 얼마 안 된 형의 집이 지진으로 무너져버렸다. 동정을 금할 수 없다.

② 今回の県知事の不正行為は、税金を納めている県民として怒りを禁じ得ない。
이번 현지사의 부정행위는 세금을 납부하고 있는 주민으로서 분노를 참을 수 없다.

③ 戦争で子どもを亡くした彼女の話を聞いて、小林氏は涙を禁じ得なかったそうだ。
전쟁으로 아이를 잃은 그녀의 이야기를 듣고, 고바야시 씨는 눈물을 참을 수 없었다고 한다.

▶ 사물의 상황이나 사정을 보고, 마음속에서 자연스럽게 그러한 기분이 생겨서 의지적인 힘으로는 '억제할 수가 없다'고 말하고자 할 때 사용하는 표현입니다. 「同情(동정)・怒り(분노)・笑い(웃음)」 등의 말에 붙입니다.

▶ 딱딱한 말로써, 일상회화에서는 그다지 사용하지 않으니까 주의하세요.

▶ 3인칭에 사용할 때에는 예문 ③처럼 문말에 「そうだ・ようだ」를 접속시켜야 합니다.

1회 2회 3회

쏙쏙 어휘 同情 동정 納める 납부하다, 바치다 怒り 분노

600 をください ★5
~을 주세요(주십시오)

접속 방법 「명사」+ をください

① (レストランで) すみませんが、ソースをください。
(레스토랑에서) 죄송한데요, 소스 좀 주세요.

② すみません、そのメモ用紙を1枚ください。
실례합니다. 그 메모 용지 한 장 주세요.

③ (郵便局で) 80円の切手を5枚ください。それから、はがきも3枚ください。
(우체국에서) 80엔짜리 우표 다섯 장 주세요. 그리고 엽서도 세 장 주세요.

④ 夜、うちに電話をください。
저녁에 우리집에 전화 주세요.

상대방에게서 무언가를 받고 싶다고 부탁할 때 사용하는 표현입니다.

1회 2회 3회

쏙쏙 어휘   ソース 소스   はがき 엽서

601 をくださいませんか ★5

~을 주세요, ~주시지 않겠습니까?

접속 방법 「명사」 + をくださいませんか

① きれいな絵はがきですね。1枚くださいませんか。
예쁜 그림엽서네요. 한 장 주세요.

② 荷物がたくさんあるので、紙ぶくろを二つくださいませんか。
짐이 많이 있어서 그런데 종이 봉지를 두 개 주시지 않겠습니까?

③ すみませんが、今月中にお返事をくださいませんか。
죄송합니다만, 이번 달 중으로 답변을 주시지 않겠습니까?

「をください」보다 정중한 의뢰나 지시를 나타내는 표현입니다.

쏙쏙 어휘 紙ぶくろ 종이 봉투   返事 답변

602 をけいきに(して)

~을 계기로(해서)

접속 방법 「명사」＋ を契機に(して)

① この災害を契機にして、わが家でも防災対策を強化することにした。
이 화재를 계기로 해서 우리 집에서도 방재대책을 강화하기로 했다.

② 転居を契機に、わたしも今までの仕事をやめて自分の店を持つ決心をした。
이사를 계기로 나도 지금까지 해왔던 일을 그만두고, 내 가게를 갖기로 결심했다.

③ 今度の病気、入院を契機として、今後は定期健診をきちんと受けようと思った。
이번에 아파서 입원했던 것을 계기로, 앞으로는 정기검진을 제대로 받으려고 한다.

▶ '그것을 좋은 기회라고 생각하여', '그것을 새로운 행동의 발단으로 하여'라는 뜻을 나타내는 표현입니다. 뒤에는 플러스적인 의미의 문장이 오는 경우가 많습니다.

▶ 의미, 용법은 「をきっかけに(して)」와 대부분 같지만, 「をけいきにして」는 사건이나 행위를 나타내는 명사에 이어지는 것이 특징입니다.

참고 をきっかけに(して)

쏙쏙 어휘　転居 이사, 이전　決心 결심

603 をこめて ★3

~을 다해서, ~을 담아서, ~을 바쳐서

접속 방법　「명사」＋ を込めて

① 先生、ありがとうございました。わたしたちの感謝を込めてこの文集を作りました。
　　선생님, 감사했습니다. 저희들의 감사의 마음을 담아서 이 문집을 만들었습니다.

② 昔の子どもたちは遠足の前の日などに「あした、天気になりますように」と願いを込めて「てるてる坊主」という小さい人形を作って、窓の外につるした。
　　옛날 아이들은 소풍 전날에 내일은 날씨가 좋기를 바라는 희망을 담아 '테루테루보즈'라는 작은 인형을 만들어서 창문 밖에 매달았다.

③ あなたに、愛を込めてこの指輪を贈ります。
　　당신에게 사랑을 담아서 이 반지를 선사합니다.

'사랑, 염원 등의 마음을 어떤 것에 다짐하여'라는 의미를 나타내는 표현입니다. 이 외에도「心をこめて(마음을 담아)・祈りをこめて(기도를 담아)・思いをこめて(생각을 담아)・恨みをこめて(원망을 담아)・力をこめて(힘을 들여)」등의 표현이 자주 쓰입니다.

1회 2회 3회

쏙쏙 어휘　文集 문집　つるす 매달다, 달아 매다　贈る 선사하다, 보내다

604 をしている ★4

~을 가지다, ~해지다

접속 방법 「명사」 + をしている

① リーさんはきれいな声をしています。
이 씨는 예쁜 목소리를 가지고 있습니다.

② A：少し赤い顔をしていますよ。お酒を飲んだんでしょう。
조금 얼굴이 빨개졌네요. 술 마셨죠?

B：あ、わかりましたか。어, 아시겠어요?

③ この花、ほんとうにいい色をしていますね。
이 꽃, 정말 색이 예쁘네요.

④ あの三角形をしたビルは何ですか。
저 삼각형 모양을 한 빌딩은 뭐예요?

⑤ 母：あら、汚い手してるね。どうしたの。
어머나, 손이 더럽네. 무슨 일이니?

子：公園で砂遊びをしたんだよ。
공원에서 모래 장난을 했어.

▶ 눈으로 볼 수 있는 색깔, 형태, 상황 등을 말하고자 할 때 사용하는 표현입니다. 명사를 설명할 때는 예문 ④처럼 「명사1 + をしている + 명사2」를 「명사1 + をした + 명사2」로 바꿀 수 있습니다.

▶ 보통 말하는 사람 자신의 일이 아니라 말하는 사람이 보았던 상황을 말할 때 사용합니다.
　◆ (×) わたしは長い髪をしています。

▶ 허물없는 사이의 대화에서는 예문 ⑤처럼「をしている」가「(を)してる」의 형태가 됩니다.

1회 2회 3회

쏙쏙 어휘　三角形 삼각형　汚い 더럽다, 지저분하다　砂遊び 모래 장난

605 をちゅうしんとして ★3
~을 중심으로, ~을 끼고

접속 방법 「명사」+ を中心として

① 実行委員長の秋山君を中心として、文化祭の係は心を一つに準備をしています。
실행위원장인 아키야마 군을 중심으로 축제 담당은 한마음으로 준비를 하고 있습니다.

② 今度の台風の被害は東京を中心に関東地方全域に広がった。
이번 태풍 피해는 도쿄를 중심으로 간토지방 전역에 퍼졌다.

③ この研究会では公害問題を中心としたさまざまな問題を話し合いたいと思う。
이번 연구회에서는 공해문제를 중심으로 한 여러 문제를 이야기하고 싶다.

④ 石井さんを中心とする新しい委員会ができた。
이시이 씨를 중심으로 한 새로운 위원회가 생겼다.

▶ 일이나 행위의 중심이 무엇인지를 말하고자 할 때 사용하는 표현입니다. 예문 ②처럼 「を中心に(して)」의 형태도 있으니 함께 기억해 두세요.

▶ 뒤에 명사가 올 때는 예문 ③, ④처럼 「を中心とした + 명사・を中心とする + 명사」의 형태가 됩니다.

1회 2회 3회

をちゅうしんとする	➡	をちゅうしんとして 644
をちゅうしんに	➡	をちゅうしんとして 644
をちゅうしんにする	➡	をちゅうしんとして 644

쏙쏙 어휘 全域 전역 研究会 연구회 公害 공해

606 をつうじて

~동안, ~내내 〈계속적인 기간〉

접속 방법 「명사」+ を通じて

① この地方は1年を通じてほとんど同じような天候です。
이 지방은 일년내내 거의 날씨가 비슷합니다.

② この公園には四季を通じていろいろな花が咲きます。
이 공원에는 사계절 내내 여러 꽃이 핍니다.

③ 人類の歴史を通じて、地球のどこかでつねに戦争が行われてきた。
인류의 역사 이래, 지구의 어딘가에서 항상 전쟁이 일어나고 있다.

「~を通じて」의 형태로, '~동안 계속 같은 상태이다'라고 말하고자 할 때 사용하는 표현입니다. 「をとおして」와 의미, 용법은 대체로 동일합니다.

참고 をとおして 〈계속적인 기간〉

1회 2회 3회

쏙쏙 어휘　四季 사계절　人類 인류　つねに 늘, 항상

607 をつうじて ★3

~을 통해서 〈수단・매개〉

접속 방법 「명사」+ を通じて

① わたしはそのことをテレビのニュースを通じて知りました。
저는 그것을 텔레비전 뉴스를 통해서 알았습니다.

② 彼とは共通の友人を通じて知り合った。
그 사람과는 같은 친구를 통해서 알게 되었다.

③ このような民間レベルの国際交流を通じて、両国の相互理解が少しずつでも進んでいくことを願っています。
이 같은 민간 수준의 국제교류를 통해서 양국의 상호이해가 조금씩이라도 진전되어가기를 바라고 있습니다.

▶ 무언가를 성립시킬 때나 무언가를 할 때의 매개나 수단이 되는 사람, 내용을 나타내는 표현입니다.

▶ 「をつうじて」와 「をとおして」는 함께 사용되는 경우가 많지만, 「をつうじて」는 무언가가 성립할 때의 매개, 수단으로 취급하고, 「をとおして」는 그것을 사이에 내세워서 무언가를 한다는 적극적인 의미로 사용되는 경우가 많습니다.

참고 をとおして 〈수단・매개〉

1회 2회 3회

쏙쏙 어휘 共通 공통 民間 민간 相互理解 상호이해

608 をとおして ★3

~을 통틀어서, ~내내 〈계속적인 기간〉

접속 방법 「명사」+ を通して

① 1年を通して彼は欠席、遅刻をしないでがんばった。
일년내내 그 사람은 결석, 지각을 하지 않고 열심히 했다.

② 山田さんはこの会社にいた10年間を通していつも意欲的だった。
야마다 씨는 이 회사에 있었던 십 년 내내 항상 의욕적이었다.

③ 母は3か月の入院期間を通して1度も不満を言わなかった。
어머니는 3개월의 입원기간 내내 한 번도 불만을 말하지 않았다.

「~を通して」의 형태로, '~동안 계속 같은 상태이다'라고 말하고자 할 때 사용하는 표현입니다. 「をつうじて」와 의미는 같지만, 「をとおして」의 뒤에는 적극적, 의지적인 일을 나타내는 문장이 오는 경우가 많습니다.

참고 をつうじて 〈계속적인 기간〉

쏙쏙 어휘 意欲的 의욕적 不満 불만

609 をとおして

~을 통해서, ~에게 〈수단·매개〉

접속 방법 「명사」＋を通して

① 社長に会うときは、秘書を通してアポイントメントを取ってください。
사장님을 만날 때는 비서를 통해서 약속을 해 주세요.

② 田中さんを通しての就職の話は残念ながらうまくいかなかった。
다나카 씨를 통한 취직 이야기는 유감스럽게도 잘 되지 않았다.

③ 業務に関するお問い合わせは、事務局を通して行ってください。
업무에 관한 문의는 사무국을 통해서 해 주세요.

▶ '어떤 사람이나 사항을 매개로 하여, 무언가를 행한다'는 뜻을 나타내는 표현입니다.
▶ 「をつうじて」와「をとおして」는 같이 사용되는 경우가 많지만,「をつうじて」는 무언가가 성립할 때의 매개나 수단으로써 취급하며,「をとおして」는 그것을 사이에 내세워서 무언가를 한다는 적극적인 의미로 사용되는 경우가 많습니다.

참고 をつうじて 〈수단·매개〉

1회 2회 3회

쏙쏙 어휘　アポイントメント (면회, 상담의) 약속　事務局 사무국

610 を～として

~을 ~로서, ~을 ~로 해서

접속 방법 「명사」＋ を ＋「명사」＋ として

① 卒業を1つの区切りとして、これからは自立しなければならない。
졸업을 하나의 전환점으로 해서 앞으로는 자립하지 않으면 안 된다.

② この大会に参加できるのは社会奉仕を目的とする団体だけです。
이 대회에 참가할 수 있는 것은 사회봉사를 목적으로 하는 단체뿐입니다.

③ ビルの建設は安全を第一条件とし、慎重に工事を進めてください。
빌딩 건설은 안전을 첫 번째 조건으로 해서 신중하게 공사를 진행해 주세요.

④ 今年の文化祭は「地球の未来」をテーマにして、準備が進められています。
올해 축제는 '지구의 미래'를 테마로 해서 준비가 진행되고 있습니다.

▶ 「명사1 + を명사2 + として」의 형태로, '명사1은 명사2라고 생각하고 행동한다'라는 것을 말하고자 할 때 사용하는 표현입니다. 예문 ④처럼 「명사1 + を명사2 + にして」의 형태도 있으니까 함께 기억해 두세요.

▶ 뒤에 명사가 오는 경우는 예문 ②처럼 「を～とする + 명사」의 형태가 됩니다.

1회 2회 3회

を～とする ➡ を～として 649

쏙쏙 어휘 区切り 단락, 일의 매듭 奉仕 봉사

611 をとわず ★2

~하지 않고, ~을 불문하고

접속 방법 「명사」＋ を問わず

① この辺りは若者に人気がある町で、昼夜を問わずいつもにぎわっている。
이 주변은 젊은이에게 인기 있는 곳으로 주야를 불문하고 항상 떠들썩하다.

② 「オール・ウエザー・コート」というのは、天候を問わず使える運動場のことだ。
'올 웨더 코트'라는 것은 날씨를 불문하고 사용할 수 있는 운동장을 의미한다.

③ 近年、文化財保護の問題は、国の内外を問わず大きな関心を呼んでいる。
최근 문화재 보호 문제는 국내외를 불문하고 큰 관심을 부르고 있다.

④ この会には年齢、性別は問わず、いろいろな人を集めたいのです。
이 모임에는 연령, 성별을 불문하고 여러 사람을 모으고 싶습니다.

▶ '앞에 오는 내용이 어떠하더라도, 또는 어느 쪽이더라도 뒤의 일이 성립한다'라는 의미를 나타내는 표현입니다.
▶ 「昼夜・降る降らない」등 대립의 관계에 있는 말에 이어지는 경우가 많습니다.
▶ 「にかかわらず・にかかわりなく」와 의미, 용법이 대체로 동일합니다.

참고 にかかわらず・にかかわりなく

1회 2회 3회

を~にして ➡ を~として 649

쏙쏙 어휘　昼夜 주야, 낮과 밤　内外 내외　性別 성별

650

612 をぬきにして ★2

~을 빼고, ~을 제쳐두고

접속 방법 「명사」+ を抜きにして

① 交通機関の問題は乗客の安全を抜きにして論じることはできない。
교통기관의 문제는 승객의 안전을 제쳐두고 논할 수는 없다.

② 今日は硬い話を抜きにして、気楽に楽しく飲みましょう。
오늘은 딱딱한 이야기는 빼고 마음 편하게 마십시다.

③ 政治の問題は抜きにして、とにかく集まろうということだった。
정치 문제는 제쳐두고 하여간 모이자는 의미였다.

④ 冗談は抜きにして、もっとまじめに考えてください。
농담은 빼고 좀 더 진지하게 생각해 주세요.

'상식적으로 당연히 포함되는 것, 당연히 있어야 할 것을 빼고'라고 말하고자 할 때 사용하는 표현입니다. 예문 ③, ④처럼 「はぬきにして」의 형태도 있으니 함께 알아 두세요.

쏙쏙 어휘　論じる 논하다　冗談 농담

613 をぬきにしては ★2
~을 빼고는, ~을 제쳐두고는

접속 방법 「명사」+ を抜きにしては

① 料理の上手な山田さんを抜きにしては、パーティーは開けません。
요리를 잘하는 야마다 씨를 빼고는 파티를 열 수 없습니다.

② アインシュタインの一生は彼と音楽との関係を抜きにしては語ることができない。
아인슈타인의 일생은 그 사람과 음악과의 관계를 빼고는 말할 수 없다.

③ この国の将来は、観光事業の発展を抜きにしてはあり得ない。
이 국가의 장래는 관광사업의 발전을 빼고는 있을 수 없다.

▶ '그 일을 염두에 두지 않으면, 뒷일의 실현이 어렵다'고 말할 때 사용하는 표현입니다.
▶ 「~を抜きにしては…」의 형태로 「~」에는 말하는 사람이 높게 평가한 내용이 오며, 「…」에는 「~することができない(~할 수 없다)・むずかしい(어렵다)」 등의 부정적인 의미의 문장이 온다는 것을 잘 알아 두세요.

1회 2회 3회

쏙쏙 어휘   観光 관광   あり得ない 있을 수 없다

614 をはじめ ★2

~을 비롯

접속 방법 「명사」＋ をはじめ

① ご両親をはじめ、家族の皆さんによろしくお伝えください。
부모님을 비롯해서 가족 모두에게 안부 잘 전해 주세요.

② 今年は富士山をはじめ、各地の有名な山に登ろう。
올해는 후지산을 비롯해서 각지의 유명한 산에 오르겠다.

③ わたしは日本に来てから保証人をはじめ多くの方のお世話になって暮らしています。
나는 일본에 온 이후, 보증인을 비롯한 많은 분들의 신세를 지며 살고 있습니다.

대표가 되는 것을 「〜をはじめ」라고 예를 두고, '〜같은 그룹 외의 것도 모두'라고 말하고자 할 때 쓰는 표현입니다. 대표적인 것 이외에 그것을 포함하는 범위 전체에 영향이 미치는 것을 강조하는 표현이므로, 뒤에는 「みんな・いろいろ・たくさん・だれも」 등 다수를 나타내는 단어가 오는 경우가 많습니다. 「をはじめとして」와 의미, 용법이 거의 동일합니다.

참고 をはじめとして

쏙쏙 어휘 保証人 보증인   世話になる 신세를 지다

615 をはじめとして ★2

~을 비롯해서

접속 방법 「명사」 + をはじめとして

① 東京の霞が関には、裁判所をはじめとして国のいろいろな機関が集まっている。
도쿄의 가스미가세키에는 재판소를 비롯해서 국가의 여러 기관이 모여 있다.

② 本日の会には田中会長をはじめとして、多数の方々が出席してくださいました。
오늘 회의에는 다나카 회장님을 비롯해서 많은 분들이 출석해 주셨습니다.

③ アジアで行われた初めての世界女性会議には、アメリカをはじめとする世界各国の女性代表が参加した。
아시아에서 열린 최초의 세계 여성 회의에는 미국을 비롯한 세계 각국의 여성 대표가 참가했다.

▶ 대표가 되는 것을 「〜をはじめとして」라고 예로 들고, '같은 그룹 외의 것도 모두'라고 말하고자 할 때 사용하는 표현입니다. 대표적인 것 이외에 그것을 포함하는 범위 전체에 영향을 미치는 것을 강조하는 표현이므로, 뒤에는 「みんな・いろいろ・たくさん・だれも」 등 다수를 나타내는 단어가 오는 경우가 많습니다.

▶ 「をはじめ」와 의미, 용법이 대체로 동일하지만, 「をはじめとして」는 후속문에 상대방을 향한 작용(예: てください), 말하는 사람의 의향(예: よう) 등을 나타내는 문장은 잘 오지 않습니다.

▶ 뒤에 명사가 올 때는 예문 ③처럼 「をはじめとする + 명사」의 형태가 됩니다.

참고 **をはじめ**

をはじめとする ➡ をはじめとして 654

쏙쏙 어휘　裁判所 재판소　機関 기관

616 をふまえて

~을 기반으로, ~을 토대로, ~을 전제로

접속 방법 「명사」 + を踏まえて

① 集めたデータを踏まえてレポートを作成する。
모은 데이터를 기반으로 리포트를 작성한다.

② 今回の事業の失敗という事実を踏まえて、わが社は次の事業計画を立てなければならない。
이번 사업의 실패라는 사실을 기반으로, 우리 회사는 다음 사업계획을 세우지 않으면 안 된다.

③ 社長があいさつの中で述べた決意を踏まえて、社員一人一人が行動の目的を持とう。
사장님이 인사 중에 말씀하신 결심을 기반으로, 사원 한 사람 한 사람이 행동의 목적을 갖도록 하자.

'어떤 사항을 토대로 하거나 전제로 한 뒤에 생각이나 행동을 진행한다'는 의미의 딱딱한 문장체 표현입니다.

1회 2회 3회

쏙쏙 어휘 立てる 세우다   述べる 말하다, 진술하다   一人一人 한 사람 한 사람, 각자

617 をめぐって

~을 둘러싸고, ~에 관해서

접속 방법 「명사」+ をめぐって

① この規則改正をめぐって、まだ討論が続いている。
이 규칙 개정을 둘러싸고 아직 토론이 계속되고 있다.

② 土地の利用をめぐって、二つの対立した意見が見られる。
토지 이용을 둘러싸고 두 개의 대립된 의견이 보인다.

③ 町の再開発をめぐり、住民が争っている。
마을의 재개발을 둘러싸고 주민이 다투고 있다.

④ マンション建設をめぐる争いがようやく解決に向かった。
맨션 건설을 둘러싼 다툼이 간신히 해결 국면에 접어들었다.

▶ 그 사안에 대하여 어떤 논의나 대립관계가 일어나고 있다는 것을 나타내는 표현입니다. 뒤에는 의견의 대립, 여러 가지 논의, 논쟁 등의 의미를 지닌 동사가 오는 경우가 많으며, 조금 딱딱한 표현입니다.

▶ 뒤에 명사가 올 때는 예문 ④처럼 「をめぐる + 명사」의 형태가 됩니다.

をめぐる ➡ をめぐって 656

쏙쏙 어휘 　討論 토론　再開発 재개발　争う 다투다, 경쟁하다

618 をもって

~(으)로, ~을 이용해서 〈수단〉

접속 방법　「명사」+ をもって

① 誠実な田中さんは非常な努力をもって問題解決に当たりました。
성실한 다나카 씨는 상당한 노력으로 문제해결에 임했습니다.

② 試験の結果は、1週間後に書面をもってお知らせします。
시험 결과는 1주일 후에 서면으로 알려 드리겠습니다.

③ 今回のアルバイトでわたしは働くことの厳しさを身をもって経験した。
이번 아르바이트로 나는 일하는 것의 냉엄함을 몸으로 경험했다.

④ 彼の実力をもってすれば、金メダルは間違いないだろう。
그 사람의 실력으로 한다면 금메달은 틀림없을 것이다.

⑤ 彼の能力をもってしても、社長になるのは無理だろう。
그 사람의 능력으로 해도 사장이 되는 것은 무리일 것이다.

▶ '그것을 이용하여 어떤 일을 한다'라는 의미를 나타내는 표현입니다.
▶ 예문 ③의「身をもって」는 관용적으로 쓰이는 표현입니다.
▶ 예문 ④, ⑤처럼「をもってすれば・をもってしても」의 형태로도 자주 사용됩니다.
▶ 자기 주변의 구체적인 도구나 수단에는 그다지 쓰이지 않으니까, 주의하세요.
- (×) この紙を10枚ずつクリップをもって留めておいてください。
- (○) この紙を10枚ずつクリップで留めておいてください。
  이 종이를 열 장씩 클립으로 끼워서 놔 주세요.

1회　2회　3회

쏙쏙 어휘　身をもって 몸소　金メダル 금메달　クリップ 클립　留める 끼우다, 꽂다

619 をもって

~부로, ~(으)로 〈기한〉

접속 방법 「명사」+ をもって

① 本日をもって今年の研修会は終了いたします。
오늘로서 올해의 연수회는 종료하겠습니다.

② (お知らせ) 今回をもって粗大ごみの無料回収は終わりにさせていただきます。
(알림) 이번을 끝으로 대형 쓰레기의 무료 회수는 마지막입니다.

③ これをもちまして第10回卒業式を終了いたします。
이것으로 제10회 졸업식을 마치겠습니다.

기한을 나타내는 말(本日・今回・12時 등)에 붙어서, 그때까지 계속되고 있던 일이 끝났음을 선언할 때 사용하는 표현입니다. 주로 공식문서나 인사 등에서 쓰이는 딱딱한 표현입니다.

1회 2회 3회

쏙쏙 어휘 研修会 연수회   粗大ごみ 대형 쓰레기

620 をもとに(して)

~에서, ~을 참조해서, ~을 가지고

접속 방법 　「명사」+ をもとに(して)

① ひらがなとかたかなは漢字をもとにして生まれたものである。
히라가나와 가타카나는 한자를 토대로 만들어진 것이다.

② 北欧の古い歌をもとに、新しい音楽に作りかえたのがこの曲です。
북유럽의 오래된 노래를 가지고, 새로운 음악으로 다시 만든 것이 이 노래입니다.

③ ポップスの中には有名なクラシックの曲の一部をもとにしたものがある。
팝 중에는 유명한 클래식 곡의 일부를 소재로 한 것이 있다.

④ 最近、戦争体験者の話してくれたことをもとにしたテレビドラマが多い。
최근 전쟁 체험자가 이야기해 준 것을 소재로 한 텔레비전 드라마가 많다.

▶ 어떤 것이 생성되는 소재를 나타내는 표현으로, 뒤에는 주로 「書く・話す・作る・創作する」 등의 의미를 가진 문장이 옵니다.
▶ 「にもとづいて」와 의미는 비슷하지만, 「をもとにして」는 그것으로부터 구체적인 소재를 얻어서 정신적으로 분리되지 않는 기분을 나타내기에는 미흡한 면이 있습니다.
▶ 뒤에 명사가 오는 경우에는 예문 ③, ④처럼 「をもとにした + 명사」의 형태가 됩니다.

1회 2회 3회

をもとにした ➡ をもとに(して) 659

쏙쏙 어휘　北欧 북유럽　ポップス 팝　創作する 창작하다

621 をものともせず(に)

~을 아랑곳하지 않고, ~에 굴하지 않고, ~는 아무것도 아닌 듯이

접속 방법 「명사」+ をものともせず(に)

① 山田選手はひざのけがをものともせず決勝戦に出ました。
야마다 선수는 무릎 부상을 개의치 않고 결승전에 나왔습니다.

② 彼は体の障害をものともせず勇敢に人生に立ち向かった。
그 사람은 몸의 장애를 개의치 않고 용감하게 인생에 맞섰다.

③ 村の人々は山で遭難した人を助けるため、風雨をものともせずに出発した。
마을 사람들은 산에서 조난을 당한 사람을 돕기 위해서 비바람을 개의치 않고 출발했다.

▶ '곤란에 굴하지 않고, 무언가에 용감하게 맞선다'라는 의미를 나타내는 표현입니다.
▶ 말하는 사람 자신의 행위에는 사용하지 않으므로 주의하세요.

쏙쏙 어휘　勇敢 용감함　立ち向かう 정면으로 맞서다, 대항하다　遭難 조난　風雨 풍우, 바람과 비

622 をよぎなくさせる

어쩔 수 없이 ~하게 하다

접속 방법 「명사」+ を余儀なくさせる

① 太郎は役者志望だったが、家庭の事情は彼に家業を継ぐことを余儀なくさせた。
다로는 배우 지망생이었지만, 집안 사정 때문에 그에게 어쩔 수 없이 가업을 잇게 했다.

② 人件費の高騰が新しい支店開設の中止を余儀なくさせた。
인건비의 상승이 어쩔 수 없이 새로운 지점의 개설을 중지하게 만들었다.

▶ 자연이나 환경 등 본인의 힘으로는 감당할 수 없는 강한 힘으로 인해 어쩔 수 없이 하게 된다는 것을 나타내는 표현으로, 행위를 나타내는 명사에 접속합니다.
▶ 「よぎなくされる」와는 반대의 입장이 됩니다.

참고 をよぎなくされる

1회 2회 3회

쏙쏙 어휘 役者 배우 家業 가업 継ぐ 잇다, 계승하다 高騰 고등, 상승

623 をよぎなくされる

어쩔 수 없이 ~하게 되다

접속 방법 「명사」 + を余儀なくされる

① せっかく入った大学であったが、次郎は病気のため退学を余儀なくされた。
힘들게 들어간 대학이었지만 지로는 병 때문에 어쩔 수 없이 자퇴하게 되었다.

② 津波で家を失った人々は公園でのテント暮らしを余儀なくされた。
쓰나미로 집을 잃은 사람들은 어쩔 수 없이 공원에서 텐트 생활을 하게 되었다.

③ この国では高度な福祉を支えるため、国民は高い税金の負担を余儀なくされている。
이 국가에서는 고도의 복지사회를 유지하기 위해, 국민은 어쩔 수 없이 비싼 세금의 부담을 안고 있다.

▶ 자연이나 본인의 힘으로는 어쩔 수 없는 강한 힘에 의해 '어쩔 수없이 그렇게 해야만 한다'라는 의미를 나타내는 표현으로, 행위를 나타내는 명사에 접속합니다.
▶ 「よぎなくさせる」와는 반대의 입장이 된다는 것, 기억하세요.

참고 をよぎなくさせる

1회 2회 3회

쏙쏙 어휘   津波 쓰나미, 해일   支える 유지하다, 바치다

624 をよそに ★1

~을 비웃듯이, ~은 아랑곳하지 않고, ~은 상관없이

접속 방법　「명사」 + をよそに

① 家族の期待をよそに、彼は結局大学には入らずにアルバイト生活を続けている。
　가족의 기대와는 상관없이 그 사람은 결국 대학에 들어가지 않고 아르바이트 생활을 계속하고 있다.

② 老人や低所得者層の不安をよそに、ふたたび増税が計画されている。
　노인과 저소득 층의 불안에는 아랑곳 하지 않고, 다시 증세가 계획되고 있다.

③ 忙しそうに働く人々をよそに彼は一人マイペースで自分の研究に打ち込んでいた。
　바쁘게 일하는 사람들을 아랑곳 하지 않고, 그 사람은 혼자 자기 페이스대로 연구에 전념하고 있다.

④ うちの父は、中高年のパソコンブームをよそに、今でも、手書きの手紙を丁寧に書く。
　우리 아버지는 중·노년층의 컴퓨터 붐을 아랑곳 하지 않고, 지금도 편지를 손으로 정중하게 쓴다.

'사실은 자신에게 관계가 있음을 파악해야 함에도 불구하고, 자신과는 관계가 없는 것처럼 하여'라는 의미를 나타내는 표현입니다.

1회　2회　3회

쏙쏙 어휘　低所得者層 저소득 층　増税 증세　打ち込む 열중하다, 전념하다　手書き 손으로 씀

625 んがため(に)
~하기 위해(서)

접속 방법 「동사의 ない형」 + んがため(に)
(예외:「する」는「せんがため(に)」로 쓰임)

① 研究を完成させんがため、彼は昼夜寝ずにがんばった。
연구를 완성시키기 위해서 그는 불철주야 노력했다.

② 1日も早く自分の店を持たんがために、必死で働いているのだ。
하루라도 빨리 자신의 가게를 갖기 위해서 필사적으로 일하고 있는 것이다.

③ これも勝たんがための練習だから、がんばるしかない。
이것도 이기기 위한 연습이니까 분발할 수밖에 없다.

④ 災害から1週間たった。避難先のこの地で生きんがための方法をあれこれ考えて昨夜はよく眠れなかった。
재해로부터 일주일이 지났다. 피난처인 이 지역에서 살기 위한 방법을 이것저것 생각하며 어젯밤에는 잠을 설쳤다.

▶ '꼭 실현시키고 싶은 적극적인 목적을 가지고 어떤 일을 한다'라고 말하고자 할 때 사용하며, 문어적인 딱딱한 표현입니다.
▶ 뒤에는 의뢰나 명령, 작용을 나타내는 문장은 오지 않으므로 주의하세요.

1회 2회 3회

쏙쏙 어휘 必死 필사적 避難先 피난처 あれこれ 이것저것, 여러 가지

626 んじゃない ★2

~하지 마라, ~하면 안된다

접속 방법 「동사의 사전형」+ んじゃない

① 父：走り回るんじゃない。本でも読んで、少し静かにしていなさい。
돌아다니지 마라. 책이라도 읽으면서 좀 조신하게 있어라.

② 兄：電車の中で大声で話すんじゃない。
전철 안에서 큰 소리로 말해서는 안 돼.

③ 食べ物の好き嫌いを言うんじゃありませんよ。
음식을 편식해서는 안 돼요.

▶ 금지를 나타내는 표현으로, 「ない」의 부분을 내려서 말해야 합니다. 회화체로서 부모가 자식에게 말하는 장면에서 자주 쓰입니다.

▶ 남성이 주로 사용하며, 여성은 정중체인 「のではありません」 또는 「んじゃありません」을 사용하는 경우가 많습니다. 마지막에 종조사 「よ」를 붙이면 좀 더 부드러운 표현이 됩니다.

1회 2회 3회

쏙쏙 어휘 走り回る 뛰어 돌아다니다   好き嫌い 좋아하고 싫어함, 편식, 가림

627 んだ ★2

~해라, ~하거라

접속 방법　「동사의 사전형」＋んだ

① 父：もう8時だよ。学校に遅れるよ。早く起きるんだ。
　　벌써 8시야. 학교에 늦어. 빨리 일어나라.

② 兄：おしゃべりしないで、さっさと食べるんだ。
　　잡담하지 말고 빨리 먹어라.

③ (先生が小学生に) 漢字は毎日、毎日、書いて覚えるんです。
　　(선생님이 초등학생에게) 한자는 매일 매일 쓰면서 외워야 합니다.

④ 母：忘れ物をしないように、前の晩によく準備しておくんだよ。
　　잊은 물건이 없도록 전날 밤에 준비해 두거라.

▶ 예문 ①, ②는 명령, ③은 지시, ④는 설득을 각각 나타냅니다.
▶ 「んだ」는 보통 남성이 사용하며, 「よ」가 붙으면 좀 더 부드러운 표현이 됩니다. 여성은 주로 「んですよ」를 사용하는 경우가 많습니다.

1회 2회 3회

んだ ➡ のだ 486 - 489

쏙쏙 어휘　おしゃべり 수다, 잡담　覚える 외우다, 기억하다

628 んだった ★2

~할 걸, ~하면 좋았을 텐데 〈후회〉

접속 방법 「동사의 사전형」 + んだった

① 試験の成績は最低だった。こんなことならもっと勉強するんだった。
시험 성적은 최하였다. 이럴 줄 알았으면 좀 더 공부할 걸.

② 昨夜はバーで飲みすぎて、今日は頭が痛い。もっと早く帰るんだった。
어젯밤은 술집에서 과음을 해서, 오늘은 머리가 아프다. 좀 더 빨리 돌아갔어야 했어.

③ パスワードを忘れて、旅行先でメールが受け取れなかった。パスワードをどこかにメモしておくんだった。
비밀번호를 잊어서 여행지에서 메일을 받을 수가 없었다. 비밀번호를 어딘가에 메모해 두었으면 좋았을 텐데.

▶ '~하면 좋았을 것을'이라는 의미를 나타내며, 실현되지 못한 일 등에 대해 말하는 사람의 후회하는 마음이나 유감스러운 기분을 나타낼 때 사용하는 표현입니다.
▶ 회화체에서는 「んだった」를 사용합니다.
▶ 말하는 사람의 기분을 나타내는 말이므로, 3인칭에 사용할 경우에는 뒤에 「と言っている」 등의 표현을 붙여야 합니다.

쏙쏙 어휘　飲みすぎ 과음　パスワード 비밀번호　旅行先 여행지

629 んだって

~래, ~한대

접속 방법 「보통형 (형용사의 어간 · 명사 + な)」+ んだって

① A：来年この駅にも駅ビルができるんだって。
　　내년에 이 역에도 역 빌딩이 생긴대.

　 B：じゃあ、ちょっと便利になるね。
　　그럼, 좀 편리해지겠네.

② 午後から雨が降るんだって。
　오후부터 비가 내린대.

③ 木村：竹内さんは小林さんの妹さんなんだって？
　　다케우치 씨는 고바야시 씨의 여동생이라고요?

　 竹内：ええ、そうなんです。あまり、似てないでしょう。
　　네, 맞아요. 별로 안 닮았죠?

▶ 허물없는 사이에서 사용하는 회화체 표현입니다. 「んだ(のだ)」와 전달문(伝聞)의 의미인 「って」가 합쳐진 것으로, 문어체 표현에서는 「のだそうです」에 해당하는 표현입니다.
▶ 말하는 사람이 얻은 정보를 다른 사람에게 말할 때 사용합니다.
▶ 예문 ①, ②는 하강조, ③은 상승조로, 말하는 상대방에게 그 내용을 확인하는 표현입니다. 정중하게 말할 때는 「~だそうですね、ほんとうですか」의 형태가 됩니다.

んだろう ➡ だろう 206-207
んですか ➡ のですか 493

쏙쏙 어휘　似る 닮다, 비슷하다

630 んですが

~입니다만

접속 방법 「보통형 (형용사의 어간 · 명사 + な)」 + んですが

① A：Bさん、ちょっと、お願いがあるんですが……。
　　B 씨, 부탁이 좀 있는데요…….

　 B：何ですか。
　　뭔데요?

② A：すみません。駅へ行きたいんですが。道を教えてくださいませんか。
　　실례합니다. 역에 가고 싶은데요. 길 좀 가르쳐주시지 않겠습니까?

　 B：駅ですか。駅は……。
　　역 말인가요? 역은…….

③ チン：先生、来週の授業のことなのですが。
　　선생님, 다음 주 수업에 대한 건데요.

　 教師：あ、チンさん、どうしましたか。
　　아, 친 씨, 무슨 일이죠?

말을 시작하는 계기를 만들기 위해, 서론이나 화제의 테마 등을 제시하는 데에 사용하는 표현입니다.

んばかりだ ➡ んばかりに 670

쏙쏙 어휘　教師 교사

631 んばかりに ★1

금방이라도 ~할 듯이, 당장이라도 ~할 것 같은

접속 방법 「동사의 ない형」 + んばかりに (예외 : 「する」는 「せんばかりに」로 쓰임)

① 彼女は泣かんばかりに「手紙をくださいね」と言って去っていった。
그녀는 금방이라도 울듯이 '편지 하세요'라고 말하고 떠나갔다.

② せっかく会いに行ったのに、彼は帰れと言わんばかりに向こうを向いてしまった。
모처럼 만나러 갔는데, 그 사람은 당장이라도 '돌아가'라고 말할 듯이 외면해 버렸다.

③ リンさんはかごいっぱい、あふれんばかりのりんごを持ってきてくれた。
임 씨는 바구니 가득 금방이라도 넘칠 듯한 사과를 가져다 주었다.

④ 彼の言い方は、まるでぼくの方が悪いと言わんばかりだ。
그 사람의 말투는 마치 당장이라도 내 잘못이라고 말하는 듯하다.

어떤 행위의 상황이 '거의 ~할 듯하다'라고 말할 때 사용하는 표현입니다. 말하는 사람의 상황에는 사용하지 않으니까, 주의하세요.

쏙쏙 어휘 かご 바구니   あふれる 넘치다

체크 문제　を・ん행

◆ 다음 문장의 괄호 안에 들어갈 알맞은 표현을 써 넣으세요.

① 今日 (　　　　　) 禁煙することにしました。
오늘을 끝으로 금연하기로 했습니다.

② 荷物がたくさんあるので、紙ぶくろを二つ (　　　　　)。
짐이 많아서 그런데 종이 봉지를 두 개 주시지 않겠습니까?

③ 午後から雨が降る (　　　　　)。
오후부터 비가 내린대.

④ せっかく会いに行ったのに、彼は帰れと言わ (　　　　　) 向こうを向いてしまった。
모처럼 만나러 갔는데, 그 사람은 당장이라도 '돌아가'라고 말할 듯이 외면해 버렸다.

⑤ 津波で家を失った人々は公園でのテント暮らし (　　　　　)。
쓰나미로 집을 잃은 사람들은 어쩔 수 없이 공원에서 텐트 생활을 하게 되었다.

⑥ あなたに、愛 (　　　　　) この指輪を贈ります。
당신에게 사랑을 담아서 이 반지를 선사합니다.

⑦ わたしはそのことをテレビのニュース (　　　　　) 知りました。
저는 그것을 텔레비전 뉴스를 통해서 알았습니다.

⑧ 1日も早く自分の店を持た (　　　　　)、必死で働いているのだ。
하루라도 빨리 자신의 가게를 갖기 위해서 필사적으로 일하고 있는 것이다.

⑨ この辺りは若者に人気がある町で、昼夜 (　　　　　) いつもにぎわっている。
이 주변은 젊은이에게 인기 있는 곳으로 주야를 불문하고 항상 떠들썩하다.

⑩ この災害 (　　　　　)、わが家でも防災対策を強化することにした。
이 화재를 계기로 해서 우리 집에서도 방재대책을 강화하기로 했다.

⑪ 兄の建てたばかりの家が地震で壊れてしまった。同情(　　　　　)。
　　세운지 얼마 안 된 형의 집이 지진으로 무너져버렸다. 동정을 금할 수 없다.

⑫ 試験の成績は最低だった。こんなことならもっと勉強する(　　　　　)。
　　시험 성적은 최하였다. 이럴 줄 알았으면 좀 더 공부할 걸.

⑬ 今回のアルバイトでわたしは働くことの厳しさを身(　　　　　)経験した。
　　이번 아르바이트로 나는 일하는 것의 냉엄함을 몸으로 경험했다.

⑭ ご両親(　　　　　)、家族の皆さんによろしくお伝えください。
　　부모님을 비롯해서 가족 모두에게 안부 잘 전해 주세요.

⑮ 母：忘れ物をしないように、前の晩によく準備しておく(　　　　　)よ。
　　잊은 물건이 없도록 전날 밤에 준비해 두거라.

⑯ 彼の発言(　　　　　)、大勢の人が次々に意見を言った。
　　그 사람의 발언을 시작으로 많은 사람이 연이어 의견을 말했다.

ら・わ행 체크 문제 정답　　　　　　　▶を・ん행 정답 ☞ 44p

① れた　　　② わけがない　　③ らしい　　　④ わりには
⑤ わけにはいかない　⑥ らしい　　⑦ れました　　⑧ わけだ
⑨ わけではない　⑩ れません

672

★★★★★★★★★★★★★★★★★★★ 권말 활용표

동사 활용표

	ます형	사전형	て형	의지형	조건형
동사 I	書きます	書く	書いて	書こう	書けば
	行きます	行く	行って	行こう	行けば
	泳ぎます	泳ぐ	泳いで	泳ごう	泳げば
	話します	話す	話して	話そう	話せば
	待ちます	待つ	待って	待とう	待てば
	死にます	死ぬ	死んで	死のう	死ねば
	呼びます	呼ぶ	呼んで	呼ぼう	呼べば
	飲みます	飲む	飲んで	飲もう	飲めば
	帰ります	帰る	帰って	帰ろう	帰れば
	買います	買う	買って	買おう	買えば
동사 II	かけます	かける	かけて	かけよう	かければ
	寝ます	寝る	寝て	寝よう	寝れば
동사 III	します	する	して	しよう	すれば
	勉強します	勉強する	勉強して	勉強しよう	勉強すれば
	来ます	来る	来て	来よう	来れば

동사 활용표

명령형	금지	가능	수동·존경	사역	사역수동
書け	書くな	書ける	書かれる	書かせる	書かされる
行け	行くな	行ける	行かれる	行かせる	行かされる
泳げ	泳ぐな	泳げる	泳がれる	泳がせる	泳がされる
話せ	話すな	話せる	話される	話させる	話させられる
待て	待つな	待てる	待たれる	待たせる	待たされる
死ね	死ぬな	死ねる	死なれる	死なせる	死なされる
呼べ	呼ぶな	呼べる	呼ばれる	呼ばせる	呼ばされる
飲め	飲むな	飲める	飲まれる	飲ませる	飲まされる
帰れ	帰るな	帰れる	帰られる	帰らせる	帰らされる
買え	買うな	買える	買われる	買わせる	買わされる
かけろ	かけるな	かけられる	かけられる	かけさせる	かけさせられる
寝ろ	寝るな	寝られる	寝られる	寝させる	寝させられる
しろ	するな	できる	される	させる	させられる
勉強しろ	勉強するな	勉強できる	勉強される	勉強させる	勉強させられる
来い	来るな	来られる	来られる	来させる	来させられる

경어

	존경을 나타내는 특별한 동사	겸양을 표현하는 특별한 동사	
		존경하는 상대방과 관련된 행위	존경할 상대방이 없는 행위
行きます	いらっしゃいます		まいります
来ます	いらっしゃいます		まいります
	おいでになります		
	お見えになります		
います	いらっしゃいます		おります
	おいでになります		
食べます	召し上がります	いただきます	いただきます
飲みます	召し上がります	いただきます	いただきます
します	なさいます		いたします
言います	おっしゃいます	申し上げます	申します
見ます	ご覧になります	拝見します	
寝ます	お休みになります		
会います		お目にかかります	
見せます		お目にかけます	
思います			存じます
知っています	ご存知です		存じております
借ります		拝借します	
聞きます		(先生から)うかがいます	
質問します		(先生に)うかがいます	
訪問します		(お宅に)うかがいます	
あげます		さしあげます	
もらいます		いただきます	
くれます	くださいます		
~です	~でいらっしゃいます		~でございます
あります			ございます
동사+ています	동사+ていらっしゃいます		동사+ております
	お+동사+です		
동사+てください	お+동사+ください		
동사+ていきます	동사+ていらっしゃいます		동사+てまいります
동사+てきます	동사+ていらっしゃいます		동사+てまいります

★★★★★★★★★★★★★★★ 50 음순 색인

あ	あいだ	12	
	あいだに	13	
	あいまって →とあいまって	298	
	あげく	14	
	あげる	15	
	あたって →にあたって	408	
	あたらない →に（は）あたらない	466	
	あって →にあって	409	
	あっての	16	
	あと →あとで	17	
	あとで	17	
	あまり	18	
	あまりの～に	19	
い	いかんだ →いかんで	20	
	いかんで	20	
	いかんでは	21	
	いかんにかかわらず	22	
	いかんによって →いかんで	20	
	いかんによっては →いかんでは	21	
	いかんによらず	23	
	いざしらず →はいざしらず	507	
	いじょう（は）	24	
	いただく →もらう	580	
	いたって →にいたって	410	
	いたっては →にいたっては	411	
	いたり →のいたり	482	
	いたる →にいたる	412	
	いたるまで →にいたるまで	413	
	いちばん →がいちばん	48	
	いっぽう（で）	25	
	いっぽうだ	26	
	いなや →やいなや	584	
	いらい →ていらい	237	
う	うえ（に）	27	
	うえで〈事後〉	28	
	うえで〈目的〉	29	
	うえで →のうえで	483	
	うえは	30	
	うちに〈時間幅〉	31	
	うちに〈事前〉	32	
	うる	33	
え	えない →うる	33	
	える →うる	33	
お	お～・ご～	34	
	お～いたす →お～する	37	
	おいて →において	414	
	おいて →をおいて	634	
	おうじて →におうじて	415	

	おうずる →におうじて	415	
	おかげか →おかげで	35	
	おかげで	35	
	お～ください	36	
	おける →において	414	
	お～する	37	
	おそれがある	38	
	お～だ	39	
	お～になる	40	
	おり（に）	41	
	おろか →はおろか	508	
	おわる	42	
か	が〈逆接〉	45	
	が〈前置き・和らげ〉	46	
	がい →かいがあって	47	
	かいがあって	47	
	がいちばん	48	
	かいもなく →かいがあって	47	
	かかわらず →にかかわらず	416	
	かかわりなく →にかかわりなく	417	
	かかわる →にかかわる	418	
	かぎって →にかぎって	419	
	かぎらず →にかぎらず	420	
	かぎり（は）〈条件の範囲〉	49	
	かぎり〈限界〉	50	
	かぎり →ないかぎり	373	
	かぎり →にかぎり	421	
	かぎりだ	51	
	かぎりでは	52	
	かぎりに →をかぎりに	635	
	かぎる →にかぎる	422	
	かけだ →かける	53	
	かけては →にかけては	423	
	かける	53	
	がさいご →たらさいご	198	
	がする	54	
	がたい	55	
	かたがた	56	
	かたくない →にかたくない	424	
	が～だけに	57	
	かたわら	58	
	がち	59	
	がてら	60	
	（か）とおもうと	61	
	かとおもうほど	62	
	（か）とおもったら →（か）とおもうと	61	
	か～ないかのうちに	63	
	かねない	64	

678

	かねる	65
	かのようだ →かのように	66
	かのように	66
	がはやいか	67
	がほしい	68
	かまわず →もかまわず	564
	かもしれない	69
	から〈原因・理由〉	70
	から〈原因〉	71
	からある	72
	からいうと	73
	からいえば →からいうと	73
	からいって →からいうと	73
	からいっても →からいうと	73
	からこそ	74
	からして	75
	からして →からすると	76
	からしても →からすると	76
	からする →からある	72
	からすると	76
	からすれば →からすると	76
	からって →からといって	63
	からでないと →てからでないと	246
	からといって	77
	から〜にかけて	78
	からには	79
	からの →からある	72
	がる	80
	かわきりに →をかわきりに（して）	636
	かわって →にかわって	425
	かわりに〈代償〉	81
	かわりに〈代理〉	82
	かんして →にかんして	426
	かんする →にかんして	426
き	きっかけにして →をきっかけに（して）	637
	きまっている →にきまっている	427
	ぎみ	83
	きらいがある	84
	きり	85
	きりだ →きり	85
	きる	86
	きれない →きれる	87
	きれる	87
	きわまりない →きわまる	88
	きわまる	88
	きわみ →のきわみ	484
	きんじえない →をきんじえない	638
く	くする	89

	くせして →くせに	90
	くせに	90
	ください →をください	639
	くださいませんか →をくださいませんか	640
	くださる →くれる	96
	くなる	91
	くらい〈程度〉	92
	くらい〈軽視〉	93
	くらいだ →くらい	92-93
	くらいなら	94
	ぐらいなら →くらいなら	94
	くらい〜はない	95
	くらべて →にくらべて	429
	くれる	96
	くわえて →にくわえて	430
け	げ	97
	けいきにして →をけいきに（して）	641
	けど →けれど（も）	98-99
	けれど（も）〈逆接〉	98
	けれど（も）〈前置き・和らげ〉	99
こ	ご〜 →お・・ご〜	34
	こしたことはない →にこしたことはない	431
	こそ	100
	こそ →ばこそ	515
	こたえて →にこたえて	432
	こたえる →にこたえて	432
	こと	101
	ことか	102
	ことがある	103
	ことができる	104
	ことから	105
	ごとき	106
	ごとき →ごとく	107
	ごとく	107
	ごとく →ごとき	106
	ことだ〈感慨〉	108
	ことだ〈助言・忠告〉	109
	ことだ →のことだから	485
	ことだから →のことだから	485
	ことだし	110
	ことだろう	111
	こととて	112
	こととなっている →ことになっている	117
	こととなると	113
	ことなく	114
	ことなしに →なしに	398

679

ことに〈は〉	115	
ことにする	116	
ことになっている	117	
ことになる〈決定〉	118	
ことになる〈結局〉	119	
ことには →ないことには	374	
ことは〜が	120	
ことはない	121	
ことはない →ないことはない	375	
こめて →をこめて	642	

さ
さい（に）	124	
さいして →にさいして	433	
さいちゅう（に）	125	
さいちゅうだ →さいちゅう（に）	125	
さえ	126	
さえ〜ば	127	
さきだつ →にさきだって	434	
さきだって →にさきだって	434	
さしあげる →あげる	15	
させていただけませんか →させてもらえませんか	130	
させてください	128	
させてくれませんか	128	
させてもらえませんか	130	
させられる	131	
させる〈強制の使役〉	132	
させる〈誘発の使役〉	133	
させる〈許可・恩恵の使役〉	134	
させる〈責任の使役〉	135	
させる〈他動詞化の使役〉	136	
さておき →はさておき	516	
さることながら →もさることながら	565	
ざるをえない	137	

し
し	138	
しかたがない →ほかない	534	
しかない	139	
しだい	140	
しだいだ	141	
しだいだ →しだいで	142	
しだいで	142	
しだいでは	143	
したがって →にしたがって	435	
したって →にしたところで	436	
したところで →にしたところで	436	
したら →にしたら	437	
している →をしている	643	
しては →にしては	439	
しても →にしたら	437	

しても〜しても →にしても〜にしても	442	
してる →をしている	643	
しまつだ	144	
じゃいけない →てはいけない	274	
じゃう →てしまう	264-265	
じゃかなわない →てはかなわない	275	
じゃないか →ではないか	277	
しろ〈命令〉	145	
しろ →にしても	440-441	
しろ →にしろ	443	
しろ〈命令〉と〈言う〉	146	
しろ〜しろ →にしろ〜にしろ	444	

す
すえ（に）	147	
すぎない →にすぎない	445	
すぎる	148	
ずくめ	149	
ずじまい	150	
ずに	151	
ずにはいられない	152	
ずにはおかない〈自発的作用〉	153	
ずにはおかない〈必ずする〉	154	
ずにはすまない	155	
すら〈強調〉	156	
する →にする	446	
すれば →にしたら	437	

せ
せいか →せいで	157	
せいで	157	
せよ →にしても	440-441	
せよ →にせよ	447	
せよ〜せよ →にせよ〜にせよ	448	

そ
そう →にそって	451	
そういない →にそういない	449	
そうだ〈伝聞〉	158	
そうだ〈様子〉	159	
そうだ〈直前〉	160	
そうだ〈予想・判断〉	161	
そうもない →そうだ〈様子〉〈直前〉〈予想・判断〉	159-161	
そくした →にそくして	450	
そくして →にそくして	450	
そって →にそって	451	
そばから	162	
それまでだ →ばそれまでだ	521	

た
たい	165	
たいして →にたいして	452-453	
たいする →にたいして	452-453	
たいものだ〈願望〉	166	
たえない →にたえない	454	

たえる →にたえる	455	
たがさいご →たらさいご	198	
だから →のだから	490	
だけ	167	
だけあって	168	
だけある →だけあって	168	
だけでなく →ただ～だけでなく	176	
だけに〈ふさわしく〉	169	
だけに〈反予想〉	170	
だけの	171	
だけのことはある →だけあって	168	
だけまし	172	
たことがある〈経験〉	173	
たことがある〈過去の特別なこと〉	174	
だす	175	
ただ～だけでなく	176	
ただ～のみ	177	
ただ～のみならず →ただ～だけでなく	176	
たって	178	
だって →ても	285	
たとえ～ても	179	
たところ	180	
たところだ →ところだ	335	
たところで	181	
たとたん（に）	182	
たなら～だろうに →たら～だろう（に）	199	
だに	183	
たばかりだ	184	
たび（に）	185	
たほうがいい	186	
ため（に）〈目的〉	188	
ため（に）〈恩恵〉	189	
ため（に）〈原因〉	190	
たら〈その後で〉	191	
たら〈条件〉	192	
たら →たらどうですか	200	
たら～（のに）	193	
たらいい〈勧め〉	194	
たらいい〈希望〉	195	
たらいい →といい	212	
たらいいですか	196	
だらけ	197	
たらさいご	198	
たら～た →と～た	301-302	
たら～だろう（に）	199	
たらどうですか	200	
たり～たりする〈複数の行為〉	201	

たり～たりする〈不定〉	202	
たり～たりする〈反復〉	203	
たりとも～ない	204	
たる	205	
たる →にたる	456	
だろう〈推量〉	206	
だろう〈気持ちの強調〉	207	
だろう →でしょう〈同意求め　確認〉	266	
だろうとおもう	208	
ち ちがいない →にちがいない	457	
ちゃ →ては	272	
ちゃいけない →てはいけない	274	
ちゃう →てしまう	264-265	
ちゃかなわない →てはかなわない	275	
ちゅうしんにする →をちゅうしんとして	644	
つ ついて →について	458	
ついでに	209	
つうじて →をつうじて	645-646	
つき →につき	459	
っけ	210	
つけて →につけ（て）	460	
っこない	211	
ったらない →といったらない	324	
つつ〈逆接〉	212	
つつ〈同時進行〉	213	
つ～つ	214	
つつある	215	
つづける	216	
つつも →つつ〈逆接〉	212	
って〈伝聞〉	217	
って〈主題〉	218	
って〈名前〉	219	
って →と〈直接話法〉〈間接話法〉	295-296	
っていう →って〈名前〉	219	
っていうことは →というものは	317	
っていうのは →というのは	313	
っていえば →といえば	321	
ってことは →というものは	317	
っぱなし	220	
っぽい	221	
つもりだ〈意志〉	222	
つもりだ〈意図と実際の不一致〉	224	
つれて →につれて	461	
て て〈並列・対比〉	225	
て〈順次・前段階〉	226	
て〈方法・状態〉	227	
て〈理由・原因〉	228	

て〈緩い連結〉	229		てたまらない	268
で →て	225-229		てでも	269
てあげる	230		てない →ていない	236
てある	232		でなくてなんだろう	270
であれ	234		てならない	271
であれ〜であれ	235		ては	272
ていく →てくる	251-259		ではありません →んじゃない	665
ていただく →てもらう	291		ではあるまいし	273
ていない	236		てはいけない	274
ていらい	237		てはいられない →ないではいられない	378
ている〈進行・継続〉	238		てはかなわない	275
ている〈習慣・反復・職業・身分〉	239		てはかなわない →てはかなわない	275
ている〈変化の結果の残存〉	240		てはじめて	276
ている〈初めからの外見、状態〉	241		ではないか〈感動〉	277
ている〈経歴・経験〉	242		ではないか〈判断〉	278
ているところだ →ところだ	335		てほしい	279
ておく	243		てほしいものだ	280
てから〈動作の順序〉	244		てほしいもんだ →てほしいものだ	280
てから〈起点〉	245		てまえ	281
てからでないと	246		てまで	282
てからでなければ →てからでないと	246		てみせる	283
てからというもの（は）	247		てみる	284
てからは	248		ても	285
できる →ことができる	104		でも →ても	285
てください	249		てもいい〈許可〉	286
てくださいませんか	250		てもいい〈譲歩〉	287
てくださる →てくれる	260		でもいい →てもいい	286-287
てくる〈行って戻る〉	251		てもかまわない〈許可〉	288
てくる〈順次〉	252		てもかまわない〈譲歩〉	289
てくる〈変化〉	253		でもかまわない →てもかまわない	288-289
てくる〈継続〉	254		てもさしつかえない	290
てくる〈移動の状態〉	255		でもさしつかえない →てもさしつかえない	290
てくる〈方向性〉	256		でもない →ないでもない	379
てくる〈話者への接近・離反〉	257		てもらう	291
てくる〈話者への接近〉	258		てやまない	292
てくる〈変化の出現〉	259		てやる →てあげる	230
てくれる	260		てる →ている	238-242
てこそ	262		てるところ →ところだ	335
でさえ →さえ	126	と	と〈条件〉	293
てさしあげる →てあげる	230		と〈継起〉	294
てしかたがない	263		と〈直接話法〉	295
でしかたがない →てしかたがない	263		と〈間接話法〉	296
てしまう〈完了〉	264		と〜（のに）〈反実仮想〉	297
てしまう〈残念〉	265		とあいまって	298
でしょう〈同意求め　確認〉	266		とあって	299
でしょう →だろう	206-207		とあれば	300
てしょうがない	267		といい〈希望〉	301
ですら →すら〈強調〉	156			

といい〈勧め〉	302
といい〜といい	303
という〈名前の紹介〉	304
という〈名前〉	305
という〈内容説明〉	306
というか〜というか	307
ということだ〈伝聞〉	308
ということだ〈結論〉	309
ということは　→というものは	317
というと〈連想〉	310
というと〈確認〉	311
というと　→はというと	522
というところだ	312
というのは	313
というもの	314
というものだ	315
というものではない	316
というものでもない　→というものではない	316
というものは	317
というより	318
といえども	319
といえども〜ない	320
といえば	321
といった	322
といったところだ　→というところだ	312
といったら	323
といったらありはしない　→といったらない	324
といったらありゃしない　→といったらない	324
といったらない	324
といっても	325
といわず〜といわず	326
とおして　→をとおして	647-648
とおもいきや	327
とおもうと　→（か）とおもうと	61
とおり（に）	328
どおり（に）　→とおり（に）	328
とおりだ　→とおり（に）	328
とか	329
とか〜とか	330
とき	331
ときたら	332
とく　→ておく	243
どころか〈正反対〉	333
どころか〈程度の対比〉	334
ところから　→ことから	105
ところだ	335
ところだった	337
どころではない	338
どころではない　→どころか	333-334
どころではなく　→どころではない	338
ところを	339
ところをみると	340
としたって　→としても	344
としたって　→にしたところで	436
としたところで　→にしたところで	436
としたら	341
として	342
として〜ない	343
としても	344
としない　→ようとしない	601
とする　→ようとする	602
とすると	345
とすれば	346
と〜た〈きっかけ〉	347
と〜た〈発見〉	348
と〜た〈偶然〉	349
とたん（に）　→たとたん（に）	182
どちら　→と〜とどちら	350
どっち　→と〜とどちら	350
とって　→にとって	462
と〜とどちら	350
とどまらず　→にとどまらず	463
とともに〈いっしょに〉	351
とともに〈相関関係〉	352
とともに〈同時〉	353
とともに〈付加〉	354
となると〈新事態の仮定・確定〉	355
となると〈話題〉	356
とのこと（だ）　→ということだ〈伝聞〉	308
とは〈定義〉	357
とは〈驚き〉	358
とはいうものの	359
とはいえ	360
とはかぎらない	361
とばかり（に）	362
とみえて	363
とみえる　→とみえて	363
ともあろう	364
ともかく（として）　→はともかく（として）	650
ともなく	365
ともなしに　→ともなく	365
ともなって　→にともなって	464

683

ともなると		366
ともなれば　→ともなると		366
とわず　→をとわず		650
な		
な〈禁止〉		371
な〈禁止〉と（言う）		372
ないうちに　→うちに		31-32
ないか　→ませんか		549-551
ないかぎり		373
ないかのうちに　→か〜ないかのうちに		63
ないことがある　→ことがある		103
ないことにする　→ことにする		116
ないことになる　→ことになる		118-119
ないことには		374
ないことはない		375
ないこともない　→ないことはない		375
ないつもりだ　→つもりだ		222-224
ないで		376
ないでおく		377
ないでください　→てください		249
ないではいられない		378
ないではおかない　→ずにはおかない		153-154
ないではすまない　→ずにはすまない		155
ないでもない		379
ないと　→と〈条件〉		293
ないどく　→ないでおく		377
ないほうがいい　→たほうがいい		206=207
ないまでも		380
ないものか		381
ないものでもない		382
ないもんでもない　→ないものでもない		382
ないように　→ように		605-607
ないようにする　→ようにする		609
ないわけにはいかない		383
ながら〈同時進行〉		384
ながら〈逆接〉		385
ながら〈そのまま〉		386
ながらに　→ながら〈そのまま〉		386
ながらにして　→ながら〈そのまま〉		386
ながらの　→ながら〈そのまま〉		386
ながらも		387
なきゃ　→なければいけない・なければならない		396
なきゃいけない　→なければいけない		395
なきゃならない　→なければならない		396
なくして（は）		388
なくたっていい　→なくてもいい		392-393
なくたってかまわない　→なくてもいい		392-393
なくちゃならない　→なくてはならない		391
なくっていい　→なくてもいい		392-393
なくて〈並列・理由〉		389
なくて〈理由〉		390
なくてはいけない　→なくてはならない		391
なくてはならない		391
なくてもいい〈不必要〉		392
なくてもいい〈譲歩〉		393
なくてもかまわない　→なくてもいい		392-393
なくなる　→ようになる		610
なくもない		394
なければ　→なければならない		396
なければいけない		395
なければならない		396
なさい		397
なしに		398
など		399
なら		400
なら（ば）　→ば		502
なら〜ほど　→ば〜ほど		525
ならいい　→ばいい〈希望〉		505
ならいざしらず　→はいざしらず		507
ならでは		401
なり		402
なり〜なり		403
なりに		404
なる　→くなる		91
なる　→になる		465
なんか		405
なんて		406
なんて　→など		399
に		
に		407
に　→のに		494-496
にあたって		408
にあたらない　→に（は）あたらない		466
にあって		409
にいたって		410
にいたっては		411
にいたる		412
にいたるまで		413
において		414
におうじた　→におうじて		415
におうじて		415
における　→において		414
にかかわらず		416

にかかわりなく	417	にたいする →にたいして〈対象〉	452
にかかわる	418	にたえない	454
にかぎって	419	にたえる	455
にかぎらず	420	にたる	456
にかぎり	421	にちがいない	457
にかぎる	422	について	458
にかけては	423	につき	459
にかたくない	424	につけて	460
にかわって	425	につれて	461
にかんして	426	にとって	462
にかんする →にかんして	426	にとどまらず	463
にきまっている	427	にともなって	464
にくい	428	になる →くなる	91
にくらべて	429	になる	465
にくわえて	430	に（は）あたらない	466
にこしたことはない	431	にはかかわりなく →にかかわりなく	417
にこたえて	432	にはんして	467
にこたえる →にこたえて	432	にはんする →にはんして	467
にさいして	433	にひきかえ	468
にさきだつ →にさきだって	434	にほかならない	469
にさきだって	434	にもかかわらず	470
にしたがって	435	にもとづいた →にもとづいて	471
にしたって →にしたところで	436	にもとづいて	471
にしたって →にしても	440-441	にもとづく →にもとづいて	471
にしたところで	436	にもまして	472
にしたら	437	によって〈原因・理由〉	473
にして〈程度強調〉	438	によって〈手段・方法〉	474
にしては	439	によって〈受け身の動作主〉	475
にしても〈逆接仮定〉	440	によって〈対応〉	476
にしても〈譲歩〉	441	によっては	477
にしても〜にしても	442	により →によって	473-476
にしろ	443	による →によって	473-476
にしろ →にしても	440-441	によると	478
にしろ〜にしろ	444	によれば →によると	478
にすぎない	445	にわたった →にわたって	479
にする →くする	89	にわたって	479
にする	446	にわたり →にわたって	479
にすれば →にしたら	437	にわたる →にわたって	479
にせよ	447	**ぬ** ぬきで	480
にせよ〜にせよ	448	ぬきに →ぬきで	480
にそう →にそって	451	ぬきにしては →をぬきにしては	652
にそういない	449	ぬきの →ぬきで	480
にそくした →にそくして	450	ぬく	481
にそくして	450	**の** のいたり	482
にそった →にそって	451	のうえで	483
にそって	451	のきわみ	484
にたいして〈対象〉	452	のことだ →のことだから	485
にたいして〈対比〉	453	のことだから	485

685

のだ〈説明〉	486
のだ〈言い換え〉	487
のだ〈主張〉	488
のだ〈納得〉	489
のだから	490
のだった〈感慨〉	491
のだった〈後悔〉　→んだった〈後悔〉	667
のだろう　→だろう〈気持ちの強調〉	207
ので	492
のですか	493
のですが　→んですが	669
のではありません　→んじゃない	665
のに〈逆接　不満・予想外〉	494
のに〈対比〉	495
のに〈用途〉	496
のは～だ	497
のほう　→より～のほう	614
のみ　→ただ～のみ	177
のみならず	468
のみならず　→ただ～だけでなく	176
のもとで	499
のもとに　→のもとで	499
は ば〈条件〉	502
ば～（のに）〈反実仮想〉	503
ばいい〈勧め〉	504
ばいい〈希望〉	505
ばいいですか	506
はいざしらず	507
はおろか	508
は～が～	509
は～が、～は	510
ばかりか	511
ばかりだ	512
ばかりだ　→たばかりだ	184
ばかりでなく	513
ばかりに	514
ばこそ	515
はさておき	516
はじめ　→をはじめ	653
はじめとして　→をはじめとして	654
はじめとする　→をはじめとして	654
はじめる	517
はずがない	518
はずだ〈必然的帰結〉	519
はずだ〈当然〉	520
はずはない　→はずがない	518
ばそれまでだ	521
ば～だろうに　→たら～だろう（に）	199
はというと	522
はともかく（として）	523
はとわず　→をとわず	650
はべつとして	524
ば～ほど	525
はもちろん	526
はもとより	527
はやいか　→がはやいか	67
は～より	528
はんした　→にはんして	467
はんして　→にはんして	467
はんする　→にはんして	467
はんめん	529
ひ ひきかえ　→にひきかえ	468
ひとり～だけでなく　→ただ～だけでなく	176
ひとり～のみならず　→ただ～だけでなく	176
ふ ふまえて　→をふまえて	655
へ べからざる	530
べからず	531
べきだ	532
べきではない　→べきだ	532
べく	533
べつとして　→はべつとして	524
ほ ほう　→より～のほう	614
ほうがいい　→たほうがいい	186-187
ほかしかたがない　→ほかない	534
ほかない	534
ほかならない　→にほかならない	469
ほど〈程度〉	535
ほど〈相関関係〉	536
ほどだ　→ほど〈程度〉	535
ほど～ない	537
ほど～はない	538
ま まい〈否定の意志〉	541
まい〈否定の推量〉	542
まいか	543
まいか　→ようか～まいか	592
まいが　→ようが～まいが	593
まいと　→ようと～まいと	603
まえに	544
まし　→だけまし	172
まじき	545
まして　→にもまして	472
ましょう	546
ましょうか〈申し出〉	547
ましょうか〈誘い〉	548

	ませんか〈勧め〉	549
	ませんか〈誘い〉	550
	まで	552
	までして	553
	までだ〈軽い気持ち〉	554
	までだ〈覚悟〉	555
	までのことだ →までだ	554
	までのこともない →までもない	556
	までも →ないまでも	380
	までもない	556
	まま	557
	まみれ	558
み	みえて →とみえて	363
	みたいだ〈推量〉	559
	みたいだ〈比況〉	560
む	むきだ →むきに	561
	むきに	561
	むけだ →むけに	562
	むけに	562
め	めいた →めく	563
	めく	563
	めぐって →をめぐって	656
	めぐる →をめぐって	656
も	もかまわず	564
	もさることながら	565
	もしない	566
	も〜し、〜も	567
	もちろん →はもちろん	351
	もって →をもって	657-658
	もとづいた →にもとづいて	471
	もとづいて →にもとづいて	471
	もとづく →にもとづいて	471
	もとで →のもとで	499
	もとに →のもとで	499
	もとに →をもとに（して）	659
	もとにした →をもとに（して）	659
	もとにして →をもとに（して）	659
	もとより →はもとより	527
	も〜なら、〜も →も〜ば、〜も	579
	もの	568
	ものか	569
	ものか →ないものか	381
	ものがある	570
	ものだ〈回想〉	571
	ものだ〈感慨〉	572
	ものだ〈忠告〉	573
	ものだから	574
	もので →ものだから	574

	ものではない	575
	ものでもない →ないものでもない	382
	ものともせず（に） →をものともせず（に）	660
	ものなら	576
	ものなら →ようものなら	612
	ものの	577
	ものを	578
	も〜ば、〜も	579
	もらう	580
	もん →もの	568
	もんか →ものか	569
	もんじゃない →ものではない	575
	もんだ →ものだ	571-573
	もんだから →ものだから	574
	もんで →ものだから	574
	もんでもない →ないものでもない	382
や	や →やいなや	584
	やいなや	584
	やすい	585
	やら	586
	やら〜やら	587
	やる →あげる	15
ゆ	ゆえ（に）	588
よ	よう →ましょう	546
	よう〈意志〉	589
	ようか →ましょうか	547-548
	ようが	590
	ようがない	591
	ようか〜まいか	592
	ようが〜まいが	593
	ようだ〈比況〉	594
	ようだ〈推量〉	595
	ようだ〈婉曲〉	596
	ようではないか	597
	ようと（も）	598
	ようとおもう	599
	ようとしている	600
	ようとしない	601
	ようとする	602
	ようと〜まいと	603
	ような	604
	ような →ように〈同様〉	606
	ように〈期待〉	605
	ように〈同様〉	606
	ように（と言う）〈間接話法〉	607
	ように →ような	604
	ようにして	608

ようにする	609	
ようになる	610	
ようにも〜ない	611	
ようもない →ようがない	591	
ようものなら	612	
よぎなくさせる →をよぎなくさせる	661	
よぎなくされる →をよぎなくされる	662	
よし	613	
よそに →をよそに	663	
よって →によって	473-476	
より →によって	473-476	
より →は〜より	528	
より〜のほう	407	
よりほかしかたがない →ほかない	614	
よりほかない →ほかない	534	
よる →によって	473-476	
よると →によると	478	
よれば →によると	478	

ら
らしい〈推量〉	617	
らしい〈典型〉	618	
られる〈可能〉	619	
られる〈性能評価〉	621	
られる〈受け身〉	622	
られる〈非情の受け身〉	623	
られる〈持ち主の受け身〉	624	
られる〈被害の受け身〉	625	
られる〈尊敬〉	626	
られる〈自発〉	627	

わ
わけがない	628	
わけだ	629	
わけではない	630	
わけにはいかない	631	
わけはない →わけがない	628	
わたった →にわたって	479	
わたって →にわたって	479	
わたり →にわたって	479	
わたる →にわたって	479	
わりに（は）	632	

を
をおいて	634	
をかぎりに	635	
をかわきりに（して）	636	
をきっかけに（して）	637	
をきんじえない	638	
をください	639	
をくださいませんか	640	
をけいきに（して）	641	
をこめて	642	
をしている	643	
をちゅうしんとして	644	
をちゅうしんとする →をちゅうしんとして	644	
をちゅうしんに →をちゅうしんとして	644	
をちゅうしんにする →をちゅうしんとして	644	
をつうじて〈継続期間〉	645	
をつうじて〈手段・媒介〉	646	
をとおして〈継続期間〉	647	
をとおして〈手段・媒介〉	648	
を〜として	649	
を〜とする →を〜として	649	
をとわず	650	
を〜にして →を〜として	649	
をぬきにして	651	
をぬきにしては	652	
をはじめ	653	
をはじめとして	654	
をはじめとする →をはじめとして	654	
をふまえて	655	
をめぐって	656	
をめぐる →をめぐって	656	
をもって〈手段〉	657	
をもって〈期限〉	658	
をもとに（して）	659	
をもとにした →をもとに（して）	659	
をものともせず（に）	660	
をよぎなくさせる	661	
をよぎなくされる	662	
をよそに	663	

ん
んがため（に）	664	
んじゃない	665	
んだ	666	
んだ →のだ	486-489	
んだった〈後悔〉	667	
んだって	668	
んだろう →だろう	206-207	
んですか →のですか	493	
んですが	669	
んばかりだ →んばかりに	670	
んばかりに	670	

★★★★★★★★★★★★ 의미·기능별 리스트

문형의 의미·기능 항목		레벨	문형
1	시점·장면	★5	とき
		★4	ながら〈同時進行〉
		★4	あいだ
		★4	あいだに
		★3	ところだ
		★2	おり（に）
		★3	さい（に）
		★2	にさいして
		★3	において
		★2	にあたって
		★3	うちに〈時間幅〉
		★3	さいちゅう（に）
		★2	つつ〈同時進行〉
		★1	にあって
2	시간적인 전후	★5	まえに
		★5	あとで
		★5	て〈順次・前段階〉
		★5	てから〈動作の順序〉
		★4	てから〈起点〉
		★4	たばかりだ
		★4	たら〈その後で〉

예문	한국어 번역	페이지
母は本を読むとき、めがねをかけます。	～일 때 /～였을 때	331
わたしはいつも料理の本を見ながら料理を作ります。	～하면서 /～함과 동시에	384
わたしは夏の間、ずっと北海道にいました。	～동안 /～사이	12
夏休みの間に引っ越ししたいです。	～동안에 /～사이에	13
(時報前に) 時刻は間もなく3時になるところです。	～할 예정이다 /～하려는 참이다	335
このことは今度お目にかかった折に詳しくお話しいたします。	～했을 때(에) /～하는 기회에	41
非常の際はエレベーターを使わずに、階段をご利用ください。	～일 때는 /～때	124
来日に際していろいろな方のお世話になった。	～함에 있어서 /～할 때	433
式典はA会館において行われる予定。	～에서	414
新学期にあたって、皆さんに言っておきたいことがあります。	～를 맞이해서 /～함에 있어서	408
今は上手に話せなくても練習を重ねるうちに上手になります。	～하는 동안에 /～하는 사이에 /～하는 가운데	31
新入社員の小林さんは、会議の最中にいねむりを始めてしまった。	～하는 중(에) /～하는 도중(에)	125
電車に揺られつつ、2時間ほどいい気持ちで眠った。	～하면서	213
今、A国は経済成長期にあって、人々の表情も生き生きとしている。	～이어서 /～에서	409
食事の前に手を洗いましょう。	～하기 전에	544
食事の後で、少し散歩しませんか。	～한 후(에)	17
電気を消して、部屋を出ます。	～하고 /～해서	226
この仕事をぜんぶやってからビールを飲みます。	～해서 /～한지 /～하고부터	244
わたしが日本に来てから、もう4年たちました。	～하고나서	245
「もしもし、夏子さん、わたしが送った写真、もう見た？」「あ、ごめんなさい。今うちに帰ってきたばかりで、まだ見ていないのよ」	막～한 참	184
夏休みになったら、国へ帰ります。	～하면 /～되면	191

문형의 의미·기능 항목		레벨	문형
2	시간적인 전후	★3	うちに〈事前〉
		★2	にさきだって
		★3	たとたん（に）
		★2	とともに〈同時〉
		★2	（か）とおもうと
		★2	か～ないかのうちに
		★2	しだい
		★3	てからでないと
		★3	てはじめて
		★2	うえで〈事後〉
		★2	ていらい
		★3	てからは
		★1	がはやいか
		★1	やいなや
		★1	なり
		★1	そばから
		★1	てからというもの（は）
3		★5	て〈並列・対比〉
		★4	て〈緩い連結〉

예문	한국어 번역	페이지
独身のうちに、いろいろなことをやってみたいです。	～일 때 / ～하기 전에	32
出発に先立って、大きい荷物は全部送っておきました。	～에 앞서	434
ずっと本を読んでいて急に立ち上がったとたん、めまいがしました。	～하자마자	182
ベルが鳴るとともに、子どもたちはいっせいに運動場へ飛び出した。	～과 동시에	353
空でなにかピカッと光ったかと思うと、ドーンと大きな音がして地面が揺れた。	～했다고 생각한 순간 / ～하자마자	61
子どもは「おやすみなさい」と言ったか言わないかのうちに、もう眠ってしまった。	～하자 마자 / ～되자 마자	63
スケジュールが決まり次第、すぐ知らせてください。	～되는 대로 / ～하는 즉시	140
野菜を生で食べるなら、よく洗ってからでないと、農薬が心配だ。	～하지 않으면 / ～가 되지 않으면	246
入院してはじめて健康のありがたさがわかりました。	～하고 나서 비로소	276
詳しいことはお目にかかった上で、説明いたします。	우선 ～한 후에 / ～한 다음의	28
大学を卒業して以来、田中さんには１度も会っていません。	～한 이후 / ～한 후	237
先月、禁煙してからは、１度もたばこを吸っていません。	～하고 부터는	248
小田先生はチャイムが鳴るが早いか、教室に入ってきます。	～하자마자 / ～함과 동시에	67
よし子は部屋に入ってくるや否や、「変なにおいがする」と言って窓を開けた。	～하자 마자	584
子どもは母親の顔を見るなり、ワッと泣き出しました。	～하자마자	402
小さい子どもは、お母さんがせんたくするそばから、服を汚してしまいます。	～하는 즉시 / ～하자마자	162
たばこを止めてからというもの、食欲が出て体の調子がとてもいい。	～하고부터는	247
朝はパンを食べて、コーヒーを飲みます。	～하고 / ～해서	225
新幹線は速くて、安全です。	～하고 / ～해서	229

693

	문형의 의미·기능 항목	레벨	문형
3	병렬·반복	★5	たり〜たりする〈複数の行為〉
		★4	たり〜たりする〈反復〉
		★2	ては
		★3	とともに〈いっしょに〉
		★2	とともに〈付加〉
		★1	つ〜つ
4	정도·비교	★4	は〜より
		★4	より〜のほう
		★4	と〜とどちら
		★4	ほど〜ない
		★4	がいちばん
		★4	すぎる
		★3	にくらべて
		★3	ほど〜はない
		★3	くらい〜はない
		★3	にかぎる
		★3	くらい〈程度〉
		★3	ほど〈程度〉

예문	한국어 번역	페이지
日曜日には、本を読んだり、テレビを見たりします。	~하기도 하고 ~하기도 한다	201
子どもたちがプールで、水から出たり入ったりしています。	~했다 ~했다 한다	203
夫はさっきから味を見てはなべの中をかき回している。どんな料理ができるのだろうか。	~하고는	272
手紙とともに当日の写真も同封した。	~과 함께	351
病気の子どものこととともに、いなくなった犬のことも気になって今日は仕事が手につきませんでした。	~과 함께	354
マラソンの最後の500メートルで二人の選手は抜きつ抜かれつの競争になった。	~하기도 하고 ~하기도 하고 / ~했다 ~했다	214
今日はきのうより暖かいです。	~는 ~보다	528
デパートの品物よりスーパーの品物の方が安い。	~보다 ~쪽이	614
「あなたは紅茶とコーヒーとどちらが好きですか」「紅茶の方が好きです」	~과 ~ 중 어느쪽	350
今日も風が強いです。でも、今日はきのうほど寒くないです。	~만큼 ~하지 않다	537
「リーさんはくだものの中で、何がいちばん好きですか」「オレンジがいちばん好きです」	~이 제일 / ~이 가장	48
このケーキはちょっと甘すぎます。	지나치게 ~ 하다	148
本が好きでおとなしい兄に比べて、弟は活動的で、スポーツが得意だ。	~와 비교해서 / ~에 비해서	429
「暑いわねえ」「まったく今年の夏ほど暑い夏はないね」	~만큼 ~는 없다	538
彼ぐらいわがままなやつはいない。	~정도로 ~는 없다	95
1日の仕事を終えたあとは、冷えたビールに限りますよ。	~하는 것이 제일이다	422
山で事故にあった兄が無事に帰ってきた。大声で叫びたいくらいうれしい。	정도	92
きのうは山登りに行って、もう1歩も歩けないほど疲れました。	정도(로)	535

	문형의 의미·기능 항목	레벨	문형
4	정도·비교	★2	くらいなら
		★2	だけの
		★2	だけまし
		★1	にもまして
		★1	に（は）あたらない
		★1	ないまでも
5	대비	★5	は〜が、〜は
		★2	どころか〈正反対〉
		★2	どころか〈程度の対比〉
		★2	いっぽう（で）
		★3	にたいして〈対比〉
		★3	にはんして
		★3	はんめん
		★3	というより
		★3	かわりに〈代償〉
		★3	かわりに〈代理〉
		★3	にかわって

예문	한국어 번역	페이지
自由がなくなるくらいなら、一生独身でいる方がいい。	～ 정도라면	94
とうとう看護師の免許が取れた。この3年間努力しただけのかいはあった。	～ 할 만한 /～ 한 만큼의	171
「大木君、会議だっていうのに、外出しちゃいましたよ」「書類をそろえてくれただけましだよ」	～ 만으로 만족 /～ 만으로 단념	172
わたし自身の結婚問題にもまして気がかりなのは姉の離婚問題です。	～ 이상으로 /～ 보다 우선해서	472
彼の才能なんてたいしたことはない。驚くに当たらないと思う。	～ 할 정도는 아니다	466
休みごとには帰らないまでも、1週間に1回位は電話をしたらどうですか。	～ 하지는 못하지만 /～ 하지는 못해도	380
この本はもう読みましたが、あの本はまだです。	～ 는 - 지만, ～ 는 (～ 은)	510
タクシーで行ったら道が込んでいて、早く着くどころかえって30分も遅刻してしまった。	～ 하기는커녕 /～ 하기는 고사하고	333
この製品はアジア諸国どころか南米やアフリカにまで輸出されている。	～ 에서는 물론 /～ 는 고사하고	334
いい親は厳しくしかる一方で、ほめることも忘れない。	～ 하는 한편 (으로)	25
活発な姉に対して、妹は静かなタイプです。	～ 에 비해서 /～ 과 비교해서	453
予想に反して試験はとても易しかったです。	～ 와는 반대로 /～ 에 반해서	467
彼女はいつもは明るい反面、寂しがりやでもあります。	반면	529
コンピューターゲームは子どものおもちゃというより、今や大人向けの一大産業となっている。	～ 라기 보다 /～ 라고 하기 보다	318
現代人はさまざまな生活の快適さを手に入れた代わりに、取り返しのつかないほど自然を破壊してしまったのではないか。	～ 대신에	81
出張中の課長の代わりに、わたしが会議に出ます。	～ 대신해서 (사람 뒤에 올 때) /～ 대신에	82
木村先生は急用で学校へいらっしゃれません。それで今日は、木村先生に代わってわたしが授業をします。	～ 를 대신해서	425

	문형의 의미・기능 항목	레벨	문형
5	대비	★1	にひきかえ
6	원인・이유	★5	から〈原因・理由〉
		★4	て〈理由・原因〉
		★4	なくて〈理由〉
		★4	ので
		★4	し
		★4	ため（に）〈原因〉
		★3	によって〈原因・理由〉
		★3	から〈原因〉
		★2	ことだし
		★2	ものだから
		★2	もの
		★3	からこそ
		★2	につき
		★3	おかげで
		★3	せいで
		★2	ばかりに
		★2	あまり

예문	한국어 번역	페이지
ひどい米不足だった去年にひきかえ、今年は豊作のようです。	～ 과는 반대로 /～ 과는 달리	468
スープが熱いから、気をつけて持っていきなさい。	～ 이니까 /～ 이기 때문에 /～ 이므로	70
用事があって会には参加できません。	～ 해서 /～ 하기 때문에	228
きのうは夜遅くまで仕事が終わらなくて、大変でした。	～ 하지 않아서 /～ 하지 못해서	390
きのうは2時まで眠れなかったので、けさは早く起きられませんでした。	～ 이므로 /～ 이기 때문에 /～ 라서	492
「木村さんはどうして夏が好きなんですか」「そうですね。夏休みがあるし、泳げるし……」	～ 하고	138
(駅のホームで) 大雪のため、電車が遅れています。	～ 때문에	190
ＡＢＣ店は一昨年からの不景気によって、ついに店を閉めることとなった。	～ 때문에 /～ 에 의해	473
たばこの火の不始末から火事になった。	～ 때문에 /～ 로부터	71
雨も降っていることだし、4時になったからそろそろ終わりにしましょうか。	～ 하고 있고 /～ 하기도 하고	110
「どうして遅刻したんですか」「目覚まし時計が壊れていたものですから」	～ 해서 /～ 때문에 /～ 인 까닭에	574
「新しい仕事の話は断ったんですか」「ええ、今、忙しくて、9月末までにはできないもの」	～ 는데 뭐 /～ 는데 어떡해	568
あなただからこそお話しするのです。ほかの人には言いません。	～ 이니까 /～ 이기 때문에 / 오히려 ～ 이기 때문에	74
(店の張り紙) 店内改装中につき、しばらく休業いたします。	～ 으로 /～ 때문에	459
母は最近新しく発売された新薬のおかげで、ずいぶん元気になりました。	덕분에 / 덕택에 / 덕택으로	35
林さんが急に休んだせいで、今日は3時間も残業しなければならなかった。	～ 탓에 /～ 때문에	157
うっかり生水を飲んだばかりに、おなかを悪くしてしまった。	～ 한 탓에 /～ 때문에	514
今のオリンピックは勝ち負けを気にするあまり、スポーツマンシップという大切なものをなくしているのではないか。	지나치게 ～ 해서 / 지나치게 ～ 한 나머지	18

문형의 의미·기능 항목		레벨	문형
6	원인·이유	★2	あまりの〜に
		★2	が〜だけに
		★2	だけに〈ふさわしく〉
		★2	だけに〈反予想〉
		★2	いじょう（は）
		★2	うえは
		★3	からには
		★1	てまえ
		★2	のことだから
		★2	ところをみると
		★1	こととて
		★1	とあって
		★1	ゆえ（に）
		★1	ばこそ
		★1	ではあるまいし
7	변화·부정	★5	くする
		★5	にする
		★5	くなる

예문	한국어 번역	페이지
今年の夏はあまりの暑さに食欲もなくなってしまった。	너무 / 지나치게	19
母は今年93歳になった。今は元気だが、歳が歳だけに、病気をすると心配だ。	～가 ～인 만큼	57
快晴の大型連休だけに、道路は行楽地へ向かう車でいっぱいだ。	～인 만큼 /～이기 때문에	169
田中さんは普段から体が丈夫なだけに、かえってがんの発見が遅れたのだそうだ。	～때문에 /～이기에	170
約束した以上、守るべきだと思う。	～한 이상(은)/ ～인 이상(은)	24
社長が決断した上は、われわれ社員はやるしかない。	～한 이상은 /～함에 있어	30
ひきうけたからには、責任がある。	～한 이상은 / 어차피 ～한다면	79
妻に「来年の休みには外国へ連れて行く」と約束した手前、今年はどうしても行かなければならない。	～한 주제라서 /～했기 때문에	281
戦争中のことだから、何が起こるかわからない。	～이기 때문에	485
部屋の電気がまだついているところをみると、森さんはまだ起きているようだ。	～인 것을 보면	340
世間知らずの若者のしたこととて、どうぞ許してやってください。	～하고 생각하고 /～라고 치부하고	112
アフリカへ行くのは初めてとあって、会員たちは興奮ぎみであった。	～라서	299
円高ゆえ、今年の夏休みには海外に出掛けた人々が例年より多かった。	～때문에 /～까닭에	588
君の将来を考えればこそ、忠告するのだ。	～이기 때문에	515
神様ではあるまいし、10年後のことなんかわたしにわかりませんよ。	～도 아니고	273
スカートを5センチぐらい短くしてください。	～하게 하다(만들다)	89
お父さんのシャツを直して、子どものシャツにしました。	～하게 하다(만들다)	89
スープにちょっとバターを入れると、おいしくなりますよ。	～하게 되다	91

	문형의 의미・기능 항목	레벨	문형
7	변화・부정	★4	になる
		★4	たり〜たりする〈不定〉
		★4	ようになる
		★4	てくる〈変化〉
		★4	ことがある
8	결정	★4	にする
		★4	ことにする
		★4	ことになる〈決定〉
		★3	ことになっている
9	가능・난이도	★4	ことができる
		★4	られる〈可能〉
		★3	られる〈性能評価〉
		★4	やすい
		★3	にくい
		★3	わけにはいかない
		★3	ようがない
		★2	かねる
		★2	がたい

예문	한국어 번역	페이지
「きみはおとなになったら、何になりたいの」「サッカーの選手になりたい」	~ 이 / 가 되다	465
庭のそうじは父がしたり、母がしたり、兄がしたりします。	~ 하기도 하고 ~ 하기도 한다	202
最近、日本の食事に慣れて、さしみが食べられるようになりました。	~ 하게 되다	610
日本語の授業は、だんだん難しくなってきました。	~ 해지다 / ~ 하게 되다	253
会社まで近いので、ときどき自転車で行くことがあります。	~ 할 때가 있다 / ~ 하는 경우가 있다	103
「いい喫茶店ですね。何を頼みましょうか」「のどがかわいたから、コーラにします」	~ 로 하다	446
桜の木の下で拾ってきたねこだから、「さくら」と呼ぶことにしよう。	~ 하기로 하다	116
入社式でスピーチをすることになったので、何を話そうか考えています。	~ 하기로 (~ 하게) 되다	118
この会社では社員は 1 年に 1 回健康診断を受けることになっています。	~ 하게 되어 있다	117
わたしは今、すこし日本語を話すことができます。	~ 할 수 있다	104
「日本語の新聞が読めますか」「いいえ、漢字が多いので読めません」	~ 할 수 있다	619
このパンは安くておいしいから、よく売れます。	~ 할 수 있다	621
この本は字が大きくて読みやすいです。	~ 하기 쉽다	585
このくつは重くて歩きにくいです。	~ 하기 어렵다 / ~ 하기 불편하다	428
あしたは試験があるから、今日は遊んでいるわけにはいかない。	~ 할 수 없다	631
推薦状を書いてくれと言われても、あの人のことをよく知らないのだから、書きようがない。	~ 하려고 해도 할 수가 없다	591
親の希望を考えると、結婚のことを両親に言い出しかねています。	~ 하기 어렵다 / ~ 할 수 없다	65
あの元気なひろしが病気になるなんて信じがたいことです。	~ 하기 어렵다 / ~ 할 수 없다	55

	문형의 의미·기능 항목	레벨	문형
9	가능·난이도	★2	うる
		★1	ようにも～ない
		★1	にかたくない
		★1	にたる
		★1	にたえる
10	목적	★5	に
		★4	のに〈用途〉
		★4	ため（に）〈目的〉
		★2	うえで〈目的〉
		★3	ように〈期待〉
		★1	んがため（に）
		★1	べく
11	경험	★4	たことがある〈経験〉
		★4	たことがある〈過去の特別なこと〉
		★2	ている〈経歴・経験〉
12	역접·양보	★5	が〈逆接〉
		★4	けれど（も）〈逆接〉
		★4	のに〈逆接 不満・予想外〉
		★4	ても

예문	한국어 번역	페이지
これは仕事を成功させるために考え得る最上の方法です。	할 수 있다 / 가능하다 / 있을 수 있다	33
大切な電話が来ることになっているので、出かけようにも出かけられません。	～하고 싶어도 ～못한다	611
母親のその言葉を聞いて傷ついた子どもの心のうちは想像にかたくない。	～하기 어렵지 않다 / ～할 수 있다	424
彼は今度の数学オリンピックで十分満足に足る成績を取った。	～할 만한 / ～하기에 충분한	456
あの映画は子ども向けですが、大人の鑑賞にも十分耐えます。	～할 만 하다 / ～할 가치가 있다	455
あした、デパートへくつを買いに行きます。	～에 / ～로	407
このナイフはチーズを切るのに便利です。	～하는데	496
西洋美術を勉強するために、イタリア語を習っています。	～하기 위해 (서)	188
今度の企画を成功させる上で、ぜひみんなの協力が必要なのだ。	～하는데 있어서 / ～함에 있어	29
風邪が早く治るように注射を打ってもらいました。	～하도록	605
研究を完成させんがため、彼は昼夜寝ずにがんばった。	～하기 위해 (서)	664
ひとこと鈴木さんに別れの言葉を言うべく彼のマンションを訪れたのですが、彼はすでに出発した後でした。	～하려고 / ～하고자	533
わたしは3年前に1度日本へ来たことがあります。	～한 적이 있다 / ～한 경험이 있다	173
学生時代、お金がなくて、必要な本が買えなかったことがあります。	～한 적이 있다	174
アポロ11号は1969年に月に着陸している。	～했다	242
10月になりましたが、毎日暑い日が続いています。	～입니다만	45
この道具、説明書を読んだけれど使い方がよくわかりませんでした。	～ㅂ니다만	98
わたしが3時間もかけてケーキを焼いたのに、だれも食べません。	～인데 / ～임에도 불구하고	494
この会社は給料は安いんですが、給料が高くなくても、わたしはこの会社で働きたいです。	～해도 / ～하더라도	285

문형의 의미·기능 항목		레벨	문형
12	역접·양보	★2	ながら〈逆接〉
		★2	くせに
		★2	つつ〈逆接〉
		★2	ものの
		★2	とはいうものの
		★2	にもかかわらず
		★2	にしても〈譲歩〉
		★3	といっても
		★2	からといって
		★1	といえども
		★1	とはいえ
		★1	ながらも
		★1	ところを
		★1	ものを
		★1	とおもいきや
13	조건	★4	たら〈条件〉
		★4	ば〈条件〉
		★4	なら
		★4	と〈条件〉
		★4	と〜た〈発見〉

예문	한국어 번역	페이지
松下さんは本当のことを知りながら、知らないふりをしている。	~ 이면서 / ~ 이지만	385
竹内さんは本当はテニスが上手なくせに、わざと負けたんだ。	~ 이면서 / ~ 인 주제에	90
悪いと知りつつ、友達の宿題の答えを書いてそのまま出してしまった。	~ 하면서도	212
頭ではわかっているものの、実際に使い方を言葉で説明するのは難しい。	~ 이기는 하지만 / ~ 하기는 했지만	577
立春とはいうものの、春はまだ遠い。	~ 라고는 하지만	359
耳が不自由というハンディキャップがあるにもかかわらず、彼は優秀な成績で大学を卒業した。	~ 임에도 불구하고	470
いくら忙しかったにしても、電話をかける時間くらいはあったと思う。	~ 라고 해도	441
わたしの住んでいる所はマンションといっても9戸だけの小さなものです。	~ 라고는 해도	325
大学を出たからといって、必ずしも教養があるわけではない。	~ 라고 해서	77
高齢者といえども、まだまだ意欲的な人が大勢いる。	비록 ~ 라고 하더라도	319
彼は留学生とはいえ、日本語を読む力は普通の日本人以上です。	~ 라고는 하지만 / ~ 이기는 해도	360
彼は金持ちでありながらも、とても地味な生活をしている。	~ 임에도 불구하고 / ~ 이면서도	387
お忙しいところをご出席くださり、ありがとうございました。	~ 임에도 불구하고 / ~ 인데도	339
先輩があんなに親切に言ってくれるものを、彼はどうして断るのだろう。	~ 했는데 / ~ 했을텐데	578
父は頑固だから兄の結婚には反対するかと思いきや、何も言わずに賛成した。	~ 라고 생각했는데	327
もし、おもしろい本があったら、買ってきてください。	~ 라면	192
よく読めば、わかります。	~ 하면	502
「今から図書館へ行きます」「あ、図書館に行くなら、わたしも返したい本があるんですが」	~ 한다면 / ~ 라면	400
暖かくなると、桜の花が咲きます。	~ 하면	293
ドアを開けると、大きい犬がいました。	~ 니까 ~ 했다	348

문형의 의미·기능 항목		레벨	문형
13	조건	★3	と〈継起〉
		★4	と〜た〈偶然〉
		★3	と〜た〈きっかけ〉
		★3	ば〜（のに）〈反実仮想〉
		★3	たら〜だろう（に）
		★3	と〜（のに）〈反実仮想〉
		★3	さえ〜ば
		★3	としたら
		★3	とすれば
		★3	とすると
		★2	ないことには
		★2	ものなら
		★2	をぬきにしては
		★2	ようものなら
		★2	ないかぎり
		★2	となると〈新事態の仮定・確定〉
		★1	たらさいご
		★1	なくして（は）
		★1	とあれば

예문	한국어 번역	페이지
兄は上着を着ると、だまって出て行きました。	~하자 / ~하고 나서	294
本を読んでいると、窓から鳥が入ってきました。	~는데 ~했다 / ~니까 ~했다	349
のり子が「タロー」と呼ぶと、その犬は走ってきました。	~하니까 ~했다	347
「ごめんなさい。きのうは、会議の場所を間違えて、遅くなったんです」「それで遅れたんですか。山崎さんといっしょに来ればよかったのに」	~하면 ~(좋았을 텐데)	503
もしあのとき、そのことを知っていたら、お伝えしたでしょうに。	~하면(~했으면) ~했을텐데	199
「昨日のパーティーは楽しかったですよ。木村さんも来られるとよかったのに」「そうですか。行けなくて、残念でした」	~하면 (~할 텐데)	297
これは薬を飲みさえすれば治るという病気ではない。入院が必要だ。	~하기만 하면 / ~만 있으면	127
もし、ここに100万円あったとしたら、何に使いますか。	~라고 한다면	341
時給800円で1日4時間、1週間に5日働くとすれば、1週間で1万6,000円になる。	~라고 하면 / ~라고 치면	346
運転免許証を取るのに30万円以上もかかるとすると、今の経済状態では無理だ。	~라고 한다면 / ~라고 가정하면	345
ある商品が売れるかどうかは、市場調査をしてみないことには、わからない。	~하기 전에는 / ~하지 않고서는	374
できるものなら鳥になって国へ帰りたい。	만약에 ~ 라면	576
料理の上手な山田さんを抜きにしては、パーティーは開けません。	~을 빼고는 / ~을 제쳐두고는	652
この学校は規則が厳しいから、断らずに欠席しようものなら、大変だ。	만약에 ~ 하면 (되면)	612
この建物は許可がないかぎり、見学できません。	~가 없는 한 / ~가 없으면	373
「太郎が大阪へ行くことになるかもしれないよ」「そう。太郎が大阪転勤となると、これからメールや電話のやりとりで忙しくなるね」	~하게 되면 / ~하게 된다면	355
まさおは遊びに出かけたら最後、暗くなるまで戻ってきません。	~하면 그만으로	198
努力なくしては成功などあり得ない。	~없이(는) / ~없고(는)	388
子どもの教育費とあれば、多少の出費もしかたがない。	~라면 / ~라고 한다면	300

	문형의 의미·기능 항목	레벨	문형
14	역접 조건	★4	ても
		★3	たとえ〜ても
		★3	としても
		★2	にしろ
		★2	にせよ
		★2	にしても〈逆接仮定〉
		★1	たところで
		★1	といえども
		★1	であれ
		★1	ようが〜まいが
		★1	ようと〜まいと
		★1	ようが
		★1	ようと（も）
15		★4	てみる
		★4	てしまう〈完了〉
		★4	ておく
		★4	ないでおく
		★4	はじめる

예문	한국어 번역	페이지
わたしはタイ語を知らないので、見てもわかりません。	～ 해도 / ～ 하더라도	285
たとえ雪が降っても、仕事は休めません。	만약 ～ 라고 해도 / 설령 ～ 라고 해도	179
たとえわたしが大金持ちだとしても、毎日遊んで暮らしたいとは思わない。	～ 라고 하더라도 / ～ 라고 해도	344
たとえお金がないにしろ、食事だけはきちんと取るべきだ。	아무리 ～ 라고 해도	443
どんなことをするにせよ、十分な計画と準備が必要だ。	～ 라고 하더라도	447
たとえ新しい仕事を探すにしても、ふるさとを離れたくない。	～ 라고 해도	440
今から走っていったところで、開始時間に間に合うはずがない。	～ 한다고 해도 / ～ 라 하더라도	181
高齢者といえども、まだまだ意欲的な人が大勢いる。	비록 ～ 라고 하더라도	319
命令されたことが何であれ、きちんと最後までやらなければならない。	～ 이든 / ～ 라고 하더라도	234
雨が降ろうが降るまいが、この行事は毎年必ず同じ日に行われます。	～ 든지 말든지	593
夏休みに国へ帰ろうと帰るまいと、論文は8月末までに完成しなければならない。	～ 하든지 말든지	603
あの人がどこへ行こうが、わたしには関係ないことです。	～ 든지 / ～ 든지 말든지	590
ほかの人からどんなに悪く言われようと、あの人は平気らしい。	～ 하더라도	598
この新しいボールペンを使ってみました。とても書きやすいですよ。	～ 해 보다	284
「あの本、読み終わりましたか」「ええ、もうぜんぶ読んでしまいましたから、どうぞ」	～ 해 버리다 / ～ 을 끝내다	264
「山田君、コピー用紙がないから、買っておいてください」「はい、わかりました」	～ 해 두다	243
健康診断の日は、朝食を食べないでおいてください。	～ 하지 않은 채로	377
もう7時だから、そろそろ食べ始めましょう。	～ 하다 / ～ 시작하다	517

	문형의 의미·기능 항목	레벨	문형
15	의도적인 행위 · 동작의 개시와 종료	★4	つづける
		★4	おわる
		★4	だす
		★2	てみせる
		★3	きる
		★2	ぬく
		★3	かける
16	양태 · 상태	★4	ている〈変化の結果の残存〉
		★4	ている〈初めからの外見、状態〉
		★4	てある
		★4	そうだ〈様子〉
		★4	そうだ〈直前〉
		★4	そうだ〈予想・判断〉
		★4	は〜が〜
		★4	がする
		★4	をしている
		★2	げ
		★3	ようにして
		★3	だらけ

예문	한국어 번역	페이지
山道を1日中歩き続けて、足が痛くなりました。	계속 ~ 하다	216
みんなご飯を食べ終わりました。テーブルの上をかたづけましょう。	다(전부) ~ 하다	42
雨がやんだら、たくさんの鳥が鳴き出しました。	~ 하기 시작하다	175
ぼくはあしたの柔道の試合で必ず勝ってみせる。がんばるぞ。	~ 하겠다	283
3巻から成る小説を夏休み中に全部読みきった。	전부 ~ 하다 / 완전히 ~ 하다	86
マラソンの精神というのは、試合に負けても最後まで走りぬくことだ。	끝까지 ~ 하는	481
風邪は治りかけたが、またひどくなってしまった。	~ 하다가	53
あ、この時計は止まっています。	~ 인 상태다	240
弟は父によく似ています。	~ 하다 / ~ 인 상태다	241
「これ、見てください。わたしの部屋の写真です」「へえ。机の上に人形がたくさんかざってありますね。あ、テレビの上にも人形が置いてありますね」	~ 되어 있다 / ~ 해 두다	232
きのうは母の日だったので、花をプレゼントしました。母はとてもうれしそうでした。	~ 인 듯하다 / ~ 인 것 같다	159
あ、シャツのボタンが取れそうですよ。	금방이라도 ~ 일(~ 할) 것 같다	160
今年の夏は暑くなりそうです。	~ 일 것 같다	161
あの人は目がとてもきれいです。	~ 는 ~ 이(~ 가)	509
どこかでねこの鳴き声がします。	(소리가) 들린다 /(냄새가) 난다 /(느낌이) 든다	54
リーさんはきれいな声をしています。	~ 를 가지고 있다 / ~ 해지다	643
「お母さんはどうしたの」と聞くと、子どもは悲しげな顔をして下を向いた。	~ 인 듯한 / ~ 인 듯이	97
この汚れはたたくようにして洗うとよく落ちます。	~ 하는 것 처럼	608
子どもたちは泥だらけになって遊んでいる。	투성이	197

	문형의 의미・기능 항목	레벨	문형
16	양태・상태	★1	ながら〈そのまま〉
		★1	とばかり（に）
		★1	んばかりに
		★1	ともなく
		★1	まみれ
		★1	ずくめ
17	비유	★4	みたいだ〈比況〉
		★4	ようだ〈比況〉
		★4	らしい〈典型〉
		★3	かとおもうほど
		★2	かのように
		★1	ごとき
18	경향	★3	がち
		★2	っぽい
		★2	ぎみ
		★1	きらいがある
		★1	めく
19		★5	がほしい
		★5	たい

예문	한국어 번역	페이지
戦火を逃れてきた人々は涙ながらにそれぞれの恐ろしい体験を語った。	～하면서 / ～서부터	386
あの子はお母さんなんかきらいとばかりに、家を出ていってしまいました。	～처럼 / ～같이	362
彼女は泣かんばかりに「手紙をくださいね」と言って去っていった。	금방이라도 ～할 듯이 / 당장이라도 ～할 것 같은	670
祖父は何を見るともなく窓の外をながめている。	흘낏 / 문득 / 작정없이	365
二人とも、血まみれになるまで戦った。	～투성이 / ～범벅	558
山田さんのうちは、長男の結婚、長女の出産と、最近、おめでたいことずくめだ。	～투성이다 / ～일색이다	149
彼女の話し方は子どもみたいね。	～같다 / ～처럼 / ～과 비슷하다	560
ビルの屋上から見ると、人がまるで虫のようです。車はミニカーのようです。	～같다 / ～과 비슷하다	594
ケンはいつも元気で、本当に若者らしいです。	～답다 / ～다운	618
雪解けの水は指が切れるかと思うほど冷たい。	～라고 생각될 정도로	62
山田さんの部屋は何か月もそうじしていないかのように汚い。	～인 것처럼 / ～처럼	66
村で花のごとき美人に出会った。	～같은 / ～같이 / ～처럼	106
森さんは小学校4年生のとき体を悪くして、学校もとかく休みがちだった。	자주 ～하다	59
きみ子はもう20歳なのに話すことが子どもっぽい。	～같은 느낌이 든다 / 자주 그렇게 ～한다 / ～한 계통의	221
今日はちょっと風邪気味なので、早めに帰らせてください。	왠지 ～한 느낌	83
あの人の話はいつも大げさになるきらいがある。	～하는 경향이 있다	84
（手紙文）日ごとに春めいてまいりました。その後、お元気でいらっしゃいますか。	～답다 / ～같다	563
わたしは新しいノートパソコンがほしいです。	～을 갖고 싶다 / ～이 필요하다	68
夏休みには富士山に登りたいです。	～하고 싶다	165

문형의 의미·기능 항목		레벨	문형
19	희망	★4	がる
		★4	たらいい〈希望〉
		★4	といい〈希望〉
		★4	ばいい〈希望〉
		★3	てほしい
		★2	てほしいものだ
		★2	たいものだ〈願望〉
		★2	ないものか
20	의지	★4	つもりだ〈意志〉
		★4	よう〈意志〉
		★4	ようとおもう
		★4	ようとする
		★4	ようにする
		★3	ようとしない
		★3	つもりだ〈意図と実際の不一致〉
		★2	まい〈否定の意志〉
		★2	ようか〜まいか

예문	한국어 번역	페이지
赤ちゃんがミルクをほしがって、泣いています。	~하고 싶다 /~ 하다	80
（運動会の前日）「あした、晴れたらいいな」「そうですね。いい天気だったらいいですね」	~하면 좋겠다	195
（スポーツ大会の前日）「あした、雨が降らないといいですね」「そうですね。いい天気になるといいですね」	~면 좋겠다	301
「あしたはスポーツ大会ですね。雨が降らなければいいですね」「ええ、晴れればいいですね」	~하면 좋겠다	505
クラス会の予定が決まったら、すぐわたしに知らせてほしいのですが。よろしくお願いします。	~하길 바란다 /~ 했으면 좋겠다	279
親は生まれた子に、早く歩けるようになってほしいものだと願う。	~하길 바란다 /~ 해 주었으면 좋겠다	280
ライト兄弟は子どものころからなんとかして空を飛びたいものだと思っていた。	정말 ~하고 싶다	166
人々は昔からなんとかして年を取らずに長生きできないものかと願ってきた。	~하지 못하는 것일까?/~ 할 수 없는 것일까?	381
「今度のレポートで、君は何について書くつもりですか」「まだ決めていません」	~할 예정이다 /~ 할 생각이다	222
熱があるから、今日は早く帰ろう。	~해야지	589
会社をやめて、1年ぐらい留学しようと思っています。	~하려고 생각하다 /~ 이 되려고 생각하다	599
どうも遅くなりました。会社を出ようとしたとき、社長に呼ばれたんです。	막 ~ 하려고 하다	602
人に会うときは、約束の時間を守るようにしましょう。	~하도록 하다 / 꼭 ~ 하다	609
リーさんは病気のときでも、医者に行こうとしません。	~하려고 하지 않다	601
「ああ、ケーキ、食べたいな」「食べたつもりになって、がまんしなさい」	~한 셈 치고 /~ 하다고 생각하고	224
鈴木さんは無責任な人だ。もう2度とあんな人に仕事を頼むまい。	~하지 않겠다 /~ 하지 말자	541
この季節には、かさを持っていこうかいくまいかと毎朝迷ってしまう。	~할까 말까 /~ 할지 말지	592

문형의 의미·기능 항목		레벨	문형
21	권유·제의·조언	★5	ましょう
		★5	ませんか〈勧め〉
		★5	ませんか〈誘い〉
		★5	でしょう〈同意求め　確認〉
		★4	ましょうか〈誘い〉
		★4	ましょうか〈申し出〉
		★4	たらいい〈勧め〉
		★4	といい〈勧め〉
		★4	ばいい〈勧め〉
		★4	たほうがいい
		★4	たらいいですか
		★4	ばいいですか
		★4	たらどうですか
		★2	ようではないか
		★2	ことだ〈助言・忠告〉
		★2	ものだ〈忠告〉
		★2	ものではない
		★3	べきだ

예문	한국어 번역	페이지
「じゃ、今晩、7時にホテルのロビーで会いましょう」「ええ、じゃ、7時に」	~ 합시다 /~ 하시죠	546
「このボランティアの仕事、あなたもやってみませんか」「そうですね」	~ 하지 않을래요?/~ 하시지요	549
「あした、花見に行きませんか」「そうですね。行きましょう」	~ 하시지요 /~ 하지 않을래요?	550
「このセーター、わたしが編んだんです。いい色でしょう」「ほんとうにきれいですね」	어때요 ~ 이지요?	266
「もう4時ですね。お茶にしましょうか」「ええ、いいですね」	~ 할까요?/~ 하시지요	548
「暗いですね。電気をつけましょうか」「ええ、つけてください」	~ 할까요?/~ 하겠습니까?	547
疲れているようですね。今、仕事も忙しくないから、2、3日休んだらいいですよ。	~ 하는 것이 좋다 /~ 하면 좋다	194
眠れないときは、ちょっとお酒を飲むといい。	~ 하면 좋다	302
そんなに欲しいのなら、自分で買えばいいじゃないか。	~ 하면 된다	504
この部屋、空気が悪いですね。少し窓を開けた方がいいですよ。	~ 하는 편이 좋다 (낫다)	186
「予約をキャンセルしたいんですが、どうしたらいいですか」「お名前は?」	~ 하면 좋겠습니까	196
「この本はいつまでに返せばいいですか」「来週の水曜日までに返してください」	~ 하면 좋겠습니까?	506
「すみません、3番のバスはどこから出ますか」「さあ、あそこの案内所で聞いたらどうですか」	~ 하면 어떻겠습니까	200
これからは少しでも人の役に立つことを考えようではないか。	~하자 /~해야 되지 않겠는가	597
ほかの人に頼らないで、とにかく自分でやってみることだ。	해야 한다	109
元気な若い人は乗り物の中でお年寄りに席を譲るものだ。	~ 해야 한다 /~ 하는 것이 좋다	573
無駄づかいをするものではない。お金は大切にしなさい。	~ 해서는 안된다	575
1万円拾ったんだって? そりゃあ、すぐに警察に届けるべきだよ。	반드시 ~ 해야 한다 /~ 하는 편이 좋다	532

문형의 의미·기능 항목		레벨	문형
21		★2	んだ
		★2	んじゃない
22	의뢰·명령	★5	をください
		★5	てください
		★5	をくださいませんか
		★5	てくださいませんか
		★4	お〜ください
		★4	させてください
		★4	しろ〈命令〉
		★4	な〈禁止〉
		★4	なさい
		★3	させてくれませんか
		★3	させてもらえませんか
		★3	こと
23	허가·금지·의무·불필요	★4	てもいい〈許可〉
		★4	てもいい〈譲歩〉
		★4	てもかまわない〈許可〉
		★4	てもかまわない〈譲歩〉
		★4	てはいけない
		★4	なければならない

예문	한국어 번역	페이지
もう8時だよ。学校に遅れるよ。早く起きるんだ。	～해라 /～하거라	666
走り回るんじゃない。本でも読んで、少し静かにしていなさい。	～하지 마라 /～하면 안된다	665
(レストランで) すみませんが、ソースをください。	～을(를) 주세요 (주십시요)	639
あのう、もう少しゆっくり言ってください。	～해 주세요 /～해 주십시오	249
きれいな絵はがきですね。1まいくださいませんか。	～을(를) 주세요 /～을(를) 주시지 않겠습니까?	640
上田さん、ちょっとこの文をチェックしてくださいませんか。	～해 주시지 않겠습니까?	250
(駅で) 危ないですから、黄色い線の内側にお下がりください。	～해 주십시요 /～해 주세요	36
市役所へ行かなければならないので、今日は早く帰らせてください。	～하게 해주십시오	128
(交通標識) 止まれ	～해라	145
(立て札) 危険。入るな！	～하지 마라 /～금지	371
7時だよ。早く起きなさい。	～하시오	397
山田さん、すみませんが、週末、車を使わせてくれませんか。	～하게 해 주십시오	129
「すみませんが、電話をかけさせてもらえませんか」「ええ、いいですよ」	～하게 해 주십시오	130
レポートは10日までに提出すること。	～할 것	101
今日の会議は303号室を使ってもいいですよ。	～해도 좋다 /～해도 괜찮다	286
「兄さん、お金貸して」「え、またお金。貸してもいいけど、1万円だけだよ」	～해도 좋다 /～해도 괜찮다	287
「授業中に飲み物を飲んでもかまいませんか」「あ、教室の中は、飲食禁止になっています」	～해도 좋다 /～해도 괜찮다	288
あなたが読みたいと言っていた本を持ってきましたよ。わたしはもう読んだから、返してくれなくてもかまいませんよ。	～해도 괜찮다 /～해도 좋다	289
(立て札) ここは危険です。この川で泳いではいけません。	～하면 안된다 /～는 안된다	274
あした、部屋代を払わなければなりません。	～하지 않으면 안된다 /～해야 한다	396

문형의 의미·기능 항목		레벨	문형
23	허가·금지·의무·불필요	★4	なければいけない
		★4	なくてはならない
		★4	なくてもいい〈不必要〉
		★4	なくてもいい〈譲歩〉
		★4	な〈禁止〉
		★2	てもさしつかえない
		★3	ことはない
		★1	までもない
		★1	べからざる
		★1	べからず
		★1	まじき
24	추량	★4	だろう〈推量〉
		★4	かもしれない
		★4	らしい〈推量〉
		★4	だろうとおもう
		★4	ようだ〈推量〉
		★4	みたいだ〈推量〉

예문	한국어 번역	페이지
明日の朝早く起きなければいけないので、お先に失礼します。	~ 하지 않으면 안된다 / ~ 해야 한다	395
(市役所で)「来月、また来なくてはなりませんか」「ええ、すみませんが、来月もう1回来てください」	~ 하지 않으면 안된다 / ~ 해야한다	391
「あしたも来なければなりませんか」「いいえ、今日は仕事が全部できたから、あしたは来なくてもいいですよ」	~ 하지 않아도 된다 (괜찮다)	392
1日だけですからホテルの部屋は広くなくても、きれいでなくてもいいです。	~ 하지 않아도 좋다 (괜찮다)	393
(立て札) 危険。入るな！	~ 하지 마라 / ~ 금지	371
「この写真、見てもさしつかえないですか」「ええ、どうぞ」	~ 해도 괜찮다 / ~ 해도 상관없다	290
簡単な手術だから、心配することはありません。すぐに退院できますよ。	~ 할 필요는 없다	121
あの映画はいいけど、映画館に見に行くまでもないと思う。テレビで見れば十分だよ。	~ 할 필요도 없다	556
山崎氏は会員のレベル向上のためには欠くべからざる人物である。	~ 할 수 없는 / ~ 하면 안되는	530
録音中。ノックするべからず。	금지	531
学生にあるまじき行為をした者は退学処分にする。	~ 해서는 안되는 / ~ 답지 못한	545
田中さんは旅行には行かないだろう。忙しいと言っていたから。	~ 일 것이다 / ~ 겠지	206
雪の日は、この道は危ないですよ。すべるかもしれませんよ。	~ 일지도 모른다 / ~ 일 수도 있다	69
みんながホールのテレビの前に集まっていますよ。何か事故があったらしいですよ。	~ 인 것 같다 / ~ 인 듯 하다	617
キャンプの参加者は50人ぐらいだろうと思います。	~ 일 것이라고 생각한다 / ~ 일 것이다	208
あれ、この牛乳、ちょっと悪くなっているようです。変なにおいがします。	~ 인 것 같다 / ~ 인 듯 하다	595
わたし、なんだか風邪をひいたみたい。のどが痛いの。	~ 인 것 같다 / ~ 인 듯 하다	559

문형의 의미·기능 항목		레벨	문형
24	추량	★4	はずだ〈必然的帰結〉
		★4	はずがない
		★3	はずだ〈当然〉
		★2	まい〈否定の推量〉
		★2	まいか
		★3	おそれがある
		★2	かねない
		★3	にちがいない
		★2	にそういない
		★3	とみえて
25	전언·인용	★4	という〈名前〉
		★3	という〈内容説明〉
		★4	そうだ〈伝聞〉
		★4	と〈直接話法〉
		★4	と〈間接話法〉
		★4	ように（と言う）〈間接話法〉
		★3	しろ〈命令〉と（言う）
		★3	な〈禁止〉と（言う）
		★3	ということだ〈伝聞〉
		★2	とか

예문	한국어 번역	페이지
田中さんはもう会社を出たはずですよ。5時の新幹線に乗ると言っていたから。	~ 일 것이다	519
何かの間違いでしょう。彼が独身のはずがありません。ときどき奥さんの話をしますよ。	~ 일리가 없다	518
「わあ、おいしいワインね」「おいしいはずですよ。高いワインなんですから」	당연히 ~ 할 것이다	520
この事件は複雑だから、そう簡単には解決するまい。	~ 하지 않을 것이다	542
田中さんはそう言うけれども、必ずしもそうとは言い切れないのではあるまいか。	~ 하지 않겠는가 /~ 지 않을까	543
この地震による津波のおそれはありません。	~ 할 위험이 있다	38
そんな乱暴な運転をしたら事故を起こしかねないよ。	~ 할 수도 있다 /~ 하게 될 수도 있다	64
リンさんは旅行にでも行っているに違いない。何度電話しても出ない。	~ 임에 틀림없다	457
不合格品がそれほど出たとは、製品の検査がそうとう厳しいに相違ない。	~ 임이 틀림없다	449
夜遅く雨が降ったとみえて、庭がぬれている。	~ 처럼 /~ 같이	363
むかしむかし、桃太郎という男の子がいました。	~ 라는 /~ 라고 하는	305
母から来月日本へ来るという手紙が来ました。	~ 라고 하는	306
テレビの天気予報によると、あしたは大雨が降るそうです。	~ 라고 한다	158
花子さんは「サッカーの試合をはじめて見ました」と言いました。	~ 라고	295
花子さんはサッカーの試合をはじめて見たと言いました。	~ 라고	296
先生はタンさんに字をもっときれいに書くように言いました。	~ 하도록 (말하다)	607
母の手紙にはいつも体を大切にしろと書いてあります。	~ 하라고 (말하다)	146
父はわたしにたばこを吸うなと言います。	~ 하지 말라고 (하다)	372
今は田畑しかないが、昔はこの辺りが町の中心だったということだ。	~ 라고 한다	308
「テレビで見たんだけど北海道はきのう大雪だったとか」「そうですか。いよいよ冬ですねえ」	~ 라던데 /~ 라고 하던데	329

	문형의 의미·기능 항목	레벨	문형
25	전언·인용	★3	って〈伝聞〉
		★1	よし
26	설명	★4	のだ〈説明〉
		★4	のは～だ
		★4	のですか
27	수수	★5	あげる
		★5	もらう
		★5	くれる
		★4	てあげる
		★4	てもらう
		★4	てくれる
28	사역	★4	させる〈強制の使役〉
		★4	させる〈許可・恩恵の使役〉
		★4	させる〈誘発の使役〉
		★2	させる〈責任の使役〉
		★3	させる〈他動詞化の使役〉
29	수동·사역 수동	★4	られる〈受け身〉
		★4	られる〈持ち主の受け身〉
		★4	られる〈被害の受け身〉

예문	한국어 번역	페이지
「来週の授業は休みだって」「ほんと。よかった」	～래 / ～라고 하던데	217
(手紙) そちらでは紅葉が今が盛りの由ですが、伺えなくて残念です。	～라고 하다	613
来月スイスに行きます。絵本の展覧会に出席するのです。	～이다	486
田中さんのうちに行ったのは、先週の水曜日です。	～한 것은 ～이다	497
「何かいいことがあったんですか。うれしそうな顔をして……」「ええ、あした、マリアさんとドライブに行くんです」	～입니까?	493
姉はあい子さんの誕生日にケーキをあげた。	주다 / 드리다	15
わたしは子どものころ、よくおじに本をもらいました。	받다	580
誕生日に、母はわたしに着物をくれた。	주다	96
パーティーの後、中山さんは春子さんを家まで送ってあげました。	～해 드리다	230
わたしは朝起きられないので、いつも母に頼んで起こしてもらいます。	～해 주다	291
よう子さんはとても親切で、わたしが困っているといつも助けてくれます。	～해 주다	260
部屋が汚いので、お父さんは子どもに部屋をそうじさせました。	시키다 / 하게 하다	132
子どもが読みたいと言ったので、お父さんは子どもに昔のまんがを読ませました。	～하게 하다	134
ジムはおばけの話をして、子どもたちをこわがらせました。	～하게 하다	133
水をあげるのを忘れてしまって、ペットの小鳥を死なせてしまいました。	～하게 하다	135
(天気予報) 関東地方の上に雲がかかっていますが、これは雨を降らせる雲ではありません。	～하게 하다	136
子どものとき母が忙しかったので、わたしは祖母に育てられました。	～되다 / ～하여지다	622
わたしは子どもにめがねを壊されて困っています。	～를 당하다 / ～를 받다	624
きのう、となりの人に夜おそくまでさわがれて、うるさくて眠れませんでした。	～당하다	625

	문형의 의미·기능 항목	레벨	문형
29	수동 · 사역 수동	★4	られる〈非情の受け身〉
		★4	させられる
		★3	られる〈自発〉
30	경의	★4	お〜になる
		★4	お〜する
		★4	られる〈尊敬〉
		★4	お〜・ご〜
		★3	お〜だ
31	대상	★4	ため（に）〈恩恵〉
		★3	について
		★2	にかんして
		★3	にたいして〈対象〉
		★2	にこたえて
		★2	をめぐって
		★2	むけに
		★3	むきに
		★1	にかかわる
32	화제	★2	とは〈定義〉
		★2	というものは
		★3	というのは

예문	한국어 번역	페이지
試験は3月15日に行われます。	～ 하여지다 /～ 되다	623
アルバイトをしている店で、店長に言葉の使い方を覚えさせられました。	억지로 ～ 하다 /～ 를 당하다	131
今年の夏は野菜が高くなると思われます。	～ 되다 /～ 나다	627
会長は10月8日にバンコクからお帰りになります。	～ 하시다	40
先生、おかばんをお持ちします。	～ 하시다	37
先生、どこで電車を降りられますか。	～ 하시다	626
先生、ご家族の皆さんはお元気ですか。	～ 분 /～ 님(단 사람 대상 앞에서)	34
(改札口で)特急券をお持ちですか。	～ 하시다	39
これは日本語を勉強する人のための本です。	～ 를 위한	189
この町の歴史について調べています。	～ 에 대해(서)	458
この問題に関してもう少し考える必要がある。	～ 에 관해서 /～ 에 대해서	426
小林先生は勉強が嫌いな学生に対して、特に親しみをもって接していた。	～ 에 대해서	452
参加者の要望に応えて、次回の説明会には会長自身が出席することになった。	～ 를 받아들여서 /～ 를 수용해서	432
この規則改正をめぐって、まだ討論が続いている。	～ 을 둘러싸고 /～ 에 관해서	656
これは幼児向けに書かれた本です。	～ 대상으로 /～ 용으로	562
これはお年寄り向きにやわらかく煮た料理です。	～ 용으로 /～ 대상으로	561
人の名誉にかかわるようなことを言うな。	～ 에 관련된	418
水蒸気とは気体の状態に変わった水のことである。	～ 라는 것은 /～ 은(～ 는)	357
親というものはありがたいものだ。	～ 라는 것은 /～ 라고 하는 것은	317
教育ママというのは自分の子どもの教育に熱心な母親のことです。	～ 라고 하는 것은 /～ 란	313

문형의 의미·기능 항목		레벨	문형
32	화제	★2	といえば
		★2	というと〈連想〉
		★2	というと〈確認〉
		★2	はというと
		★2	といったら
		★3	にかけては
		★2	こととなると
		★3	って〈主題〉
		★2	となると〈話題〉
		★1	ときたら
		★1	にいたっては
33	수단·매개	★3	によって〈手段・方法〉
		★3	によって〈受け身の動作主〉
		★3	によると
		★3	をつうじて〈手段・媒介〉

예문	한국어 번역	페이지
今年は海外旅行をする人が多かったそうです。海外旅行といえば、来年みんなでタイへ行く話が出ています。	～라고 하면 / ～라고 한다면	321
この町に新しく病院ができた。病院というとただ四角いだけの建物を想像するが、この病院はカントリーホテルという感じのものだ。	～라고 하면	310
「林さんが結婚したそうです。あいさつ状がきました」「林さんというと、前にここの受付をしていた林さんのことですか」	～라면 / 그렇다면	311
父も母ものんびり過ごしています。わたしはというと、毎日ただ忙しく働いています。	～로 말하자면 / ～은(는)	522
あの学生のまじめさといったら、教師の方が頭が下がる。	～은 / ～는	323
田中さんは事務処理にかけてはすばらしい能力を持っています。	～에 있어서는 / ～만큼은	423
山川さんは釣りのこととなると目が輝く。	～가 화제가 되면 / ～소리만 들으면	113
「PCって何ですか」「パソコンのことですよ」	～라니 / ～라는 것은	218
専門の生物学では今までいろいろな動物を扱ったが、自分の赤ん坊となるとどう扱っていいのかわからない。	～가 되니까 / ～가 되면	356
お宅の息子さんは外でよく遊んでいいですね。うちの子ときたらテレビの前を離れないんですよ。	～은 / ～는	332
わたしの家族はだれもまともに家で夕食を食べない。姉に至っては仕事や友人との外食で家で食べるのは月に1回か2回だ。	～에 있어서는 / ～를 예로 든다면	411
その問題は話し合いによって解決できると思います。	～로 / ～로써	474
「リア王」はシェークスピアによって書かれた三大悲劇の一つです。	～에 의해 / ～에 의해서	475
テレビの長期予報によると、今年の夏は特に東北地方において冷夏が予想されるそうです。	～에 의하면 / ～에 따르면	478
わたしはそのことをテレビのニュースを通じて知りました。	～를 통해서	646

	문형의 의미・기능 항목	레벨	문형
33	수단・매개	★3	をとおして〈手段・媒介〉
		★1	をもって〈手段〉
34	시점・종점・한계・범위	★2	をはじめ
		★2	をはじめとして
		★2	からして
		★3	から〜にかけて
		★3	にわたって
		★3	をつうじて〈継続期間〉
		★3	をとおして〈継続期間〉
		★3	だけ
		★2	かぎり〈限界〉
		★3	まで
		★1	をかわきりに（して）
		★1	にいたるまで
		★1	をかぎりに
		★1	をもって〈期限〉
		★1	というところだ

예문	한국어 번역	페이지
社長に会うときは、秘書を通してアポイントメントを取ってください。	~를 통해서/~에게	648
誠実な田中さんは非常な努力をもって問題解決に当たりました。	~로/~으로/~을 이용해서	657
ご両親をはじめ、家族の皆さんによろしくお伝えください。	~을 비롯	653
東京の霞が関には、裁判所をはじめとして国のいろいろな機関が集まっている。	~을 비롯해서	654
この職場には時間を守らない人が多い。所長からしてよく遅刻する。	우선 ~ 부터	75
このスタイルは1970年代から1980年代にかけて流行したものだ。	~ 부터 ~ 에 걸쳐서	78
今度の台風は日本全域にわたって被害を及ぼした。	~에 걸쳐서	479
この地方は1年を通じてほとんど同じような天候です。	~ 동안/~ 내내	645
1年を通して彼は欠席、遅刻をしないでがんばった。	~를 통 털어서/~ 내내	647
テーブルの上のものは食べたいだけ食べてもかまわないんですよ。	~ 만큼/~ 밖에/~ 뿐	167
何かわたしがお手伝いできることがあったら言ってください。できるかぎりのことはいたしますから。	~하는 한	50
一番の親友のあなたまで、わたしを疑うの。	~ 까지도/~ 조차	552
わたしたちは大阪の出演を皮切りに、各地で公演をすることになっている。	~을 시작으로(해서)/~을 기점으로(해서)	636
警察の調べは厳しかった。現在の給料から過去の借金の額に至るまで調べられた。	~ 까지도/~ 에 까지	413
今日を限りに禁煙することにしました。	~을 끝으로/~ 부터	635
本日をもって今年の研修会は終了いたします。	~ 부로/~ 로/~ 으로	658
来年度わたしがもらえそうな奨学金はせいぜい5万円というところだ。	~ 라고 하는 정도다	312

	문형의 의미·기능 항목	레벨	문형
35	한정	★2	にかぎり
		★2	にかぎって
		★2	かぎりでは
		★2	かぎり（は）〈条件の範囲〉
		★1	ただ〜のみ
		★1	ならでは
		★1	をおいて
36	비한정	★3	ばかりでなく
		★2	ばかりか
		★2	にかぎらず
		★2	のみならず
		★3	ただ〜だけでなく
		★1	にとどまらず
37	부가	★4	も〜し、〜も
		★3	も〜ば、〜も
		★3	うえ（に）
		★3	はもちろん
		★2	はもとより

예문	한국어 번역	페이지
この券をご持参のお客さまに限り、200円割り引きいたします。	〜에 한해서 / 〜만	421
自信があると言う人に限って、試験はあまりよくできていないようだ。	〜에 한해서 / 〜만큼은	419
この売り上げ状況のグラフを見るかぎりでは、わが社の製品の売れ行きは順調だ。	〜의 한도 내에서는	52
体が丈夫なかぎり、思いきり社会活動をしたいものだ。	〜하는 한	49
マラソン当日の天気、選手にとってはただそれのみが心配だ。	오직 〜 만(이)	177
この絵には子どもならでは表せない無邪気さがある。	〜 밖에는 할 수 없는 / 〜가 아니면	401
この仕事をやれる人はあなたをおいてほかにないと思います。	〜를 제외하고 / 〜가 아니면	634
わたしたちは日本語ばかりでなく、英語や数学の授業も受けています。	〜뿐만 아니라	513
いくら薬を飲んでも、風邪が治らないばかりか、もっと悪くなってきました。	〜뿐만 아니라	511
日曜日に限らず、休みの日はいつでも、家族と運動をしに出かけます。	〜에 한정짓지 말고 / 〜에 관계없이	420
山川さんは出張先でトラブルを起こしたのみならず、部長への報告も怠った。	〜뿐만 아니라	498
ただ東京都民だけでなく、全国民が今度の都知事選に関心を持っている。	단지 〜 뿐만 아니고	176
彼のテニスは単なる趣味にとどまらず、今やプロ級の腕前です。	〜로 끝나지 않고 / 〜뿐만 아니라	463
この服はデザインもいいし、色もいいです。	〜도 〜하고, 〜도	567
あしたは数学の試験もあればレポートも提出しなければならないので、今晩は寝られそうもない。	〜도 〜하고, 〜도	579
ゆうべは道に迷った上、雨にも降られて大変でした。	〜한데다	27
復習はもちろん予習もしなければなりません。	〜는 물론	526
日本はもとより、多くの国がこの大会の成果に期待している。	〜는 물론이고	527

	문형의 의미·기능 항목	레벨	문형
37	부가	★2	にくわえて
		★1	はおろか
		★1	もさることながら
		★1	とあいまって
38	부대적인 상태 · 부대적이지 않은 상태	★4	て〈方法・状態〉
		★4	ないで
		★4	ずに
		★3	ついでに
		★3	をこめて
		★2	ことなく
		★2	ぬきで
		★2	をぬきにして
		★1	かたわら
		★1	がてら
		★1	かたがた
39	상관 관계	★3	ば～ほど
		★3	ほど〈相関関係〉
		★3	につれて

예문	한국어 번역	페이지
台風が近づくにつれ、大雨に加えて風も強くなってきた。	～에 더해서	430
わたしのうちにはビデオはおろかテレビもない。	～는 커녕	508
子どもの心を傷つける要因として、「いじめ」の問題もさることながら、不安定な社会そのものの影響も無視できない。	～도 있지만	565
彼の才能は人一倍の努力と相まって、みごとに花を咲かせた。	～과 합쳐져서 /～과 섞여서	298
音声を聞いて発音の練習をします。	～하고 /～한 상태로	227
昨夜は顔も洗わないで寝てしまいました。	～하지 않고 /～하지 않은 채로	376
切手をはらずに手紙をポストに入れてしまいました。	～하지 않고	151
パリの国際会議に出席するついでに、パリ大学の森先生をお訪ねしてみよう。	～하는 김에 /～하는 차에	209
先生、ありがとうございました。わたしたちの感謝を込めてこの文集を作りました。	～을 다해서 /～를 바쳐서 /～을 담아서	642
敵に知られることなく、島に上陸するのは難しい。	～하지 않고	114
あいさつぬきでいきなり食事となった。	～없이 /～를 빼고	480
交通機関の問題は乗客の安全を抜きにして論じることはできない。	～을 빼고 /～을 제쳐두고	651
市川氏は役所で働くかたわら、ボランティアとして外国人に日本語を教えている。	～하는 한편(으로)	58
月1回のフリーマーケットをのぞきがてら、公園を散歩してきた。	～하는 김에 / 겸사겸사	60
最近ごぶさたをしているので、卒業のあいさつかたがた保証人のうちを訪ねた。	겸사겸사	56
山は登れば登るほど、気温が低くなる。	～하면 ～할수록	525
外国語は勉強するほど難しくなる。	～할수록	536
時間がたつにつれてあのときのことを忘れてしまうから、今のうちに書いておこう。	～함에 따라서	461

	문형의 의미·기능 항목	레벨	문형
39	상관 관계	★3	にしたがって
		★2	にともなって
		★2	とともに〈相関関係〉
40	진행	★3	いっぽうだ
		★2	ばかりだ
		★2	つつある
		★2	ようとしている
41	판단하는 입장	★3	にとって
		★3	として
		★2	のうえで
		★2	からいうと
		★2	からすると
		★2	にしたら
		★2	にしたところで
		★1	なりに

예문	한국어 번역	페이지
警察の調べが進むに従って、次々と新しい疑問点が出てきた。	~함에 따라 점차	435
彼は成長するに伴って、だんだん無口になってきた。	~함에 따라서 /~하는 것과 상응해서	464
日差しが強まり、気温が高くなるとともに次々と花が開き始める。	~과 함께 /~과 같이	352
これからは寒くなる一方です。風邪をひかないよう、お体を大切に。	점점 더 ~해지다	26
このままではジムの日本語の成績は下がるばかりだ。なんとかしなくてはならない。	점점 ~할 뿐이다 / 더욱 더 ~하게 된다	512
わたしはホテルの窓から山の向こうに沈みつつある夕日を眺めながら、1杯のコーヒーをゆっくりと楽しんだ。	~하고 있는	215
大きな夕日が海に沈もうとしていた。人々は船の甲板から眺めていた。	막 ~하려고 하고 있다 / 막 ~하려는 참이다	600
現代人にとって、ごみをどう処理するかは大きな問題です。	~에게 있어(서)	462
わたしは前に1度観光客として日本に来たことがある。	~로서	342
この機械は見かけの上では使い方が難しそうですが、実際はとても簡単なのです。	~만으로는	483
仕事への意欲からいうと、田中さんより山下さんの方が上だが、能力からいうと、やはり田中さんの方が優れている。	~만 본다면 /~를 생각하면 /~로 봐서	73
米を作る農家からすると、涼しい夏はあまりありがたくないことだ。	~입장에서 본다면	76
住民側からは夜になっても工事の音がうるさいと文句が出たが、建築する側にしたら、少しでも早く工事を完成させたいのである。	~입장에서는	437
会議で決まった方針について少々不満があります。もっともわたしにしたところでいい案があるわけではありませんが。	~라고 해서 별 뾰족한	436
きのう彼が出した提案について、わたしなりに少し考えてみた。	~나름대로	404

739

	문형의 의미·기능 항목	레벨	문형
42	평가 시점	★2	にしては
		★3	わりに（は）
		★2	だけあって
		★1	ともなると
		★1	ともあろう
		★1	たる
43	기준	★3	ように〈同様〉
		★3	とおり（に）
		★2	にそって
		★2	にもとづいて
		★3	をもとに（して）
		★2	のもとで
		★3	をちゅうしんとして
		★1	にそくして
		★1	ごとく
		★1	をふまえて

예문	한국어 번역	페이지
あの人は新入社員にしては、客の応対がうまい。	〜 치고는 / 〜 로서는	439
わたしの母は、年を取っているわりには新しいことに意欲的です。	〜 에 비해서(는) / 〜 보다(는)	632
彼女はさすがオリンピック・チャンピオンだけあって、期待どおりの見事な演技を見せてくれた。	〜 였던 만큼 / 〜 였기 때문에 / 그만한 값어치를 한다	168
普通の社員は決まった時間に出勤しなければならないが、社長ともなるといつ出勤しても退社してもかまわないのだろう。	〜 이 되면 / 〜 정도가 되면	366
大会社の社長ともあろう人が、軽々しい発言をしてはいけない。	〜 처럼 훌륭한 / 명색이 〜 라고 하는	364
国を任された大臣たる者は、自分の言葉には責任を持たなければならない。	〜 라고 하는 / 〜 라는	205
旅行の日程は次のように決まりました。	〜 과 같이	606
ものごとは自分の考えのとおりにはいかないものだ。	〜 대로 / 〜 한 그대로	328
本校では創立者の教育方針に沿って年間の学習計画を立てています。	〜 에 따라 / 〜 에 부응하는	451
この学校ではキリスト教精神に基づいて教育が行われています。	〜 를 기본으로 / 〜 에 준해서 / 〜 를 기준으로	471
ひらがなとかたかなは漢字をもとにして生まれたものである。	〜 에서 / 〜 을 참조해서 / 〜 을 가지고	659
わたしはいい環境、いい理解者のもとで、恵まれた生活を送ることができた。	〜 아래서 / 〜 밑에서 / 〜 하에서	499
実行委員長の秋山君を中心として、文化祭の係は心を一つに準備をしています。	〜 를 중심으로 / 〜 를 끼고	644
試験中の不正行為は、校則に即して処理する。	〜 에 따라(서)	450
(父から息子への手紙) 前回の手紙に書いたごとく、わたしも来年は定年だ。だから君にもそろそろ自分の将来のことを真剣に考えてもらいたい。	〜 처럼 / 〜 같이	107
集めたデータを踏まえてレポートを作成する。	〜 을 기반으로 / 〜 을 토대로 / 〜 을 전제로	655

문형의 의미·기능 항목		레벨	문형
44	관련·대응	★3	によって〈対応〉
		★3	によっては
		★2	しだいで
		★2	しだいでは
		★2	におうじて
		★3	たび（に）
		★2	につけて
		★3	をきっかけに（して）
		★2	をけいきに（して）
		★1	いかんで
		★1	いかんでは
45	관련없음·제외	★2	をとわず
		★2	にかかわらず
		★3	にかかわりなく
		★2	もかまわず
		★2	はともかく（として）
		★2	はさておき
		★3	はべつとして

예문	한국어 번역	페이지
収穫されたみかんを大きさによって三つに分類し、それぞれの箱に入れます。	～에 따라서	476
この地方ではよくお茶を飲む。人によっては1日20杯も飲むそうだ。	～에 따라서는	477
言葉の使い方次第で相手を怒らせることもあるし、喜ばせることもある。	～에 따라(서)/～에 달렸다	142
成績次第では、あなたは別のコースに入ることになります。	～에 따라서는	143
人は年齢に応じて社会性を身につけていくものだ。	～에 응당한/～에 상응해서	415
出張のたびに書類を整理しなければならない。	～할 때마다	185
あの人の心配そうな顔を見るにつけ、わたしは子どものころの自分を思い出す。	～함으로써/～할 때나 ～할 때나	460
春のハイキングをきっかけに、わたしは山登りに興味を持つようになった。	～을 계기로(해서)	637
この災害を契機にして、わが家でも防災対策を強化することにした。	～을(를) 계기로(해서)	641
商品の説明のし方いかんで、売れ行きに大きく差が出てきてしまう。	여하에/여부에 따라	20
君の今学期の出席率いかんでは、進級できないかもしれないよ。	여하에 따라서는/여부에 따라서는	21
この辺りは若者に人気がある町で、昼夜を問わずいつもにぎわっている。	～하지 않고/～를 불문하고	650
このデパートは、曜日にかかわらず、いつも込んでいる。	～에 관계없이	416
田中さんは相手の都合にかかわりなく仕事を頼んでくるので本当に困る。	～에 관계없이	417
最近は電車の中で人目もかまわず化粧している女の人をよく見かけます。	～도 상관없이/～도 의식하지 않고	564
費用の問題はともかく、旅行の目的地を決める方が先です。	～는 우선 제쳐두고	523
就職の問題はさておき、今の彼には健康を取り戻すことが第一だ。	～는 잠시 접어두고/～는 잠시 덮어두고	516
大都市は別として、各地の市や町では町おこし計画の推進に力を注いでいる。	～는 다른 문제고/～는 나중에 생각하고	524

	문형의 의미·기능 항목	레벨	문형
45	관련없음 · 제외	★1	いかんにかかわらず
		★1	いかんによらず
		★1	をものともせず（に）
		★1	をよそに
		★1	はいざしらず
46	예시	★4	ような
		★3	とか～とか
		★2	やら～やら
		★3	にしても～にしても
		★2	にしろ～にしろ
		★2	にせよ～にせよ
		★2	というか～というか
		★2	といった
		★1	なり～なり
		★1	であれ～であれ
		★1	といい～といい
		★1	といわず～といわず

예문	한국어 번역	페이지
調査の結果いかんにかかわらず、かならず連絡してください。	여부에 관계없이	22
事情のいかんによらず、欠席は欠席だ。	여하를 막론하고	23
山田選手はひざのけがをものともせず決勝戦に出ました。	~을 아랑곳 하지 않고 / ~에 굴하지 않고 / ~는 아무것도 아닌듯이	660
家族の期待をよそに、彼は結局大学には入らずにアルバイト生活を続けている。	~를 비웃듯이 /~는 아랑곳 하지 않고 /~는 상관없이	663
「美術館は込んでいるんじゃないかしら」「土日はいざしらず、ウイークデーだから大丈夫だよ」	~라면 모르겠는데 / ~라면 모르지만	507
弟はケーキやチョコレートのような甘いものばかりよく食べます。	~같은	604
科目の中ではわたしは数学とか物理とかの理科系の科目が好きです。	~라든가 ~라든가	330
色紙は赤いのやら青いのやらいろいろあります。	~하기도 하고 ~하기도 하고/ ~과(와) ~등	587
リンさんにしてもカンさんにしても、このクラスの男の人はみんな背が高い。	~도 ~도 /~도 그렇고 ~도 그렇고	442
野球にしろサッカーにしろ、スポーツにけがはつきものです。	~(이)든 ~(이)든	444
動物にせよ植物にせよ、生物はみんな水がなければ生きられない。	~(이)든 ~(이)든	448
「山の方に別荘をお持ちなんですって」「ええ、まあ、別荘というか小屋というか、たまに週末を過ごしに行くだけなんですがね」	~라고 해야 할지 ~라고 해야 할지	307
インド料理やタイ料理といった南の国の食べ物には辛いものが多い。	~라는 /~라고 하는	322
だまっていないで、反対するなり賛成するなり意見を言ってください。	~하든지 ~하든지	403
着るものであれ食べるものであれ、むだな買い物はやめたいものです。	~이든지 ~이든지	235
デザインといい色といい、彼の作品が最優秀だと思う。	~도 좋고 ~도 좋고/ ~도 그렇고 ~도 그렇고	303
彼の部屋は机の上といわず下といわず、紙くずだらけです。	~도 ~도 /~도 그렇고 ~도 그렇고	326

	문형의 의미·기능 항목	레벨	문형
47	경중에 대한 강조	★3	くらい〈軽視〉
		★3	こそ
		★2	てこそ
		★3	さえ
		★2	として〜ない
		★3	くらい〈程度〉
		★3	など
		★3	なんか
		★2	なんて
		★3	まで
		★2	までして
		★2	てまで
		★2	てでも
		★1	までだ〈軽い気持ち〉
		★1	たりとも〜ない
		★1	といえども〜ない
		★1	すら〈強調〉
		★1	だに

예문	한국어 번역	페이지
1泊旅行だ、持ち物は下着ぐらいで大丈夫です。	정도 / 쯤	93
今年こそ大学に入れるよう、勉強します。	～야말로	100
試合に勝ってこそ、プロのスポーツ選手と言える。	～해야 비로소	262
ジムは日本に長くいるので会話は上手だが、文字はひらがなさえ読めない。	～조차	126
火事で焼けてしまったので、わたしの子どものころの写真は1枚として残っていない。	～도 / ～조차도	343
国家試験に合格した。大声で叫びたいくらいうれしい。	정도	92
部屋のそうじなどめんどうだなあ。	～따위	399
変なにおいのする納豆なんか、だれが食べるものか。	～따위	405
お父さんの顔なんて見たくない。	～따위	406
一番の親友のあなたまで、わたしを疑うの。	～까지도 / ～조차	552
彼は家出までして、バンドを結成して音楽をやりたかったのだ。	～해서까지	553
裁判で争ってまで、彼女は離婚したかったのだ。	～해서까지	282
わたしが演劇をすることに父は反対をしている。しかし、わたしは父と縁を切ってでも、やりたい。	～해서라도	269
「もしもし、あら、お母さん、どうしたの。こんなに遅く電話なんかして」「何度電話しても、あなたがいないから、ちょっと気になったまでよ」	～뿐이다	554
彼の働きぶりは1分たりとも無駄にしたくないという様子だった。	～조차도 ～ 하지 않는다	204
日本は物価が高いから、1円といえども無駄に使うことはできない。	～조차도 / ～라고 하더라도	320
高橋さんは食事をする時間すら惜しんで、研究している。	～조차	156
わたしがこのような立派な賞をいただくとは夢にだに思わなかった。	～조차	183

	문형의 의미·기능 항목	레벨	문형
47	경중에 대한 강조	★1	やら
		★1	からある
		★1	というもの
		★1	にして〈程度強調〉
		★1	あっての
		★1	きわまる
		★1	のきわみ
		★1	のいたり
48	경과·결말	★4	てしまう〈残念〉
		★4	ていない
		★4	まま
		★3	わけだ
		★2	しだいだ
		★3	ことになる〈結局〉
		★3	ということだ〈結論〉
		★2	ところだった
		★2	ずじまい
		★2	あげく

예문	한국어 번역	페이지
何を考えているやら、息子の心の中はさっぱりわからない。	～는지 / ～인지	586
ホテルのエレベーターが故障していたので、20キロからある荷物を背負って7階まで階段を上った。	～씩이나 되는	72
結婚して以来30年というもの、刺激に満ちた楽しい日々であった。	～라고 하는 긴 시간동안	314
人間80歳にしてはじめてわかることもある。	～이 되서야 / ～에게 있어서 / ～라도	438
愛あっての結婚生活だ。愛がなければ、いっしょに暮らす意味がない。	～가 있기에 가능한 / ～가 있어야 할 수 있는	16
電車の中などで見る最近の若い者の態度の悪いこと、まったく不愉快極まる。	지나치게 ～하다	88
この世の幸せの極みは子や孫に囲まれて暮らすことだという。	최고의 ～는 / 가장 ～한	484
私のような者が、このように立派な賞をいただくとは光栄の至りでございます。	무한한 ～이다 / 한없는 ～이다	482
「けさは遅かったですね」「すみません、いつものバスに遅れてしまったんです」	～하게 되다	265
どこの大学を受けるかまだ決めていません。	～하지 않았다	236
うちの子は遊びに行ったまま、まだ帰りません。	～인 채(로)	557
30ページの宿題だから、1日に3ページずつやれば10日で終わるわけです。	～게 된다 / ～한 것이다 / ～뿐이다	629
「君は大阪には寄らなかったんだね」「はい、部長から帰れという連絡が入りまして、急いで帰ってきた次第です」	～입니다 / ～인 까닭에	141
この事故による負傷者は、女性3人、男性4人の合わせて7人ということになる。	～이 된다 / ～하게 된다	119
社長は急な出張で今日は出社しません。つまり、会議は延期だということです。	～이다 / ～라는 것이다	309
誤解がもとで、危うく大切な親友を失うところだった。	～할 뻔 했다	337
あの映画も終わってしまった。あんなに見たいと思っていたのに、とうとう見ずじまいだった。	～하지 못하고 끝났다	150
さんざん道に迷ったあげく、結局、駅前に戻って交番で道を聞かなければならなかった。	～한 끝에	14

749

	문형의 의미·기능 항목	레벨	문형
48	경과·결말	★2	すえ（に）
		★2	きり
		★3	たところ
		★3	っけ
		★1	しまつだ
		★2	っぱなし
		★1	にいたる
		★1	にいたって
49	부정	★3	わけがない
		★4	はずがない
		★2	っこない
		★2	ものか
		★2	もしない
		★2	どころではない
		★2	ことなく
		★1	なしに

예문	한국어 번역	페이지
帰国するというのは、さんざん迷った末に出した結論です。	～한 끝에	147
子どもが朝、出かけたきり、夜の8時になっても帰ってこないので心配です。	～인 채 / ～한 채	85
留学について父に相談してみたところ、喜んで賛成してくれた	～했더니 / ～했는데	180
「英語の試験は5番教室だっけ」「8番じゃない？」	～였나？ / ～였지？	210
あの子は乱暴で本当に困る。学校のガラスを割ったり、いすを壊したり、とうとうきのうは友だちとけんかして、けがをさせてしまうしまつだ。	(나쁜 결과로의) 형편 / 꼴 / 태도	144
道具が出しっぱなしだよ。使ったらかたづけなさい。	계속 ～한 상태 / 계속 ～인 채	220
被害は次第に広範囲に広がり、ついに死者30人を出すに至った。	～하기에 이르렀다	412
39度もの熱が3日も続くという事態に至って、彼はやっと医者へ行く気になった。	～를 맞이해서 / ～을 마주하고	410
まだ習っていない問題を試験に出されても、できるわけがない。	～할 리가 없다 / ～될 수가 없다 / ～할 까닭이 없다	628
何かの間違いでしょう。彼が独身のはずがありません。ときどき奥さんの話をしますよ。	～일 리가 없다	518
こんな難しい本を買ってやったって、小学校1年生の太郎にはわかりっこない。	～할 리가 없다	211
「一人暮らしは寂しいでしょう？」「寂しいものか。気楽でいいよ」	～는 무슨 / 절대로 ～하지 않는다	569
わたしが「さよなら」と言ったのに、あの人は振り向きもしないで行ってしまった。	～도 하지 않다	566
「高橋さん、今度の休みに京都へ行くんだけど、いっしょに行きませんか」「ごめんなさいね。わたし、今忙しくて、旅行どころじゃないんです」	～할 여유는 없다 / ～하기는커녕	338
ニコさんの部屋の電気は3時を過ぎても消えることなく、朝までついていた。	～하지 않고	114
わたしたちは3時間、休息なしに歩き続けた。	～하지 않고 / ～없이	398

751

	문형의 의미·기능 항목	레벨	문형
50	부분 부정	★2	というものではない
		★3	わけではない
		★2	ないことはない
		★3	ことは〜が
		★3	とはかぎらない
		★1	なくもない
		★1	ないものでもない
51	주장·판정	★2	にほかならない
		★3	にきまっている
		★2	にすぎない
		★3	しかない
		★3	ほかない
		★2	というものだ
		★2	にこしたことはない
		★2	のだ〈主張〉
		★1	までだ〈覚悟〉
		★1	ばそれまでだ

예문	한국어 번역	페이지
楽器は習っていれば自然にできるようになるというものではない。練習が必要だ。	항상 ~ 라고 할 수는 없다	316
わたしは学生時代に勉強ばかりしていたわけではない。よく旅行もした。	~ 했던 것이 아니다 / 꼭 ~ 인 것만은 아니다	630
「司会は、林さんに頼めばやってくれるかな」「うん、林さんなら頼まれれば引き受けないことはないんじゃない」	충분히 ~ 하지 않을까?/ ~ 하기는 하다 /~ 가 아닌 것은 아니다	375
中国語はわかることはわかるんですが、話し方が速いとわからないんです。	~ 하기는 ~ 지만	120
天気予報がいつも当たるとはかぎらない。ときにははずれることもある。	~ 라고는 할 수 없다	361
「ジャズ好きですか」「ええ。聞かなくもないですよ」	~ 하기도 한다 /~ 하지 않는 것은 아니다	394
3人でこれだけ集中してやれば、4月までに完成しないものでもない。	전혀 ~못할 것도 없다 / ~ 할 수도 있다	382
文化とは国民の日々の暮らし方にほかならない。	~ 이다 /~ 인 것이다 / ~ 인 때문이다	469
そんな暗いところで本を読んだら目に悪いに決まっている。	반드시 ~ 된다	427
「あなたはギリシャ語ができるそうですね」「いいえ、ただちょっとギリシャ文字が読めるにすぎません」	조금 ~ 할 뿐이다 / ~ 에 지나지 않는다	445
1度決心したら最後までやるしかない。	~ 하는 수밖에 없다 / ~ 해야 한다	139
当時わたしは生活に困っていたので、学校をやめて働くほかなかった。	~ 할 수밖에 없다	534
親が子どもの遊びまでうるさく言う……。あれでは子どもがかわいそうというものだ。	~ 라고 할 수밖에 없다	315
決められた時間より早めに着くにこしたことはない。	~ 보다 더 좋은 것은 없다 / ~ 하지 않는 것이 좋다	431
親がいくら反対しても、わたしは彼女と結婚したいんだ。	~ 한다 /~ 이다	488
この台風で家までの交通機関がストップしてしまったら、歩いて帰るまでだ。	~ 하는 수밖에 없다	555
一生懸命働いても病気になればそれまでだ。	~ 면 끝장이다 /~ 면 모든 일이 수포로 돌아간다	521

	문형의 의미·기능 항목	레벨	문형
51	주장·판정	★1	でなくてなんだろう
52	감정에 대한 강조	★3	てしかたがない
		★3	てたまらない
		★2	てならない
		★2	てはかなわない
		★1	てやまない
		★1	かぎりだ
		★1	といったらない
53	강제	★3	ないわけにはいかない
		★2	ざるをえない
		★2	ないではいられない
		★2	ずにはいられない
		★1	ずにはすまない
		★1	ずにはおかない〈自発的作用〉
		★1	ずにはおかない〈必ずする〉
		★1	をきんじえない

예문	한국어 번역	페이지
彼は体の弱い妻のために空気のきれいな所へ引っ越すことを考えているようだ。これが愛でなくてなんだろう。	~이 아니고 뭐겠는가	270
いよいよあした帰国できるかと思うと、うれしくてしかたがありません。	~해서 견딜 수가 없다	263
風邪薬を飲んだから、眠くてたまらない。	~해서 견딜 수가 없다 / ~해서 죽겠다	268
この写真を見ていると故郷の友だちのことが思い出されてなりません。	~해서 견딜 수가 없다	271
課長にこう毎晩のように飲みに誘われてはかなわない。	~할 수 없다 / 견딜 수 없다 / 골치 아프다	275
くれぐれもお大事に。1日も早いご回復を祈ってやみません。	계속 ~하고 있다	292
明日彼が3年ぶりにアフリカから帰ってくる。うれしいかぎりだ。	너무 ~하다 / 너무 ~할 뿐이다	51
この仕事は毎日毎日同じことの繰り返しだ。つまらないといったらない。	~는 말로 다 할 수 없다	324
今日は37度の熱があるけれど、会議でわたしが発表することになっているので、出席しないわけにはいかない。	~하지 않을 수 없다 / ~해야만 한다	383
会社の上の人に命令された仕事なら、社員は嫌でもやらざるをえない。	~할 수밖에 없다 / ~해야 한다	137
動物園のサルを見ると、いつもわたしは笑わないではいられない。	~하지 않을 수 없다	378
おなかが痛くて声を出さずにはいられなかった。	~하지 않고는 견딜 수 없다 / ~하지 않고는 참을 수 없다	152
大切なものを壊してしまったのです。買って返さずにはすまないでしょう。	~하지 않고는 끝나지 않는다 / 반드시 ~해야 한다	155
あの犬を描いた映画は、見る人を感動させずにはおかない。	~하게 만든다 / ~하게 한다	153
このチームに弱いところがあれば、相手チームはそこを攻めずにはおかないだろう。	~하지 않고 내버려두는 일은 없다 / 반드시 ~한다	154
兄の建てたばかりの家が地震で壊れてしまった。同情を禁じ得ない。	~를 참을 수 없다	638

	문형의 의미·기능 항목	레벨	문형
53	강제	★1	をよぎなくされる
		★1	をよぎなくさせる
54	감탄	★2	ことに（は）
		★2	ことだ〈感慨〉
		★2	ことか
		★2	ものだ〈回想〉
		★2	ものだ〈感慨〉
		★2	ものがある
		★3	だろう〈気持ちの強調〉
		★2	ではないか〈感動〉
		★1	とは〈驚き〉
		★2	なんて

예문	한국어 번역	페이지
せっかく入った大学であったが、次郎は病気のため退学を余儀なくされた。	어쩔 수 없이 ~ 하게 되다	662
太郎は役者志望だったが、家庭の事情は彼に家業を継ぐことを余儀なくさせた。	어쩔 수 없이 ~ 하게 하다	661
驚いたことに、保守政党と革新政党が共に手を組んで連立内閣を作った。	~ 할 일은 /~ 한 것은	115
弟が東西自動車株式会社に就職が決まった。ほんとうにうれしいことだ。	매우 ~ 하다	108
初めての孫が生まれたとき、母がどんなに喜んだことか。	~ 했는지	102
子どものころ、寝る前に父がよく昔話をしてくれたものだ。	~ 했었다	571
知らない国を旅して、知らない人々に会うのは楽しいものだ。	~ 하다니	572
中学校の古い校舎が取り壊されるそうだ。思い出の校舎なので、わたしにとって残念なものがある。	~ 인 부분이 있다 /~ 이기도 하다	570
（夕焼けを見て）ああ、なんときれいな夕焼けだろう。	정말 ~ 하다	207
朝起きてみたら、何年も咲かなかった花が咲いているではないか。今日はきっと何かいいことがあると思った。	~ 는 것이 아닌가!/ ~ 이 아닌가!	277
いつもはおとなしい田中さんがはっきりと反対の意見を言うとは意外でした。	~ 하는 것은	358
小林さんが竹内さんのお姉さんだなんて！　前から二人とは仲のいい友だちだったのに、知らなかった。	~ 라니 /~ 하다니	406

저자

友松悦子 (ともまつ・えつこ)

拓殖大学 유학생별과 비상근 강사
〈주요저서〉
- 『日本語テスト問題集—文法編』(凡人社 공저)
- 『どんな時どう使う日本語表現文型 500』
  (アルク 공저)
- 『どんな時どう使う日本語表現文型 500 短文完成練習帳』(アルク 공저)
- 『どんなときどう使う日本語表現文型 200』
  (アルク 공저)

宮本淳 (みやもと・じゅん)

(学) 大原学園 大原일본어학원 전임교원
〈주요저서〉
- 『日本語テスト問題集—文法編』(凡人社 공저)
- 『どんな時どう使う日本語表現文型500』
  (アルク 공저)
- 『どんな時どう使う日本語表現文型 500 短文完成練習帳』(アルク 공저)
- 『どんなときどう使う日本語表現文型200』
  (アルク 공저)

和栗雅子 (わくり・まさこ)

〈주요저서〉
- 『初級日本語問題集 語彙・文法—20のテーマ』
  (凡人社 공저)
- 『日本語テスト問題集—文法編』(凡人社 공저)
- 『どんな時どう使う日本語表現文型 500』
  (アルク 공저)
- 『どんな時どう使う日本語表現文型 500 短文完成練習帳』(アルク 공저)

번역

안용주 (安容柱)

선문대학교 정교수
한국일본문화학회 총무이사
한국외국어교육학회 부회장

임혜란 (林恵蘭)

남서울대학교 강사
선문대학교 강사

번역 감수

강영부

경희대학교 일본어학과 교수
(現)한국일어교육학회 회장
〈주요저서〉
일본어학요설, 언어학 입문, 초스피드일본어 외 다수

박재환

경기대학교 일어일문학과 교수
(現)한국일어교육학회 연구이사
〈주요저서〉
일본어학요설, 일본인의 법칙(편저) 외 다수

조대하

서울여자대학교 일어일문학과 교수
(現)한국일어교육학회 편집위원장
〈주요저서〉
키워드로 읽는 일본, 와이즈일본어(입문1,2) 외 다수

新일본어능력시험 일본어문형 630

초판 발행	2010년 2월 15일
1판 15쇄	2025년 11월 10일
펴낸이	엄태상
책임 편집	조은형, 김성은, 오은정, 무라야마 토시오
마케팅	이승욱, 노원준, 조성민, 이선민, 김동우
경영기획	조성근, 최성훈, 김로은, 최수진, 오희연
물류	정종진, 윤덕현, 신승진, 구윤주
펴낸곳	시사일본어사(시사북스)
주소	서울시 종로구 자하문로 300 시사빌딩
주문 및 교재 문의	1588-1582
팩스	0502-989-9592
홈페이지	www.sisabooks.com
이메일	book_japanese@sisadream.com
등록일자	1977년 12월 24일
등록번호	제 300-2014-92호

ISBN 978-89-402-7213-8 13730

「新装版 どんなときどう使う日本語表現文型辞典」友松悦子、宮本淳、和栗雅子 著
"Shinsoban Donnatoki Dotsukau Nihongo Hyogen Bunkei Jiten"
by Etsuko Tomomatsu, Jun Miyamoto, Masako Wakuri
Copyright © 2010 Etsuko Tomomatsu / Jun Miyamoto / Masako Wakuri / ALC Press, Inc.
All rights reserved.
This edition is published by arrangement with ALC Press, Inc., Tokyo
The original Japanese edition published by ALC Press, Inc.

* 이 책의 내용을 사전 허가 없이 전재하거나 복제할 경우 법적인 제재를 받게 됨을 알려 드립니다.
* 잘못된 책은 구입하신 서점에서 교환해 드립니다.
* 정가는 표지에 표시되어 있습니다.